Cadernos do cárcere

Obras de Antonio Gramsci

Editor: Carlos Nelson Coutinho
Coeditores: Luiz Sérgio Henriques e Marco Aurélio Nogueira

Cadernos do cárcere (6 vols.)

1. Introdução ao estudo da filosofia. A filosofia de Benedetto Croce
2. Os intelectuais. O princípio educativo. Jornalismo
3. Maquiavel. Notas sobre o Estado e a política
4. Temas de cultura. Ação católica. Americanismo e fordismo
5. O *Risorgimento*. Notas sobre a história da Itália
6. Literatura. Folclore. Gramática. Apêndices: variantes e índices

Escritos políticos (2 vols.)

1. Escritos políticos 1910-1920
2. Escritos políticos 1921-1926

Cartas do cárcere (2 vols.)

Antonio Gramsci

Cadernos do cárcere

Volume 3:
Maquiavel.
Notas sobre o Estado e a política.

Tradução de
Luiz Sérgio Henriques
Marco Aurélio Nogueira
Carlos Nelson Coutinho

12ª edição

CIVILIZAÇÃO BRASILEIRA
Rio de Janeiro
2024

Capa: Rodrigo Moreira
Imagem de capa: Laski Diffusion/Getty Images

Texto revisado segundo o Acordo Ortográfico da Língua Portuguesa de 1990.

Direitos desta tradução adquiridos pela
EDITORA CIVILIZAÇÃO BRASILEIRA
Um selo da
EDITORA JOSÉ OLYMPIO LTDA.
Rua Argentina, 171 — Rio de Janeiro, RJ — 20921-380 — Tel.: (21) 2585-2000.

CIP-BRASIL. CATALOGAÇÃO NA PUBLICAÇÃO
SINDICATO NACIONAL DOS EDITORES DE LIVROS, RJ

G773c Gramsci, Antonio, 1891-1937
12. ed. Cadernos do cárcere, volume 3 : Maquiavel, notas sobre o estado e a política / Antonio Gramsci ; tradução Luiz Sérgio Henriques, Marco Aurélio Nogueira, Carlos Nelson Coutinho. – 12. ed. – Rio de Janeiro : Civilização Brasileira, 2024.

Tradução de: Quaderni del carcere
ISBN 978-65-5802-022-6

1. Gramsci, Antonio, 1891-1937 – Visão política e social. 2. Comunismo 3. Socialismo. 4. Machiavelli, Niccolò, 1469-1527. 5. Ciência política. I. Henriques, Luiz Sérgio. II. Nogueira, Marco Aurélio. III. Coutinho, Carlos Nelson. IV. Título.

21-73077 CDD: 320.5315
CDU: 32:141.81

Camila Donis Hartmann – Bibliotecária – CRB-7/6472

Impresso no Brasil
2024

SUMÁRIO

NOTA PRÉVIA

Para os critérios utilizados na presente edição brasileira dos *Cadernos do cárcere*, cujo volume 3 o leitor tem agora em mãos, remetemos à detalhada "Introdução" contida no volume 1. Nela o leitor encontrará não apenas a explicitação desses critérios, mas também uma descrição dos *Cadernos* e uma história de suas edições na Itália e no Brasil.

Recordamos aqui apenas alguns tópicos:

1) Os *Cadernos do cárcere* se dividem, segundo indicações do próprio Gramsci, em "cadernos especiais" e "cadernos miscelâneos". Nos primeiros, em geral mais tardios, Gramsci agrupou notas sobre temas específicos; nos segundos, reuniu apontamentos sobre diferentes assuntos. Além de reproduzir os "cadernos especiais" tais como nos foram legados por Gramsci, esta edição os faz sempre acompanhar pelas notas contidas nos "cadernos miscelâneos" relativas ao conteúdo básico de cada um dos "cadernos especiais". No caso deste volume 3, que reúne dois "cadernos especiais" dedicados a Maquiavel, a extensa parte intitulada "Dos cadernos miscelâneos" agrupa não só as notas que o próprio Gramsci intitulou como "Maquiavel", mas também aquelas onde, mesmo que com outros títulos, ele trata diretamente de temas relativos à política em geral e a instituições ou movimentos políticos (tais como Estado, partidos, relações internacionais, questões militares, etc.). Apresentados aqui em sua presumível ordem cronológica de redação, os cadernos e as notas (sempre precedidas no manuscrito de Gramsci por um sinal de §) são datados e numerados segundo os critérios adotados na edição crítica organizada por Valentino Gerratana (*Quaderni del carcere*, Turim, Einaudi, 1975, 4 vols.).

2) Em sua edição, Gerratana distingue as notas gramscianas em textos A, B e C. Os textos A são aqueles que Gramsci cancela e depois

retoma, com maiores ou menores alterações, em textos C; os textos B são os de redação única. Nossa edição, que reproduz a totalidade dos textos B e C, não contém — salvo algumas exceções — os textos A. Enquanto os "cadernos especiais" são quase sempre constituídos de textos C, os "cadernos miscelâneos" (se excluirmos os textos A e apenas três textos C) são formados de textos B. Quando houver exceções a essa "regra", elas serão indicadas na presente edição, mediante a inclusão, após cada parágrafo que não siga a "regra", dos signos {B} ou {C}. Cabe advertir que, no presente volume 3, todas as notas contidas nos "cadernos especiais" (13 e 18) são do tipo C, salvo o § 25 do Caderno 13, que é um texto B; e todas as notas dos "cadernos miscelâneos" são de tipo B, com exceção do § 18 do Caderno 14, que é um texto C.

3) Sempre que o leitor encontrar, ao longo do texto de Gramsci, um número posto entre colchetes ([1], [2], [3], etc.), tal número remete às "Notas ao texto", situadas no final de cada volume. Essas "Notas" fazem parte do aparato crítico da presente edição. No caso do presente volume, além de muitas notas originais e de outras sugeridas por V. Gerratana e por J. A. Buttigieg (nas edições mencionadas no vol. 1), valemo-nos também de indicações fornecidas por Carmine Donzelli, em sua edição crítica de A. Gramsci, *Quaderno* 13. *Noterelle sulla politica del Machiavelli*, Turim, Einaudi, 1981.

C.N.C.

CADERNOS DO CÁRCERE

VOLUME 3

1. Caderno 13

(1932-1934)

Breves notas sobre a política de Maquiavel

§ 1. O caráter fundamental do *Príncipe* é o de não ser um tratado sistemático, mas um livro "vivo", no qual a ideologia política e a ciência política fundem-se na forma dramática do "mito". Entre a utopia e o tratado escolástico, formas nas quais se configurava a ciência política até Maquiavel, este deu à sua concepção a forma da fantasia e da arte, pela qual o elemento doutrinário e racional personifica-se em um *condottiero,* que representa plástica e "antropomorficamente" o símbolo da "vontade coletiva". O processo de formação de uma determinada vontade coletiva, para um determinado fim político, é representado não através de investigações e classificações pedantes de princípios e critérios de um método de ação, mas como qualidades, traços característicos, deveres, necessidades de uma pessoa concreta, o que põe em movimento a fantasia artística de quem se quer convencer e dá uma forma mais concreta às paixões políticas. (Deve-se pesquisar, nos escritores políticos anteriores a Maquiavel, se existem textos configurados como o *Príncipe.* Também o final do *Príncipe* está ligado a este caráter "mítico" do livro; depois de ter representado o *condottiero* ideal, Maquiavel — num trecho de grande eficácia artística — invoca o *condottiero* real que o personifique historicamente: esta invocação apaixonada reflete-se em todo o livro, conferindo-lhe precisamente o caráter dramático. Nos *Prolegomeni* de L. Russo, Maquiavel é chamado de artista da política e, numa ocasião, chega-se mesmo a encontrar a expressão "mito", mas não exatamente no sentido acima indicado) [1].

O *Príncipe* de Maquiavel poderia ser estudado como uma exemplificação histórica do "mito" soreliano, isto é, de uma ideologia política que se apresenta não como fria utopia nem como raciocínio doutrinário, mas como uma criação da fantasia concreta que atua sobre um povo disperso e pulverizado para despertar e organizar sua vontade coletiva. O caráter utópico do *Príncipe* consiste no fato de que o "príncipe" não existia na realidade histórica, não se apresentava ao povo italiano com características de imediaticidade objetiva, mas era uma pura abstração doutrinária, o símbolo do líder, do *condottiero* ideal; mas os elementos passionais, míticos, contidos em todo o pequeno livro, com movimento dramático de grande efeito, sintetizam-se e tornam-se vivos na conclusão, na invocação de um príncipe "realmente existente". Em todo o pequeno volume, Maquiavel trata de como deve ser o Príncipe para conduzir um povo à fundação do novo Estado, e o tratamento é conduzido com rigor lógico, com distanciamento científico: na conclusão, o próprio Maquiavel se faz povo, confunde-se com o povo, mas não com um povo "genericamente" entendido e sim com o povo que Maquiavel convenceu com seu tratamento precedente, do qual ele se torna e se sente consciência e expressão, com o qual ele se identifica: parece que todo o trabalho "lógico" não é mais do que uma autorreflexão do povo, do que um raciocínio interior que se realiza na consciência popular e acaba num grito apaixonado, imediato. De raciocínio sobre si mesma, a paixão transforma-se em "afeto", febre, fanatismo de ação. Eis por que o epílogo do *Príncipe* não é algo extrínseco, "imposto" de fora, retórico, mas deve ser explicado como elemento necessário da obra ou, melhor ainda, como aquele elemento que reverbera sua verdadeira luz em toda a obra e faz dela algo similar a um "manifesto político".

Pode-se estudar como Sorel, partindo da concepção da ideologia-mito, não atingiu a compreensão do partido político, mas se deteve na concepção do sindicato profissional. É verdade que, para Sorel, o "mito" não encontrava sua expressão maior no sindicato, como organização de uma vontade coletiva, mas na ação prática do sindicato e de uma vontade coletiva já atuante, ação prática cuja máxima realização deveria ser a greve geral, isto é, uma "atividade passiva", por assim dizer, ou seja, de caráter negativo e preliminar (o caráter positivo é dado somente pelo acordo alcançado nas vontades associadas) de uma atividade que não prevê uma fase própria "ativa e construtiva". Em Sorel, portanto, chocavam-se duas necessidades: a do mito e a da crítica do mito, uma vez que "todo plano preestabelecido é utópico e reacionário". A solução era abandonada ao impulso do irracional, do "arbitrário" (no sentido bergsoniano de "impulso vital"), ou seja, da "espontaneidade". (Deve-se notar aqui uma contradição implícita entre o modo pelo qual Croce apresenta seu problema de história e anti-história e outros modos de pensar de Croce: sua aversão aos "partidos políticos" e seu modo de pôr a questão da "previsibilidade" dos fatos sociais — cf. *Conversazioni critiche*, primeira série, p. 1502, resenha do livro de Ludovico Limentani, *La previsione dei fatti sociali*, Turim, Bocca, 1907; se os fatos sociais são imprevisíveis e o próprio conceito de previsão é nada mais do que um som, o irracional não pode deixar de dominar e toda organização de homens é anti-história, é um "preconceito": só resta resolver caso a caso, e com critérios imediatos, os problemas práticos singulares colocados pelo desenvolvimento histórico — cf. o artigo de Croce, "Il partito come giudizio e come pregiudizio", em *Cultura e vita morale* — e o oportunismo torna-se a única linha política possível.) Mas pode um mito ser "não construtivo", pode-se imaginar, na ordem de intuições de Sorel, que seja produtor de realidades um instrumento que deixa a vontade coletiva na fase primitiva e elementar de sua mera formação, por distinção (por "cisão"), ainda que com violência, isto é, destruindo as relações morais e jurídicas existentes? Mas esta vontade coletiva, assim formada de modo elementar, não deixará imediatamente de existir, pulverizando-se numa infinidade de vontades singulares, que na fase positiva seguem direções diversas e contrastantes? E isso para não falar que não pode existir destruição, negação, sem uma implícita construção, afirmação, e não em sentido "metafísico", mas praticamente, isto é, politicamente, como programa de partido. Neste caso, pode-se ver que se supõe por trás da espontaneidade um puro mecanicismo, por trás da liberdade (arbítrio-impulso vital) um máximo de determinismo, por trás do idealismo um materialismo absoluto.

O moderno príncipe, o mito-príncipe não pode ser uma pessoa real, um indivíduo concreto, só pode ser um organismo; um elemento complexo de sociedade no qual já tenha tido início a concretização de uma vontade coletiva reconhecida e afirmada parcialmente na ação. Este organismo já está dado pelo desenvolvimento histórico e é o partido político, a primeira célula na qual se sintetizam germes de vontade coletiva que tendem a se tornar universais e totais. No mundo moderno, só uma ação histórico-política imediata e iminente, caracterizada pela necessidade de um procedimento rápido e fulminante, pode se encarnar miticamente num indivíduo concreto: a rapidez só pode tornar-se necessária diante de um grande perigo iminente, grande perigo que cria precisamente, de modo fulminante, o fogo das paixões e do fanatismo, aniquilando o senso crítico e a corrosividade irônica que podem destruir o caráter "carismático" do *condottiero* (o que ocorreu na aventura de Boulanger) [2]. Mas uma ação imediata desse tipo, por sua própria natureza, não pode ser ampla e de caráter orgânico: será quase sempre do tipo restauração e reorganização, e não do tipo peculiar à fundação de novos Estados e de novas estruturas nacionais e sociais (como era o caso no *Príncipe* de Maquiavel, onde o aspecto de restauração era só um elemento retórico, isto é, ligado ao conceito literário da Itália descendente de Roma e que devia restaurar a ordem e a potência de Roma), será de tipo "defensivo" e não criativo original, ou seja, no qual se supõe que uma vontade coletiva já existente tenha se enfraquecido, dispersado, sofrido um colapso perigoso e ameaçador, mas não decisivo e catastrófico, sendo assim necessário reconcentrá-la e fortalecê-la; e não que se deva criar uma vontade coletiva *ex novo*, original, orientada para metas concretas e racionais, mas de uma concreção e racionalidade ainda não verificadas e criticadas por uma experiência histórica efetiva e universalmente conhecida.

O caráter "abstrato" da concepção soreliana do "mito" revela-se na aversão (que assume a forma passional de uma repugnância ética) pelos *jacobinos*, que certamente foram uma "encarnação categórica" do Príncipe de Maquiavel. O moderno *Príncipe* deve ter uma parte dedicada ao *jacobinismo* (no significado integral que esta noção teve historicamente e deve ter conceitualmente), como exemplificação do modo pelo qual se formou concretamente e atuou uma vontade coletiva que, pelo menos em alguns aspectos, foi criação *ex novo*, original. E é preciso também definir a vontade coletiva e a vontade política em geral no sentido moderno, a vontade como consciência operosa da necessidade histórica, como protagonista de um drama histórico real e efetivo.

Uma das primeiras partes deveria precisamente ser dedicada à "vontade coletiva", apresentando a questão do seguinte modo: quando é possível dizer que existem as condições para que se possa criar e se desenvolver uma vontade coletiva nacional-popular? Em seguida, uma análise histórica (econômica) da estrutura social do país em questão e uma representação "dramática" das tentativas feitas através dos séculos para criar esta vontade e as razões dos sucessivos fracassos. Por que não se teve a monarquia absoluta na Itália na época de Maquiavel? É necessário remontar ao Império Romano (questão da língua, dos intelectuais, etc.), compreender a função das Comunas medievais, o significado do catolicismo, etc.; deve-se, em suma, fazer um esboço de toda a história italiana, sintético, mas exato.

A razão dos sucessivos fracassos das tentativas de criar uma vontade coletiva nacional-popular deve ser procurada na existência de determinados grupos sociais que se formam a partir da dissolução da burguesia comunal, no caráter particular de outros grupos que refletem a função internacional da Itália como sede da Igreja e depositária do Sacro Império Romano, etc. Esta função e a consequente posição determinam uma situação interna que pode ser chamada de "econômico-corporativa", isto é, no plano político, a pior das formas de sociedade feudal, a forma menos progressista e mais estacionária: nunca se formou, e não poderia formar-se, uma força *jacobina* eficiente, precisamente aquela força que, nas outras nações, criou e organizou a vontade coletiva nacional-popular e fundou os Estados modernos. Existem finalmente as condições para esta vontade, ou seja, qual é a relação atual entre estas condições e as forças opostas? Tradicionalmente, as forças opostas foram a aristocracia rural e, de modo mais geral, a propriedade agrária em seu conjunto, com seu característico traço italiano, que é o de ser uma específica "burguesia rural", herança de parasitismo legada aos tempos modernos pela dissolução, como classe, da burguesia comunal (as cem cidades, as cidades do silêncio) [3]. As condições positivas devem ser buscadas na existência de grupos sociais urbanos, adequadamente desenvolvidos no campo da produção industrial e que tenham alcançado um determinado nível de cultura histórico-política. Qualquer formação de uma vontade coletiva nacional-popular é impossível se as grandes massas dos camponeses cultivadores não irrompem *simultaneamente* na vida política. Isso é o que Maquiavel pretendia através da reforma da milícia, isso é o que os jacobinos fizeram na Revolução Francesa; na compreensão disso, deve-se identificar um jacobinismo precoce de Maquiavel, o germe (mais ou menos fecundo) de sua concepção da revolução nacional. Toda a história depois de 1815 mostra o esforço das classes tradicionais para impedir a formação de uma vontade coletiva desse tipo, para manter o poder "econômico-corporativo" num sistema internacional de equilíbrio passivo.

Uma parte importante do moderno Príncipe deverá ser dedicada à questão de uma reforma intelectual e moral, isto é, à questão religiosa ou de uma concepção do mundo. Também neste campo encontramos, na tradição, ausência de jacobinismo e medo do jacobinismo (a última expressão filosófica desse medo é a atitude malthusiana de B. Croce em face da religião) [4]. O moderno Príncipe deve e não pode deixar de ser o anunciador e o organizador de uma reforma intelectual e moral, o que significa, de resto, criar o terreno para um novo desenvolvimento da vontade coletiva nacional-popular no sentido da realização de uma forma superior e total de civilização moderna.

Estes dois pontos fundamentais — formação de uma vontade coletiva nacional-popular, da qual o moderno Príncipe é ao mesmo tempo o organizador e a expressão ativa e atuante, e reforma intelectual e moral — deveriam constituir a estrutura do trabalho. Os pontos programáticos concretos devem ser incorporados na primeira parte, isto é, deveriam resultar "dramaticamente" da argumentação, não ser uma fria e pedante exposição de raciocínios.

Pode haver reforma cultural, ou seja, elevação civil das camadas mais baixas da sociedade, sem uma anterior reforma econômica e uma modificação na posição social e no mundo econômico? É por isso que uma reforma intelectual e moral não pode deixar de estar ligada a um programa de reforma econômica; mais precisamente, o programa de reforma econômica é exatamente o modo concreto através do qual se apresenta toda reforma intelectual e moral. O moderno Príncipe, desenvolvendo-se, subverte todo o sistema de relações intelectuais e morais, uma vez que seu desenvolvimento significa de fato que todo ato é concebido como útil ou prejudicial, como virtuoso ou criminoso, somente na medida em que tem como ponto de referência o próprio moderno Príncipe e serve ou para aumentar seu poder ou para opor-se a ele. O Príncipe toma o lugar, nas consciências, da divindade ou do imperativo categórico, torna-se a base de um laicismo moderno e de uma completa laicização de toda a vida e de todas as relações de costume.

§ 2. As notas escritas a propósito do estudo das situações e do que se deve entender por "relações de força" [5]. O estudo sobre como se devem analisar as "situações", isto é, sobre como se devem estabelecer os diversos níveis de relação de forças, pode servir para uma exposição elementar de ciência e arte política, entendida como um conjunto de regras práticas de pesquisa e de observações particulares úteis para despertar o interesse pela realidade efetiva e suscitar intuições políticas mais rigorosas e vigorosas. Ao mesmo tempo, é preciso expor o que se deve entender em política por estratégia e tática, por "plano" estratégico, por propaganda e agitação, por "orgânica" ou ciência da organização e da administração em política. Os elementos de observação empírica que habitualmente são apresentados de modo desordenado nos tratados de ciência política (pode-se tomar como exemplar a obra de G. Mosca: *Elementi di scienza politica*) deveriam, na medida em que não são questões abstratas ou sem fundamento, ser situados nos vários níveis da relação de forças, a começar pela relação das forças internacionais (onde se localizariam as notas escritas sobre o que é uma grande potência, sobre os agrupamentos de Estados em sistemas hegemônicos e, por conseguinte, sobre o conceito de independência e soberania no que se refere às pequenas e médias potências), passando em seguida às relações objetivas sociais, ou seja, ao grau de desenvolvimento das forças produtivas, às relações de força política e de partido (sistemas hegemônicos no interior do Estado) e às relações políticas imediatas (ou seja, potencialmente militares) [6].

As relações internacionais precedem ou seguem (logicamente) as relações sociais fundamentais? Indubitavelmente seguem. Toda inovação orgânica na estrutura modifica organicamente as relações *absolutas* e *relativas* no campo internacional, através de suas expressões técnico-militares. Até mesmo a posição geográfica de um Estado nacional não precede, mas segue (logicamente) as inovações estruturais, ainda que reaja sobre elas numa certa medida (exatamente na medida em que as superestruturas reagem sobre a estrutura, a política sobre a economia, etc.). De resto, as relações internacionais reagem passiva e ativamente sobre as relações políticas (de hegemonia dos partidos). Quanto mais a vida econômica imediata de uma nação se subordina às relações internacionais, tanto mais um determinado partido representa esta situação e a explora para impedir o predomínio dos partidos adversários (recordar o famoso discurso de Nitti sobre a revolução italiana *tecnicamente* impossível!) [7]. Desta série de fatos, pode-se chegar à conclusão de que, com frequência, o chamado "partido do estrangeiro" não é propriamente aquele que é habitualmente apontado como tal, mas precisamente o partido mais nacionalista, que, na realidade, mais do que representar as forças vitais do próprio país, representa sua subordinação e servidão econômica às nações ou a um grupo de nações hegemônicas (uma referência a este elemento internacional "repressivo" das energias internas encontra-se nos artigos publicados por G. Volpe no *Corriere della Sera* de 22 e 23 de março de 1932) [8].

§ 3. Além do modelo exemplar das grandes monarquias absolutistas da França e da Espanha, Maquiavel foi levado a sua concepção política da *necessidade* de um Estado unitário italiano pela recordação do passado de Roma. É preciso ressaltar, porém, que nem por isso Maquiavel deve ser confundido com a tradição literário-retórica. Desde logo, porque este elemento não é exclusivo nem sequer dominante, e a necessidade de um grande Estado nacional não é dele deduzida, e, ademais, também porque a própria remissão a Roma é menos abstrata do que parece, se colocada de modo circunstanciado no clima do Humanismo e do Renascimento. No livro VII da *Arte da guerra,* pode-se ler: "Esta província (a Itália) parece ter nascido para ressuscitar as coisas mortas, como se viu no caso da poesia, da pintura e da escultura"; por que, então, não recuperaria a *virtù* militar?, etc. Deverão ser agrupadas as outras alusões desse tipo para que se possa estabelecer seu exato caráter.

§ 4. Partindo da afirmação de Foscolo, nos *Sepolcri*, segundo a qual Maquiavel, "temperando o cetro aos soberanos,/ cresta seus louros, e à gente revela/ quanta lágrima o banhe, e quanto sangue", pode-se fazer uma coletânea de todas as máximas "universais" de prudência política contidas nos escritos de Maquiavel e organizá-las com um comentário oportuno (talvez já exista uma coletânea dessa natureza) [9].

§ 5. Grande política (alta política) — pequena política (política do dia a dia, política parlamentar, de corredor, de intrigas). A grande política compreende as questões ligadas à fundação de novos Estados, à luta pela destruição, pela defesa, pela conservação de determinadas estruturas orgânicas econômico-sociais. A pequena política compreende as questões parciais e cotidianas que se apresentam no interior de uma estrutura já estabelecida em decorrência de lutas pela predominância entre as diversas frações de uma mesma classe política. Portanto, é grande política tentar excluir a grande política do âmbito interno da vida estatal e reduzir tudo a pequena política (Giolitti, baixando o nível das lutas internas, fazia grande política; mas seus súcubos, *objeto* de grande política, faziam pequena política). Ao contrário, é coisa de diletantes pôr as questões de modo tal que cada elemento de pequena política deva necessariamente tornar-se questão de grande política, de reorganização radical do Estado. Os mesmos termos se apresentam na política internacional: 1) a grande política nas questões relacionadas com a estatura relativa de cada Estado nos confrontos recíprocos; 2) a pequena política nas questões diplomáticas que surgem no interior de um equilíbrio já constituído e que não tentam superar aquele equilíbrio para criar novas relações.

Maquiavel examina sobretudo as questões de grande política: criação de novos Estados, conservação e defesa de estruturas orgânicas em seu conjunto; questões de ditadura e de hegemonia em ampla escala, isto é, em toda a área estatal. Russo, nos *Prolegomeni*, faz do *Príncipe* o tratado da ditadura (momento da autoridade e do indivíduo) e, dos *Discorsi*, o tratado da hegemonia (momento do universal e da liberdade). A observação de Russo é exata, embora também no *Príncipe* não faltem referências ao momento da hegemonia ou do consenso, ao lado daquele da autoridade ou da força. Assim, é justa a observação de que não há oposição de princípio entre principado e república, mas se trata sobretudo da hipóstase dos dois momentos de autoridade e universalidade.

§ 6. A questão da classe política, tal como apresentada nas obras de Gaetano Mosca, tornou-se um *puzzle*. Não se compreende com clareza o que Mosca entende precisamente por classe política, tanto a noção é elástica e vaga. Algumas vezes parece que por classe política se deva entender a classe média, outras vezes o conjunto das classes possuidoras, outras vezes o que se denomina a "parte culta" da sociedade, ou o "pessoal político" (camada parlamentar) do Estado: por vezes, parece que a burocracia, até mesmo em seu estrato superior, esteja excluída da classe política, na medida em que deve ser precisamente controlada e guiada pela classe política. A deficiência da abordagem de Mosca reside no fato de que ele não enfrenta, em seu conjunto, o problema do "partido político", o que se compreende, dado o caráter dos livros de Mosca e especialmente dos *Elementi di scienza politica*: o interesse de Mosca, na verdade, oscila entre uma posição "objetiva" e desinteressada de cientista e uma posição apaixonada e imediatista de homem de partido, que vê se desenrolarem acontecimentos que o angustiam e contra os quais desejaria reagir. De resto, inconscientemente, Mosca reflete as discussões suscitadas pelo materialismo histórico, mas as reflete como o provinciano que "sente no ar" as discussões que ocorrem na capital e não dispõe dos meios de tomar conhecimento dos documentos e dos textos fundamentais. No caso de Mosca, "não dispor dos meios" para obter os textos e os documentos sobre o problema de que, não obstante, trata significa que Mosca pertence àquela parte de universitários que, embora considerem seu dever alardear todas as cautelas do método histórico quando estudam as pequenas ideias de um publicista medieval de terceira categoria, não consideram ou não consideravam dignas "do método" as doutrinas do materialismo histórico, não consideravam necessário ir às fontes e se contentavam com uma simples "espiada" em pequenos artigos de jornal e em livretos populares.

§ 7. Questão do "homem coletivo" ou do "conformismo social". Tarefa educativa e formativa do Estado, cujo fim é sempre o de criar novos e mais elevados tipos de civilização, de adequar a "civilização" e a moralidade das mais amplas massas populares às necessidades do contínuo desenvolvimento do aparelho econômico de produção e, portanto, de elaborar também fisicamente tipos novos de humanidade. Mas como cada indivíduo singular conseguirá incorporar-se no homem coletivo e como ocorrerá a pressão educativa sobre cada um para obter seu consenso e sua colaboração, transformando em "liberdade" a necessidade e a coerção? Questão do "direito", cujo conceito deverá ser ampliado, nele incluindo aquelas atividades que hoje são compreendidas na fórmula "indiferente jurídico" e que são de domínio da sociedade civil, que atua sem "sanções" e sem "obrigações" taxativas, mas que nem por isso deixa de exercer uma pressão coletiva e de obter resultados objetivos de elaboração nos costumes, nos modos de pensar e de atuar, na moralidade, etc.

Conceito político da chamada "revolução permanente", surgido antes de 1848, como expressão cientificamente elaborada das experiências jacobinas de 1789 ao Termidor [10]. A fórmula é própria de um período histórico em que não existiam ainda os grandes partidos políticos de massa e os grandes sindicatos econômicos, e a sociedade ainda estava sob muitos aspectos, por assim dizer, no estado de fluidez: maior atraso do campo e monopólio quase completo da eficiência político-estatal em poucas cidades ou até mesmo numa só (Paris para a França), aparelho estatal relativamente pouco desenvolvido e maior autonomia da sociedade civil em relação à atividade estatal, determinado sistema das forças militares e do armamento nacional, maior autonomia das economias nacionais em face das relações econômicas do mercado mundial, etc. No período posterior a 1870, com a expansão colonial europeia, todos estes elementos se modificam, as relações de organização internas e internacionais do Estado tornam-se mais complexas e robustas; e a fórmula da "revolução permanente", própria de 1848, é elaborada e superada na ciência política com a fórmula de "hegemonia civil". Ocorre na arte política o que ocorre na arte militar: a guerra de movimento torna-se cada vez mais guerra de posição; e pode-se dizer que um Estado vence uma guerra quando a prepara de modo minucioso e técnico no tempo de paz. A estrutura maciça das democracias modernas, seja como organizações estatais, seja como conjunto de associações na vida civil, constitui para a arte política algo similar às "trincheiras" e às fortificações permanentes da frente de combate na guerra de posição: faz com que seja apenas "parcial" o elemento do movimento que antes constituía "toda" a guerra, etc.

A questão se apresenta para os Estados modernos, não para os países atrasados e as colônias, onde ainda vigoram as formas que, em outros lugares, já foram superadas e se tornaram anacrônicas.

Também a questão do valor das ideologias (como se depreende da polêmica Malagodi-Croce) — com as observações de Croce sobre o "mito" soreliano, que podem ser voltadas contra a "paixão" — deve ser estudada num tratado de ciência política [11].

§ 8. A concepção crociana da política-paixão exclui os partidos, já que não se pode pensar numa "paixão" organizada e permanente: a paixão permanente é uma condição de orgasmo e de espasmo, que determina incapacidade para agir. Exclui os partidos e exclui todo "plano" de ação concertado antecipadamente. Todavia, os partidos existem e planos de ação são elaborados, aplicados e frequentemente realizados em notável medida; há, portanto, um "vício" na concepção de Croce. Nem vale dizer que, se os partidos existem, isto não tem grande importância "teórica", já que no momento da ação o "partido" que atua não é o mesmo "partido" que existia antes; em parte, isto pode ser verdadeiro, mas, entre os dois "partidos", as coincidências são tantas que, na realidade, pode-se dizer que se trata do mesmo organismo. Mas a concepção, para ser válida, deveria poder ser aplicada também à "guerra" e, portanto, explicar a existência dos exércitos permanentes, das academias militares, dos corpos de oficiais. Também a guerra em ato é "paixão", a mais intensa e febril, é um momento da vida política, é a continuação, sob outras formas, de uma determinada política; é necessário, portanto, explicar como a "paixão" pode se tornar "dever" moral, e não dever de moral política, mas de ética.

Sobre os "planos políticos" ligados aos partidos como formações permanentes, cabe lembrar o que Moltke dizia dos planos militares, ou seja, que eles não podem ser elaborados e fixados previamente em todos os seus detalhes, mas só em seu núcleo e esboço central, tendo em vista que as particularidades da ação dependem, em certa medida, dos movimentos do adversário. A paixão manifesta-se precisamente nas particularidades, mas não parece que o princípio de Moltke seja tal que justifique a concepção de Croce: de qualquer modo, restaria por explicar o gênero de "paixão" do Estado-Maior que elaborou o plano de modo frio e "desapaixonado".

§ 9. Schopenhauer aproxima a lição de ciência política de Maquiavel daquela do mestre de esgrima que ensina a arte de matar (mas também de não se deixar matar), mas nem por isso ensina alguém a se tornar sicário e assassino. (Encontrar a referência exata) [12].

§ 10. A questão inicial a ser posta e resolvida num trabalho sobre Maquiavel é a questão da política como ciência autônoma, isto é, do lugar que a ciência política ocupa, ou deve ocupar, numa concepção sistemática (coerente e consequente) do mundo — numa filosofia da práxis. O progresso que Croce, a este propósito, trouxe para os estudos sobre Maquiavel e sobre a ciência política consiste sobretudo (como em outros campos da atividade crítica crociana) na dissolução de uma série de problemas falsos, inexistentes ou mal formulados. Croce se baseou em sua distinção dos momentos do Espírito e na afirmação de um momento da prática, de um espírito prático, autônomo e independente, embora ligado circularmente a toda a realidade através da dialética dos distintos. Numa filosofia da práxis, a distinção certamente não será entre os momentos do Espírito absoluto, mas entre os graus da superestrutura; tratar-se-á, portanto, de estabelecer a posição dialética da atividade política (e da ciência correspondente) enquanto determinado grau superestrutural: poder-se-á dizer, como primeira referência e aproximação, que a atividade política é precisamente o primeiro momento ou primeiro grau, o momento no qual a superestrutura está ainda na fase imediata de mera afirmação voluntária, indistinta e elementar.

Em que sentido se pode identificar a política e a história e, portanto, toda a vida e a política? Como, em função disso, é possível conceber todo o sistema das superestruturas como distinções da política e, portanto, como se pode justificar a introdução do conceito de distinção numa filosofia da práxis? Mas se pode falar de dialética dos distintos e como se pode entender o conceito de círculo entre os graus da superestrutura? Conceito de "bloco histórico", isto é, unidade entre a natureza e o espírito (estrutura e superestrutura), unidade dos contrários e dos distintos.

Pode-se introduzir o critério de distinção também na estrutura? Como se deverá entender a estrutura: como no sistema das relações sociais será possível distinguir os elementos "técnica", "trabalho", "classe" etc., entendidos historicamente e não "metafisicamente"? Crítica da posição de Croce, para quem, com fins de polêmica, a estrutura torna-se um "deus oculto", um "númeno" em contraposição às "aparências" da superestrutura. "Aparências" em sentido metafórico e em sentido positivo. Por que, "historicamente", e como linguagem, falou-se de "aparências"?

É interessante determinar como Croce, partindo dessa concepção geral, elaborou sua particular doutrina do erro e da origem prática do erro. Para Croce, o erro tem origem numa "paixão" imediata, ou seja, de caráter individual ou de grupo; mas o que produzirá a "paixão" de alcance histórico mais amplo, a paixão como "categoria"? A paixão "interesse imediato", que é origem do "erro", é o momento denominado *schmutzig-jüdisch* nas *Teses sobre Feuerbach*: mas, assim como a paixão-interesse *schmutzig-jüdisch* determina o erro imediato, a paixão do grupo social mais vasto determina o "erro" filosófico (por intermédio do erro-ideologia, que Croce trata em separado): o importante nesta série egoísmo (erro imediato)-ideologia-filosofia é o termo comum "erro", ligado aos diversos graus de paixão, e que deve ser entendido não no significado moralista ou doutrinário, mas no sentido puramente "histórico" e dialético "daquilo que é historicamente caduco e digno de desaparecer", no sentido do caráter "não definitivo" de toda filosofia, da "morte-vida", "ser-não-ser", isto é, do termo dialético a superar no desenvolvimento [13].

O termo "aparente", "aparência" significa precisamente isto e nada mais do que isto, devendo ser justificado contra o dogmatismo: é a afirmação da caducidade de todo sistema ideológico, juntamente com a afirmação de uma validade histórica de todo sistema e de sua necessidade ("no terreno ideológico o homem adquire consciência das relações sociais": dizer isto não é afirmar a necessidade e a validade das "aparências"?) [14].

§ 11. Uma concepção do direito que deve ser essencialmente renovadora. Ela não pode ser encontrada, integralmente, em nenhuma doutrina preexistente (nem mesmo na doutrina da chamada escola positiva e, sobretudo, na doutrina de Ferri) [15]. Se todo Estado tende a criar e a manter um certo tipo de civilização e de cidadão (e, portanto, de convivência e de relações individuais), tende a fazer desaparecer certos costumes e atitudes e a difundir outros, o direito será o instrumento para esta finalidade (ao lado da escola e de outras instituições e atividades) e deve ser elaborado para ficar conforme a tal finalidade, ser maximamente eficaz e produtor de resultados positivos. A concepção do direito deverá ser libertada de todo resíduo de transcendência e de absoluto, praticamente de todo fanatismo moralista, embora me pareça que não possa partir do ponto de vista de que o Estado não "pune" (se este termo é reduzido a seu significado humano), mas apenas luta contra a "periculosidade" social. Na realidade, o Estado deve ser concebido como "educador" na medida em que tende precisamente a criar um novo tipo ou nível de civilização. Dado que se opera essencialmente sobre as forças econômicas, que se reorganiza e se desenvolve o aparelho de produção econômica, que se inova a estrutura, não se deve concluir que os fatos de superestrutura devam ser abandonados a si mesmos, a seu desenvolvimento espontâneo, a uma germinação casual e esporádica. O Estado, também neste campo, é um instrumento de "racionalização", de aceleração e de taylorização; atua segundo um plano, pressiona, incita, solicita e "pune", já que, criadas as condições nas quais um determinado modo de vida é "possível", a "ação ou a omissão criminosa" devem receber uma sanção punitiva, de alcance moral, e não apenas um juízo de periculosidade genérica. O direito é o aspecto repressivo e negativo de toda a atividade positiva de educação cívica desenvolvida pelo Estado. Na concepção do direito, deveriam ser incorporadas também as atividades que "premiam" indivíduos, grupos, etc.; premia-se a atividade louvável e meritória, assim como se pune a atividade criminosa (e pune-se de modo original, fazendo-se com que intervenha a "opinião pública" como instrumento de sanção).

§ 12. Bacon chamou de "Reis Magos" os três reis que atuam mais energicamente para a fundação das monarquias absolutas: Luís XI da França, Fernando, o Católico, da Espanha, Henrique VII da Inglaterra.

Philippe de Commynes (1447-1511), a serviço de Carlos, o Temerário, até 1472; em 1472, passa ao serviço de Luís XI e é o instrumento da política desse rei. Escreve *Chronique de Louis XI*, publicada pela primeira vez em 1524. (Uma mercadora de Tours, que moveu uma causa contra de Commynes quando caiu em desgraça, afirmando ter sido explorada num contrato estipulado durante o reinado de Luís XI, escreveu em suas alegações: "O senhor de Argenton, que, para eles, era rei") [16]. Estudar as possíveis relações de Maquiavel com de Commynes: como Maquiavel avaliava a atividade e a função de de Commynes sob Luís XI e depois?

§ 13. Ao lado dos méritos da moderna "maquiavelística" derivada de Croce, devem-se assinalar também os "exageros" e os desvios a que deu lugar. Criou-se o hábito de considerar Maquiavel, de modo excessivo, como o "político em geral", como o "cientista da política", atual em todos os tempos. É necessário considerar Maquiavel, em grau maior, como expressão necessária de seu tempo e como estreitamente ligado às condições e às exigências de sua época, que resultam: 1) das lutas internas da república florentina e da estrutura particular do Estado que não sabia libertar-se dos resíduos comunal-municipais, isto é, de uma forma bloqueadora de feudalismo; 2) das lutas entre os Estados italianos por um equilíbrio no âmbito italiano, que era obstaculizado pela existência do papado e dos outros resíduos feudais, municipalistas, da forma estatal citadina e não territorial; 3) das lutas dos Estados italianos mais ou menos solidários por um equilíbrio europeu, ou seja, das contradições entre as necessidades de um equilíbrio interno italiano e as exigências dos Estados europeus em luta pela hegemonia. Influi em Maquiavel o exemplo da França e da Espanha, que alcançaram uma poderosa unidade estatal territorial; Maquiavel faz uma "comparação elíptica" (para usar a expressão crociana) e deduz as regras para um Estado forte em geral e italiano em particular [17]. Maquiavel é um homem inteiramente de seu tempo e sua ciência política representa a filosofia da época que tende à organização das monarquias nacionais absolutas, a forma política que permite e facilita um novo desenvolvimento das forças produtivas burguesas. Em Maquiavel, pode-se descobrir *in nuce* a separação dos poderes e o parlamentarismo (o regime representativo): sua "ferocidade" está voltada contra os resíduos do mundo feudal, não contra as classes progressistas. O Príncipe deve pôr fim à anarquia feudal, e é isto o que faz Valentino na Romanha, apoiando-se nas classes produtoras, comerciantes e camponeses [18]. Dado o caráter militar-ditatorial do chefe do Estado, como se requer num período de luta para a fundação e a consolidação de um novo poder, a indicação de classe contida na *Arte da guerra* deve ser entendida também para a estrutura estatal geral: se as classes urbanas pretendem pôr fim à desordem interna e à anarquia externa, devem apoiar-se nos camponeses como massa, constituindo uma força armada segura e fiel de tipo inteiramente diferente das formadas por tropas mercenárias. Pode-se dizer que a concepção essencialmente política é de tal forma dominante em Maquiavel que o leva a cometer erros de caráter militar: ele pensa especialmente na infantaria, cujas massas podem ser recrutadas com uma ação política e, por isso, desconhece o significado da artilharia. Russo (nos *Prolegomeni a Machiavelli*) observa justamente que a *Arte da guerra* completa *O Príncipe*, mas não extrai todas as conclusões de sua observação. Também na *Arte da guerra* Maquiavel deve ser considerado como um político que precisa se ocupar da arte militar; seu unilateralismo (com outras "curiosidades", como a teoria da falange, que dão lugar a ironias fáceis, como aquela mais difundida, extraída de Bandello) decorre do fato de que a questão técnico-militar não constitui o centro de seu interesse e de seu pensamento: ele a trata somente na medida em que isso é necessário para sua construção política [19].

E não só a *Arte da guerra* deve ser ligada ao *Príncipe*, mas também as *Histórias florentinas*, que devem efetivamente servir como uma análise das condições reais italianas e europeias das quais derivam as exigências imediatas contidas em *O Príncipe*.

De uma concepção de Maquiavel mais aderente à época deriva, subordinadamente, uma avaliação mais historicista dos chamados "antimaquiavélicos" ou, pelo menos, dos mais "ingênuos" entre eles. Na realidade, não se trata de antimaquiavélicos, mas de políticos que exprimem exigências de sua época ou de condições diversas daquelas que operavam em Maquiavel; a forma polêmica é puro acidente literário. O exemplo típico destes "antimaquiavélicos", ao que me parece, deve ser buscado em Jean Bodin (1530-1596), que foi deputado nos Estados Gerais de Blois em 1576 e levou o Terceiro Estado a recusar os subsídios solicitados para a guerra civil. Obras de Bodin: *Methodus ad facilem historiarum cognitionem* (1566), onde indica a influência do clima sobre a forma dos Estados, refere-se a uma ideia de progresso, etc.; *La République* (1576), onde expressa as opiniões do Terceiro Estado sobre a monarquia absoluta e suas relações com o povo; *Hentaplomores* (inédito até a época moderna), em que compara todas as religiões e as justifica como expressões diversas da religião natural, a única racional, sendo todas igualmente dignas de respeito e de tolerância.

Durante as guerras civis na França, Bodin é o expoente do terceiro partido, dito dos "políticos", que se coloca do ponto de vista do interesse nacional, isto é, de um equilíbrio interno das classes no qual a hegemonia pertence ao Terceiro Estado através do monarca. Parece-me evidente que classificar Bodin entre os "antimaquiavélicos" é algo absolutamente extrínseco e superficial. Bodin funda a ciência política na França num terreno muito mais avançado e complexo do que aquele oferecido pela Itália a Maquiavel. Para Bodin, não se trata de fundar o Estado unitário-territorial (nacional), isto é, de retornar à época de Luís XI, mas de equilibrar as forças sociais em luta dentro desse Estado já forte e enraizado; não é o momento da força que interessa a Bodin, mas o do consenso. Com Bodin, tende-se a desenvolver a monarquia absoluta: o Terceiro Estado tem tal consciência de sua força e de sua dignidade, sabe tão bem que a sorte da monarquia absoluta está ligada a sua própria sorte e a seu próprio desenvolvimento, que *põe condições para dar seu consenso*, apresenta exigências, tende a limitar o absolutismo. Na França, Maquiavel já servia à reação, pois podia ser utilizado para justificar que se mantivesse perpetuamente o mundo no "berço" (segundo a expressão de Bertrando Spaventa); portanto, era necessário ser "polemicamente" antimaquiavélico [20]. Deve-se notar que, na Itália estudada por Maquiavel, não existiam instituições representativas já desenvolvidas e significativas para a vida nacional como as dos Estados Gerais na França. Quando, modernamente, observa-se de modo tendencioso que as instituições parlamentares na Itália foram importadas do exterior, não se leva em conta que isto reflete apenas uma condição de atraso e de estagnação da história política e social italiana do século XVI ao século XVIII, condição que se devia, em grande parte, à predominância das relações internacionais sobre as relações internas, paralisadas e entorpecidas. Será que o fato de a estrutura estatal italiana, em virtude da predominância estrangeira, ter permanecido na fase semifeudal de objeto de *suzeraineté* estrangeira, representa talvez "originalidade" nacional destruída pela importação das formas parlamentares, que, ao contrário, dão forma ao processo de libertação nacional e à passagem para o Estado territorial moderno (independente e nacional)? De resto, instituições representativas existiram, especialmente no Sul e na Sicília, mas com caráter bem mais restrito do que na França, por causa do escasso desenvolvimento do Terceiro Estado nestas regiões; isto fazia com que os Parlamentos fossem instrumentos para manter a anarquia dos barões contra as tentativas inovadoras da monarquia, a qual, na ausência de uma burguesia, devia apoiar-se na "ralé". Recordar o estudo de Antonio Panella sobre os "Antimachiavellici", publicado no *Marzocco* de 1927 (ou também em 1926? Em onze artigos): observar como nele se julga Bodin em comparação com Maquiavel e como é posto em geral o problema do antimaquiavelismo.

Compreende-se que o programa ou a tendência a ligar a cidade ao campo só possa ter tido em Maquiavel uma expressão militar, sabendo-se que o jacobinismo francês seria inexplicável sem o pressuposto da cultura fisiocrática, com sua demonstração da importância econômica e social do cultivador direto. As teorias econômicas de Maquiavel foram estudadas por Gino Arias (nos *Annali d'Economia* da Universidade Bocconi), mas cabe perguntar se Maquiavel teve teorias econômicas: trata-se de ver se a linguagem essencialmente política de Maquiavel pode ser traduzida em termos econômicos e em qual sistema econômico pode ser incluída. Ver se Maquiavel, que viveu no período mercantilista, precedeu politicamente a época e antecipou algumas exigências que depois encontraram expressão nos fisiocratas.

Rousseau também teria sido possível sem a cultura fisiocrática? Não me parece justo afirmar que os fisiocratas tenham representado meros interesses agrícolas e que só com a economia clássica afirmam-se os interesses do capitalismo urbano. Os fisiocratas representam a ruptura com o mercantilismo e com o regime das corporações, e constituem uma etapa para se chegar à economia clássica; mas, exatamente por isso, parece-me que representam uma sociedade futura bem mais complexa do que aquela contra a qual combatem e até do que aquela que resulta imediatamente de suas afirmações: a linguagem deles está bastante ligada à época e expressa o contraste imediato entre cidade e campo, mas deixa prever uma ampliação do capitalismo em direção à agricultura. A fórmula do "deixar fazer, deixar passar", isto é, da liberdade industrial e de iniciativa, não está certamente ligada a interesses agrários.

§ 14. Outro ponto a ser fixado e desenvolvido é o da "dupla perspectiva" na ação política e na vida estatal. Vários graus nos quais se pode apresentar a dupla perspectiva, dos mais elementares aos mais complexos, mas que podem ser reduzidos teoricamente a dois graus fundamentais, correspondentes à natureza dúplice do Centauro maquiavélico, ferina e humana, da força e do consenso, da autoridade e da hegemonia, da violência e da civilidade, do momento individual e daquele universal (da "Igreja" e do "Estado"), da agitação e da propaganda, da tática e da estratégia, etc. Alguns reduziram a teoria da "dupla perspectiva" a algo mesquinho e banal, ou seja, a nada mais do que duas formas de "imediaticidade" que se sucedem mecanicamente no tempo, com maior ou menor "proximidade". Ao contrário, pode ocorrer que, quanto mais a primeira "perspectiva" é "imediatíssima", elementaríssima, tanto mais a segunda deva ser "distante" (não no tempo, mas como relação dialética), complexa, elevada, isto é, pode ocorrer como na vida humana: quanto mais um indivíduo é obrigado a defender a própria existência física imediata, tanto mais afirma e se coloca do ponto de vista de todos os complexos e mais elevados valores da civilização e da humanidade.

§ 15. Na noção de grande potência, deve-se considerar também o elemento "tranquilidade interna", isto é, o grau e a intensidade da função hegemônica do grupo social dirigente (esse elemento deve ser investigado na avaliação da potência de cada Estado, mas adquire maior importância no exame das grandes potências. E não vale recordar a história de Roma antiga e das lutas internas que não impediram sua expansão vitoriosa, etc.; além dos outros elementos diferenciadores, basta considerar que Roma era a única grande potência da época e não tinha por que temer a concorrência de rivais poderosos, depois da destruição de Cartago). Por isso, seria possível dizer que, quanto mais forte é o aparelho policial, tanto mais fraco é o exército e que, quanto mais fraca (isto é, relativamente inútil) é a polícia, tanto mais forte é o exército (diante da perspectiva de uma luta internacional).

§ 16. O "excessivo" (e, portanto, superficial e mecânico) realismo político leva muitas vezes à afirmação de que o homem de Estado só deve atuar no âmbito da "realidade efetiva", não se interessar pelo "dever ser", mas apenas pelo "ser". Isto significaria que o homem de Estado não deve ter perspectivas para além do tamanho de seu nariz. Este erro levou Paolo Treves a encontrar em Guicciardini, e não em Maquiavel, o "verdadeiro político" [21]. Cabe distinguir não só entre "diplomata" e "político", mas também entre cientista da política e político em ato. O diplomata tem de se mover apenas na realidade efetiva, já que sua atividade específica não é a de criar novos equilíbrios, mas a de conservar, dentro de determinados quadros jurídicos, um equilíbrio já existente. Assim, também o cientista, como mero cientista, deve se mover apenas na realidade efetiva. Mas Maquiavel não é um mero cientista; ele é um homem de partido, de paixões poderosas, um político em ato, que pretende criar novas relações de força e, por isso, não pode deixar de se ocupar com o "dever ser", não entendido evidentemente em sentido moralista. A questão, portanto, não deve ser posta nestes termos, é mais complexa: ou seja, trata-se de ver se o "dever ser" é um ato arbitrário ou necessário, é vontade concreta ou veleidade, desejo, miragem. O político em ato é um criador, um suscitador, mas não cria a partir do nada nem se move na vazia agitação de seus desejos e sonhos. Toma como base a realidade efetiva: mas o que é esta realidade efetiva? Será algo estático e imóvel, ou, ao contrário, uma relação de forças em contínuo movimento e mudança de equilíbrio? Aplicar a vontade à criação de um novo equilíbrio das forças realmente existentes e atuantes, baseando-se naquela determinada força que se considera progressista, fortalecendo-a para fazê-la triunfar, significa continuar movendo-se no terreno da realidade efetiva, mas para dominá-la e superá-la (ou contribuir para isso). Portanto, o "dever ser" é algo concreto, ou melhor, somente ele é interpretação realista e historicista da realidade, somente ele é história em ato e filosofia em ato, somente ele é política. A oposição Savonarola-Maquiavel não é a oposição entre ser e dever ser (todo o parágrafo de Russo sobre este ponto é pura literatura), mas entre dois tipos de "dever ser": o abstrato e obscuro de Savonarola e o realista de Maquiavel, realista ainda que não se tenha tornado realidade imediata, pois não se pode esperar que um indivíduo ou um livro modifiquem a realidade, mas só que a interpretem e indiquem a linha possível da ação. O limite e a estreiteza de Maquiavel consistem apenas no fato de ter sido ele uma "pessoa privada", um escritor, e não o chefe de um Estado ou de um exército, que é também uma pessoa singular, mas tem à sua disposição as forças de um Estado ou de um exército, e não somente exércitos de palavras. Nem por isso se pode dizer que Maquiavel tenha sido também ele um "profeta desarmado": seria fazer ironia barata. Maquiavel jamais diz que pensa em, ou se propõe ele mesmo, mudar a realidade, mas visa apenas e concretamente a mostrar como deveriam operar as forças históricas para se tornarem eficientes [22].

§ 17. *Análise das situações: relações de força.* É o problema das relações entre estrutura e superestrutura que deve ser posto com exatidão e resolvido para que se possa chegar a uma justa análise das forças que atuam na história de um determinado período e determinar a relação entre elas. É necessário mover-se no âmbito de dois princípios: 1) o de que nenhuma sociedade se põe tarefas para cuja solução ainda não existam as condições necessárias e suficientes, ou que pelo menos não estejam em via de aparecer e se desenvolver; 2) e o de que nenhuma sociedade se dissolve e pode ser substituída antes que se tenham desenvolvido todas as formas de vida implícitas em suas relações (verificar a exata enunciação destes princípios).

["Nenhuma formação social desaparece antes que se desenvolvam todas as forças produtivas que ela contém, e jamais aparecem relações de produção novas e mais altas antes de amadurecerem no seio da própria sociedade antiga as condições materiais para sua existência. Por isso, a humanidade se propõe sempre apenas os objetivos que pode alcançar, pois, bem vistas as coisas, vemos sempre que estes objetivos só brotam quando já existem ou, pelo menos, estão em gestação as condições materiais para sua realização" (Prefácio à *Crítica da economia política*)] [23].

Da reflexão sobre estes dois cânones pode-se chegar ao desenvolvimento de toda uma série de outros princípios de metodologia histórica. Todavia, no estudo de uma estrutura, devem-se distinguir os movimentos orgânicos (relativamente permanentes) dos movimentos que podem ser chamados de conjuntura (e que se apresentam como ocasionais, imediatos, quase acidentais). Também os fenômenos de conjuntura dependem, certamente, de movimentos orgânicos, mas seu significado não tem um amplo alcance histórico: eles dão lugar a uma crítica política miúda, do dia a dia, que envolve os pequenos grupos dirigentes e as personalidades imediatamente responsáveis pelo poder. Os fenômenos orgânicos dão lugar à crítica histórico-social, que envolve os grandes agrupamentos, para além das pessoas imediatamente responsáveis e do pessoal dirigente. Quando se estuda um período histórico, revela-se a grande importância dessa distinção. Tem lugar uma crise que, às vezes, prolonga-se por dezenas de anos. Esta duração excepcional significa que se revelaram (chegaram à maturidade) contradições insanáveis na estrutura e que as forças políticas que atuam positivamente para conservar e defender a própria estrutura esforçam-se para saná-las dentro de certos limites e superá-las. Estes esforços incessantes e perseverantes (já que nenhuma forma social jamais confessará que foi superada) formam o terreno do "ocasional", no qual se organizam as forças antagonistas que tendem a demonstrar (demonstração que, em última análise, só tem êxito e é "verdadeira" se se torna nova realidade, se as forças antagonistas triunfam, mas que imediatamente se explicita numa série de polêmicas ideológicas, religiosas, filosóficas, políticas, jurídicas, etc., cujo caráter concreto pode ser avaliado pela medida em que se tornam convincentes e deslocam o alinhamento preexistente das forças sociais) que já existem as condições necessárias e suficientes para que determinadas tarefas possam e, portanto, devam ser resolvidas historicamente (devam, já que a não realização do dever histórico aumenta a desordem necessária e prepara catástrofes mais graves).

O erro em que se incorre frequentemente nas análises histórico-políticas consiste em não saber encontrar a justa relação entre o que é orgânico e o que é ocasional: chega-se assim ou a expor como imediatamente atuantes causas que, ao contrário, atuam mediatamente, ou a afirmar que as causas imediatas são as únicas causas eficientes. Num caso, tem-se excesso de "economicismo" ou de doutrinarismo pedante; no outro, excesso de "ideologismo". Num caso, superestimam-se as causas mecânicas; no outro, exalta-se o elemento voluntarista e individual. (A distinção entre "movimentos" e fatos orgânicos e movimentos e fatos de "conjuntura" ou ocasionais deve ser aplicada a todos os tipos de situação, não só àquelas em que se verifica um processo regressivo ou de crise aguda, mas àquelas em que se verifica um processo progressista ou de prosperidade e àquelas em que se verifica uma estagnação das forças produtivas.) O nexo dialético entre as duas ordens de movimento e, portanto, de pesquisa dificilmente é estabelecido de modo correto; e, se o erro é grave na historiografia, mais grave ainda se torna na arte política, quando se trata não de reconstruir a história passada, mas de construir a história presente e futura: os próprios desejos e as próprias paixões baixas e imediatas constituem a causa do erro, na medida em que substituem a análise objetiva e imparcial e que isto se verifica não como "meio" consciente para estimular à ação, mas como autoengano. O feitiço, também neste caso, se volta contra o feiticeiro, ou seja, o demagogo é a primeira vítima de sua demagogia.

[O fato de não se levar em consideração o momento imediato das "relações de força" liga-se a resíduos da concepção liberal vulgar, da qual o sindicalismo é uma manifestação que acreditava ser mais avançada quando, na realidade, representava um passo atrás. Com efeito, a concepção liberal vulgar, dando importância à relação das forças políticas organizadas nas diversas formas de partido (leitores de jornais, eleições parlamentares e locais, organizações de massa dos partidos e dos sindicatos em sentido estrito), era mais avançada do que o sindicalismo, que dava importância primordial à relação fundamental econômico-social, e só a ela. A concepção liberal vulgar também levava em conta implicitamente esta relação (como transparece através de muitos sinais), mas insistia mais na relação das forças políticas, que era uma expressão da outra e, na realidade, a englobava. Estes resíduos da concepção liberal vulgar podem ser encontrados em toda uma série de análises que se dizem ligadas à filosofia da práxis e deram lugar a formas infantis de otimismo e de estupidez.]

Estes critérios metodológicos podem adquirir visível e didaticamente todo o seu significado quando aplicados ao exame de fatos históricos concretos. Seria possível fazer isso com utilidade para os acontecimentos que se verificaram na França de 1789 a 1870. Parece-me que, para maior clareza da exposição, seja necessário abranger todo este período. De fato, só em 1870-1871, com a tentativa da Comuna, esgotam-se historicamente todos os germes nascidos em 1789, ou seja, não só a nova classe que luta pelo poder derrota os representantes da velha sociedade que não quer confessar-se definitivamente superada, mas derrota também os novíssimos grupos que consideram já ultrapassada a nova estrutura surgida da transformação iniciada em 1789 e demonstra assim sua vitalidade tanto em relação ao velho como em relação ao novíssimo. Além do mais, com os acontecimentos de 1870-1871, perde eficácia o conjunto de princípios de estratégia e tática política nascidos praticamente em 1789 e desenvolvidos ideologicamente em torno de 1848 (os que se sintetizam na fórmula da "revolução permanente": seria interessante estudar em que medida essa fórmula passou para a estratégia mazziniana — por exemplo, para a insurreição de 1853 em Milão — e se isto ocorreu conscientemente ou não) [24]. Um elemento que mostra a justeza deste ponto de vista é o fato de que os historiadores de modo nenhum concordam (e é impossível que concordem) na fixação dos limites daquela série de acontecimentos que constitui a Revolução Francesa. Para alguns (Salvemini, por exemplo), a revolução se completa em Valmy: a França criou um novo Estado e soube organizar a força político-militar que o sustenta e que defende sua soberania territorial. Para outros, a revolução continua até Termidor, ou melhor, eles falam de muitas revoluções (o 10 de agosto seria uma revolução em si, etc; cf. *La Révolution française* de A. Mathiez, na coleção Colin) [25]. A maneira de interpretar o Termidor e a ação de Napoleão apresenta as mais agudas contradições: trata-se de revolução ou de contrarrevolução?, etc. Para outros, a história da Revolução continua até 1830, 1848, 1870 e mesmo até a guerra mundial de 1914.

Em todas estas maneiras de ver há uma parte de verdade. Realmente, as contradições internas da estrutura francesa, que se desenvolvem depois de 1789, só encontram uma relativa composição com a Terceira República, e a França tem sessenta anos de vida política equilibrada depois de oitenta anos de transformações em ondas cada vez mais longas: 1789, 1794, 1799, 1804, 1815, 1830, 1848, 1870. É exatamente o estudo dessas "ondas" de diferente oscilação que permite reconstruir as relações entre estrutura e superestrutura, por um lado, e, por outro, entre o curso do movimento orgânico e o curso do movimento de conjuntura da estrutura. Assim, pode-se dizer que a mediação dialética entre os dois princípios metodológicos enunciados no início desta nota pode ser encontrada na fórmula político-histórica da revolução permanente.

Um aspecto do mesmo problema é a chamada questão das relações de força. Lê-se com frequência, nas narrações históricas, a expressão genérica: relações de força favoráveis, desfavoráveis a esta ou àquela tendência. Assim, abstratamente, esta formulação não explica nada ou quase nada, pois não se faz mais do que repetir o fato que se deve explicar, apresentando-o uma vez como fato e outra como lei abstrata e como explicação. Portanto, o erro teórico consiste em apresentar um princípio de pesquisa e de interpretação como "causa histórica".

Na "relação de força", é necessário distinguir diversos momentos ou graus, que no fundamental são os seguintes:

1) Uma relação de forças sociais estreitamente ligada à estrutura, objetiva, independente da vontade dos homens, que pode ser mensurada com os sistemas das ciências exatas ou físicas [26]. Com base no grau de desenvolvimento das forças materiais de produção, têm-se os agrupamentos sociais, cada um dos quais representa uma função e ocupa uma posição determinada na própria produção. Esta relação é o que é, uma realidade rebelde: ninguém pode modificar o número das empresas e de seus empregados, o número das cidades com sua dada população urbana, etc. Este alinhamento fundamental permite estudar se existem na sociedade as condições necessárias e suficientes

para uma sua transformação, ou seja, permite verificar o grau de realismo e de viabilidade das diversas ideologias que nasceram em seu próprio terreno, no terreno das contradições que ele gerou durante seu desenvolvimento.

2) O momento seguinte é a relação das forças políticas, ou seja, a avaliação do grau de homogeneidade, de autoconsciência e de organização alcançado pelos vários grupos sociais. Este momento, por sua vez, pode ser analisado e diferenciado em vários graus, que correspondem aos diversos momentos da consciência política coletiva, tal como se manifestaram na história até agora. O primeiro e mais elementar é o econômico-corporativo: um comerciante sente que *deve* ser solidário com outro comerciante, um fabricante com outro fabricante, etc., mas o comerciante não se sente ainda solidário com o fabricante; isto é, sente-se a unidade homogênea do grupo profissional e o dever de organizá-la, mas não ainda a unidade do grupo social mais amplo. Um segundo momento é aquele em que se atinge a consciência da solidariedade de interesses entre todos os membros do grupo social, mas ainda no campo meramente econômico. Já se põe neste momento a questão do Estado, mas apenas no terreno da obtenção de uma igualdade político-jurídica com os grupos dominantes, já que se reivindica o direito de participar da legislação e da administração e mesmo de modificá-las, de reformá-las, mas nos quadros fundamentais existentes. Um terceiro momento é aquele em que se adquire a consciência de que os próprios interesses corporativos, em seu desenvolvimento atual e futuro, superam o círculo corporativo, de grupo meramente econômico, e podem e devem tornar-se os interesses de outros grupos subordinados. Esta é a fase mais estritamente política, que assinala a passagem nítida da estrutura para a esfera das superestruturas complexas; é a fase em que as ideologias geradas anteriormente se transformam em "partido", entram em confrontação e lutam até que uma delas, ou pelo menos uma única combinação delas, tenda a prevalecer, a se impor, a se irradiar por toda a área social, determinando, além da unicidade dos fins econômicos e políticos, também a unidade intelectual e moral,

pondo todas as questões em torno das quais ferve a luta não no plano corporativo, mas num plano "universal", criando assim a hegemonia de um grupo social fundamental sobre uma série de grupos subordinados. O Estado é certamente concebido como organismo próprio de um grupo, destinado a criar as condições favoráveis à expansão máxima desse grupo, mas este desenvolvimento e esta expansão são concebidos e apresentados como a força motriz de uma expansão universal, de um desenvolvimento de todas as energias "nacionais", isto é, o grupo dominante é coordenado concretamente com os interesses gerais dos grupos subordinados e a vida estatal é concebida como uma contínua formação e superação de equilíbrios instáveis (no âmbito da lei) entre os interesses do grupo fundamental e os interesses dos grupos subordinados, equilíbrios em que os interesses do grupo dominante prevalecem, mas até um determinado ponto, ou seja, não até o estreito interesse econômico-corporativo. Na história real, estes momentos implicam-se reciprocamente, por assim dizer horizontal e verticalmente, isto é, segundo as atividades econômico-sociais (horizontais) e segundo os territórios (verticalmente), combinando-se e cindindo-se variadamente: cada uma destas combinações pode ser representada por uma própria expressão organizada econômica e política. Deve-se ainda levar em conta que estas relações internas de um Estado-nação entrelaçam-se com as relações internacionais, criando novas combinações originais e historicamente concretas. Uma ideologia, nascida num país mais desenvolvido, difunde-se em países menos desenvolvidos, incidindo no jogo local das combinações. (A religião, por exemplo, sempre foi uma fonte dessas combinações ideológico-políticas nacionais e internacionais; e, com a religião, as outras formações internacionais, como a maçonaria, o Rotary Club, os judeus, a diplomacia de carreira, que sugerem recursos políticos de origem histórica diversa e os fazem triunfar em determinados países, funcionando como partido político internacional que atua em cada nação com todas as suas forças internacionais concentradas; mas religião, maçonaria, Rotary, judeus, etc., podem ser incluídos na categoria social dos "intelectuais", cuja função, em escala internacional, é a de mediar entre os extremos, de "socializar" as descobertas técnicas que fazem funcionar toda atividade de direção, de imaginar compromissos e alternativas entre as soluções extremas) [27]. Esta relação entre forças internacionais e forças nacionais torna-se ainda mais complexa por causa da existência, no interior de cada Estado, de várias seções territoriais com estruturas diferentes e diferentes relações de força em todos os graus (assim, a Vendeia era aliada das forças reacionárias internacionais e as representava no seio da unidade territorial francesa; assim, na Revolução Francesa, Lyon representava uma conexão particular de relações, etc.).

3) O terceiro momento é o da relação das forças militares, imediatamente decisivo em cada oportunidade concreta. (O desenvolvimento histórico oscila continuamente entre o primeiro e o terceiro momento, com a mediação do segundo.) Mas também esse momento não é algo indistinto e identificável imediatamente de forma esquemática; também nele podem-se distinguir dois graus: o militar em sentido estrito, ou técnico-militar, e o grau que pode ser chamado de político-militar. No curso da história, estes dois graus se apresentaram numa grande variedade de combinações. Um exemplo típico, que pode servir como demonstração-limite, é o da relação de opressão militar de um Estado sobre uma nação que procura alcançar sua independência estatal. A relação não é puramente militar, mas político-militar: com efeito, este tipo de opressão seria inexplicável sem o estado de desagregação social do povo oprimido e a passividade de sua maioria. Portanto, a independência não poderá ser alcançada com forças puramente militares, mas com forças militares e político-militares. De fato, se a nação oprimida, para iniciar a luta pela independência, tivesse de esperar a permissão do Estado hegemônico para organizar seu próprio exército no sentido estrito e técnico da palavra, teria de esperar bastante tempo (pode ocorrer que a reivindicação de ter um exército próprio seja concedida pela nação hegemônica, mas isto significa que uma grande parte da luta já foi travada e vencida no terreno

político-militar). A nação oprimida, portanto, oporá inicialmente à força militar hegemônica uma força que é apenas "político-militar", isto é, oporá uma forma de ação política que tenha a virtude de determinar reflexos de caráter militar, no sentido de que: 1) seja capaz de desagregar intimamente a eficiência bélica da nação hegemônica; 2) obrigue a força militar hegemônica a diluir-se e dispersar-se num grande território, anulando grande parte de sua eficiência bélica. No *Risorgimento* italiano, pode-se notar a ausência desastrosa de uma direção político-militar sobretudo no Partido de Ação (por incapacidade congênita), mas também no partido piemontês-moderado, tanto antes como depois de 1848, não certamente por incapacidade, mas por "malthusianismo econômico-político", ou seja, porque não se quis sequer fazer menção à possibilidade de uma reforma agrária e porque não se queria a convocação de uma assembleia nacional constituinte, mas se pretendia apenas que a monarquia piemontesa, sem condicionamentos ou limitações de origem popular, se estendesse a toda a Itália, através da simples aprovação de plebiscitos regionais.

Outra questão ligada às anteriores é a de ver se as crises históricas fundamentais são determinadas imediatamente pelas crises econômicas. A resposta a essa questão está implicitamente contida nos parágrafos anteriores, onde são tratadas questões que constituem um outro modo de apresentar aquela a que nos referimos agora; mas é sempre necessário, por razões didáticas, dado o público específico, examinar cada modo sob o qual se apresenta uma mesma questão como se se tratasse de um problema independente e novo. Pode-se excluir que, por si mesmas, as crises econômicas imediatas produzam eventos fundamentais; podem apenas criar um terreno mais favorável à difusão de determinados modos de pensar, de pôr e de resolver as questões que envolvem todo o curso subsequente da vida estatal. De resto, todas as afirmações referentes a períodos de crise ou de prosperidade podem dar margem a juízos unilaterais. Em seu compêndio de história da Revolução Francesa (Ed. Colin), Mathiez, opondo-se à história vulgar tradicional, que aprioristicamente "encontra" uma crise para coincidir com as grandes rupturas de equilíbrios sociais, afirma que, por volta de 1789, a situação econômica era bastante boa no nível imediato, pelo que não se pode dizer que a catástrofe do Estado absoluto tenha sido motivada por uma crise de empobrecimento (cf. a afirmação exata de Mathiez) [28]. Deve-se observar que o Estado estava envolvido numa crise financeira mortal e se punha a questão de saber sobre qual das três ordens sociais privilegiadas deveriam recair os sacrifícios e o peso de um reordenamento das finanças do Estado e da Coroa. Além do mais, se a posição econômica da burguesia era próspera, certamente não era boa a situação das classes populares das cidades e do campo, especialmente destas últimas, atormentadas pela miséria endêmica. De qualquer modo, a ruptura do equilíbrio entre as forças não se deu por causas mecânicas imediatas de empobrecimento do grupo social interessado em romper o equilíbrio, e que de fato o rompeu; mas ocorreu no quadro de conflitos superiores ao mundo econômico imediato, ligados ao "prestígio" de classe (interesses econômicos futuros), a uma exasperação do sentimento de independência, de autonomia e de poder. A questão particular do mal-estar ou do bem-estar econômicos como causa de novas realidades históricas é um aspecto parcial da questão das relações de força em seus vários graus. Podem-se produzir novidades ou porque uma situação de bem-estar é ameaçada pelo egoísmo mesquinho de um grupo adversário, ou porque o mal-estar se tornou intolerável e não se vê na velha sociedade nenhuma força capaz de mitigá-lo e de restabelecer uma normalidade através de meios legais. Pode-se dizer, portanto, que todos estes elementos são a manifestação concreta das flutuações de conjuntura do conjunto das relações sociais de força, em cujo terreno verifica-se a transformação destas relações em relações políticas de força, para culminar na relação militar decisiva. Se não se verifica este processo de desenvolvimento de um momento a outro — e trata-se essencialmente de um processo que tem como atores os homens e a vontade e capacidade dos homens —, a situação se mantém inoperante e podem ocorrer desfechos contraditórios: a velha sociedade resiste e garante para si um período de "tomada de fôlego", exterminando fisicamente a elite adversária e aterrorizando as massas de reserva; ou, então, verifica-se a destruição recíproca das forças em conflito com a instauração da paz dos cemitérios, talvez sob a vigilância de um sentinela estrangeiro.

Mas a observação mais importante a ser feita sobre qualquer análise concreta das relações de força é a seguinte: tais análises não podem e não devem ser fins em si mesmas (a não ser que se trate de escrever um capítulo da história do passado), mas só adquirem um significado se servem para justificar uma atividade prática, uma iniciativa de vontade. Elas mostram quais são os pontos de menor resistência, nos quais a força da vontade pode ser aplicada de modo mais frutífero, sugerem as operações táticas imediatas, indicam a melhor maneira de empreender uma campanha de agitação política, a linguagem que será mais bem compreendida pelas multidões, etc. O elemento decisivo de cada situação é a força permanentemente organizada e há muito tempo preparada, que se pode fazer avançar quando se julga que uma situação é favorável (e só é favorável na medida em que esta força exista e seja dotada de ardor combativo). Por isso, a tarefa essencial consiste em dedicar-se de modo sistemático e paciente a formar esta força, desenvolvê-la, torná-la cada vez mais homogênea, compacta e consciente de si. Isso pode ser comprovado na história militar e no cuidado com que, em qualquer época, os exércitos estiveram preparados para iniciar uma guerra a qualquer momento. Os grandes Estados foram grandes Estados precisamente porque sempre estavam preparados para inserir-se eficazmente nas conjunturas internacionais favoráveis; e essas eram favoráveis porque havia a possibilidade concreta de inserir-se eficazmente nelas.

§ 18. *Alguns aspectos teóricos e práticos do "economicismo".* Economicismo — movimento teórico pelo livre-cambismo — sindicalismo teórico. Deve-se ver em que medida o sindicalismo teórico se originou da filosofia da práxis e em que medida derivou das doutrinas econômicas do livre-câmbio, isto é, em última análise, do liberalismo. Por isso, deve-se ver se o economicismo, em sua forma mais completa, não é uma derivação direta do liberalismo, tendo mantido, mesmo em suas origens, bem poucas relações com a filosofia da práxis, relações, de qualquer modo, apenas extrínsecas e puramente verbais. É desse ponto de vista que se deve examinar a polêmica Einaudi-Croce, determinada pelo novo prefácio (1917) ao livro *Materialismo storico*: a exigência, formulada por Einaudi, de levar em conta a literatura de história econômica suscitada pela economia clássica inglesa pode ser satisfeita neste sentido, o de que tal literatura, por uma contaminação superficial com a filosofia da práxis, originou o economicismo; por isso, quando Einaudi critica (na verdade, de modo impreciso) algumas degenerações economicistas, o tiro sai pela culatra [29]. O nexo entre ideologias livre-cambistas e sindicalismo teórico é especialmente evidente na Itália, onde é conhecida a admiração por Pareto de sindicalistas como Lanzillo & Cia [30]. Mas o significado destas duas tendências é bastante diverso: a primeira é própria de um grupo social dominante e dirigente; a segunda, de um grupo ainda subalterno, que não adquiriu ainda consciência de sua força e de suas possibilidades e modos de desenvolvimento e, por isso, não sabe sair da fase de primitivismo. A formulação do movimento do livre-câmbio baseia-se num erro teórico cuja origem prática não é difícil identificar, ou seja, baseia-se na distinção entre sociedade política e sociedade civil, que de distinção metodológica é transformada e apresentada como distinção orgânica. Assim, afirma-se que a atividade econômica é própria da sociedade civil e que o Estado não deve intervir em sua regulamentação. Mas, dado que sociedade civil e Estado se identificam na realidade dos fatos, deve-se estabelecer que também o liberismo é uma "regulamentação" de caráter estatal, introduzida e mantida por via legislativa e coercitiva: é um fato de vontade consciente dos próprios fins, e não a expressão espontânea, automática, do fato econômico. Portanto, o liberismo é um programa político, destinado a modificar, quando triunfa, os dirigentes de um Estado e o programa econômico do próprio Estado, isto é, a modificar a distribuição da renda nacional. Diverso é o caso do sindicalismo teórico, na medida em que se refere a um grupo subalterno, o qual, por meio desta teoria, é impedido de se tornar dominante, de se desenvolver para além da fase econômico-corporativa a fim de alcançar a fase de hegemonia ético-política na sociedade civil e de tornar-se dominante no Estado. No que se refere ao liberismo, tem-se o caso de uma fração do grupo dirigente que pretende modificar não a estrutura do Estado, mas apenas a orientação governamental, que pretende reformar a legislação comercial e só indiretamente a industrial (pois é inegável que o protecionismo, especialmente nos países de mercado pobre e restrito, limita a liberdade de iniciativa industrial e favorece patologicamente o surgimento de monopólios): trata-se de alternância dos partidos dirigentes no governo, não de fundação e organização de uma nova sociedade política e, menos ainda, de um novo tipo de sociedade civil. A questão apresenta-se com maior complexidade no movimento do sindicalismo teórico: é inegável que, neste último, a independência e a autonomia do grupo subalterno que ele diz exprimir são sacrificadas à hegemonia intelectual do grupo dominante, já que o sindicalismo teórico não passa de um aspecto do liberismo, justificado com algumas afirmações mutiladas e, por isso, banalizadas da filosofia da práxis. Por que e como se verifica este "sacrifício"? Exclui-se a transformação do grupo subordinado em dominante, ou porque o problema sequer é formulado (fabianismo, De Man, grande parte do trabalhismo), ou porque é apresentado sob formas incongruentes e ineficazes (tendências social-democratas em geral), ou porque se afirma o salto imediato do regime dos grupos àquele da perfeita igualdade e da economia sindical.

É no mínimo estranha a atitude do economicismo em relação às expressões de vontade, de ação e de iniciativa política e intelectual, como se estas não fossem uma emanação orgânica de necessidades econômicas, ou melhor, a única expressão eficiente da economia; assim, é incongruente que a formulação concreta da questão hegemônica seja interpretada como um fato que subordina o grupo hegemônico. O fato da hegemonia pressupõe indubitavelmente que sejam levados em conta os interesses e as tendências dos grupos sobre os quais a hegemonia será exercida, que se forme um certo equilíbrio de compromisso, isto é, que o grupo dirigente faça sacrifícios de ordem econômico-corporativa; mas também é indubitável que tais sacrifícios e tal compromisso não podem envolver o essencial, dado que, se a hegemonia é ético-política, não pode deixar de ser também econômica, não pode deixar de ter seu fundamento na função decisiva que o grupo dirigente exerce no núcleo decisivo da atividade econômica.

O economicismo apresenta-se sob muitas outras formas, além do liberismo e do sindicalismo teórico. Dele fazem parte todas as formas de abstencionismo eleitoral (exemplo típico é o abstencionismo dos clericais italianos depois de 1870, cada vez mais atenuado a partir de 1900, até chegar a 1919 e à formação do Partido Popular: a distinção orgânica que os clericais faziam entre Itália real e Itália legal era uma reprodução da distinção entre mundo econômico e mundo político-legal), que são muitas, no sentido de que pode existir semiabstencionismo, um quarto de abstencionismo, etc. Ao abstencionismo está ligada a fórmula do "quanto pior, melhor" e também a fórmula da chamada "intransigência" parlamentar de algumas frações de deputados. Nem sempre o economicismo é contrário à ação política e ao partido político, mas esse é considerado como mero organismo educativo de tipo sindical.

Um ponto de referência para o estudo do economicismo e para compreender as relações entre estrutura e superestruturas é o trecho da *Miséria da filosofia* onde se afirma que uma fase importante no desenvolvimento de um grupo social é aquela em que os membros de um sindicato não lutam mais apenas por seus interesses econômicos, mas para a defesa e o desenvolvimento da própria organização (ver a afirmação exata; a *Miséria da filosofia* é um momento essencial da formação da filosofia da práxis; pode ser considerada como o desenvolvimento das *Teses sobre Feuerbach*, ao passo que a *Sagrada Família* é uma fase intermediária indistinta e de origem ocasional, como se revela nos trechos dedicados a Proudhon e sobretudo ao materialismo francês [31]. O trecho sobre o materialismo francês é, mais do que outra coisa, um capítulo de história da cultura e não um texto teórico, como é geralmente interpretado, e como história da cultura é admirável. Recordar a observação de que a crítica contida na *Miséria da filosofia* contra Proudhon e sua interpretação da dialética hegeliana pode ser válida para Gioberti e, em geral, para o hegelianismo dos liberais moderados italianos. O paralelo Proudhon-Gioberti, embora representem fases histórico-políticas não homogêneas, ou melhor, exatamente por isto, pode ser interessante e fecundo) [32]. Deve-se recordar ao mesmo tempo a afirmação de Engels de que a economia só em "última análise" é o motor da história (nas duas cartas sobre a filosofia da práxis, publicadas também em italiano), que deve ser diretamente conectada ao trecho do prefácio à *Crítica da economia política*, onde se diz que os homens adquirem consciência dos conflitos que se verificam no mundo econômico no terreno das ideologias [33].

Em várias ocasiões, afirmou-se nestas notas que a filosofia da práxis está muito mais difundida do que se admite [34]. A afirmação é exata desde que se entenda como difundido o economicismo histórico, que é como o professor Loria denomina agora suas concepções mais ou menos desconexas; e que, portanto, o ambiente cultural se modificou completamente desde o tempo em que a filosofia da práxis iniciou suas lutas; pode-se dizer, com terminologia crociana, que a maior heresia surgida no seio da "religião da liberdade", tal como a religião ortodoxa, também sofreu uma degeneração, difundiu-se como "superstição", isto é, entrou em combinação com o liberismo e produziu o economicismo [35]. Porém, deve-se ver se, enquanto a religião ortodoxa se estiolou definitivamente, a superstição herética não terá conservado sempre um fermento que a fará renascer como religião superior, ou seja, se as escórias de superstição não são facilmente liquidáveis.

Alguns pontos característicos do economicismo histórico: 1) na busca das conexões históricas, não se distingue entre o que é "relativamente permanente" e o que é flutuação ocasional, e se entende por fato econômico o interesse pessoal e de pequeno grupo, num sentido imediato e "sordidamente judaico". Ou seja: não se levam em conta as formações de classe econômica, com todas as relações a elas inerentes, mas se assume o interesse mesquinho e usurário, sobretudo quando coincide com formas delituosas contempladas nos códigos criminais; 2) a doutrina segundo a qual o desenvolvimento econômico é reduzido à sucessão de modificações técnicas nos instrumentos de trabalho. O professor Loria fez uma exposição brilhantíssima desta doutrina aplicada no artigo sobre a influência social do aeroplano, publicado na *Rassegna Contemporanea* de 1912; 3) a doutrina segundo a qual o desenvolvimento econômico e histórico decorre imediatamente das mudanças num determinado elemento importante da produção, da descoberta de uma nova matéria-prima, de um novo combustível, etc., que trazem consigo a aplicação de novos métodos na construção e no funcionamento das máquinas [36]. Apareceu nos últimos tempos toda uma literatura sobre o petróleo: pode-se considerar como típico um artigo de Antonino Laviosa na *Nuova Antologia* de 16 de maio de 1929. A descoberta de novos combustíveis e de novas energias motrizes, bem como de novas matérias-primas a transformar, tem certamente grande importância porque pode modificar a posição dos Estados, mas não determina o movimento histórico, etc.

Muitas vezes acontece que se combate o economicismo histórico pensando combater o materialismo histórico. É este o caso, por exemplo, de um artigo do *Avenir* de Paris, de 10 de outubro de 1930 (transcrito na *Rassegna Settimanale della Stampa Estera*, de 21 de outubro de 1930, p. 2303-4), que transcrevemos como típico: "Dizem-nos há muito tempo, mas sobretudo depois da guerra, que as questões de interesse dominam os povos e fazem o mundo avançar. Foram os marxistas que inventaram esta tese, sob a designação um pouco doutrinária de 'materialismo histórico'. No marxismo puro, os homens tomados em conjunto não obedecem às paixões, mas às necessidades econômicas. A política é uma paixão. A pátria é uma paixão. Estas duas ideias exigentes só desempenham na História uma função aparente, já que, na realidade, a vida dos povos, no curso dos séculos, é explicada através de um jogo cambiante e sempre renovado de causas de ordem material. A economia é tudo. Muitos filósofos e economistas 'burgueses' retomaram este estribilho. Fazem certa pose para nos explicar a grande política internacional por intermédio do preço do trigo, do petróleo ou da borracha. Esmeram-se em nos demonstrar que toda a diplomacia é comandada por questões de tarifas alfandegárias e de preços de custo. Estas explicações estão hoje no auge. Possuem uma pequena aparência científica e decorrem de uma espécie de ceticismo superior com pretensão de passar por elegância suprema. A paixão em política externa? O sentimento em questões nacionais? Qual o quê! Isso é bom para as pessoas comuns. Os grandes espíritos, os iniciados sabem que tudo é dominado por débito e crédito. Mas esta é uma pseudoverdade absoluta. É completamente falso que os povos só se deixam guiar por considerações de interesse e é completamente verdadeiro que eles obedecem mais do que nunca ao sentimento. O materialismo histórico é uma boa idiotice. As nações obedecem sobretudo a considerações ditadas por um desejo e por uma fé ardente de prestígio. Quem não compreende isto não compreende nada." A continuação do artigo (intitulado "La mania del prestigio") exemplifica com a política alemã e italiana, que seria de "prestígio" e não ditada por interesses materiais. O artigo contém em poucas linhas uma grande parte dos temas mais banais de polêmica contra a filosofia da práxis, mas, na realidade, a polêmica é contra o economicismo destrambelhado de tipo loriano. De resto, o escritor não é muito versado na matéria também por outros aspectos: ele não compreende que as "paixões" podem ser simplesmente um sinônimo dos interesses econômicos e que é difícil afirmar que a atividade política possa ser um estado permanente de exasperação passional e de espasmo; precisamente a política francesa é apresentada como uma "racionalidade" sistemática e coerente, isto é, depurada de todo elemento passional, etc.

Em sua forma mais difundida de superstição economicista, a filosofia da práxis perde uma grande parte de sua expansividade cultural na esfera superior do grupo intelectual, na mesma proporção em que a adquire entre as massas populares e entre os intelectuais medíocres, que não pretendem cansar o cérebro, mas desejam aparecer como espertíssimos, etc. Como disse Engels, é cômodo para muitos acreditar que possam ter no bolso, a baixo preço e sem nenhum esforço, toda a história e toda a sabedoria política e filosófica concentrada numa formulazinha [37]. Por se ter esquecido de que a tese segundo a qual os homens adquirem consciência dos conflitos fundamentais no terreno das ideologias não é de caráter psicológico ou moralista, mas sim de caráter orgânico gnosiológico, criou-se a *forma mentis* de considerar a política e, portanto, a história como um contínuo *marché de dupes*, um jogo de ilusionismo e de prestidigitação. A atividade "crítica" reduziu-se a revelar truques, a provocar escândalos, a especular sobre o salário dos homens representativos.

Esqueceu-se assim que, se o "economicismo" é ou presume ser também um cânone objetivo de interpretação (objetivo-científico), a pesquisa no sentido dos interesses imediatos deveria ser válida para todos os aspectos da história, tanto para os homens que representam a "tese" como para aqueles que representam a "antítese". Ignorou-se, além disso, uma outra proposição da filosofia da práxis: a de que as "crenças populares" ou as crenças do tipo das crenças populares têm a validade das forças materiais [38].

Os erros de interpretação contidos nas pesquisas dos interesses "sordidamente judaicos" foram algumas vezes grosseiros e cômicos, terminando assim por reagir negativamente sobre o prestígio da doutrina original. Por isso, é necessário combater o economicismo não só na teoria da historiografia, mas também e sobretudo na teoria e na prática políticas. Neste campo, a luta pode e deve ser conduzida desenvolvendo-se o conceito de hegemonia, da mesma forma como foi conduzida praticamente no desenvolvimento da teoria do partido político e no desenvolvimento prático da vida de determinados partidos políticos (a luta contra a teoria da chamada revolução permanente, à qual se contrapunha o conceito de ditadura democrático-revolucionária; a importância que teve o apoio dado às ideologias que defendem as Constituintes, etc.). Seria possível realizar uma pesquisa sobre as opiniões emitidas à medida que se desenvolviam determinados movimentos políticos, tomando-se como típico o movimento boulangista (aproximadamente, de 1886 a 1890), ou o processo Dreyfus, ou então o golpe de Estado de 2 de dezembro (uma análise do livro clássico sobre o 2 de dezembro para estudar a importância relativa que nele se atribui ao fator econômico imediato e o lugar que nele ocupa, ao contrário, o estudo concreto das "ideologias") [39]. Diante deste evento, o economicismo se pergunta: a quem interessa imediatamente a iniciativa em questão? E responde com um raciocínio tão simplista quanto paralogístico: favorece de imediato uma determinada fração do grupo dominante e, para não errar, esta escolha recai sobre aquela fração que evidentemente tem uma função progressista e de controle sobre o conjunto das forças econômicas. Pode-se estar seguro de não errar, porque necessariamente, se o movimento analisado chegar ao poder, cedo ou tarde a fração progressista do grupo dominante acabará controlando o novo governo e o transformará num instrumento para utilizar o aparelho estatal em seu benefício. Trata-se, portanto, de uma infalibilidade muito barata e que não só não tem significado teórico, mas possui escassíssimo alcance político e eficácia prática: em geral, só produz pregações moralistas e polêmicas pessoais intermináveis.

Quando se produz um movimento de tipo boulangista, a análise deveria ser conduzida realisticamente segundo esta linha: 1) conteúdo social da massa que adere ao movimento; 2) que papel desempenhava esta massa no equilíbrio de forças que se vai transformando, como o novo movimento demonstra através de seu próprio nascimento?; 3) qual o significado político e social das reivindicações que os dirigentes apresentam e que obtêm consenso? A que exigências efetivas correspondem?; 4) exame da conformidade dos meios ao fim proposto; 5) só em última análise, e apresentada sob forma política e não moralista, formula-se a *hipótese* de que tal movimento necessariamente será desnaturado e servirá a fins diferentes daqueles que a massa de seguidores espera. Ao contrário, esta hipótese é afirmada antecipadamente, quando ainda nenhum elemento concreto (ou seja, que se apresente como tal com a evidência do senso comum e não através de uma análise "científica" esotérica) existe para sufragá-la, de modo que ela aparece como uma acusação moralista de duplicidade e má-fé, ou de pouca sagacidade, de estupidez (para os seguidores). A luta política transforma-se assim numa série de episódios pessoais entre quem é bastante esperto para se livrar das complicações e quem é enganado pelos próprios dirigentes e não quer se convencer disso por causa de uma incurável estupidez.

Além do mais, enquanto estes movimentos não alcançam o poder, pode-se sempre pensar que constituem um fracasso, e alguns efetivamente fracassaram (o próprio boulangismo, que fracassou como tal e depois foi definitivamente esmagado pelo movimento em defesa de Dreyfus, o movimento de Georges Valois e o movimento do general Gayda); a pesquisa, portanto, deve orientar-se para a identificação dos elementos de força, mas também dos elementos de fraqueza que tais movimentos contêm em seu interior: a hipótese "economicista" afirma um elemento imediato de força, isto é, a disponibilidade de uma certa contribuição financeira direta ou indireta (um grande jornal que apoie o movimento é também uma contribuição financeira indireta) — e basta [40]. Muito pouco.

Também neste caso a análise dos diversos graus de relação de forças só pode culminar na esfera da hegemonia e das relações ético-políticas.

§ 19. Elementos para calcular a hierarquia de poder entre os Estados: 1) extensão do território, 2) força econômica, 3) força militar. O modo através do qual se exprime a condição de grande potência é dado pela possibilidade de imprimir à atividade estatal uma direção autônoma, que influa e repercuta sobre os outros Estados: a grande potência é potência hegemônica, líder e guia de um sistema de alianças e de pactos com maior ou menor extensão. A força militar sintetiza o valor da extensão territorial (com população adequada, naturalmente) e do potencial econômico. No elemento territorial, deve-se considerar concretamente a posição geográfica. Na força econômica, deve-se distinguir entre a capacidade industrial e agrícola (forças produtivas) e a capacidade financeira. Um elemento "imponderável" é a posição "ideológica" que um país ocupa no mundo em cada momento determinado, enquanto considerado representante das forças progressistas da história (exemplo da França durante a Revolução de 1789 e o período napoleônico).

Estes elementos são calculados na perspectiva de uma guerra. Dispor de todos os elementos que, nos limites do previsível, dão segurança de vitória significa dispor de um potencial de pressão diplomática de grande potência, isto é, significa obter uma parte dos resultados de uma guerra vitoriosa sem necessidade de combater.

§ 20. Charles Benoist escreve no prefácio a *Le Machiavélisme*, primeira parte: *Avant Machiavel* (Paris, Plon, 1907): "Há maquiavelismo e maquiavelismo: há um maquiavelismo verdadeiro e um maquiavelismo falso; há um maquiavelismo que é de Maquiavel e um maquiavelismo que algumas vezes é de seus discípulos, mais frequentemente dos inimigos de Maquiavel; já existem dois, ou melhor, três maquiavelismos: o de Maquiavel, o dos maquiavelistas e o dos antimaquiavelistas; mas há um quarto: o daqueles que jamais leram uma linha de Maquiavel e se servem sem propósito dos verbos (!), dos substantivos e dos adjetivos derivados de seu nome. Por isso, Maquiavel não deveria ser considerado responsável por aquilo que, depois dele, o primeiro ou o último que apareceu houve por bem fazê-lo dizer." Um pouco empolado, o Sr. Charles Benoist [41].

A inovação fundamental introduzida pela filosofia da práxis na ciência da política e da história é a demonstração de que não existe uma "natureza humana" abstrata, fixa e imutável (conceito que certamente deriva do pensamento religioso e da transcendência), mas que a natureza humana é o conjunto das relações sociais historicamente determinadas, ou seja, um fato histórico verificável, dentro de certos limites, com os métodos da filologia e da crítica. Portanto, a ciência política deve ser concebida em seu conteúdo concreto (e também em sua formulação lógica) como um organismo em desenvolvimento. Todavia, deve-se observar que a formulação dada por Maquiavel à questão da política (isto é, a afirmação implícita em seus escritos de que a política é uma atividade autônoma que tem princípios e leis diversos daqueles da moral e da religião, proposição que tem um grande alcance filosófico, já que implicitamente inova a concepção da moral e da religião, ou seja, inova toda a concepção do mundo) é ainda hoje discutida e contraditada, não conseguiu tornar-se "senso comum". O que significa isso? Significa apenas que a revolução intelectual e moral cujos elementos estão contidos *in nuce* no pensamento de Maquiavel ainda não se efetivou, não se tornou forma pública e manifesta da cultura nacional? Ou será que tem um mero significado político atual, serve para indicar apenas a separação existente entre governantes e governados, para indicar que existem duas culturas, a dos governantes e a dos governados, e que a classe dirigente, como a Igreja, tem uma atitude em relação aos simples ditada pela necessidade de não se afastar deles, por um lado, e, por outro, de mantê-los na convicção de que Maquiavel nada mais é do que uma aparição diabólica? Põe-se assim o problema do significado que Maquiavel teve em seu tempo e dos fins que ele se propunha ao escrever seus livros, especialmente *O Príncipe*. A doutrina de Maquiavel não era, em seu tempo, uma coisa puramente "livresca", um monopólio de pensadores isolados, um livro secreto que circula entre iniciados. O estilo de Maquiavel não é de modo algum o de um tratadista sistemático, como os que a Idade Média e o Humanismo conheceram: é estilo de homem de ação, de quem quer induzir à ação; é estilo de "manifesto" de partido. A interpretação "moralista" dada por Foscolo certamente é errada; todavia, é verdade que Maquiavel *revelou* algo, e não só teorizou sobre o real; mas qual era o objetivo da revelação? Um objetivo moralista ou político? Costuma-se dizer que as normas de Maquiavel para a atividade política "aplicam-se, mas não se declaram"; afirma-se que os grandes políticos começam maldizendo Maquiavel, declarando-se antimaquiavélicos, precisamente para poderem aplicar "piamente" suas normas. Não teria sido Maquiavel pouco maquiavélico, um daqueles que "conhecem o jogo" e tolamente o ensinam, enquanto o maquiavelismo vulgar ensina a fazer o contrário? A afirmação de Croce de que, sendo o maquiavelismo uma ciência, serve tanto aos reacionários quanto aos democratas, assim como a arte da esgrima serve aos cavalheiros e aos bandidos, para defender-se e para assassinar, e que é neste sentido que deve ser entendido o juízo de Foscolo, é verdadeira abstratamente [42]. O próprio Maquiavel nota que as coisas que ele escreve são aplicadas, e o foram sempre, pelos maiores homens da história; por isso, não parece que ele queira sugerir a quem já sabe, nem seu estilo é aquele de uma desinteressada atividade científica (cf., numa das páginas anteriores, o que está escrito sobre o significado da invocação final de *O Príncipe* e do papel que ela pode ter em relação ao conjunto da pequena obra); nem se pode pensar que ele tenha chegado a suas teses de ciência política através de especulações filosóficas, o que, nesta específica matéria, seria algo milagroso em seu tempo, já que ainda hoje enfrenta tanta contestação e oposição [43]. Pode-se assim supor que Maquiavel tenha em vista "quem não sabe", que ele pretenda promover a educação política de "quem não sabe"; não educação política negativa, de quem odeia os tiranos, como parecia entender Foscolo, mas positiva, de quem deve reconhecer como necessários determinados meios, ainda que próprios dos tiranos, porque deseja determinados fins. Quem nasceu na tradição dos homens de governo adquire quase automaticamente — por causa de todo o conjunto da educação que absorve do ambiente familiar, no qual predominam os interesses dinásticos ou patrimoniais — as características do político realista. Portanto, quem é que "não sabe"? A classe revolucionária da época, o "povo" e a "nação" italiana, a democracia urbana que gera a partir de si os Savonarola e os Pier Soderini e não os Castruccio e os Valentino [44]. Pode-se supor que Maquiavel pretenda convencer estas forças da necessidade de ter um "líder" que saiba o que quer e como obter o que quer, e de aceitá-lo com entusiasmo, ainda que suas ações possam estar ou parecer estar em contradição com a ideologia difusa da época, a religião.

Esta posição da política de Maquiavel repete-se para a filosofia da práxis: repete-se a necessidade de ser "antimaquiavélico", desenvolvendo uma teoria e uma técnica da política que possam servir às duas partes em luta, embora se creia que elas terminarão por servir sobretudo à parte que "não sabia", já que é nela que se considera residir a força progressista da história. E, com efeito, obtém-se de imediato um resultado: romper a unidade baseada na ideologia tradicional, ruptura sem a qual a força nova não poderia adquirir consciência de sua própria personalidade independente. O maquiavelismo serviu para melhorar a técnica política tradicional dos grupos dirigentes conservadores, tal como a política da filosofia da práxis; isto não deve ocultar seu caráter essencialmente revolucionário, que é sentido ainda hoje e que explica todo o antimaquiavelismo, desde o dos jesuítas até o pietista de P. Villari [45].

§ 21. Continua do "Novo Príncipe". Afirmou-se que protagonista do Novo Príncipe não poderia ser, na época moderna, um herói pessoal, mas o partido político, isto é, em cada oportunidade e nas diferentes relações internas das diversas nações, aquele determinado partido que pretende (e está racional e historicamente fundamentado para este fim) fundar um novo tipo de Estado [46]. Deve-se observar como, nos regimes que se põem como totalitários, a função tradicional da instituição da Coroa é, na realidade, absorvida por um determinado partido, que, aliás, é totalitário precisamente porque assume tal função [47]. Embora todo partido seja a expressão de um grupo social, e de um só grupo social, ocorre que, em determinadas condições, determinados partidos representam um só grupo social na medida em que exercem uma função de equilíbrio e de arbitragem entre os interesses de seu próprio grupo e os outros grupos, fazendo com que o desenvolvimento do grupo representado ocorra com o consenso e com a ajuda dos grupos aliados, se não mesmo dos grupos decididamente adversários. A fórmula constitucional do rei ou do presidente da república que "reina mas não governa" é a fórmula jurídica que exprime esta função de arbitragem; a preocupação dos partidos constitucionais de não "expor" a Coroa ou presidente, as fórmulas sobre a não responsabilidade do chefe de Estado pelos atos governamentais, mas sobre a responsabilidade ministerial, são a casuística do princípio geral de defesa da concepção da unidade estatal, do consenso dos governados à ação estatal, qualquer que seja o pessoal imediato de governo e seu partido.

Com o partido totalitário, estas fórmulas perdem o significado e são assim minimizadas as instituições que funcionavam segundo tais fórmulas; mas a própria função é incorporada pelo partido, que exaltará o conceito abstrato de "Estado" e procurará de vários modos dar a impressão de que a função "de força imparcial" continua ativa e eficaz.

§ 22. *Bibliografia.* Numa resenha de Giuseppe Tarozzi sobre o volume 1 da *Costituzione russa* de Mario Sertoli (Florença, Le Monnier, 1928, 435 p., 50 liras), publicada na *Italia che scrive*, é citado um livro de Vorländer, *Von Machiavelli bis Lenin*, sem outra indicação [48]. (Deve-se ver o balanço da literatura maquiaveliana mais recente, publicado em 1929 por *Nuovi Studi*.)

§ 23. *Observações sobre alguns aspectos da estrutura dos partidos políticos nos períodos de crise orgânica* (devem ser vinculadas às notas sobre as situações e as relações de força) [49]. Em um certo ponto de sua vida histórica, os grupos sociais se separam de seus partidos tradicionais, isto é, os partidos tradicionais naquela dada forma organizativa, com aqueles determinados homens que os constituem, representam e dirigem, não são mais reconhecidos como sua expressão por sua classe ou fração de classe. Quando se verificam estas crises, a situação imediata torna-se delicada e perigosa, pois abre-se o campo às soluções de força, à atividade de potências ocultas representadas pelos homens providenciais ou carismáticos. Como se formam estas situações de contraste entre representantes e representados, que, a partir do terreno dos partidos (organizações de partido em sentido estrito, campo eleitoral-parlamentar, organização jornalística), reflete-se em todo o organismo estatal, reforçando a posição relativa do poder da burocracia (civil e militar), da alta finança, da Igreja e, em geral, de todos os organismos relativamente independentes das flutuações da opinião pública? O processo é diferente em cada país, embora o conteúdo seja o mesmo. E o conteúdo é a crise de hegemonia da classe dirigente, que ocorre ou porque a classe dirigente fracassou em algum grande empreendimento político para o qual pediu ou impôs pela força o consenso das grandes massas (como a guerra), ou porque amplas massas (sobretudo de camponeses e de pequenos-burgueses intelectuais) passaram subitamente da passividade política para uma certa atividade e apresentam reivindicações que, em seu conjunto desorganizado, constituem uma revolução. Fala-se de "crise de autoridade": e isso é precisamente a crise de hegemonia, ou crise do Estado em seu conjunto.

A crise cria situações imediatas perigosas, já que os diversos estratos da população não possuem a mesma capacidade de se orientar rapidamente e de se reorganizar com o mesmo ritmo. A classe dirigente tradicional, que tem um numeroso pessoal treinado, muda homens e programas e retoma o controle que lhe fugia com uma rapidez maior do que a que se verifica entre as classes subalternas; faz talvez sacrifícios, expõe-se a um futuro obscuro com promessas demagógicas, mas mantém o poder, reforça-o momentaneamente e dele se serve para esmagar o adversário e desbaratar seus dirigentes, que não podem ser muito numerosos nem adequadamente treinados. A unificação das tropas de muitos partidos sob a bandeira de um único partido, que representa melhor e sintetiza as necessidades de toda a classe, é um fenômeno orgânico e normal, ainda que seu ritmo seja muito rápido e quase fulminante em relação aos tempos tranquilos: representa a fusão de todo um grupo social sob uma só direção, considerada a única capaz de resolver um problema vital dominante e de afastar um perigo mortal. Quando a crise não encontra esta solução orgânica, mas sim a do chefe carismático, isto significa que existe um equilíbrio estático (cujos fatores podem ser muito variados, mas entre os quais prevalece a imaturidade das forças progressistas), que nenhum grupo, nem o conservador nem o progressista, dispõe da força necessária para vencer e que até o grupo conservador tem necessidade de um senhor (cf. *O 18 Brumário de Luís Napoleão*) [50].

Esta ordem de fenômenos liga-se a uma das questões mais importantes concernentes ao partido político, isto é, à capacidade do partido de reagir contra o espírito consuetudinário, contra as tendências a se mumificar e tornar anacrônico. Os partidos nascem e se constituem como organização para dirigir a situação em momentos historicamente vitais para suas classes; mas nem sempre eles sabem adaptar-se às novas tarefas e às novas épocas, nem sempre sabem desenvolver-se de acordo com o desenvolvimento do conjunto das relações de força (e, portanto, a posição relativa de suas classes) no país em questão ou no campo internacional. Quando se analisam estes desenvolvimentos dos partidos, é necessário distinguir: o grupo social, a massa partidária, a burocracia e o Estado-Maior do partido. A burocracia é a força consuetudinária e conservadora mais perigosa; se ela chega a se constituir como um corpo solidário, voltado para si mesmo e independente da massa, o partido termina por se tornar anacrônico e, nos momentos de crise aguda, é esvaziado de seu conteúdo social e resta como que solto no ar. Pode-se ver o que está ocorrendo com uma série de partidos alemães em função da expansão do hitlerismo. Os partidos franceses constituem um terreno rico para tais investigações: estão todos mumificados e são anacrônicos, documentos histórico-políticos das diversas fases da história passada francesa, cuja terminologia envelhecida repetem: a crise deles pode se tornar ainda mais catastrófica do que a dos partidos alemães [51].

Ao se examinar esta ordem de acontecimentos, habitualmente não se dá o devido lugar ao elemento burocrático, civil e militar, e, além disso, não se tem presente que nestas análises não devem caber apenas os elementos militares e burocráticos em ato, mas as camadas sociais em que, nos complexos estatais dados, a burocracia é tradicionalmente recrutada. Um movimento político pode ser de caráter militar ainda que o exército como tal não participe dele abertamente;

um governo pode ser de caráter militar ainda que o exército como tal não participe do governo. Em determinadas situações, pode ocorrer que convenha não "expor" o exército, não fazê-lo sair dos quadros constitucionais, não levar a política aos quartéis, como se diz, a fim de manter a homogeneidade entre oficiais e soldados num terreno de aparente neutralidade e superioridade sobre as facções; apesar disso, é o exército, isto é, o Estado-Maior e a oficialidade, que determina a nova situação e a domina. Por outro lado, não é verdade que o exército, segundo as Constituições, jamais deva fazer política; o exército deve precisamente defender a Constituição, isto é, a forma legal do Estado, com suas instituições correspondentes; por isso, a chamada neutralidade significa somente apoio à parte retrógrada; mas é preciso, em tais situações, colocar a questão dessa maneira para impedir que se reproduza no exército a divisão do país e, portanto, que desapareça, com a desagregação do instrumento militar, o poder determinante do Estado-Maior. Decerto, todos estes elementos de observação não são absolutos; seu peso é muito diferente nos diversos momentos históricos e nos vários países.

A primeira investigação a ser feita é esta: existe num determinado país uma camada social difusa para a qual a carreira burocrática, civil e militar, seja um elemento muito importante de vida econômica e de afirmação política (participação efetiva no poder, mesmo que indiretamente, mediante "chantagem")? Na Europa moderna, esta camada pode ser localizada na pequena e média burguesia rural, que é mais ou menos numerosa nos diversos países de acordo com o desenvolvimento das forças industriais, por um lado, e da reforma agrária, por outro. É claro que a carreira burocrática (civil e militar) não é um monopólio desta camada social, mas ela lhe é particularmente adequada em virtude da função social que esta camada desempenha e das tendências psicológicas que a função determina ou favorece; estes dois elementos dão ao conjunto do grupo social uma certa homogeneidade e energia para dirigir, e, portanto, um valor político e uma função frequentemente decisiva no conjunto do organismo social.

Os elementos deste grupo estão habituados a comandar diretamente núcleos de homens, ainda que exíguos, e a comandar "politicamente", não "economicamente": isto é, em sua arte de comando não existe a aptidão para ordenar as "coisas", para ordenar "homens e coisas" num todo orgânico, como ocorre na produção industrial, já que este grupo não tem funções econômicas no sentido moderno da palavra. Ele tem uma renda porque juridicamente é proprietário de uma parte do solo nacional, e sua função consiste em impedir "politicamente" o camponês cultivador de melhorar a própria existência, já que qualquer melhoramento da posição relativa do camponês seria catastrófica para sua própria posição social. A miséria crônica e o trabalho prolongado do camponês, com o consequente embrutecimento, representam para aquele grupo uma necessidade primordial. Por isso, emprega a máxima energia na resistência e no contra-ataque a qualquer mínima tentativa de organização autônoma do trabalho camponês e a qualquer movimento cultural camponês que ultrapasse os limites da religião oficial. Os limites deste grupo social e as razões de sua fraqueza íntima situam-se em sua dispersão territorial e na "não homogeneidade" intimamente ligada a esta dispersão. Isto explica também outras características: a volubilidade, a multiplicidade dos sistemas ideológicos a que aderem, a própria extravagância das ideologias algumas vezes adotadas. A vontade está definida para um fim, mas é vagarosa e, frequentemente, necessita de um longo processo para centralizar-se organizativa e politicamente. O processo se acelera quando a "vontade" específica desse grupo coincide com a vontade e os interesses imediatos da classe alta; não só o processo se acelera, como se manifesta de imediato a "força militar" dessa camada, que algumas vezes, depois de se organizar, dita leis à classe alta, se não pelo conteúdo, pelo menos no que se refere à "forma" da solução. Observa-se neste caso o funcionamento das mesmas leis que foram observadas para as relações cidade-campo em relação às classes subalternas: a força da cidade torna-se automaticamente força do campo; mas, dado que no campo os conflitos logo assumem uma forma aguda e "pessoal", por causa da ausência de margens econômicas e da pressão normalmente mais pesada que é exercida de cima para baixo, os contra-ataques no campo devem assim ser mais rápidos e decididos [52]. Este grupo compreende e vê que a origem de seus males está nas cidades, na força das cidades, e, por isso, entende que "deve" ditar a solução às classes altas urbanas, a fim de que o principal foco seja debelado, mesmo que isto não seja da conveniência imediata das classes altas urbanas, ou porque é algo muito dispendioso ou porque é perigoso a longo prazo (estas classes veem ciclos mais amplos de desenvolvimento, nos quais é possível manobrar, e não apenas o interesse "físico" imediato). A função dirigente desta camada deve ser entendida neste sentido, e não em sentido absoluto; mas isso não é pouca coisa.

Vê-se um reflexo deste grupo na atividade ideológica dos intelectuais conservadores, de direita. O livro de Gaetano Mosca, *Teorica dei governi e governo parlamentare* (segunda edição de 1925, primeira edição de 1883), é exemplar a este respeito; desde 1883, Mosca estava aterrorizado com um possível contato entre cidade e campo. Mosca, por sua posição defensiva (de contra-ataque), compreendia melhor em 1883 a técnica da política das classes subalternas do que a compreenderiam, mesmo algumas décadas depois, os representantes destas forças subalternas, inclusive urbanas.

(Deve-se notar como este caráter "militar" do grupo social em questão, que era tradicionalmente um reflexo espontâneo de determinadas condições de existência, é agora conscientemente educado e predisposto organicamente. Fazem parte deste movimento consciente os esforços sistemáticos para criar e manter de modo estável diversas associações de militares da reserva e de ex-combatentes dos vários corpos e armas, sobretudo de oficiais, que estão ligadas aos Estados-Maiores e podem ser mobilizadas quando necessário, sem que seja preciso mobilizar o exército regular, que manteria, assim, seu caráter de reserva em estado de alerta, reforçada e tornada imune à decomposição política por estas forças "privadas", que não poderão deixar de influir sobre seu "moral", sustentando-o e fortalecendo-o.

Pode-se dizer que ocorre um movimento do tipo "cossaco", não em formações dispostas ao longo das fronteiras de nacionalidade, como se verificava com os cossacos czaristas, mas ao longo das "fronteiras" de grupo social.)

Portanto, em toda uma série de países, influência do elemento militar na vida estatal não significa apenas influência e peso do elemento técnico-militar, mas influência e peso da camada social da qual o elemento técnico-militar (sobretudo os oficiais subalternos) se origina de modo especial. Esta série de observações é indispensável para analisar o aspecto mais íntimo daquela determinada forma política que se convencionou chamar de cesarismo ou bonapartismo, para distingui-la de outras formas em que o elemento técnico-militar como tal predomina, sob formas talvez ainda mais evidentes e exclusivas. A Espanha e a Grécia oferecem dois exemplos típicos, com aspectos semelhantes e diversos. Na Espanha, é preciso levar em conta algumas particularidades: tamanho e baixa densidade da população camponesa. Não existe, entre o latifundiário nobre e o camponês, uma numerosa burguesia rural, o que significa escassa importância da oficialidade subalterna como força em si (ao contrário, tinha certa importância antagonista a oficialidade das armas especializadas, artilharia e engenharia, de origem burguesa urbana, que se opunha aos generais e procurava ter uma política própria). Os governos militares, portanto, são governos de "grandes" generais. Passividade das massas camponesas como cidadania e como tropa. Se no exército ocorre desagregação política, é em sentido vertical, não horizontal, fruto da competição entre as camarilhas dirigentes: a tropa se divide para seguir os chefes em luta entre si. O governo militar é um parêntese entre dois governos constitucionais; o elemento militar é a reserva permanente da ordem e da conservação, é uma força política que atua de "modo público" quando a "legalidade" está em perigo. O mesmo ocorre na Grécia, com a diferença de que o território grego se espalha num sistema de ilhas e de que uma parte da população mais enérgica e ativa está sempre no mar, o que torna mais fácil a intriga e a conspiração militar; o camponês grego é tão passivo quanto o espanhol, mas, no quadro da população total, dado que o grego mais enérgico e ativo é marinheiro e quase sempre está longe de seu centro de vida política, a passividade geral deve ser analisada diversamente e a solução do problema não pode ser a mesma (os fuzilamentos dos membros de um governo derrubado na Grécia, há alguns anos, devem ser provavelmente explicados como uma explosão de cólera deste elemento enérgico e ativo, que pretendeu dar uma sangrenta lição). O que deve ser sobretudo observado é que, na Grécia e na Espanha, a experiência do governo militar não criou uma ideologia política e social permanente e formalmente orgânica, como ocorre, ao contrário, nos países por assim dizer potencialmente bonapartistas. Mas as condições históricas gerais dos dois tipos são as mesmas: equilíbrio dos grupos urbanos em luta, que impede o jogo da democracia "normal", o parlamentarismo; a influência do campo neste equilíbrio, porém, é diversa. Nos países como a Espanha, o campo, completamente passivo, permite aos generais da nobreza latifundiária servirem-se politicamente do exército para restabelecer o equilíbrio em perigo, isto é, a superioridade dos grupos altos. Em outros países, o campo não é passivo, mas seu movimento não está politicamente coordenado com o urbano: o exército deve permanecer neutro, pois é possível que, de outro modo, ele se desagregue horizontalmente (permanecerá neutro até certo ponto, naturalmente); e, em lugar dele, ao contrário, entra em ação a classe militar-burocrática, que, com meios militares, sufoca o movimento no campo (de imediato o mais perigoso); nesta luta, encontra uma certa unificação política e ideológica, encontra aliados nas classes médias urbanas (médias em sentido italiano) reforçadas pelos estudantes de origem rural que vivem nas cidades, impõe seus métodos políticos às classes altas, que devem fazer-lhes muitas concessões e permitir uma determinada legislação favorável; em suma, consegue, até certo ponto, tornar o Estado permeável a seus interesses e substituir uma parte do pessoal dirigente, continuando a se manter armada em meio ao desarmamento geral e apregoando o perigo de uma guerra civil entre seus adeptos armados e o exército regular, se a classe alta demonstrar uma excessiva veleidade de resistência.

Estas observações não devem ser concebidas como esquemas rígidos, mas apenas como critérios práticos de interpretação histórica e política. Nas análises concretas de eventos reais, as formas históricas são determinadas e quase "únicas". César representa uma combinação de circunstâncias reais bastante diversa daquela representada por Napoleão I, assim como a de Primo de Rivera é diversa daquela de Zivkovitch, etc. [53]

Na análise do terceiro grau ou momento do sistema das relações de força existentes numa determinada situação, pode-se recorrer com proveito ao conceito que, na ciência militar, é chamado de "conjuntura estratégica", ou seja, mais precisamente, ao grau de preparação estratégica do teatro da luta, um de cujos principais elementos é fornecido pelas condições qualitativas do pessoal dirigente e das forças ativas que podem ser chamadas de primeira linha (incluídas nestas as forças de assalto) [54]. O grau de preparação estratégica pode dar a vitória a forças "aparentemente" (isto é, quantitativamente) inferiores às do adversário. Pode-se dizer que a preparação estratégica tende a reduzir a zero os chamados "fatores imponderáveis", isto é, as reações imediatas, de surpresa, assumidas num determinado momento por forças tradicionalmente inertes e passivas. Devem ser computados, entre os elementos da preparação de uma conjuntura estratégica favorável, precisamente aqueles considerados nas observações sobre a existência e a organização de uma camada militar ao lado do organismo técnico do exército nacional.

Outros elementos podem ser elaborados, a partir do seguinte trecho do discurso pronunciado no Senado, em 19 de maio de 1932, pelo ministro da Guerra, general Gazzera (cf. *Corriere della Sera* de 20 de maio): "O regime disciplinar de nosso Exército, graças ao fascismo, constitui hoje uma norma diretiva que tem valor para toda a nação. Outros exércitos tiveram e ainda conservam uma disciplina formal e rígida. Nós temos sempre presente o princípio de que o Exército é feito para a guerra e que para ela deve se preparar; portanto, a disciplina de paz deve ser a mesma do tempo de guerra, que no tempo de paz deve encontrar seu fundamento espiritual. Nossa disciplina baseia-se num espírito de coesão entre os chefes e os soldados, coesão que é fruto espontâneo do sistema seguido. Este sistema resistiu magnificamente, durante uma longa e duríssima guerra, até à vitória; é mérito do regime fascista ter estendido a todo o povo italiano uma tradição disciplinar tão ilustre. Da disciplina de cada um depende o êxito da concepção estratégica e das operações táticas. A guerra ensinou muitas coisas, até mesmo que há uma separação profunda entre a preparação de paz e a realidade da guerra. É claro que, qualquer que seja a preparação, as operações iniciais em campo põem os beligerantes diante de problemas novos, que dão lugar a surpresas em uma e em outra parte. Mas disso não se deve extrair a conclusão de que não seja útil dispor de uma concepção *a priori* e de que nenhum ensinamento possa ser recolhido da guerra passada. Pode-se extrair dela uma doutrina de guerra, que deve ser entendida com disciplina intelectual e como meio para promover formas de raciocínio não discordantes e uniformidade de linguagem, de modo a permitir que todos compreendam e se façam compreender. Se, às vezes, a unidade doutrinária ameaçou degenerar em esquematismo, a reação foi imediata, imprimindo-se à tática, também através dos progressos da técnica, uma rápida renovação. Portanto, esta regulamentação não é estática, não é tradicional, como alguns creem. A tradição é considerada apenas como força, e os regulamentos estão sempre em curso de revisão, não por desejo de mudança, mas para poder adequá-los à realidade." (Um exemplo de "preparação da conjuntura estratégica" pode ser encontrado nas *Memórias* de Churchill, no trecho em que fala da batalha da Jutlândia) [55].

Um elemento a ser acrescentado ao parágrafo do economicismo, como exemplificação das chamadas teorias da intransigência, é o da rígida aversão de princípio aos chamados compromissos, que tem como manifestação subordinada o que pode ser denominado como o "medo dos perigos". É evidente que a aversão de princípio aos compromissos vincula-se estreitamente ao economicismo, uma vez que a concepção na qual se baseia esta aversão só pode ser a convicção férrea de que existem leis objetivas para o desenvolvimento histórico, do mesmo caráter das leis naturais, acrescida da persuasão de um finalismo fatalista similar ao fatalismo religioso: já que as condições favoráveis terão fatalmente de surgir e irão determinar, de modo bastante misterioso, acontecimentos palingenéticos, revela-se não só inútil, mas até mesmo prejudicial, qualquer iniciativa voluntária tendente a predispor estas situações segundo um plano. Ao lado destas convicções fatalistas, manifesta-se a tendência a confiar "mais adiante", cegamente e sem qualquer critério, na virtude reguladora das armas, o que, porém, não deixa de ter certa lógica e coerência, porque se pensa que a intervenção da vontade é útil para a destruição, não para a reconstrução (já em ato no próprio momento da destruição). A destruição é concebida mecanicamente, não como destruição-reconstrução [56]. Em tais modos de pensar, não se leva em conta o fator "tempo" e, em última análise, não se leva em conta a própria "economia", no sentido de que não se compreende como os fatos ideológicos de massa estão sempre atrasados em relação aos fenômenos econômicos de massa e como, portanto, em determinados momentos, o impulso automático devido ao fator econômico tem seu ritmo diminuído, é travado ou até mesmo destruído momentaneamente por elementos ideológicos tradicionais; e que, por isso, deve haver luta consciente e previamente projetada para fazer com que sejam "compreendidas" as exigências da posição econômica de massa, que podem estar em contradição com as diretrizes dos líderes tradicionais. Uma iniciativa política apropriada é sempre necessária para libertar o impulso econômico dos entraves da política tradicional, ou seja, para modificar a direção política de determinadas forças que devem ser absorvidas a fim de realizar um bloco histórico econômico-político novo, homogêneo, sem contradições internas; e, dado que duas forças "semelhantes" só podem fundir-se num organismo novo através de uma série de compromissos ou pela força das armas, unindo-as num plano de aliança ou subordinando uma à outra pela coerção, a questão é saber se se dispõe desta força e se é "produtivo" empregá-la. Se a união de duas forças é necessária para vencer uma terceira, o recurso às armas e à coerção (desde que se tenha disponibilidade de fazê-lo) é uma pura hipótese metodológica e a única possibilidade concreta é o compromisso, já que a força pode ser empregada contra os inimigos, não contra uma parte de si mesmo que se quer assimilar rapidamente e cuja "boa vontade" e entusiasmo é preciso obter.

(Sobre a "camada militar", é interessante o que escreve T. Tittoni, em "Ricordi personali di politica interna", *Nuova Antologia*, 1º-16 de abril de 1929. Tittoni conta que meditou sobre o fato de que, para reunir a força pública necessária para enfrentar os tumultos deflagrados numa localidade, era preciso desguarnecer outras regiões: durante a "semana vermelha" de junho de 1914, para poder reprimir os movimentos de Ancona se desguarnecera Ravena, onde em seguida o administrador provincial, privado da força pública, teve de se recolher à sede da administração, abandonando a cidade aos revoltosos [57]. "Muitas vezes me perguntei sobre o que poderia fazer o governo, se um movimento de revolta explodisse simultaneamente em toda a península." Tittoni propôs ao governo o alistamento dos "voluntários da ordem", ex-combatentes enquadrados por oficiais da reserva. O projeto de Tittoni pareceu digno de consideração, mas não teve seguimento) [58].

§ 24. Sobre a comparação entre os conceitos de guerra manobrada e guerra de posição na arte militar e os conceitos correspondentes na arte política, deve-se recordar o opúsculo de Rosa, traduzido para o italiano em 1919 por C. Alessandri (traduzido do francês) [59]. No opúsculo, são teorizadas um pouco apressadamente — e também superficialmente — as experiências históricas de 1905: Rosa, com efeito, negligenciou os elementos "voluntários" e organizativos que, naqueles eventos, foram muito mais difundidos e eficientes do que Rosa podia crer, já que ela era condicionada por um certo preconceito "economicista" e espontaneísta. Todavia, este opúsculo (e outros ensaios do mesmo autor) é um dos documentos mais significativos da teorização da guerra manobrada aplicada à arte política. O elemento econômico imediato (crises, etc.) é considerado como a artilharia de campo que, na guerra, abria a brecha na defesa inimiga, brecha suficiente para que as tropas próprias irrompessem e obtivessem um sucesso definitivo (estratégico) ou, pelo menos, um sucesso importante na diretriz da linha estratégica. Naturalmente, na ciência histórica, a eficácia do elemento econômico imediato é considerada bem mais complexa do que a da artilharia pesada na guerra de manobra, já que este elemento era concebido como tendo um duplo efeito: 1) abrir a brecha na defesa inimiga, depois de ter desbaratado o próprio inimigo e de levá-lo a perder a fé em si, em suas forças e em seu futuro; 2) organizar de modo fulminante as próprias tropas, criar os quadros ou, pelo menos, colocar com rapidez os quadros existentes (criados até então pelo processo histórico geral) em seu lugar de enquadramento das tropas dispersas; 3) criar de modo fulminante a concentração ideológica da identidade do fim a alcançar. Era uma forma de férreo determinismo economicista, com a agravante de que os efeitos eram concebidos como rapidíssimos no tempo e no espaço; por isso, tratava-se de um verdadeiro misticismo histórico, da expectativa de uma espécie de fulguração milagrosa.

A observação do general Krasnov (em seu romance) de que a *Entente* (que não queria uma vitória da Rússia imperial, para que não se resolvesse definitivamente a favor do czarismo a questão oriental) impôs ao Estado-Maior russo a guerra de trincheira (absurda em função da enorme extensão da frente, que ia do Báltico ao Mar Negro, com grandes zonas pantanosas e cobertas de bosque), quando a única possível era a guerra de manobra, é uma simples tolice [60]. Na realidade, o exército russo tentou a guerra de manobra e de penetração, especialmente no setor austríaco (mas também na Prússia Oriental) e obteve resultados brilhantíssimos, embora efêmeros. A verdade é que não se pode escolher a forma de guerra que se quer, a menos que se tenha imediatamente uma superioridade esmagadora sobre o inimigo;

sabe-se quantas perdas custou a obstinação dos Estados-Maiores em não querer reconhecer que a guerra de posição era "imposta" pela relação geral das forças em choque. Com efeito, a guerra de posição não é constituída apenas pelas trincheiras propriamente ditas, mas por todo o sistema organizativo e industrial que está por trás do exército alinhado, sendo imposta sobretudo pelo tiro rápido dos canhões, das metralhadoras, dos mosquetões, pela concentração das armas num determinado ponto, bem como pela abundância do abastecimento, que permite a rápida substituição do material perdido depois de uma penetração e de um recuo. Um outro elemento é a grande massa de homens que participam do alinhamento, de valor muito desigual e que só podem operar precisamente como massa. Pôde-se ver como, na frente oriental, uma coisa era irromper no setor alemão e outra no setor austríaco, e como, mesmo no setor austríaco, reforçado por tropas alemãs de elite e comandado por alemães, a tática da irrupção acabou em desastre. Verificou-se a mesma coisa na guerra polonesa de 1920, quando o avanço que parecia irresistível foi detido às portas de Varsóvia pelo general Weygand, na linha comandada por oficiais franceses [61]. Os próprios técnicos militares, que agora se fixaram na guerra de posição como antes se haviam fixado na guerra de manobra, certamente não sustentam que o tipo precedente deva ser considerado como cancelado pela ciência; mas, nas guerras entre os Estados mais avançados do ponto de vista civil e industrial, a guerra manobrada deve ser considerada como reduzida mais a funções táticas do que estratégicas, deve ser considerada na mesma posição em que antes estava a guerra de assédio em relação à guerra manobrada. A mesma transformação deve ocorrer na arte e na ciência política, pelo menos no que se refere aos Estados mais avançados, onde a "sociedade civil" tornou-se uma estrutura muito complexa e resistente às "irrupções" catastróficas do elemento econômico imediato (crises, depressões, etc.); as superestruturas da sociedade civil são como o sistema das trincheiras na guerra moderna. Assim como nesta última ocorria que um implacável ataque de artilharia parecia ter destruído todo o sistema defensivo do adversário (mas, na realidade, só o havia destruído na superfície externa, e, no momento do ataque e do avanço, os assaltantes defrontavam-se com uma linha defensiva ainda eficiente), algo similar ocorre na política durante as grandes crises econômicas: nem as tropas atacantes, por efeito da crise, organizam-se de modo fulminante no tempo e no espaço, nem muito menos adquirem um espírito agressivo; do outro lado, os atacados tampouco se desmoralizam, nem abandonam suas defesas, mesmo entre as ruínas, nem perdem a confiança na própria força e no próprio futuro. É claro que as coisas não permanecem tais como eram; mas também é certo que falta o elemento da rapidez, do tempo acelerado, da marcha progressiva, tal como esperariam que ocorresse os estrategistas do cadornismo político [62]. O último fato deste gênero na história da política foram os acontecimentos de 1917. Eles assinalaram uma reviravolta decisiva na história da arte e da ciência da política. Trata-se, portanto, de estudar com "profundidade" quais são os elementos da sociedade civil que correspondem aos sistemas de defesa na guerra de posição. Disse "com profundidade" intencionalmente, já que tais elementos foram estudados: mas o foram ou a partir de pontos de vista superficiais e banais, assim como certos historiadores do vestuário estudam as extravagâncias da moda feminina, ou a partir de um ponto de vista "racionalista", isto é, com a persuasão de que certos fenômenos são destruídos tão logo explicados "de modo realista", como se fossem superstições populares (que, de resto, também não são destruídas por serem explicadas).

A este conjunto de problemas deve ser ligada a questão do escasso sucesso obtido por novas correntes no movimento sindical.

Uma tentativa de dar início à revisão dos métodos táticos deveria ter sido aquela exposta por L. Davidovitch Bronstein na quarta reunião, quando traçou um paralelo entre a frente oriental e a frente ocidental: enquanto aquela caiu imediatamente, mas foi seguida por intensas lutas, nesta última as lutas teriam lugar "antes" [63]. Ou seja: tratar-se-ia de saber se a sociedade civil resiste antes ou depois do assalto, onde este tem lugar, etc. Contudo, a questão foi exposta apenas em forma literária brilhante, mas sem indicações de caráter prático.

§ 25. *"Duplicidade" e "ingenuidade" de Maquiavel.* Cf. o artigo de Adolfo Oxilia, "Machiavelli nel teatro" (*Cultura*, outubro-dezembro de 1933). Interpretação romântico-liberal de Maquiavel (Rousseau no *Contrato Social*, III, 6; Foscolo nos *Sepolcri*; Mazzini no breve ensaio "Machiavelli"). Mazzini escreve: "Eis o que seus príncipes, por mais fracos e vis que sejam, farão para dominá-los: agora, pensem nisto." Rousseau vê Maquiavel como um "grande republicano", que foi obrigado pela época — sem que disso derive nenhuma diminuição de sua dignidade moral — a "disfarçar seu amor pela liberdade" e a fingir dar lições aos reis para dar "grandes lições aos povos". Filippo Burzio notou que tal interpretação, em vez de justificar moralmente o maquiavelismo, na realidade revela um "maquiavelismo ao quadrado": o autor de *O Príncipe* não só daria conselhos sobre fraudes, mas também através de fraudes, para arruinar aqueles aos quais tais conselhos são dirigidos.

Esta interpretação "democrática" de Maquiavel remontaria ao Cardeal Pole e a Alberico Gentile (deve-se examinar o livro de Villari e o livro de Tommasini na parte que diz respeito à fortuna de Maquiavel) [64]. Parece-me que o trecho de Traiano Boccalini nos *Ragguagli del Parnaso* seja muito mais significativo do que todas as formulações dos "grandes estudiosos de política" e que tudo se reduza a uma aplicação do provérbio vulgar: "quem sabe o jogo não deve ensiná-lo" [65]. A corrente "antimaquiavelista" é simplesmente a manifestação teórica do seguinte princípio elementar de arte política: certas coisas se fazem, mas não se dizem.

Parece-me que precisamente disso nasce o problema mais interessante: por que Maquiavel escreveu *O Príncipe* não como um "documento" secreto ou reservado, como "instruções" de um conselheiro a um príncipe, mas como um livro que deveria ser posto ao alcance de todos? Para escrever uma obra de "ciência" desinteressada, como se poderia deduzir das observações de Croce [66]? Isto parece contra o espírito da época, parece uma concepção anacrônica. Por "ingenuidade", dado que Maquiavel é visto como um teórico e não como um homem de ação? Não parece aceitável a hipótese da "ingenuidade" presunçosa e "falastrona". É preciso reconstruir a época e as exigências que nela via Maquiavel. Na realidade, parece possível dizer que, não obstante *O Príncipe* ter uma destinação precisa, o livro não é escrito para ninguém e, sim, para todos: foi escrito para um hipotético "homem providencial", que poderia manifestar-se da mesma forma como se tinha manifestado Valentino ou outros *condottieri*, a partir do nada, sem tradição dinástica, em função de suas qualidades militares excepcionais. A conclusão do *Príncipe* justifica todo o livro também em relação às massas populares, que realmente esquecem os meios empregados para alcançar um fim se este fim é historicamente progressista, isto é, se resolve os problemas essenciais da época e estabelece uma ordem na qual seja possível mover-se, atuar, trabalhar tranquilamente. Ao se interpretar Maquiavel, ignora-se que a monarquia absoluta era, naquela época, uma forma de regime popular e que ela se apoiava nos burgueses contra os nobres e também contra o clero. (Oxilia sugere a hipótese de que a interpretação democrática de Maquiavel no período 1700-1800 tenha sido reforçada e tornada mais óbvia pelo "Giorno" de Parini, "satírico instrutor do *jovem senhor*, assim como Maquiavel — em outra época, com homens de outra natureza e qualidade — teria sido o trágico instrutor do *príncipe*") [67]. {B}

§ 26. *Hegemonia político-cultural*. É ainda possível, no mundo moderno, a hegemonia cultural de uma nação sobre as outras? Ou o mundo já está de tal modo unificado em sua estrutura econômico-social que um país, mesmo podendo ter "cronologicamente" a iniciativa de uma inovação, não pode porém conservar o monopólio político dela e, portanto, servir-se desse monopólio como base de hegemonia? Então, que significado pode ter hoje o nacionalismo? Não será ele possível apenas como "imperialismo" econômico-financeiro, e não mais como "primado" civil ou hegemonia político-intelectual?

§ 27. *O cesarismo.* César, Napoleão I, Napoleão III, Cromwell, etc. Catalogar os eventos históricos que culminaram em uma grande personalidade "heroica". Pode-se afirmar que o cesarismo expressa uma situação na qual as forças em luta se equilibram de modo catastrófico, isto é, equilibram-se de tal forma que a continuação da luta só pode terminar com a destruição recíproca. Quando a força progressista *A* luta contra a força regressiva *B*, não só pode ocorrer que *A* vença *B* ou *B* vença *A*, mas também pode suceder que nem *A* nem *B* vençam, porém se debilitem mutuamente, e uma terceira força, *C*, intervenha de fora, submetendo o que resta de *A* e de *B*. Na Itália, depois da morte do Magnífico, sucedeu precisamente isto, como sucedera no mundo antigo com as invasões bárbaras [68].

Mas o cesarismo, embora expresse sempre a solução "arbitral", confiada a uma grande personalidade, de uma situação histórico-política caracterizada por um equilíbrio de forças de perspectiva catastrófica, não tem sempre o mesmo significado histórico. Pode haver um cesarismo progressista e um cesarismo regressivo; e, em última análise, o significado exato de cada forma de cesarismo só pode ser reconstruído a partir da história concreta e não de um esquema sociológico. O cesarismo é progressista quando sua intervenção ajuda a força progressista a triunfar, ainda que com certos compromissos e acomodações que limitam a vitória; é regressivo quando sua intervenção ajuda a força regressiva a triunfar, também neste caso com certos compromissos e limitações, os quais, no entanto, têm um valor, um alcance e um significado diversos daqueles do caso anterior. César e Napoleão I são exemplos de cesarismo progressista. Napoleão III e Bismarck, de cesarismo regressivo. Trata-se de ver se, na dialética revolução-restauração, é o elemento revolução ou o elemento restauração que predomina, já que é certo que, no movimento histórico, jamais se volta atrás e não existem restaurações *in toto.* De resto, o cesarismo é uma fórmula polêmico-ideológica e não um cânone de interpretação histórica. Pode ocorrer uma solução cesarista mesmo sem um César, sem uma grande personalidade "heroica" e representativa. Também o sistema parlamentar criou um mecanismo para tais soluções de compromisso. Os governos "trabalhistas" de MacDonald eram, num certo grau, soluções dessa natureza; o grau de cesarismo elevou-se quando foi formado o governo com MacDonald primeiro-ministro e a maioria conservadora [69]. Da mesma forma, na Itália, em outubro de 1922, até o afastamento dos "populares" e depois, gradualmente, até 3 de janeiro de 1925, e ainda até 8 de novembro de 1926, verificou-se um movimento político-histórico em que diversas gradações de cesarismo se sucederam até atingir uma forma mais pura e permanente, embora também esta não imóvel e estática [70]. Todo governo de coalizão é um grau inicial de cesarismo, que pode ou não se desenvolver até graus mais significativos (naturalmente, a opinião vulgar é a de que, ao contrário, governos de coalizão constituem o mais "sólido baluarte" contra o cesarismo).

No mundo moderno, com suas grandes coalizões de caráter econômico-sindical e político-partidário, o mecanismo do fenômeno cesarista é muito diferente do que foi até Napoleão III. No período até Napoleão III, as forças militares regulares ou de carreira constituíam um elemento decisivo para o advento do cesarismo, que se verificava através de golpes de Estado bem claros, de ações militares, etc. No mundo moderno, as forças sindicais e políticas, com os meios financeiros incalculáveis de que podem dispor pequenos grupos de cidadãos, complicam o problema. Os funcionários dos partidos e dos sindicatos econômicos podem ser corrompidos ou aterrorizados, sem que haja necessidade de ações militares em grande estilo, do tipo César ou 18 Brumário. Reproduz-se neste campo a mesma situação examinada a propósito da fórmula da chamada "revolução permanente", típica dos jacobinos e de 1848. A técnica política moderna mudou completamente após 1848, após a expansão do parlamentarismo, do regime associativo sindical e partidário, da formação de vastas burocracias estatais e "privadas" (político-privadas, partidárias e sindicais), bem como das transformações que se verificaram na organização da polícia em sentido amplo, isto é, não só do serviço estatal destinado à repressão da criminalidade, mas também do conjunto das forças organizadas pelo Estado e pelos particulares para defender o domínio político e econômico das classes dirigentes. Neste sentido, inteiros partidos "políticos" e outras organizações econômicas ou de outro gênero devem ser considerados organismos de polícia política, de caráter investigativo e preventivo.

O esquema genérico das forças *A* e *B* em luta com perspectiva catastrófica, isto é, com a perspectiva de que nem *A* nem *B* vençam na luta para constituir (ou reconstituir) um equilíbrio orgânico, da qual nasce (pode nascer) o cesarismo, é precisamente uma hipótese genérica, um esquema sociológico (cômodo para a arte política). A hipótese pode se tornar cada vez mais concreta, se levada a um grau sempre maior de aproximação com a realidade histórica concreta, o que pode ser obtido especificando-se alguns elementos fundamentais. Assim, ao falar de *A* e de *B*, foi dito apenas que elas são uma força genericamente progressista e uma força genericamente regressiva: pode-se especificar de que tipo de forças progressistas e regressivas se trata e, desse modo, obter maiores aproximações. Nos casos de César e Napoleão I, pode-se dizer que *A* e *B*, embora fossem distintas e contrastantes, não eram forças tais que não pudessem "absolutamente" chegar a uma fusão e assimilação recíproca após um processo molecular, o que de fato ocorreu, pelo menos em certa medida (mas suficiente para os objetivos histórico-políticos de pôr fim à luta orgânica fundamental e, portanto, de superar a fase catastrófica). Este é um elemento de maior aproximação. Outro elemento é o seguinte: a fase catastrófica pode emergir por causa de uma deficiência política "momentânea" da força dominante tradicional, e não de uma deficiência orgânica necessariamente insuperável. Foi o que se verificou no caso de Napoleão III. A força dominante na França de 1815 a 1848 dividira-se politicamente (facciosamente) em quatro frações: a legitimista, a orleanista, a bonapartista, a jacobino-republicana. As lutas internas entre as facções eram de tal ordem que tornavam possível o avanço da força antagonista *B* (progressista) de forma "precoce"; contudo, a forma social existente ainda não esgotara suas possibilidades de desenvolvimento, como a história posterior demonstrou amplamente [71]. Napoleão III representou (à sua maneira, de acordo com a estatura do homem, que não era grande) estas possibilidades latentes e imanentes: seu cesarismo, assim, tem um colorido particular. É objetivamente progressista, embora não como o de César e de Napoleão I. O cesarismo de César e de Napoleão I foi, por assim dizer, de caráter quantitativo-qualitativo, ou seja, representou a fase histórica de passagem de um tipo de Estado para outro, uma passagem em que as inovações foram tantas e de tal ordem que representaram uma transformação completa. O cesarismo de Napoleão III foi só e limitadamente quantitativo: não houve a passagem de um tipo de Estado para outro, mas só "evolução" dentro do mesmo tipo, segundo uma linha ininterrupta.

No mundo moderno, os fenômenos de cesarismo são completamente diferentes tanto daqueles do tipo progressista César-Napoleão I como também daqueles do tipo Napoleão III, embora se aproximem deste último. No mundo moderno, o equilíbrio com perspectivas catastróficas não se verifica entre forças que, em última instância, poderiam fundir-se e unificar-se, ainda que depois de um processo penoso e sangrento, mas entre forças cujo contraste é insolúvel historicamente e que, ao contrário, aprofunda-se com o advento de formas cesaristas. Todavia, o cesarismo no mundo moderno ainda encontra uma certa margem, maior ou menor, conforme os países e seu peso relativo na estrutura mundial, já que uma forma social tem "sempre" possibilidades marginais de desenvolvimento e de sistematização organizativa subsequente e, em especial, pode contar com a fraqueza relativa da força progressista antagonista, em função da natureza e do modo de vida peculiar dessa força, fraqueza que é preciso manter: foi por isso que se afirmou que o cesarismo moderno, mais do que militar, é policial.

§ 28. *Sobre o desenvolvimento da técnica militar.* O traço mais característico e significativo do atual estágio da técnica militar e, portanto, também da orientação das pesquisas científicas ligadas ao desenvolvimento da técnica militar (ou que tendem a este fim) parece que deva ser buscado no seguinte: a técnica militar, em alguns de seus aspectos, tende a tornar-se independente do conjunto da técnica geral e a transformar-se numa atividade à parte, autônoma. Até a guerra mundial, a técnica militar era uma simples aplicação especializada da técnica geral e, portanto, a potência militar de um Estado ou de um grupo de Estados (aliados para se complementarem reciprocamente) podia ser calculada com exatidão quase matemática, com base no poderio econômico (industrial, agrícola, financeiro, técnico-cultural). A partir da guerra mundial, este cálculo não é mais possível, pelo menos com igual exatidão ou aproximação, e isto constitui a mais formidável incógnita da atual situação político-militar. Como ponto de referência, basta mencionar alguns elementos: o submarino, o avião de bombardeio, o gás e os meios químicos e bacteriológicos aplicados à guerra. Formulando a questão em termos extremos, pode-se, por absurdo, dizer que Andorra é capaz de produzir meios bélicos, sob a forma de gases e de bactérias, capazes de exterminar toda a França.

Esta situação da técnica militar é um dos elementos mais "silenciosamente" atuantes naquela transformação da arte política que levou à passagem, também em política, da guerra de movimento à guerra de posição ou de assédio.

§ 29. *Voluntarismo e massas sociais.* Em toda uma série de questões, seja de reconstrução da história passada, seja de análise histórico-política do presente, não se leva em conta o seguinte elemento: que é preciso distinguir e avaliar diversamente, por um lado, os empreendimentos e as organizações de voluntários e, por outro, os empreendimentos e as organizações de blocos sociais homogêneos (é evidente que, por voluntários, não se deve entender a elite quando ela é expressão orgânica da massa social, mas sim o voluntário separado da massa por seu impulso individual arbitrário e em frequente oposição à massa ou a ela indiferente). Esse elemento tem importância sobretudo para a Itália: 1) por causa do apoliticismo e da passividade tradicionais nas grandes massas populares, que têm como reação natural uma relativa predisposição para o "recrutamento de voluntários"; 2) por causa da constituição social italiana, um de cujos elementos é a doentia quantidade de burgueses rurais ou de tipo rural, médios e pequenos, a partir dos quais se formam muitos intelectuais irrequietos e, portanto, fáceis "voluntários" para qualquer iniciativa, mesmo a mais bizarra, contanto que seja vagamente subversiva (à direita ou à esquerda); 3) por causa da massa dos assalariados rurais e do lumpemproletariado, que é pitorescamente chamada na Itália de a classe dos "mortos de fome". Na análise dos partidos políticos italianos, pode-se ver que eles sempre foram formados por "voluntários" ou, num certo sentido, por pessoas deslocadas, e jamais, ou quase nunca, por blocos sociais homogêneos. Uma exceção foi a direita histórica cavouriana e daí sua superioridade orgânica e permanente sobre o chamado Partido de Ação mazziniano e garibaldino, que foi o protótipo de todos os posteriores partidos italianos de "massa", que na verdade não foram tais (ou seja, não organizaram grupos sociais homogêneos), mas foram acampamentos ciganos e nômades da política [72]. Pode-se encontrar uma única análise desse gênero (mas imprecisa e gelatinosa, feita de um ponto de vista somente "estatístico-sociológico") no livro de Robert Michels, *Borghesia e proletariato* [73].

A posição de Gottlieb foi precisamente similar à do Partido de Ação, ou seja, cigana e nômade: o interesse sindical era muito superficial e de origem polêmica, não sistemático, não orgânico e consequente, não de busca de homogeneidade social, mas paternalista e formalista [74].

§ 30. *O número e a qualidade nos regimes representativos.* Um dos lugares-comuns mais banais que se repetem contra o sistema eletivo de formação dos órgãos estatais é o de que "nele o número é lei suprema" e que a "opinião de um imbecil qualquer que saiba escrever (e mesmo de um analfabeto, em determinados países) vale, para efeito de determinar o curso político do Estado, exatamente o mesmo que a opinião de quem dedica ao Estado e à Nação suas melhores forças", etc. (as formulações são muitas, algumas até mais felizes do que a citada, que é de Mario da Silva, na *Critica Fascista* de 15 de agosto de 1932, mas o conteúdo é sempre igual). O fato, porém, é que não é verdade, de modo algum, que o número seja a "lei suprema" nem que o peso da opinião de cada eleitor seja "exatamente" igual. Os números, mesmo neste caso, são um simples valor instrumental, que dão uma medida e uma relação, e nada mais. E, de resto, o que é que se mede? Mede-se exatamente a eficácia e a capacidade de expansão e de persuasão das opiniões de poucos, das minorias ativas, das elites, das vanguardas, etc., etc., isto é, sua racionalidade ou historicidade ou funcionalidade concreta. Isto quer dizer que não é verdade que o peso das opiniões de cada um seja "exatamente" igual. As ideias e as opiniões não "nascem" espontaneamente no cérebro de cada indivíduo: tiveram um centro de formação, de irradiação, de difusão, de persuasão, houve um grupo de homens ou até mesmo uma individualidade que as elaborou e apresentou na forma política de atualidade. O número dos "votos" é a manifestação terminal de um longo processo, no qual a maior influência pertence exatamente aos que "dedicam ao Estado e à Nação suas melhores forças" (quando são tais). Se este pretenso grupo de excelências, apesar das infindáveis forças materiais que possui, não obtém o consenso da maioria, deve ser julgado ou inepto ou não representante dos interesses "nacionais", que não podem deixar de prevalecer quando se trata de induzir a vontade nacional num sentido e não noutro. "Desgraçadamente", cada um é levado a confundir seu próprio "particular" com o interesse nacional, e, portanto, a considerar "horrível", etc., que a decisão caiba à "lei do número"; o melhor é se tornar elite por decreto. Não se trata, portanto, de que os que "têm muito" intelectualmente se sintam reduzidos ao nível do último analfabeto, mas de que alguns presumam ter muito e pretendam tirar do homem "comum" até mesmo aquela fração infinitesimal de poder que ele possui para decidir sobre o curso da vida estatal.

Da crítica (de origem oligárquica, e não de elite) ao regime parlamentarista (é estranho que esse não seja criticado pelo fato de que a racionalidade historicista do consenso numérico é sistematicamente falsificada pela influência da riqueza), estas afirmações banais se estenderam a qualquer sistema representativo, mesmo não parlamentarista e não formado segundo os padrões da democracia formal [75]. Em tal caso, tais afirmações são ainda menos exatas. Nestes outros regimes, o consenso não tem no momento do voto uma fase final, muito ao contrário. Supõe-se o consenso permanentemente ativo, a ponto de que aqueles que consentem poderiam ser considerados como "funcionários" do Estado e as eleições como um modo de recrutamento voluntário de funcionários estatais de um certo tipo, que em certo sentido poderia vincular-se (em diversos planos) ao *self-government*. Já que as eleições se baseiam não em programas genéricos e vagos, mas de trabalho concreto imediato, quem consente empenha-se em fazer algo mais do que o cidadão legal comum para realizar tais programas, isto é, em ser uma vanguarda de trabalho ativo e responsável. O elemento "voluntariado" na iniciativa não poderia ser estimulado de outro modo para as mais amplas multidões; e, quando estas não são formadas de cidadãos amorfos, mas de elementos produtivos qualificados, é possível compreender a importância que pode ter a manifestação do voto. (Estas observações poderiam ser desenvolvidas de modo mais amplo e orgânico, sublinhando também outras diferenças entre os diversos tipos de eleição, conforme mudem as relações gerais sociais e políticas: relação entre funcionários eletivos e funcionários de carreira, etc.)

§ 31. *O teorema das proporções definidas.* Este teorema pode ser empregado com utilidade para tornar mais claros e mais bem esquematizados muitos raciocínios relacionados à ciência da organização (o estudo do aparelho administrativo, da composição demográfica, etc.) e também à política geral (nas análises das situações, das relações de força, no problema dos intelectuais, etc.). É evidente que se deve sempre recordar que o recurso ao teorema das proporções definidas tem um valor esquemático e metafórico, isto é, não pode ser aplicado mecanicamente, já que nos agregados humanos o elemento qualitativo (ou de capacidade técnica e intelectual de cada um de seus componentes) tem uma função predominante, mas não pode ser mensurado matematicamente. Por isso, pode-se dizer que todo aglomerado humano tem um particular princípio *ótimo* de proporções definidas. A ciência da organização, especialmente, pode recorrer com utilidade a este teorema, o que se manifesta com clareza no exército. Mas cada forma de sociedade tem seu tipo de exército, e cada tipo de exército tem um princípio particular de proporções definidas, que, de resto, também muda de acordo com as diversas armas ou especialidades. Há uma determinada relação entre soldados, cabos, sargentos, suboficiais, oficiais subalternos, oficiais superiores, Estados-Maiores, Estado-Maior geral, etc. Há uma relação das várias armas e especialidades entre si, etc. Cada modificação numa parte determina a necessidade de um novo equilíbrio com o todo, etc. Politicamente, o teorema pode ser aplicado aos partidos, aos sindicatos, às fábricas, para ver como cada grupo social tem uma lei própria de proporções definidas, que varia de acordo com o nível de cultura, independência mental, espírito de iniciativa e senso de responsabilidade e de disciplina de seus membros mais atrasados e periféricos [76].

A lei das proporções definidas é assim sintetizada por Pantaleoni nos *Principii di economia pura*: "[...] Os corpos só se combinam quimicamente em proporções definidas, e cada quantidade de um elemento que supere a quantidade exigida para uma combinação com outros elementos, presentes em quantidades definidas, permanece *livre*; se a quantidade de um elemento é deficitária em relação à quantidade de outros elementos presentes, a combinação só se verifica na medida em que é suficiente a quantidade do elemento que está presente em *quantidade menor* do que os outros" [77]. Seria possível usar metaforicamente esta lei para compreender como um "movimento" ou tendência de opiniões se torna partido, isto é, força política eficiente do ponto de vista do exercício do poder governamental: precisamente na medida em que possui (elaborou em seu interior) dirigentes de vários graus e na medida em que esses dirigentes adquiriram determinadas capacidades. O "automatismo" histórico de certas premissas (a existência de certas condições objetivas) é potenciado politicamente pelos partidos e pelos homens capazes: a ausência ou deficiência (quantitativa e qualitativa) destes torna estéril o próprio "automatismo" (que, portanto, não é automatismo): as premissas existem abstratamente, mas as consequências não se verificam porque falta o fator humano. Por isso, pode-se dizer que os partidos têm a tarefa de elaborar dirigentes qualificados; eles são a função de massa que seleciona, desenvolve, multiplica os dirigentes necessários para que um grupo social definido (que é uma quantidade "fixa", na medida em que se pode estabelecer quantos são os componentes de cada grupo social) se articule e se transforme, de um confuso caos, em exército político organicamente preparado. Quando, em sucessivas eleições do mesmo grau ou de grau diferente (por exemplo, na Alemanha antes de Hitler: eleições para a presidência da República, para o parlamento nacional, para as câmaras regionais, para os conselhos comunais, até chegar aos comitês de empresa), um partido oscila entre um número máximo e mínimo de votos, que parecem assim estranhos e arbitrários, pode-se deduzir que seus quadros são deficientes em quantidade e qualidade, ou em quantidade e não em qualidade (relativamente), ou em qualidade e não em quantidade. Um partido que tem muitos votos nas eleições locais e menos naquelas de maior importância política possui, certamente, deficiências qualitativas em sua direção central: dispõe de muitos subalternos ou, pelo menos, de subalternos em número suficiente, mas não possui um Estado-Maior adequado ao país e a sua posição no mundo, etc. Análises deste tipo são mencionadas em outros parágrafos.

§ 32. *Sobre o conceito de grande potência* [78]. A medida decisiva para estabelecer o que se deve entender por grande potência é dada pela guerra. O conceito de grande potência está estreitamente ligado às guerras. É grande potência aquele Estado que, tendo ingressado num sistema de alianças para uma guerra (e hoje toda guerra pressupõe sistemas de forças antagônicas), consegue, no momento da paz, conservar uma tal relação de forças com os aliados que se torna capaz de assegurar a manutenção dos pactos e das promessas feitas no início da campanha. Mas um Estado que, para entrar em guerra, necessita de grandes empréstimos, necessita continuamente de armas e de munições para seus soldados, de mantimentos para o exército e para a população civil, de navios para os transportes, isto é, que não pode fazer a guerra sem a ajuda contínua de seus aliados e que, durante algum tempo, mesmo depois da paz, ainda necessita de ajuda, sobretudo de mantimentos, de empréstimos ou outras formas de subsídios financeiros, como pode ser igual a seus aliados e impor a manutenção dos pactos? Um tal Estado só é considerado grande potência nos papéis diplomáticos, mas, na realidade, é considerado como um provável fornecedor de homens para a coalizão que dispõe dos meios não só para sustentar as próprias forças militares, mas também para financiar aquelas dos outros aliados.

Na política externa: "Assim, a política externa italiana, visando sempre à mesma meta, foi sempre retilínea, e suas supostas oscilações foram, na realidade, determinadas somente pelas incertezas e pelas contradições de outros, como é inevitável no campo internacional, onde infinitos são os elementos em contraste" (Aldo Valori, *Corriere della Sera*, 12 de maio de 1932). Ninguém duvida de que sejam infinitos os elementos de equilíbrio de um sistema político internacional; mas, exatamente por isto, o sistema deve ser estabelecido de tal modo que, apesar das flutuações externas, a própria linha não oscile (além do mais, é difícil definir o que se entende nestes casos por oscilação — que não pode ser entendida mecanicamente, ao modo dos farmacêuticos de aldeia e de uma mera coerência formal). A linha de um Estado hegemônico (isto é, de uma grande potência) não oscila, já que ele mesmo determina a vontade dos outros e não é determinado por esta, já que a linha política baseia-se no que há de permanente, e não de casual e imediato, bem como nos próprios interesses e naqueles das outras forças que concorrem de modo decisivo para formar um sistema e um equilíbrio.

§ 33. *Sobre o conceito de partido político* [79]. Quando se quer escrever a história de um partido político, deve-se enfrentar na realidade toda uma série de problemas muito menos simples do que aqueles imaginados, por exemplo, por Robert Michels, considerado um especialista no assunto [80]. O que é a história de um partido? Será a mera narração da vida interna de uma organização política, de como ela nasce, dos primeiros grupos que a constituem, das polêmicas ideológicas através das quais se forma seu programa e sua concepção do mundo e da vida? Tratar-se-ia, neste caso, da história de grupos intelectuais restritos e, em alguns casos, da biografia política de uma individualidade singular. Portanto, a moldura do quadro deverá ser mais ampla e abrangente. Será preciso escrever a história de uma determinada massa de homens que seguiu os iniciadores, sustentou-os com sua confiança, com sua lealdade, com sua disciplina, ou que os criticou "realisticamente", dispersando-se ou permanecendo passiva diante de algumas iniciativas. Mas será que esta massa é constituída apenas pelos adeptos do partido? Será suficiente acompanhar os congressos, as votações, etc., isto é, todo o conjunto de atividades e de modos de existência através dos quais uma massa de partido manifesta sua vontade? Evidentemente, será necessário levar em conta o grupo social do qual o partido é expressão e a parte mais avançada: ou seja, a história de um partido não poderá deixar de ser a história de um determinado grupo social. Mas este grupo não é isolado; tem amigos, afins, adversários, inimigos. Somente do quadro global de todo o conjunto social e estatal (e, frequentemente, também com interferências internacionais) é que resultará a história de um determinado partido; por isso, pode-se dizer que escrever a história de um partido significa nada mais do que escrever a história geral de um país a partir de um ponto de vista monográfico, pondo em destaque um seu aspecto característico. Um partido terá maior ou menor significado e peso precisamente na medida em que sua atividade particular tiver maior ou menor peso na determinação da história de um país.

Desse modo, é a partir do modo de escrever a história de um partido que resulta o conceito que se tem sobre o que é um partido ou sobre o que ele deva ser. O sectário se exaltará com os pequenos fatos internos, que terão para ele um significado esotérico e o encherão de entusiasmo místico; o historiador, mesmo dando a cada coisa a importância que tem no quadro geral, acentuará sobretudo a eficiência real do partido, sua força determinante, positiva e negativa, sua capacidade de contribuir para a criação de um acontecimento e também para impedir que outros acontecimentos se verificassem.

§ 34. *Sobre a origem das guerras.* Como é possível dizer que as guerras entre os Estados podem ter sua origem nas lutas dos grupos no interior de cada nação? É certo que em toda nação deve existir uma determinada (e específica para cada nação) expressão da lei das proporções definidas na composição social: ou seja, os vários grupos devem se manter em determinadas relações de equilíbrio, cuja perturbação radical poderia levar a uma catástrofe social. Estas relações variam conforme um país seja predominantemente agrícola ou industrial e de acordo com os diversos graus de desenvolvimento das forças produtivas materiais e do nível de vida. O grupo dirigente tenderá a manter o melhor equilíbrio, não só para sua permanência, mas para sua permanência em condições determinadas de prosperidade, e mesmo a incrementar tais condições. Mas, dado que a área social de cada país é limitada, será levado a estendê-la às zonas coloniais e de influência, entrando assim em conflito com outros grupos dirigentes que aspiram ao mesmo fim, ou em prejuízo dos quais a expansão de tal grupo deveria necessariamente se verificar, já que também o globo terrestre é limitado. Cada grupo dirigente tende, em abstrato, a ampliar a base da sociedade trabalhadora da qual extrai a mais-valia, mas a tendência abstrata se torna concreta e imediata quando a extração da mais-valia em sua base histórica torna-se difícil ou perigosa além de certos limites, os quais, todavia, são insuficientes.

§ 35. *Arte política e arte militar.* O escritor italiano de assuntos militares, general De Cristoforis, em seu livro *Che cosa sia la guerra*, diz que, por "destruição do exército inimigo" (objetivo estratégico), não se entende "a morte dos soldados, mas a dissolução de seus laços como massa orgânica". A fórmula é feliz e também pode ser empregada na terminologia política. Trata-se de identificar qual é, na vida política, o laço orgânico essencial, que não pode consistir apenas nas relações jurídicas (liberdade de associação e reunião, etc., com o cortejo dos partidos e dos sindicatos, etc.), mas se enraíza nas mais profundas relações econômicas, isto é, na função social no mundo da produção (formas de propriedade e de direção, etc.).

§ 36. *Sobre a burocracia.* 1) O fato de que, no desenvolvimento histórico das formas políticas e econômicas, tenha se formado o tipo do funcionário "de carreira", tecnicamente treinado para o trabalho burocrático (civil e militar), tem um significado decisivo na ciência política e na história das formas estatais. Tratou-se, em comparação com o autogoverno (*self-government*), de uma necessidade ou de uma degeneração, como pretendem os liberistas "puros"? É verdade que toda forma social e estatal teve um problema dos funcionários, um modo de formulá-lo e resolvê-lo, um sistema particular de seleção, um tipo próprio de funcionário a educar. Reconstruir o desenvolvimento de todos estes elementos é de importância capital. O problema dos funcionários coincide, em parte, com o problema dos intelectuais. Mas, se é verdade que cada nova forma social teve necessidade de um novo tipo de funcionário, também é verdade que os novos grupos dirigentes jamais puderam prescindir, pelo menos durante certo tempo, da tradição e dos interesses constituídos, isto é, das formações de funcionários já existentes e constituídas antes de seu advento (especialmente na esfera eclesiástica e na militar). A unidade do trabalho manual e intelectual e uma ligação mais estreita entre o poder legislativo e o poder executivo (fazendo com que os funcionários eleitos se interessem não só pelo controle, mas também pela execução dos negócios de Estado) podem ser motivos inspiradores tanto para uma orientação nova na solução do problema dos intelectuais como para aquele dos funcionários.

2) Vinculada à questão da burocracia e de sua organização "ótima", está a discussão sobre os chamados "centralismo orgânico" e "centralismo democrático" (que, de resto, nada tem a ver com a democracia abstrata, tanto que a Revolução Francesa e a Terceira República desenvolveram formas de centralismo orgânico não conhecidas nem pela

monarquia absoluta nem por Napoleão I) [81]. Devem ser investigadas e examinadas as relações econômicas e políticas reais que encontram sua forma de organização, sua articulação e sua funcionalidade nas diversas manifestações de centralismo orgânico e democrático em todos os campos: na vida estatal (unitarismo, federação, união de Estados federados, federação de Estados ou Estado federal, etc.), na vida interestatal (aliança, diferentes formas de "constelação" política internacional), na vida das associações políticas e culturais (maçonaria, Rotary Club, Igreja Católica), sindicais, econômicas (cartéis, trustes), num mesmo país, em diversos países, etc.

Polêmicas surgidas no passado (antes de 1914) a propósito do predomínio alemão na vida da alta cultura e de algumas forças políticas internacionais: era mesmo real este predomínio, ou em que consistia realmente? Pode-se dizer: a) que nenhum vínculo orgânico e disciplinar estabelecia uma tal supremacia, a qual, portanto, era um mero fenômeno de influência cultural abstrata e de prestígio bastante fugaz; b) que essa influência cultural não se referia em nada à atividade efetiva, que, ao contrário, era desagregada, localista, sem orientação de conjunto. Por isso, não se pode falar de nenhum centralismo, nem orgânico, nem democrático, nem de outro gênero ou misto. A influência era sentida e sofrida por escassos grupos intelectuais, sem ligação com as massas populares, e era precisamente esta ausência de ligação que caracterizava a situação. Todavia, um tal estado de coisas é digno de exame, já que ajuda a explicar o processo que levou a formular as teorias do centralismo orgânico, que foram precisamente uma crítica unilateral e de intelectuais àquela desordem e àquela dispersão de forças.

Desde logo, é preciso distinguir, nas teorias do centralismo orgânico, entre as que ocultam um programa preciso de predomínio real de uma parte sobre o todo (seja a parte constituída por uma camada como a dos intelectuais, seja a parte constituída por um grupo territorial "privilegiado") e as que representam uma pura posição unilateral de sectários e fanáticos, e que, mesmo podendo esconder um programa de predomínio (em geral de uma individualidade singular, como a do papa infalível, que levou o catolicismo a se transformar numa espécie de culto do pontífice), não parecem ocultar imediatamente um tal programa como fato político consciente. O nome mais exato seria o de centralismo burocrático. A "organicidade" só pode ser a do centralismo democrático, que é um "centralismo" em movimento, por assim dizer, isto é, uma contínua adequação da organização ao movimento real, um modo de equilibrar os impulsos a partir de baixo com o comando pelo alto, uma contínua inserção dos elementos que brotam do mais fundo da massa na sólida moldura do aparelho de direção, que assegura a continuidade e a acumulação regular das experiências: ele é "orgânico" porque leva em conta o movimento, que é o modo orgânico de revelação da realidade histórica, e não se enrijece mecanicamente na burocracia; e, ao mesmo tempo, leva em conta o que é relativamente estável e permanente ou que, pelo menos, move-se numa direção fácil de prever, etc. Este elemento de estabilidade no Estado encarna-se no desenvolvimento orgânico do núcleo central do grupo dirigente, tal como ocorre em escala mais restrita na vida dos partidos. O predomínio do centralismo burocrático no Estado indica que o grupo dirigente está saturado, transformando-se num grupelho estreito que tende a criar seus mesquinhos privilégios, regulamentando ou mesmo sufocando o surgimento de forças contrastantes, mesmo que estas forças sejam homogêneas aos interesses dominantes fundamentais (por exemplo, nos sistemas radicalmente protecionistas em luta com o liberismo econômico). Nos partidos que representam grupos socialmente subalternos, o elemento de estabilidade é necessário para assegurar a hegemonia não a grupos privilegiados, mas aos elementos progressistas, organicamente progressistas em relação a outras forças afins e aliadas, mas heterogêneas e oscilantes.

De qualquer modo, deve-se destacar que as manifestações mórbidas de centralismo burocrático ocorreram por causa da deficiência de iniciativa e de responsabilidade na base, isto é, por causa do primitivismo político das forças periféricas, mesmo quando elas são homogêneas com o grupo territorial hegemônico (fenômeno do piemontismo nas primeiras décadas da unidade italiana). A criação de tais situações pode ser extremamente prejudicial e perigosa nos organismos internacionais (Sociedade das Nações).

O centralismo democrático oferece uma fórmula elástica, que se presta a muitas encarnações; ela vive na medida em que é interpretada e adaptada continuamente às necessidades: ela consiste na pesquisa crítica do que é igual na aparente diversidade e, ao contrário, é diverso e até mesmo oposto na aparente uniformidade, para organizar e conectar estreitamente o que é semelhante, mas de modo que a organização e a conexão surjam como uma necessidade prática e "indutiva", experimental, e não como o resultado de um processo racionalista, dedutivo, abstrato, ou seja, próprio dos intelectuais puros (ou dos puros asnos). Este esforço contínuo para distinguir o elemento "internacional" e "unitário" na realidade nacional e local é, na verdade, a ação política concreta, a única atividade que produz o progresso histórico. Ele requer uma unidade orgânica entre teoria e prática, entre camadas intelectuais e massas populares, entre governantes e governados. Deste ponto de vista, as fórmulas de unidade e federação perdem grande parte de seu significado, ao passo que conservam seu veneno na concepção burocrática, na qual termina por não existir unidade, mas pântano, superficialmente calmo e "mudo", e não federação, mas "saco de batatas", isto é, justaposição mecânica de "unidades" singulares sem conexão entre si.

§ 37. *Notas sobre a vida nacional francesa.* O partido monarquista em regime republicano, assim como o partido republicano em regime monarquista ou o partido nacional em regime de sujeição do país a um Estado estrangeiro não podem deixar de ser partidos *sui generis*: se pretendem obter sucessos relativamente rápidos, devem ser centrais de federações de partidos, mais do que partidos caracterizados em todos os pontos particulares de seus programas de governo; partidos de um sistema geral de governo e não de governos particulares (um lugar à parte, nesta série, cabe aos partidos confessionais, como o Centro alemão ou os diversos partidos cristãos-sociais ou populares) [82]. O partido monarquista na França apoia-se nos resíduos ainda tenazes da velha nobreza agrária e numa parte da pequena burguesia e dos intelectuais. Com que contam os monarquistas para se tornarem capazes de assumir o poder e restaurar a monarquia? Contam com o colapso do regime parlamentar-burguês e com a incapacidade de qualquer outra força organizada existente de ser o núcleo político de uma ditadura militar previsível ou por eles mesmos preparada; de nenhuma outra maneira suas forças sociais estariam em condições de conquistar o poder. Na expectativa disso, o centro dirigente da Ação Francesa desenvolve sistematicamente uma série de atividades: uma ação organizativa político-militar (militar no sentido de partido e no sentido de ter células ativas entre os oficiais do exército) para agrupar do modo mais eficiente possível a estreita base social sobre a qual o movimento se apoia historicamente [83]. Sendo esta base constituída por elementos em geral mais qualificados pela inteligência, cultura, riqueza, prática de administração, etc., do que qualquer outro movimento, é possível ter um partido notável, até imponente, mas que se esgota em si mesmo, isto é, que não dispõe de reservas para lançar à luta numa crise decisiva. Portanto, o partido só é notável em épocas normais, quando os elementos ativos na luta política se contam por dezenas de milhares, mas se tornará insignificante (numericamente) nos períodos de crise, quando os elementos ativos se contarão por centenas de milhares, e talvez milhões.

O desenvolvimento do jacobinismo (de conteúdo) e da fórmula da revolução permanente aplicada na fase ativa da Revolução Francesa encontrou seu "aperfeiçoamento" jurídico-constitucional no regime parlamentar, que realiza — no período mais rico de energias "privadas" na sociedade — a hegemonia permanente da classe urbana sobre toda a população, na forma hegeliana do governo com o consenso permanentemente organizado (mas a organização do consenso é deixada à iniciativa privada, sendo portanto de caráter moral ou ético, já que se trata de consenso dado "voluntariamente" de um modo ou de outro)

[84]. O "limite" encontrado pelos jacobinos na Lei Le Chapelier e na lei do *maximum* é superado e levado adiante progressivamente através de um processo completo, no qual se alternam a atividade propagandista e a atividade prática (econômica, político-jurídica) [85]; a base econômica, por causa do desenvolvimento industrial e comercial, é continuamente ampliada e aprofundada; os elementos sociais mais ricos de energia e de espírito criador elevam-se das classes inferiores até as classes dirigentes, toda a sociedade está em contínuo processo de formação e de dissolução, seguida de formações mais complexas e ricas de possibilidades; em linhas gerais, isto dura até a época do imperialismo e culmina na guerra mundial. Alternam-se neste processo tentativas de insurreições e repressões impiedosas; ampliação e restrições do sufrágio político; liberdade de associação e restrições ou anulações desta liberdade; liberdade no campo sindical, mas não no campo político; formas diversas de sufrágio, votos por lista ou em distritos uninominais, sistema proporcional ou individual, com as várias combinações que disso resultam — sistema de duas Câmaras ou de uma só Câmara eletiva, com vários modos de eleição para cada uma delas (Câmara vitalícia e hereditária, Senado com mandato temporário, mas com eleição dos senadores diferente da eleição de deputados, etc.) —; diferente equilíbrio dos poderes (pelo que a magistratura pode ser um poder independente ou apenas uma ordem, controlada e dirigida através de circulares ministeriais); diferentes atribuições do chefe do governo e do chefe do Estado; equilíbrio interno diferente dos organismos territoriais (centralismo ou descentralização, maiores ou menores poderes dos administradores de departamento, dos conselhos provinciais, dos municípios, etc.); diferente equilíbrio entre as forças armadas alistadas e as profissionais (polícia civil e militar), com a dependência destes corpos profissionais de um ou de outro órgão estatal (da magistratura, do Ministério do Interior ou do Estado-Maior); o maior ou menor papel atribuído aos costumes ou à lei escrita, pelo que se desenvolvem formas consuetudinárias que podem, num certo ponto, ser abolidas pelas leis escritas (em alguns países, "parecia" que

se haviam construído regimes democráticos, mas estes se constituíram apenas formalmente, sem luta, sem sanção constitucional, e foi fácil desagregá-los sem luta, ou quase, reconstituindo a lei escrita ou interpretando a lei escrita de modo reacionário, já que eles careciam de recursos jurídico-morais e militares); a maior ou menor discrepância entre as leis fundamentais e as normas de execução, que anulam as primeiras ou lhes dão uma interpretação restritiva; o emprego mais ou menos amplo dos decretos-leis, que tendem a substituir a legislação ordinária e a modificam em determinadas ocasiões, "forçando a paciência" do Parlamento até configurar uma verdadeira "chantagem de guerra civil". Contribuem para este processo os teóricos-filósofos, os publicistas, os partidos políticos, etc., no que se refere ao desenvolvimento da parte formal, e os movimentos e as pressões de massa no que se refere à parte substancial, com ações e reações recíprocas, com iniciativas "preventivas" antes que um fenômeno se manifeste perigosamente e com repressões quando as prevenções falharam ou foram tardias e ineficazes.

O exercício "normal" da hegemonia, no terreno tornado clássico do regime parlamentar, caracteriza-se pela combinação da força e do consenso, que se equilibram de modo variado, sem que a força suplante em muito o consenso, mas, ao contrário, tentando fazer com que a força pareça apoiada no consenso da maioria, expresso pelos chamados órgãos da opinião pública — jornais e associações —, os quais, por isso, em certas situações, são artificialmente multiplicados. Entre o consenso e a força, situa-se a corrupção-fraude (que é característica de certas situações de difícil exercício da função hegemônica, apresentando o emprego da força excessivos perigos), isto é, o enfraquecimento e a paralisação do antagonista ou dos antagonistas através da absorção de seus dirigentes, seja velada, seja abertamente (em casos de perigo iminente), com o objetivo de lançar a confusão e a desordem nas fileiras adversárias.

No período do pós-guerra, o aparelho hegemônico se estilhaça e o exercício da hegemonia torna-se permanentemente difícil e aleatório.

O fenômeno é apresentado e tratado com vários nomes e em seus aspectos secundários e derivados. Os mais triviais são: "crise do princípio de autoridade" e "dissolução do regime parlamentar". Naturalmente, descrevem-se do fenômeno tão somente as manifestações "teatrais" no terreno parlamentar e do governo político, manifestações que são explicadas precisamente através da falência de alguns "princípios" (parlamentar, democrático, etc.) e da "crise" do princípio de autoridade (da falência de tal princípio falarão outros não menos superficiais e supersticiosos). A crise se apresenta, praticamente, na dificuldade cada vez maior para formar os governos e na instabilidade cada vez maior dos próprios governos: ela tem sua origem imediata na multiplicação dos partidos parlamentares e nas crises internas permanentes de cada um destes partidos (ou seja, verifica-se no interior de cada partido o que se verifica no Parlamento como um todo: dificuldades de governo e instabilidade de direção). As formas deste fenômeno são também, em certa medida, de corrupção e dissolução moral: cada fração de partido acredita possuir a receita infalível para deter o enfraquecimento do partido como um todo e recorre a todos os meios para assumir sua direção ou, pelo menos, para participar da direção, do mesmo modo como, no Parlamento, o partido pensa que deve ser o único a formar o governo para salvar o país, ou pelo menos pretende, para dar apoio ao governo, participar dele do modo mais amplo possível; disso resultam acordos cavilosos e minuciosos, que não podem deixar de ser personalistas a ponto de parecer escandalosos e que, frequentemente, são inconfiáveis e traiçoeiros. Talvez, na realidade, a corrupção pessoal seja menor do que parece, já que todo o organismo político está corrompido pelo esfacelamento da função hegemônica. Seria possível também justificar o fato de que os interessados em que a crise se resolva de seu próprio ponto de vista finjam acreditar e proclamem em voz alta que se trata da "corrupção" e da "dissolução" de uma série de "princípios" (imortais ou não): cada um é o melhor juiz na escolha das armas ideológicas mais apropriadas ao fim que pretende alcançar, e a demagogia pode ser considerada uma excelente arma. Mas a coisa torna-se cômica quando o demagogo não sabe que é demagogo e atua na prática como se fosse verdade que na realidade dos fatos o hábito faz o monge e o chapéu, o cérebro. Assim, Maquiavel se torna Stenterello [86].

A crise na França. Grande lentidão em seu desenvolvimento. Os partidos políticos franceses: eram muito numerosos, mesmo antes de 1914. A multiplicidade formal deles resulta da riqueza de eventos revolucionários e políticos na França, de 1789 até o caso Dreyfus: cada um destes acontecimentos deixou sedimentos e resíduos que se consolidaram em partidos, mas as diferenças são muito menos importantes do que as coincidências; na realidade, sempre reinou no Parlamento o regime dos dois partidos, liberal-democratas (variadas gamas do radicalismo) e conservadores. Aliás, pode-se dizer que a multiplicidade dos partidos, dadas as circunstâncias particulares da formação político-nacional francesa, foi bastante útil no passado: permitiu uma vasta obra de escolhas individuais e criou o grande número de hábeis homens de governo que é uma característica francesa. Através deste mecanismo ágil e articulado, cada movimento da opinião pública encontrava um reflexo imediato e uma composição. A hegemonia burguesa é muito forte e dispõe de muitas reservas. Os intelectuais estão muito concentrados (Instituto da França, Universidade, grandes jornais e revistas de Paris) e, embora sejam numerosíssimos, são no fundo muito disciplinados em relação aos centros nacionais de cultura. A burocracia militar e civil tem uma grande tradição e alcançou um alto grau de homogeneidade ativa.

A debilidade interna mais perigosa para o aparelho estatal (militar e civil) consistia na aliança do clericalismo com o monarquismo. Mas a massa popular, embora católica, não era clerical. No caso Dreyfus culminou a luta para paralisar a influência clerical-monárquica no aparelho estatal e para dar ao elemento laico uma predominância nítida. A guerra não enfraqueceu, mas reforçou, a hegemonia; não houve tempo para pensar: o Estado entrou em guerra e quase imediatamente o território nacional foi invadido. A passagem da disciplina de paz à disciplina de guerra não exigiu uma crise muito grande: os velhos quadros militares eram bastante amplos e elásticos; os oficiais subalternos e os suboficiais eram talvez os mais selecionados do mundo e os mais bem treinados para as funções de comando imediato das tropas. Comparação com outros países. A questão dos *arditi* e do voluntarismo; a crise dos quadros, determinada pela superioridade dos oficiais da reserva, que nos outros países tinham uma mentalidade contrária à dos oficiais de carreira [87]. Os *arditi*, em outros países, representaram um novo exército de voluntários, uma seleção militar, que teve uma função tática primordial. O contato com o inimigo só foi buscado através dos *arditi*, que formavam como que um véu entre o inimigo e o exército regular (função das barbatanas no espartilho). A infantaria francesa era formada, em sua grande maioria, por lavradores, ou seja, por homens dotados de uma reserva muscular e nervosa muito rica, que tornou mais difícil o colapso físico provocado pela longa vida de trincheira (o consumo anual médio de um cidadão francês é de aproximadamente 1.500.000 calorias, ao passo que o italiano não atinge 1.000.000); na França, o número de assalariados agrícolas é mínimo, o camponês sem terra é serviçal da fazenda, isto é, vive a mesma vida dos patrões e não conhece a fome trazida pelo desemprego, nem mesmo sazonal; o verdadeiro assalariado confunde-se com a criminalidade rural e é formado por elementos irrequietos que viajam de um ponto a outro do país para pequenos trabalhos marginais. A alimentação na trincheira era melhor do que em outros países e o passado democrático, rico de lutas e de ensinamentos recíprocos, criara o tipo difuso do cidadão moderno, até mesmo nas classes subalternas; cidadão no duplo sentido: não só o homem do povo se considerava algo, mas era considerado algo até mesmo pelos superiores, pelas classes dirigentes, isto é, não era incomodado nem maltratado por ninharias. Assim, não se formaram durante a guerra aquelas sedimentações de raiva envenenada e dissimulada que se verificaram em outros países. Por isso, as lutas internas do pós-guerra não tiveram grande aspereza e, sobretudo, não se verificou a intensa oscilação das massas rurais registrada em outros países.

A crise endêmica do parlamentarismo francês indica que há um mal-estar difuso no país, mas este mal-estar não adquiriu até agora um caráter radical, não colocou em jogo questões intangíveis. Houve uma ampliação da base industrial e, portanto, uma urbanização crescente. Massas rurais se transferiram para as cidades, não porém porque houvesse no campo desemprego ou fome insatisfeita de terra, mas porque na cidade se vive melhor, há mais conforto, etc. (o preço da terra é baixíssimo, e muitas terras boas são abandonadas aos italianos). A crise parlamentar reflete (até agora) sobretudo um deslocamento normal de massas (não devido a uma crise econômica aguda), com uma difícil busca de novos equilíbrios de representação e de partidos e um vago mal-estar que é apenas advertência prévia de uma possível grande crise política. A própria sensibilidade do organismo político leva a que se exagerem formalmente os sintomas do mal-estar. Tratou-se até agora, mais do que outra coisa, de uma série de lutas pela divisão dos cargos e dos benefícios estatais; por isso, crise dos partidos médios e, em primeiro lugar, do partido radical, que representa as cidades médias e pequenas e os camponeses mais avançados. As forças políticas preparam-se para as grandes lutas futuras e procuram uma posição melhor; as forças extraestatais fazem sentir mais sensivelmente seu peso e impõem seus homens de modo mais brutal.

O ponto culminante da crise parlamentar francesa teve lugar em 1925, e é da atitude em face desses acontecimentos, considerados decisivos, que se deve partir para dar um juízo sobre a consistência política e ideológica da Ação Francesa [88]. Maurras proclamou ruidosamente o esfacelamento do regime republicano e seu grupo preparou-se para a tomada do poder. Maurras é frequentemente exaltado como um grande estadista e como um formidável *Realpolitiker*: na realidade, é apenas um jacobino invertido. Os jacobinos empregavam uma certa linguagem, eram defensores convictos de uma determinada ideologia; na época e nas circunstâncias dadas, aquela linguagem e aquela ideologia eram ultrarrealistas, já que conseguiam dinamizar as energias políticas necessárias para os objetivos da Revolução e para consolidar permanentemente o acesso ao poder da classe revolucionária; e acabaram arrancados, como sempre sucede, das condições de lugar e de tempo e reduzidos a fórmulas, transformando-se em algo diverso, um espectro, palavras vazias e inertes. O cômico consiste no fato de que Maurras inverteu de modo banal aquelas fórmulas, substituindo-as por outras que organizou numa ordem lógico-literária impecável, fórmulas que também não podiam representar mais do que o reflexo do mais puro e trivial iluminismo. Na realidade, Maurras é exatamente o defensor mais representativo do "estúpido século XIX", a concentração de todos os lugares-comuns maçônicos mecanicamente invertidos: seu relativo sucesso depende precisamente do fato de que seu método agrada porque é o método da razão raciocinante, do qual nasceu o enciclopedismo e toda a tradição cultural maçônica francesa [89]. O Iluminismo criou uma série de mitos populares, que eram apenas a projeção no futuro das mais profundas e milenares aspirações das grandes massas, aspirações ligadas ao cristianismo e à filosofia do senso comum, mitos certamente bastante simplistas, mas que tinham uma origem realmente enraizada nos sentimentos e que, de qualquer modo, não podiam ser controlados experimentalmente (historicamente); Maurras criou o mito "simplista" de um fantástico passado monárquico francês; mas este mito foi "história", e as deformações intelectualistas da história podem ser facilmente corrigidas: toda a instrução pública francesa é uma implícita retificação do mito monárquico, que se torna assim um "mito" mais *defensivo* do que criador de paixões. Uma das fórmulas fundamentais de Maurras é "a política antes de tudo", mas ele é o primeiro a não segui-la. Para ele, antes da política há sempre a "abstração política", a aceitação integral de uma concepção do mundo "minuciosíssima", que prevê todos os detalhes, como sucede com as utopias dos literatos, que exige uma determinada concepção da história, mas da história concreta da França e da Europa, isto é, uma hermenêutica determinada e fossilizada.

Léon Daudet escreveu que a grande força da Ação Francesa foi a homogeneidade e a unidade indestrutíveis de seu grupo dirigente: sempre coeso, sempre solidário política e ideologicamente [90]. Decerto, a unidade e a homogeneidade do grupo dirigente constituem uma grande força, mas de caráter sectário e maçônico, não de um grande partido de governo. A linguagem política transformou-se num jargão, criou-se uma atmosfera de igrejinha: de tanto repetir sempre as mesmas fórmulas, de manejar os mesmos esquemas mentais enrijecidos, termina-se, na realidade, por pensar do mesmo modo, já que se acaba por não pensar mais. Maurras em Paris e Daudet em Bruxelas pronunciam a mesma frase sobre o mesmo fato, sem consulta, porque já existe um acordo prévio, porque se trata de duas máquinas de frases, montadas há vinte anos para dizer as mesmas frases no mesmo momento.

O grupo dirigente da Ação Francesa formou-se por cooptação: no princípio havia Maurras com seu verbo, depois veio Vaugeois, depois Daudet, depois Pujo, etc., etc. [91]. Toda vez que alguém se afastou do grupo teve lugar uma série catastrófica de polêmicas e de acusações intermináveis e desleais, o que se compreende: Maurras é como um papa infalível e o afastamento de um de seus próximos tem um significado verdadeiramente catastrófico.

Do ponto de vista da organização, a Ação Francesa é muito interessante e mereceria um estudo aprofundado. Sua força relativa deve-se especialmente ao fato de que seus elementos de base são tipos sociais intelectualmente selecionados, cujo "agrupamento" militar é extremamente fácil, tal como o seria o de um exército constituído apenas por oficiais. Naturalmente, a seleção intelectual é relativa, pois é espantoso como os adeptos da Ação Francesa são propensos a repetir, como papagaios, as fórmulas do líder (mesmo não se tratando de uma necessidade de guerra, sentida como tal) e, até mesmo, procurem tirar delas um proveito "esnobe". Numa república, pode parecer sinal de distinção ser monarquista parlamentar; numa democracia, ser reacionário consequente. O grupo, por sua composição, possui (além das subvenções de certos grupos industriais) muitos fundos, em quantidade capaz de permitir iniciativas múltiplas que dão a aparência de uma certa vitalidade e atividade. A posição social de muitos adeptos ostensivos e ocultos possibilita ao jornal e ao centro dirigente dispor de uma massa de informações e documentos reservados que permitem uma multiplicidade de polêmicas pessoais. No passado e ainda hoje, embora de modo mais limitado, o Vaticano deve ter sido uma fonte de informações de primeira ordem (a secretaria de Estado e o alto clero francês) [92]. Muitas campanhas personalistas devem ser feitas de modo velado ou meio velado: publica-se uma parte da verdade para dar a entender que se sabe tudo, ou fazem-se alusões maliciosas que os interessados compreendem. Estas violentas campanhas pessoais têm vários significados para a Ação Francesa: galvanizam os adeptos, já que a ostentação do conhecimento das coisas mais secretas dá a impressão de uma grande capacidade de penetrar no campo adversário e de uma poderosa organização à qual nada escapa, mostram o regime republicano como um bando de delinquentes, paralisam uma série de adversários com a ameaça de desonrá-los e fazem com que alguns se tornem partidários secretos. A concepção empírica que se pode extrair de toda a atividade da Ação Francesa é esta: o regime parlamentar republicano se dissolverá inelutavelmente, já que é um *monstrum* histórico-racional que não corresponde às leis "naturais" da sociedade francesa rigidamente estabelecidas por Maurras. Os nacionalistas integrais, portanto, devem: 1) afastar-se da vida real da política francesa, não lhe reconhecendo "legalidade" histórico-racional (abstencionismo, etc.) e combatendo-a em bloco; 2) criar um antigoverno, sempre pronto a instalar-se nos "palácios tradicionais" com um golpe de mão: este antigoverno já se apresenta hoje com todos os órgãos embrionários, que correspondem às grandes atividades nacionais.

Na realidade, abriram-se algumas brechas em todo esse rigor. Em 1919, foram apresentadas algumas candidaturas, e Daudet foi eleito por milagre. Nas outras eleições, a Ação Francesa apoiou os candidatos de direita que aceitavam alguns de seus princípios marginais (parece que esta atividade foi imposta a Maurras por seus colaboradores mais especializados em política real, o que demonstra que a unidade não é tão monolítica). Para sair do isolamento, foi projetada a publicação de um grande jornal informativo, mas até agora não se fez nada (só existem a *Revue Universelle* e o *Charivari*, que cumprem um papel de divulgação indireta entre o grande público). A ácida polêmica com o Vaticano e a subsequente reorganização do clero e das associações católicas romperam o único vínculo que a Ação Francesa mantinha com as grandes massas nacionais, vínculo que era, também ele, bastante aleatório. O sufrágio universal, introduzido na França há muito tempo, já determinou a adesão política das massas, formalmente católicas, aos partidos republicanos de centro, embora estes sejam anticlericais e laicistas: o sentimento nacional, organizado em torno do conceito de pátria, é igualmente forte e, em determinados casos, é indubitavelmente mais forte do que o sentimento religioso-católico, que de resto tem características próprias. A fórmula pela qual "a religião é uma questão privada" radicou-se como forma popular do conceito de separação entre Igreja e Estado. Além do mais, o conjunto de associações que constituem a Ação Católica está nas mãos da aristocracia rural (seu chefe é, ou era, o general Castelnau), sem que o baixo clero exerça aquela função de guia espiritual-social que exercia na Itália (na parte setentrional). Em sua quase totalidade, o camponês francês se parece mais com nosso camponês meridional, que diz com satisfação: "O padre é padre no altar, fora dele é um homem como qualquer outro" (na Sicília: "Padres e sacristãos: se forem além da missa, cortamos suas mãos"). A Ação Francesa, através da camada dirigente católica, pensava poder dominar, no momento decisivo, todo o aparelho de massa do catolicismo francês. Havia neste cálculo um pouco de verdade e muita ilusão: em períodos de grandes crises político-morais, o sentimento religioso, relaxado em tempos normais, pode se tornar vigoroso e absorvente; mas, se o futuro parece pleno de nuvens tempestuosas, também a solidariedade nacional, expressa no conceito de pátria, torna-se absorvente na França, onde a crise não pode deixar de assumir o caráter de crise internacional e, então, a *Marselhesa* é mais forte que os salmos penitenciais. Em todo caso, também a esperança nesta possível reserva desvaneceu-se para Maurras. O Vaticano não pretende mais abster-se nas questões internas francesas e considera que a ameaça de uma possível restauração da monarquia tornou-se inoperante: o Vaticano é mais realista do que Maurras e entende melhor a fórmula "a política antes de tudo". Enquanto o camponês francês tiver de escolher entre Herriot e um Hobereau, escolherá Herriot: por isso, é preciso criar o tipo do "radical católico", isto é, do "popular", é preciso aceitar sem reservas a república e a democracia e organizar neste terreno as massas camponesas, superando o dissídio entre religião e política, fazendo do padre não só o guia espiritual (no campo individual-privado), mas também o guia social no campo econômico-político [93]. A derrota de Maurras é certa (como a de Hugenberg na Alemanha) [94]. É a concepção de Maurras que é falsa por excesso de perfeição lógica: esta derrota, de resto, foi sentida pelo próprio Maurras precisamente no início da polêmica com o Vaticano, que coincidiu com a crise parlamentar francesa de 1925 (não certamente por acaso). Quando os ministérios se sucediam ininterruptamente, a Ação Francesa proclamou estar pronta para assumir o poder e apareceu um artigo no qual se chegou a convidar Caillaux para colaborar — Caillaux, para o qual se anunciava continuamente o pelotão de fuzilamento [95]. O episódio é clássico: a política enrijecida e racionalista de Maurras, do abstencionismo apriorístico, das leis naturais "siderais" que regem a sociedade francesa, estava condenada ao marasmo, ao colapso, à abdicação no momento decisivo. No momento decisivo, vê-se que as grandes massas de energia postas em movimento pela crise não deságuam de modo algum nos reservatórios criados artificialmente, mas seguem os caminhos realmente traçados pela política real precedente, deslocam-se segundo os partidos que sempre estiveram ativos ou até mesmo nasceram como cogumelos no próprio terreno da crise. Era uma tolice crer que, em 1925, o regime republicano pudesse cair em decorrência de uma crise parlamentar (o intelectualismo antiparlamentarista leva a tais alucinações monomaníacas); se houve colapso, foi o colapso moral de Maurras, ainda que não tenha despertado de seu estado de iluminação apocalíptica, bem como de seu grupo, que se sentiu isolado e teve de apelar para Caillaux & Cia.

Na concepção de Maurras, existem muitos traços semelhantes aos de certas teorias formalmente catastróficas de determinado economicismo e sindicalismo. Ocorreu frequentemente esta transposição para o campo político e parlamentar de concepções nascidas no terreno econômico e sindical. Todo abstencionismo político em geral, e não só o parlamentar, baseia-se numa tal concepção mecanicamente catastrófica: a força do adversário ruirá matematicamente se, com método rigorosamente intransigente, ele for boicotado no campo governamental (à greve econômica se conjugam a greve e o boicote políticos). O exemplo clássico é o dos clericais italianos depois de 1870, que imitaram e generalizaram alguns episódios da luta dos patriotas contra o domínio austríaco, ocorridos sobretudo em Milão [96].

A afirmação — repetida com frequência por Jacques Bainville em seus ensaios históricos — de que o sufrágio universal e o plebiscito podiam (teriam podido) e poderão servir também ao legitimismo, assim como serviram a outras correntes políticas (especialmente aos Bonaparte), é muito ingênua, já que está ligada a um sociologismo ingênuo e abstratamente tolo: o sufrágio universal e o plebiscito são concebidos como esquemas abstraídos das condições de tempo e de lugar [97]. Deve-se notar: 1) que toda ratificação dada pelo sufrágio universal e pelo plebiscito ocorreu depois que a classe fundamental se havia concentrado poderosamente no campo político ou, mais ainda, no campo político-militar, em torno de uma personalidade "cesarista", ou então depois de uma guerra que criou uma situação de emergência nacional; 2) que, na realidade da história francesa, existiram diversos tipos de "sufrágio universal", à medida que se modificaram historicamente as relações econômico-políticas. As crises do sufrágio universal foram determinadas pelas relações entre Paris e a província, ou seja, entre a cidade e o campo, entre as forças urbanas e as forças do campesinato. Durante a Revolução, o bloco urbano parisiense dirigiu de modo quase absoluto a província; formou-se assim o mito do sufrágio universal, que deveria sempre dar razão à democracia radical parisiense. Por isso, Paris quis o sufrágio universal em 1848, mas ele expressou um parlamento reacionário-clerical, que permitiu a Napoleão III fazer sua carreira. Em 1871, Paris deu um grande passo à frente ao rebelar-se contra a Assembleia Nacional de Versalhes, eleita por sufrágio universal, ou seja, "compreendeu" implicitamente que pode haver conflito entre "progresso" e sufrágio; mas esta experiência histórica, de valor inestimável, perdeu-se imediatamente, porque seus portadores foram imediatamente suprimidos. Por outro lado, depois de 1871, Paris perde em grande parte a sua hegemonia político-democrática sobre o resto da França, por diversas razões: 1) porque se difunde por toda a França o capitalismo urbano e nasce o movimento radical socialista em todo o território; 2) porque Paris perde definitivamente sua unidade revolucionária, e sua democracia fraciona-se em grupos sociais e partidos antagônicos. O desenvolvimento do sufrágio universal e da democracia coincide cada vez mais com o fortalecimento em toda a França do partido radical e da luta anticlerical, fortalecimento facilitado, e mesmo favorecido, pelo desenvolvimento do chamado sindicalismo revolucionário. Na realidade, o abstencionismo eleitoral e o economicismo dos sindicalistas constituem a aparência "intransigente" da abdicação de Paris a seu papel de vanguarda revolucionária da França; constituem a expressão de um oportunismo rasteiro que se segue ao massacre de 1871. Assim, o radicalismo unifica num plano intermediário, de mediocridade pequeno-burguesa, a aristocracia operária da cidade e o camponês abastado do campo. Depois da guerra, há uma retomada do desenvolvimento histórico interrompido com ferro e fogo em 1871, mas ele se revela incerto, informe, oscilante e, sobretudo, privado de cabeças pensantes.

A *Rivista d'Italia* de 15 de janeiro de 1927 resume um artigo de J. Vialatoux publicado na *Chronique Sociale de France* algumas semanas antes; Vialatoux rechaça a tese sustentada por Jacques Maritain em *Une opinion sur Charles Maurras et le devoir des catholiques* (Paris, Plon, 1926), segundo a qual entre a filosofia e a moral pagãs de Maurras e sua política existiria apenas uma relação contingente, de modo que, se se toma a doutrina política, abstraindo a filosofia, é possível defrontar-se com algum perigo, como em todo movimento humano, mas nisto não há nada condenável. Para Vialatoux, justamente, a doutrina política deriva (ou, pelo menos, está indivisivelmente ligada a ela — G.) da concepção pagã do mundo (sobre este paganismo, é preciso distinguir claramente entre a roupagem literária plena de referências e metáforas pagãs e o núcleo essencial, que afinal é o positivismo naturalista, tomado de Comte e, mediatamente, do saint-simonismo, o que se insere no paganismo apenas em virtude do jargão e da nomenclatura eclesiástica — G.). O Estado é o fim último do homem: ele realiza a ordem humana apenas com as forças da natureza (isto é, "humanas", em contraposição a "sobrenaturais"). Pode-se definir Maurras mais por seus ódios do que por seus amores. Odeia o cristianismo primitivo (a concepção do mundo contida nos Evangelhos, nos primeiros apologetas, etc., o cristianismo até o Edito de Milão, cuja crença fundamental, em suma, era a de que a vinda de Cristo teria anunciado o fim do mundo e que, por isso, determinava a dissolução da ordem política romana numa anarquia moral que corroía todos os valores civis e estatais), que para ele é uma concepção judaica. Neste sentido, Maurras pretende descristianizar a sociedade moderna. Para Maurras, a Igreja Católica foi e será cada vez mais o instrumento dessa descristianização. Ele distingue entre cristianismo e catolicismo e exalta este último como a reação da ordem romana à anarquia judaica. O culto católico, suas devoções supersticiosas, suas festas, suas pompas, suas solenidades, sua liturgia, suas imagens, suas fórmulas, seus ritos sacramentais, sua hierarquia imponente são como um encantamento salutar para domar a anarquia cristã, para imunizar contra o veneno judaico do cristianismo autêntico. Segundo Vialatoux, o nacionalismo da Ação Francesa não passa de um episódio da *história religiosa* de nosso tempo (neste sentido, todo movimento político não controlado pelo Vaticano é um episódio da história religiosa, ou seja, toda a história é história religiosa. De qualquer modo, deve-se acrescentar que o ódio de Maurras contra tudo o que cheira a protestantismo e é de origem anglo-germânica — Romantismo, Revolução Francesa, capitalismo, etc. — não passa de um aspecto deste ódio contra o cristianismo primitivo. Seria preciso buscar em Auguste Comte as origens desta atitude geral em relação ao catolicismo, que não é independente do renascimento livresco do tomismo e do aristotelismo.)

§ 38. *Maurras e o "centralismo orgânico"*. O chamado "centralismo orgânico" baseia-se no princípio de que um grupo político é selecionado por "cooptação" em torno de um "portador infalível da verdade", de um "iluminado pela razão", que encontrou as leis naturais infalíveis da evolução histórica, infalíveis mesmo que a longo prazo e mesmo que os acontecimentos imediatos "pareçam" não lhes dar razão. A aplicação das leis da mecânica e da matemática aos fatos sociais — o que deveria ter apenas um valor metafórico — transforma-se no único e alucinante motor intelectual (a vácuo). O nexo entre o centralismo orgânico e as doutrinas de Maurras é evidente.

A batalha da Jutlândia. Deve-se rever a descrição da batalha da Jutlândia, feita por Winston Churchill em suas memórias de guerra. Ela revela como o plano e a direção estratégica da batalha, tanto por parte do comando inglês como do alemão, estão em contradição com a representação tradicional do caráter dos dois povos. O comando inglês centralizara "organicamente" a execução do plano na capitânia: as unidades da frota deveriam, em cada oportunidade concreta, "esperar ordens". O comando alemão, ao contrário, explicara a todos os comandos subalternos o plano estratégico geral e deixara a cada unidade certa liberdade de manobra que as circunstâncias poderiam exigir. A frota alemã comportou-se muito bem. A frota inglesa, ao contrário, sofreu embaraços, correu muitos riscos, teve graves perdas e, apesar de sua superioridade, não pôde obter resultados estratégicos positivos: num determinado momento, a capitânia perdeu a comunicação com as unidades combatentes e estas cometeram erros atrás de erros. (Epicarmo Corbino escreveu um livro sobre a batalha da Jutlândia) [98].

§ 39. Italo Chittaro, *La capacità di comando*, Casa Editrice De Alberti, Roma. Segundo uma resenha de V. Varanini na *Fiera Letteraria* de 4 de novembro de 1928, parece que o livro de Chittaro contém afirmações muito interessantes também para a ciência política. Necessidade de estudos históricos para a preparação profissional dos oficiais. Para comandar, não basta o simples bom senso: este, se existe, é fruto de um profundo conhecimento e de longo exercício. A capacidade de comando é especialmente importante na infantaria; se, nas outras armas, formam-se especialistas em tarefas particulares, na infantaria formam-se especialistas em comando, isto é, na tarefa de conjunto: portanto, é necessário que todos os oficiais destinados a graus elevados tenham exercido comando na infantaria (isto é, antes de serem capazes de organizar as "coisas", devem ser capazes de organizar e dirigir os homens). Finalmente, considera a necessidade da formação de um Estado-Maior amplo, eficaz, popular entre as tropas.

§ 40. G. *Gentile e a filosofia da política.* Cf. o artigo publicado por G. Gentile no *Spectator* de 3 de novembro de 1928 e republicado na *Educazione Fascista.* "Filosofia que não se pensa (!?), mas que se faz, e que por isso se enuncia e afirma não com fórmulas, mas com a ação." Já que, desde quando existe o homem, sempre se "fez", sempre "existiu" a "ação", esta filosofia sempre existiu e, portanto, foi a filosofia de... Nitti e de Giolitti. Todo Estado tem "duas filosofias": a que se enuncia através de fórmulas e é uma simples arte de governo; e a que se afirma com a ação e é a filosofia real, isto é, a história. O problema consiste em ver em que medida estas duas filosofias coincidem, divergem, estão em contraste, são coerentes internamente e uma com a outra. A "fórmula" gentiliana, na realidade, é apenas a máscara pedante da "filosofia" política mais bem conhecida com o nome de "oportunismo" e empirismo. Se Bouvard e Pécuchet tivessem conhecido Gentile, teriam encontrado na filosofia deste último a justa interpretação de sua atividade renovadora e revolucionária (no sentido não corrompido da palavra, como se diz).

2. Caderno 18

(1934)

Nicolau Maquiavel II

§ 1. A *Rivista d'Italia* de 15 de junho de 1927 é inteiramente dedicada a Maquiavel, por ocasião do quarto centenário de sua morte. Eis o índice: 1) Charles Benoist, "Le Machiavélisme perpétuel"; 2) Filippo Meda, "Il machiavellismo"; 3) Guido Mazzoni, "Il Machiavelli drammaturgo"; 4) Michele Scherillo, "Le prime esperienze politiche del Machiavelli"; 5) Vittorio Cian, "Machiavelli e Petrarca"; 6) Alfredo Galletti, "Niccolò Machiavelli umanista"; 7) Francesco Ercole, "Il Principe"; 8) Antonio Panella, "Machiavelli storico"; 9) Plinio Carli, "Niccolo Machiavelli scrittore"; 10) Romolo Caggese, "Ciò che è vivo nel pensiero politico di Machiavelli".

O artigo de Mazzoni é medíocre e prolixo: erudito-histórico-divagador. Como ocorre frequentemente com esse tipo de crítico, Mazzoni não compreendeu bem o conteúdo literário da *Mandrágora*: falsifica o caráter de *Messer* Nicia e, portanto, todo o conjunto dos personagens, que estão em função da aventura de *Messer* Nicia. Este não esperava um filho da união de sua mulher com Calímaco sob disfarce, mas, ao contrário, esperava que a mulher se tornasse fecunda em virtude da erva mandrágora e se libertasse, pela cópula com um estranho, das supostas consequências letais da poção, que, de outro modo, atingiriam a ele próprio. O tipo de tolice de *Messer* Nicia é bem circunscrito e representado: ele crê que a esterilidade de seu casamento não depende dele, velho, mas da mulher, jovem, porém frígida; e pretende corrigir esta suposta infecundidade da mulher, não a deixando ser fecundada por outro, mas conseguindo transformá-la de infecunda em fecunda.

O fato de *Messer* Nicia deixar-se convencer de que a mulher deve dormir com um tipo que deverá morrer para libertá-la de um suposto malefício, que, de outro modo, causaria um distanciamento entre ele e a mulher ou sua própria morte, é um elemento cômico, que se encontra sob outras formas na novelística popular, onde se costuma representar a impudência das mulheres que, para dar segurança aos amantes, deixam-se possuir na presença ou com o consentimento do marido (tema que, sob outra forma, também aparece em Boccaccio). Mas, na *Mandrágora*, está representada a parvoíce do marido e não a impudência da mulher, cuja resistência, aliás, só pode ser domada com a intervenção da autoridade materna e do confessor.

O artigo de Vittorio Cian é até pior que o de Mazzoni: a maçante retórica de Cian consegue ter a solidez de uma rocha. É evidente que Maquiavel reage à tradição petrarquista e procura liquidá-la, não continuá-la; mas Cian, com um juízo retrospectivo aplicado infantilmente, vê precursores por toda parte e intuições milagrosas em cada frase banal e ocasional. E escreve dez páginas sobre o assunto para dizer apenas os habituais lugares-comuns enfatuados dos manuais para as escolas médias e elementares [1].

§ 2. Pasquale Villari, *Niccolò Machiavelli e i suoi tempi*, organizado por Michele Scherillo, Ed. Ulrico Hoepli, Milão, 1927, 2 vols., 60 liras. (Trata-se da reimpressão da conhecida obra de Villari, com exceção dos documentos que, na edição Le Monnier, ocupam todo o terceiro volume e parte do segundo. Nesta edição de Scherillo, os documentos foram apenas relacionados, com referências sumárias a seu conteúdo, de modo que é possível localizá-los facilmente na edição Le Monnier) [2].

§ 3. Artigo de Luigi Cavina na *Nuova Antologia* de 16 de agosto de 1927: "Il sogno nazionale di Niccolò Machiavelli in Romagna e il governo di Francesco Guicciardini".

O tema do ensaio é interessante, mas Cavina não sabe extrair dele todas as consequências necessárias, dado o caráter superficialmente descritivo e retórico do texto.

Depois da batalha de Pavia e da derrota definitiva dos franceses, que assegurava a hegemonia espanhola na península, os senhores italianos são tomados pelo pânico. Maquiavel, que fora a Roma para entregar pessoalmente a Clemente VII as *Histórias florentinas* que acabara de concluir, propõe ao papa a criação de uma milícia nacional (significado preciso do termo) e o convence a fazer uma experiência. O papa envia Maquiavel a Francesco Guicciardini, então presidente da Romanha, com um breve datado de 6 de junho de 1525. Maquiavel devia expor a Guicciardini seu projeto e Guicciardini devia dar seu parecer [3].

O breve de Clemente VII deve ser todo ele interessante; expõe os transtornos por que passa a Itália, suficientemente grandes para induzir a que se busquem remédios novos e não costumeiros, e conclui: "Como entendemos, o assunto é importante, e dele depende a salvação do Estado Pontifício, assim como de toda a Itália e até de toda a cristandade", onde se vê como a Itália era para o papa o termo médio entre o Estado eclesiástico e a cristandade [4].

Por que a experiência na Romanha? Além da confiança que o papa depositava na prudência política de Guicciardini, deve-se talvez pensar em outros elementos: os habitantes da Romanha eram bons soldados, haviam combatido com valor e fidelidade em Agnadello, ainda que como mercenários. Além do mais, ocorrera na Romanha o precedente de Valentino, que recrutara bons soldados entre o povo, etc.

Guicciardini, desde 1512, escrevera que dar armas aos cidadãos "não é coisa estranha à vida republicana e popular, porque, quando existe *uma justiça boa e leis ordenadas*, aquelas armas não serão utilizadas para o mal, mas para o bem da pátria"; e louvara também a instituição da ordenança idealizada por Maquiavel (tentativa de criar em Florença uma milícia de cidadãos, que preparou a resistência durante o assédio).

Mas Guicciardini não considerava possível fazer a tentativa na Romanha, por causa das agudas divergências partidárias que ali dominavam (interessantes os juízos de Guicciardini sobre a Romanha): os gibelinos, depois da vitória de Pavia, estão prontos para qualquer novidade; mesmo se não forem dadas as armas, surgirá algum tumulto; não se pode dar armas, para se oporem às forças imperiais, precisamente aos defensores do império. Além disso, a dificuldade é ampliada pelo fato de que o Estado é eclesiástico, isto é, sem diretrizes a longo prazo e com fáceis anistias e indultos, no máximo a cada nova eleição de papa. Em outro Estado, seria possível domar as facções, mas não no Estado da Igreja. Como Clemente VII, em seu breve, dissera que, para o bom resultado do empreendimento, eram necessários não só ordem e diligência, mas também *o empenho e o amor do povo,* Guicciardini afirma que isto não é possível, dado que "a Igreja, na verdade, não tem amigos aqui: nem os que desejariam viver bem nem, por razões diferentes, os rebeldes e os infelizes".

Mas a iniciativa não teve seguimento porque o papa abandonou o projeto. Todavia, o episódio é do maior interesse, para mostrar como era grande a vontade e a capacidade de persuasão de Maquiavel, por causa dos juízos práticos imediatos de Guicciardini e, também, por causa da atitude do papa, que evidentemente permaneceu, durante algum tempo, sob a influência de Maquiavel; o breve pode ser considerado como um sumário da concepção de Maquiavel adaptada à mentalidade pontifícia.

Não são conhecidas as razões que Maquiavel deve ter contraposto às observações de Guicciardini, já que este não se refere a elas em suas cartas e as cartas de Maquiavel a Roma não são conhecidas. Pode-se observar que as inovações militares defendidas por Maquiavel não podiam ser improvisadas com a invasão espanhola em pleno desenvolvimento e que suas propostas ao papa, naquele momento, não podiam ter resultados concretos.

3. Dos cadernos miscelâneos

CADERNO 1 (1929-1930)

§ 40. *A "fórmula" de Léon Blum*: O poder é tentador, mas só a oposição é confortável [1].

§ 47. *Hegel e o associacionismo*. A doutrina de Hegel sobre os partidos e as associações como trama "privada" do Estado. Ela derivou historicamente das experiências políticas da Revolução Francesa e devia servir para dar um caráter mais concreto ao constitucionalismo. Governo com o consenso dos governados, mas com o consenso organizado, não genérico e vago tal como se afirma no momento das eleições: o Estado tem e pede o consenso, mas também "educa" este consenso através das associações políticas e sindicais, que, porém, são organismos privados, deixados à iniciativa privada da classe dirigente. Assim, em certo sentido, Hegel já supera o puro constitucionalismo e teoriza o Estado parlamentar com seu regime dos partidos. Sua concepção da associação não pode deixar de ser ainda vaga e primitiva, entre o político e o econômico, segundo a experiência histórica da época, que era muito restrita e dava um só exemplo acabado de organização, o "corporativo" (política enxertada na economia) [2].

Marx não podia ter experiências históricas superiores às de Hegel (ao menos muito superiores), mas tinha o sentido das massas, por sua atividade jornalística e de agitação. O conceito de organização em Marx ainda permanece preso aos seguintes elementos: organização profissional, clubes jacobinos, conspirações secretas de pequenos grupos, organização jornalística. A Revolução Francesa oferece dois tipos predominantes: os clubes, que são organizações não rígidas, do tipo "assembleia popular", centralizadas por individualidades políticas, cada uma das quais tem seu jornal, com o qual mantêm despertos a atenção e o interesse de uma determinada clientela pouco nítida nas margens, mas que defende as teses do jornal nas reuniões do clube. Decerto, entre os frequentadores dos clubes deviam existir grupos restritos e selecionados de pessoas que se conheciam reciprocamente, que se reuniam em separado e preparavam a atmosfera das reuniões para apoiar uma ou outra corrente, de acordo com o momento e também de acordo com os interesses concretos em jogo. As conspirações secretas, que em seguida tiveram tanta difusão na Itália antes de 1848, desenvolveram-se na França, depois do Termidor, entre os seguidores de segundo plano do jacobinismo, com muitas dificuldades no período napoleônico, por causa da atenta vigilância da polícia, com mais facilidade de 1815 a 1830 sob a Restauração, que foi bastante liberal na base e não tinha certas preocupações. Neste período que vai de 1815 a 1830, verificou-se também a diferenciação do campo político popular, que já se revela bastante significativa nas "gloriosas jornadas" de 1830, nas quais afloram as formações que se constituíram nos quinze anos anteriores. Depois de 1830 e até 1848, este processo de diferenciação se aprofunda e, com Blanqui e Filippo Buonarroti, gera tipos bastante definidos [3].

É difícil que Hegel pudesse ter conhecido de perto estas experiências históricas, que, ao contrário, eram mais vivas em Marx (sobre esta série de fatos, ver como material inicial as publicações de Paul Louis e o *Dicionário Político* de Maurice Block; no que se refere à Revolução Francesa, especialmente Aulard; ver também as notas de Andler ao *Manifesto*; no que se refere à Itália, o livro de Luzio sobre a Maçonaria e o *Risorgimento*, muito tendencioso) [4].

§ 76. *A crise do "Ocidente"*. A *Fiera Letteraria* de 29 de julho de 1928 publica alguns trechos de um artigo de Filippo Burzio em *La Stampa*. Fala-se hoje de Ocidente como há alguns séculos se falava de "Cristandade". Existiu uma primeira unidade do Ocidente, a cristão-católica medieval; um primeiro cisma, ou crise, a Reforma, com as guerras de religião. Depois da Reforma, depois de dois séculos, ou quase, de guerras de religião, realizou-se de fato, no Ocidente, uma segunda unidade, de outra índole, permeando profundamente toda a vida europeia e culminando nos séculos XVIII e XIX: e as resistências que encontrou não a invalidaram, tal como as heresias medievais não invalidaram a primeira. É esta nova unidade que está em crise (Burzio polemiza implicitamente com os católicos, os quais pretenderiam apropriar-se da "solução" da crise, como se esta se verificasse em seu terreno e eles fossem os antagonistas reais, embora sejam os resíduos ou os fósseis de uma unidade histórica já definitivamente superada). Ela se apoia em três pilares: o espírito crítico, o espírito científico, o espírito capitalista (talvez fosse melhor dizer: "industrial"). Os dois últimos estão firmes (se "capitalismo" = "industrialismo", sim), o primeiro, ao contrário, não está mais, e por isto as elites espirituais do Ocidente sofrem de desequilíbrio e de desarmonia entre a consciência crítica e a ação (seria sempre a crise do "historicismo", por causa da oposição entre "sentimento", "paixão", e consciência crítica). Como apoio à ação, como ajuda à vida, o imperativo filosófico é tão cinza e vazio quanto o solidarismo científico. Neste vazio a alma agoniza, e disto dá algum indício a inspiração poética, que se tornou cada vez mais lúgubre ou febril. Quase nenhum dia em nosso tempo é alegre (mas esta crise não estará antes ligada à queda do mito do progresso indefinido e do otimismo que daí decorria, isto é, de uma forma de religião, do que à crise do historicismo e da consciência crítica? Na realidade, a "consciência crítica" se restringia a um pequeno círculo, certamente hegemônico, mas restrito; o "aparelho de governo" espiritual se rompeu e há crise, mas ela também é de difusão, o que levará a uma nova "hegemonia" mais segura e estável). Devemos salvar o Ocidente integral; todo o conhecimento, com toda a ação. O homem quis navegar, e navegou; quis voar, e voou; e há muitos séculos pensa em Deus — será que isto não serve para nada? Alvorece, nasce na criatura a mentalidade do criador. Se não se pode escolher entre os vários modos de vida, porque especializar-se significa mutilar-se, só resta fazer tudo. Se a antiga religião parece esgotada, só resta rejuvenescê-la. Universalidade, interioridade, magia. Se Deus se esconde, resta o demiurgo. Homem do Ocidente, *hic res tua agitur.* (Observar como, em polos opostos, B. Croce e F. Burzio resistem à onda da nova "religiosidade" anti-historicista) [5].

§ 120. "Acreditem em mim, não tenham medo nem dos patifes nem dos malvados. Tenham medo do homem honesto que se engana; ele tem boa-fé consigo mesmo, acredita no bem e todos confiam nele; mas, infelizmente, engana-se a respeito dos meios de conseguir o bem para os homens." Esta observação do Abade Galiani era dirigida contra os "filósofos" do século XVIII, contra os futuros jacobinos, mas se adapta a todos os maus políticos ditos de boa-fé [6].

§ 133. *Arte militar e arte política.* Ainda sobre os *arditi.* As relações que existiam em 1917-1918 entre as formações de *arditi* e o exército em seu conjunto podem levar e já levaram os dirigentes políticos a errôneas formulações de planos de luta. Esquece-se: 1°) que os *arditi* são simples formações táticas e pressupõem um exército pouco eficiente, mas não completamente inerte: e isso porque, se a disciplina e o espírito militar se relaxaram a ponto de aconselhar uma nova disposição tática, eles existem ainda em certa medida, à qual corresponde precisamente a nova formação tática; se não fosse assim, teríamos certamente a derrota total e a fuga; 2°) que não se deve considerar o *arditismo* como um sinal da combatividade geral da massa militar, mas, inversamente, como um sinal de sua passividade e de sua relativa desmoralização.

Isto deve ser dito sem que se perca de vista o critério geral de que as comparações entre a arte militar e a política devem ser sempre estabelecidas *cum grano salis*, isto é, apenas como estímulos ao pensamento e como termos simplificativos *ad absurdum*: de fato, falta na militância política a sanção penal implacável para quem erra ou não obedece exatamente, falta o julgamento marcial, além do fato de que a formação política não se compara nem de longe à formação militar. Na luta política, além da guerra de movimento e da guerra de assédio ou de posição, existem outras formas. O verdadeiro *arditismo*, ou seja, o *arditismo* moderno, é próprio da guerra de posição, como se viu em 1914-1918. Também a guerra de movimento e a guerra de assédio dos períodos anteriores tinham, em certo sentido, seus grupos de assalto: a cavalaria ligeira e pesada, os *bersaglieri*, etc., as armas velozes em geral desempenhavam em parte uma função de *arditi*; assim, na arte de organizar as patrulhas, estava contido o germe do *arditismo* moderno [7]. Este germe estava contido mais na guerra de assédio do que na guerra de movimento: serviço de patrulhas mais extensas e, especialmente, arte de organizar ataques inesperados e inesperados assaltos com elementos selecionados.

Outro elemento a se levar em conta é o seguinte: na luta política, não se pode macaquear os métodos de luta das classes dominantes sem cair em emboscadas fáceis. Nas lutas atuais, este fenômeno se verifica com frequência: uma organização estatal debilitada é como um exército enfraquecido; entram em ação os *arditi*, isto é, as organizações armadas privadas, que têm duas missões: usar a ilegalidade, enquanto o Estado parece permanecer na legalidade, como meio para reorganizar o próprio Estado. Acreditar que se possa opor à atividade privada ilegal outra atividade semelhante, isto é, combater o *arditismo* com o *arditismo,* é uma tolice; significa acreditar que o Estado vá permanecer eternamente inerte, o que jamais ocorre, e isso sem mencionar as demais condições diversas. O caráter de classe leva a uma diferença fundamental: uma classe que deve trabalhar diariamente com horário fixo não pode ter organizações de assalto permanentes e especializadas, diferentemente de uma classe que desfruta de amplas possibilidades financeiras e não está ligada, em todos os seus membros, a um trabalho fixo. Tais organizações, profissionalizadas, podem — a qualquer hora do dia ou da noite — desferir golpes decisivos e atacar de surpresa. Portanto, a tática dos *arditi* não pode ter, para certas classes, a mesma importância que para outras; para certas classes, faz-se necessária, porque apropriada, a guerra de movimento e de manobra, que, no caso da luta política, pode-se combinar com um útil e talvez indispensável uso da tática dos *arditi.* Mas fixar-se no modelo militar é tolice: a política deve, também aqui, ser superior à parte militar e só a política cria a possibilidade da manobra e do movimento.

De tudo o que se disse decorre que, no fenômeno do *arditismo* militar, é necessário distinguir entre função técnica de arma especial ligada à moderna guerra de posição e função político-militar: como função de arma especial, o *arditismo* ocorreu em todos os exércitos na guerra mundial; como função político-militar, ocorreu nos países politicamente não homogêneos e enfraquecidos, que tinham portanto como expressão um exército nacional pouco combativo e um Estado-Maior burocratizado e fossilizado na carreira.

§ 134. *Luta política e guerra militar.* Na guerra militar, alcançado o objetivo estratégico — destruição do exército inimigo e ocupação de seu território —, chega-se à paz. Deve-se também observar que, para que a guerra termine, basta que o objetivo estratégico seja alcançado apenas potencialmente: ou seja, basta que não haja dúvida de que um exército não pode mais lutar e de que o exército vitorioso "pode" ocupar o território inimigo. A luta política é muitíssimo mais complexa: em certo sentido, pode ser comparada às guerras coloniais ou às velhas guerras de conquista, ou seja, quando o exército vitorioso ocupa ou se propõe ocupar permanentemente todo ou uma parte do território conquistado. Então, o exército vencido é desarmado e dispersado, mas a luta continua no terreno político e da "preparação" militar. Assim, a luta política da Índia contra os ingleses (e, em certa medida, a luta da Alemanha contra a França ou da Hungria contra a *Pequena Entente*) conhece três formas de guerra: de movimento, de posição e subterrânea [8]. A resistência passiva de Gandhi é uma guerra de posição, que em determinados momentos se transforma em guerra de movimento e, em outros, em guerra subterrânea: o boicote é guerra de posição, as greves são guerras de movimento, a preparação clandestina de armas e elementos combativos de assalto é guerra subterrânea. Há uma forma de *arditismo*, mas ela é empregada com muita ponderação. Se os ingleses estivessem convencidos da preparação de um grande movimento insurrecional destinado a aniquilar sua atual superioridade estratégica (que consiste, em certo sentido, em sua possibilidade de manobrar através de linhas internas e de concentrar suas forças no ponto "esporadicamente" mais perigoso) mediante um levante de massa — isto é, obrigando-os a dispersar forças num teatro bélico tornado simultaneamente geral —, para eles seria conveniente *provocar* a iniciativa prematura das forças combatentes indianas para identificá-las e decapitar o movimento geral. Da mesma forma, conviria à França que a direita nacionalista alemã se envolvesse num golpe de Estado aventureiro, que obrigasse a presumida organização militar ilegal a se manifestar prematuramente, permitindo uma intervenção, oportuna do ponto de vista francês. Assim, nestas formas de luta mistas, de caráter militar fundamental e de caráter político preponderante (mas toda luta política tem sempre um substrato militar), o emprego dos *arditi* exige um desenvolvimento tático original, para cuja concepção a experiência da guerra só pode dar um estímulo, não um modelo.

Um tratamento à parte deve ser dado à questão dos *comitadjis* balcânicos, que estão ligados a condições particulares do ambiente físico-geográfico regional, à formação das classes rurais e também à eficiência real dos Governos. O mesmo vale para os grupos irlandeses, cuja forma de guerra e de organização se vinculava à estrutura social irlandesa [9]. Os *comitadjis,* os irlandeses e as outras formas de guerra de guerrilha devem ser separados da questão do *arditismo,* embora pareçam ter pontos de contato com ele. Estas formas de luta são próprias de minorias fracas, mas exasperadas, contra maiorias bem organizadas, ao passo que o *arditismo* moderno pressupõe uma grande reserva, imobilizada por várias razões, mas potencialmente eficiente, que o sustenta e alimenta com contribuições individuais.

CADERNO 2 (1929-1933)

§ 12. *A marinha mercante italiana.* Trechos do artigo "La nostra marina transatlantica", de L. Fontana Russo, na *Nuova Antologia* de 16 de abril de 1927 [10].

As perdas globais da marinha mercante italiana durante a guerra, pela ação de submarinos e apreensões, chegaram a 872.341 toneladas brutas (238 navios a vapor, num total de 769.450 t, e 395 veleiros, num total de 10.891 t), isto é, 49% de toda a frota, enquanto as perdas inglesas foram de 41% e as francesas de 46% ("isto, apesar da entrada posterior na guerra e da tardia declaração de guerra à Alemanha"; A.G.: como explicar este percentual tão alto?). Além disso, outros 9 navios a vapor, num total de 57.440 t, afundaram em razão de infelizes acidentes devidos ao regime especial imposto à navegação (encalhes ao fugir de ataques de submarinos, colisões na navegação em comboio, etc.) ("qual foi o percentual destes casos nas outras marinhas", A.G.; a resposta é relevante para julgar nossa organização e capacidade dos comandos; além disso, interessante saber a idade destes navios, para ver como estava exposta a vida de nossos marinheiros). O prejuízo financeiro (navios e cargas) foi de L. 2.202.733.047, assim repartido: pesqueiros, L. 4.391.706; veleiros, L. 59.792.591; navios a vapor de bandeira nacional, L. 1.595.467.786; navios a vapor de bandeira estrangeira fretados pela Itália (216 navios afundados, 2 danificados), L. 543.080.964. (Evidentemente, estes navios estrangeiros não estão calculados na tonelagem precedente e, também neste caso, seria interessante saber se foram postos a pique sendo pilotados por pessoal italiano: além disso, se outras nações sofreram perdas do mesmo tipo.)

O total de cargas perdidas foi de 1.217.252 t. Os fornecimentos italianos durante a guerra foram: 49 milhões de toneladas por Gibraltar e 2 milhões pelo Mediterrâneo e por Suez. As perdas sofridas durante a guerra foram compensadas imediatamente. A capacidade mundial perdida durante a guerra foi de 12.804.902 t (navios a vapor e a vela), ou seja, 27% da tonelagem total. Em 1913, a marinha mundial totalizava 43.079.000 t; em 1919, 48 milhões, em 1921, 58.841.000, em 1926, 62.671.000. Os estaleiros, de 1913 até 1919, depois de substituir as perdas, construíram mais 4 milhões de toneladas. Os navios em construção foram terminados depois do armistício: assim se explica que, em 1919, tenham sido entregues 7 milhões de toneladas ("isto explica a crise dos fretes do pós-guerra, na qual coincidiu uma capacidade excepcional com uma queda do comércio").

Itália. Em 31 de dezembro de 1914, nossa frota (navios a vapor com capacidade superior a 250 toneladas brutas) era de 644 navios, num total bruto de 1.958.838 t; as perdas, em 31 de dezembro de 1921, foram: navios a vapor, 354, num total de 1.270.348 t. Da velha frota restavam 290 navios e 688.496 t. Até 31 de dezembro de 1921 foram construídos 122 navios, num total bruto de 698.979 t, e comprados no exterior 143, num total de 845.049 t; foram recuperados pela Marinha Real 60 navios e 131.725 t e incorporados da Veneza Júlia 210 navios e 763.945 t, ou seja, o aumento global foi de 535 navios e 2.437.698 t, levando a frota global a 856 navios e 3.297.987 t. Além disso, no fim de 1926, a Itália tinha construído 33 navios e 239.776 toneladas brutas. Os navios a motor tendem a aumentar em relação aos navios a vapor. As 763.945 t provenientes da Veneza Júlia foram o resultado de negociações no Congresso da Paz, com a Inglaterra, a França e a Iugoslávia.

As perdas no setor de navios para passageiros foram menos graves do que no caso da frota mercante e, por isto, não imediatamente substituídas. Assim, no pós-guerra, verificou-se excesso na frota de carga e falta de navios para passageiros. Desmobilização e queda de fretes no primeiro setor, demanda e alta de fretes no segundo. Houve, assim, uma especialização das companhias: algumas se dedicaram ao transporte de cargas, outras ao transporte de passageiros, alienando a própria frota de carga e especializando-se ("teoricamente, a especialização é um progresso, porque traz menores custos: mas, no caso de crise de um ou de outro ramo, a especialização traz a falência, porque não existe a compensação recíproca"; A.G.). Para a frota de passageiros se pôs um problema fundamental: navios para emigrantes ou navios para viagens de luxo? As maiores companhias resolveram dar maior peso aos navios de luxo. Crise da emigração devido a restrições legislativas. Assim, houve desenvolvimento de grandes navios de luxo, para os quais não há limite de espaço e de conforto, dados os preços altos das passagens.

Tendência para a grande tonelagem. Resultado da lei econômica do rendimento crescente. O aumento do comprimento, altura, largura leva a um aumento mais do que proporcional da capacidade efetiva, isto é, do espaço disponível para a carga. Cresce também, mais do que proporcionalmente às despesas de construção e de operação, o lucro do armador. A *velocidade*, ao contrário, deve ser moderada para ser econômica (por ora, não pode ultrapassar 24 nós). A questão é diferente para a marinha de guerra, cujos objetivos são bélicos, não de caráter econômico. Os motores capazes de imprimir grande velocidade são devoradores insaciáveis de combustível. A velocidade segue a lei dos rendimentos decrescentes, ao contrário da que regula a capacidade de carga dos navios. Há vinte anos: velocidade de 11 nós, custo horário 295 liras, 13 nós, 370 liras, 21 nós, 1.800 liras. O critério das viagens confortáveis substituiu o das viagens rápidas ("hoje, o rádio e especialmente o avião, para quem tem verdadeiramente pressa, superam a velocidade relativamente menor dos navios de luxo; com o rádio, pode-se sempre manter a comunicação e não interromper os negócios; com o avião, obtêm-se dois resultados: 1°, percorrer em poucas horas espaços relativamente curtos — Paris-Londres, etc. — com segurança; 2°, os transatlânticos também transportam aviões e, ao chegar a uma certa distância do ponto final que dá segurança de voo, permitem aos mais apressados abreviar a viagem"; A.G.). Chegou-se à velocidade de 23 nós, seja transformando os motores, seja adotando novo combustível. A turbina substituiu outros tipos de motor: o motor a diesel tende a substituir a turbina. O combustível líquido substitui o carvão. Notável economia que permite uma nova velocidade econômica (23 nós).

Novas e velhas construções. Uma nova embarcação, que represente um forte progresso, desvaloriza logo, automaticamente, todas as anteriores. A velha frota deve ser aposentada, transformada se possível, ou destinada a outros transportes. Os velhos navios rendem pouco ou nada (mesmo se amortizados em parte), quando não são mesmo deficitários. Por isso, dados os progressos técnicos contínuos, os atuais transatlânticos devem amortizar o capital em pouco menos de uma década. ("E eis por que, ao avaliar a eficiência real das várias frotas nacionais, além do número das unidades e do total global da tonelagem, é preciso observar a idade da frota; isto também explica como o rendimento de frotas inferiores em tonelagem seja superior ao de frotas estatisticamente maiores: além dos maiores riscos — seguros — e perigos para a vida humana representados pelas velhas embarcações.")

§ 16. Francesco Tommasini, "Politica mondiale e politica europea", *Nuova Antologia*, 1° de maio-16 de maio de 1927.

Hegemonia política da Europa antes da guerra mundial. Tommasini afirma que a política mundial foi dirigida pela Europa até a guerra mundial, desde a batalha de Maratona (490 a.C.). (Mas até há pouco tempo não existia o "mundo" e não existia uma política mundial; ademais, as civilizações chinesa e indiana representaram alguma coisa.) No começo do século existiam três potências mundiais europeias, *mundiais* pela extensão de seus territórios, por sua potência econômica e financeira, pela possibilidade de imprimir à sua atividade uma direção *absolutamente* autônoma, cuja influência todas as outras potências, grandes e menores, deviam sofrer: Inglaterra, Rússia e Alemanha. (Tommasini não considera a França como potência mundial!) *Inglaterra*: derrotara três grandes potências coloniais (Espanha, Holanda, França) e sujeitara a quarta (Portugal), vencera as guerras napoleônicas e fora durante um século o árbitro do mundo inteiro. *Two powers standard.* Pontos estratégicos mundiais em sua mãos (Gibraltar, Malta, Suez, Áden, Ilhas Bahrein, Cingapura, Hong Kong). Indústrias, comércio, finanças. *Rússia*: ameaçava a Índia, visava Constantinopla. Grande exército. *Alemanha*: atividade intelectual, concorrência industrial com a Inglaterra, grande exército, frota ameaçadora para o *two powers standard.*

Formação da potência dos Estados Unidos. Independência em 1783, reconhecida pela Inglaterra no Tratado de Versalhes: eram formados então por 13 Estados, dos quais 10 de originária colonização britânica e 3 (Nova York, Nova Jersey e Delaware) cedidos pela Holanda à Inglaterra em 1667, com cerca de 2 milhões de km^2, mas a parte efetivamente povoada era apenas a da costa leste do Atlântico. Segundo o censo de 1790, a população não atingia 4 milhões, incluídos 700 mil escravos. Em 1920, no mesmo território, existiam 20 Estados, com 71 milhões de habitantes. Na época da Independência, os Estados Unidos faziam fronteira ao norte com o Canadá, que a França cedera à Inglaterra em 1763, depois da Guerra dos Sete Anos; a oeste com a Louisiana, colônia francesa que foi comprada em 1803 por 15 milhões de dólares (território de 1.750.000 km^2), de forma que toda a bacia do Mississippi ficou sob seu controle e a fronteira com a colônia espanhola do México passou a ser o Rio Sabine. Ao Sul com a Flórida espanhola, adquirida em 1819.

O México, que então era o dobro do atual, insurgiu-se em 1810 contra a Espanha e em 1821, com o Tratado de Córdoba, fez com que sua independência fosse reconhecida. A partir desse momento, os Estados Unidos iniciaram uma política destinada a anexar o México: a Inglaterra sustentava o imperador Iturbide, os Estados Unidos apoiaram um movimento republicano que triunfou em 1823. Intervenção francesa na Espanha. Oposição da Inglaterra e dos Estados Unidos à política da Santa Aliança de ajudar a Espanha a reconquistar as colônias americanas. Deriva disso a Mensagem do Presidente Monroe ao Congresso (2 de dezembro de 1823), na qual é enunciada a famosa teoria. Exige-se a não intervenção contra as ex-colônias que proclamaram sua independência, mantiveram-na e a tiveram reconhecida pelos Estados Unidos, os quais não poderiam permanecer como espectadores indiferentes a tal intervenção, qualquer que fosse a forma que ela assumisse.

Em 1835, o Texas (690 mil km^2) declarou-se independente do México e, dez anos depois, uniu-se aos Estados Unidos. Guerra entre Estados Unidos e México. Com o Tratado de Guadalupe-Hidalgo (1848), o México teve de ceder o território que hoje constitui os estados da Califórnia, do Arizona, de Nevada, de Utah e do Novo México (cerca de 1.700.000 km^2). Os Estados Unidos chegaram assim até a costa do Pacífico, que depois foi ocupada até a fronteira com o Canadá, e chegaram a suas dimensões atuais.

De 1860 a 1865, Guerra de Secessão: França e Inglaterra encorajaram o movimento separatista do Sul e Napoleão III procurou aproveitar a crise para reforçar o México com Maximiliano. Os Estados Unidos, terminada a guerra civil, recordaram a Paris a doutrina de Monroe, exigindo a retirada das tropas francesas do México. Em 1867, aquisição do Alasca. A expansão dos Estados Unidos como grande potência mundial começa no fim do século XIX.

Principais problemas americanos: 1º, regulamentação da emigração para assegurar maior homogeneidade da população (na verdade, este problema surgiu depois da guerra e está ligado não só à questão nacional, mas também e especialmente à revolução industrial); 2º, hegemonia no Mar do Caribe e nas Antilhas; 3º, domínio da América Central, especialmente das regiões dos canais; 4º, expansão no Extremo Oriente.

Guerra mundial. Impérios centrais bloqueados: a *Entente* senhora dos mares: os Estados Unidos reabasteceram a *Entente*, aproveitando-se de todas as oportunidades que se ofereciam [11]. O custo colossal da guerra, as profundas perturbações da produção europeia (a revolução russa), fizeram dos Estados Unidos o árbitro das finanças mundiais. Daí sua afirmação política.

Inglaterra e Estados Unidos depois da guerra. A Inglaterra saiu da guerra como vencedora. A Alemanha, privada da frota e das colônias. A Rússia, que podia voltar a ser rival, reduzida a fator secundário pelo menos durante algumas décadas (esta opinião é muito discutível: talvez os ingleses preferissem como rival a Rússia czarista, mesmo vitoriosa, à atual Rússia, que não só influi sobre a política imperial, mas também sobre a política interna inglesa). Adquiriu cerca de outros 10 milhões de km^2 de possessões, com cerca de 35 milhões de habitantes. Contudo, a Inglaterra teve de reconhecer tacitamente a supremacia dos Estados Unidos, e isso tanto por motivos econômicos quanto pela transformação do Império. A riqueza dos Estados Unidos, calculada em 925 bilhões de francos-ouro em 1912, elevara-se, em 1922, para 1.600 bilhão. A marinha mercante: 7.928.688 toneladas em 1914, 12.500.000 em 1919. As exportações: 1913, 15 bilhões de francos-ouro; em 1919, 37,5 bilhões, baixando para cerca de 24 bilhões em 1924-1925. Importações: cerca de 10 bilhões em 1913, 16 bilhões em 1919, 19 bilhões em 1924-1925.

A riqueza da Grã-Bretanha na década de 1912-1922 subiu só de 387 para 445 bilhões de francos-ouro. Marinha mercante: 1912, 13.850.000 toneladas; 1922, 11.800.000. Exportações: 1913, cerca de 15 bilhões de francos-ouro; 1919, 17 bilhões; 1924, 20 bilhões. Importações: 1913, 19 bilhões; 1919, cerca de 28,5 bilhões; 1924, 27,5 bilhões. Dívida pública em 31 de março de 1915: 1.162 milhão de esterlinos; 1919: 7.481 milhões; 1929: 8.482 milhões; o ativo registrava, depois da guerra, créditos provenientes de empréstimos a potências aliadas, colônias e domínios, novos Estados da Europa Oriental, etc., que, em 1919, ascendiam a 2.541 milhões de esterlinos e, em 1924, a 2.162. Mas o resgate integral não era garantido. Por exemplo, o débito italiano ascendia, em 1924, a 553 milhões e, em 1925, a 589 milhões de esterlinos; mas, em virtude do acordo de 27 de janeiro de 1926, a Itália pagará em 62 anos apenas 276.500 mil esterlinos, juros incluídos. Ao contrário, em 1922, a Inglaterra consolidou sua dívida de 4.600 milhões de dólares com os Estados Unidos, pagáveis em 62 anos, com juros de 3% até 1932 e de 3,5% nos anos seguintes.

Império inglês. De Reino Unido da Grã-Bretanha e Irlanda, transformou-se em "União Britânica de Nações" (*British Commonwealth of Nations*). Tendências particularistas. Canadá, Austrália e Nova Zelândia numa posição intermediária entre Inglaterra e Estados Unidos. Relações sempre mais íntimas entre Estados Unidos e Canadá. Ministro plenipotenciário especial do Canadá em Washington. Se se verificasse um choque sério entre Estados Unidos e Inglaterra, o Império inglês se despedaçaria.

Wilson. Política mundial de Wilson. Seu contraste com as forças políticas preponderantes nos Estados Unidos. Falência de sua política mundial. Warren C. Harding torna-se presidente em 4 de março de 1921. Com sua nota de 4 de abril de 1921, a propósito da questão da ilha de Yap, Harding deixa claro que os Estados Unidos não pretendem intervir nas relações entre os Aliados e a Alemanha nem exigir a revisão do Tratado de Versalhes, mas manter todos os direitos que derivam de sua intervenção na guerra. Tais princípios foram formulados na mensagem de 12 de abril e levaram à Conferência de Washington, que durou de 12 de novembro de 1921 a 6 de fevereiro de 1922 e se ocupou da China, do equilíbrio nos mares do Extremo Oriente e da limitação dos armamentos navais.

População dos Estados Unidos. Sua composição nacional determinada pela imigração. Política governamental. Em 1882, proibida a admissão dos operários chineses. No que se refere ao Japão, foram inicialmente adotadas certas precauções; mas, em 1907, com o chamado *gentlemen's agreement* Root-Takahira, a imigração japonesa, sem ser rejeitada como tal, foi enormemente dificultada através de cláusulas sobre a cultura, as condições higiênicas e a fortuna dos imigrantes. Mas a grande modificação na política de imigração verificou-se depois da guerra: a lei de 19 de maio de 1921, em vigor até julho de 1924, estabeleceu que a cota anual de imigração para cada nação seria limitada a 3% dos cidadãos americanos da respectiva nação, segundo o censo de 1910. (Sucessivas modificações.) Definitivamente excluída a imigração amarela.

Os *Estados Unidos no Mar do Caribe.* Guerra hispano-americana. Com o tratado de paz de Paris (10 de dezembro de 1898), a Espanha renunciou a todos os direitos sobre Cuba e cedeu Porto Rico e suas outras ilhas menores aos Estados Unidos. A ilha de Cuba, que domina a entrada do Golfo do México, devia tornar-se independente e foi promulgada uma Constituição em 12 de fevereiro de 1901; mas os Estados Unidos, para reconhecer a independência e retirar as tropas, garantiram para si o direito de intervenção. Com o tratado de reciprocidade de 2 de julho de 1903, os Estados Unidos obtiveram vantagens comerciais e o aluguel da Baía de Guantánamo como base naval.

Os Estados Unidos intervieram em 1914 no Haiti: em 16 de setembro de 1915, um acordo concedeu aos Estados Unidos o direito de manter em Porto Príncipe um alto-comissário, que controla a administração alfandegária. A República Dominicana foi posta sob controle financeiro americano em 1907 e, durante a guerra, lá foram desembarcadas tropas, retiradas em 1924. Em 1917, os Estados Unidos compraram da Dinamarca as Ilhas Virgens. Assim, os Estados Unidos dominam o Golfo do México e o Caribe.

Os Estados Unidos e a América Central. Canal do Panamá e outros possíveis canais. A República do Panamá comprometeu-se, pelo Tratado de Washington de 15 de dezembro de 1926, a alinhar-se com os Estados Unidos em caso de guerra. Tratado ainda não ratificado porque incompatível com o estatuto da Sociedade das Nações, da qual o Panamá é membro, mas a ratificação não é necessária. Questão da Nicarágua.

A China. A América proclamou em 1899 a política da integridade territorial chinesa e da porta aberta. Em 1908, com a troca de notas Root-Takahira, Estados Unidos e Japão renovaram declarações solenes sobre a integridade territorial e a independência política da China. Depois da aceitação pela China das chamadas "vinte e uma exigências" do Japão (ultimato de 1915), os Estados Unidos declararam (notas de 13 de maio de 1915 a Pequim e a Tóquio) que não reconheciam os acordos estabelecidos. Na Conferência de Washington, os Estados Unidos conseguiram que as potências europeias e o Japão renunciassem a boa parte das vantagens e dos privilégios especiais que haviam obtido. O Japão comprometeu-se a abandonar o Kiau-Tcheu. Somente na Manchúria o Japão manteve sua posição. Desde 1908, os Estados Unidos haviam renunciado às indenizações que lhes cabiam depois da revolta dos *boxers* e tinham destinado as somas correspondentes para objetivos culturais na China. Em 1917, a China suspendeu os pagamentos. Acordos: Japão e Inglaterra renunciaram, como os Estados Unidos; a França utilizou os fundos para ressarcir os prejudicados com a falência do *Banco Industrial da China*; Itália e Bélgica concordaram em destinar 4/5 das somas ainda devidas para objetivos culturais.

Extremo Oriente. Possessões dos Estados Unidos: as Filipinas e a ilha de Guam (Marianas); o Havaí; a ilha de Tutuila no grupo das Samoas. Antes do Tratado de Washington, a situação no Extremo Oriente era dominada pela aliança anglo-japonesa, estipulada no tratado defensivo de Londres de 30 de janeiro de 1902, baseado na independência da China e da Coreia, com predominância de interesses ingleses na China e japoneses na Coreia; depois da derrota russa, foi substituído pelo tratado de 12 de agosto de 1905: confirmada a integridade da China e a igualdade econômica e comercial de todos os estrangeiros, os contratantes garantiam reciprocamente seus direitos territoriais e seus interesses especiais na Ásia Oriental e na Índia: supremacia japonesa na Coreia e direito da Inglaterra de defender a Índia nas regiões chinesas próximas, isto é, no Tibete. Esta aliança vista com desagrado pelos Estados Unidos. Atritos durante a guerra. Na reunião de 10 de dezembro de 1921 da Conferência de Washington, Lorde Balfour anunciou o fim da aliança, substituída pelo tratado de 13 de dezembro de 1921, pelo qual a França, a Inglaterra, os Estados Unidos e o Japão se comprometem por dez anos a: 1º, respeitar suas possessões e domínios insulares no Pacífico e atribuir a uma conferência dos próprios Estados as controvérsias que pudessem surgir entre alguns deles sobre o Pacífico e as possessões e domínios em questão; 2º, aliarem-se em caso de atitude agressiva de outra potência. O tratado se limita às possessões insulares e, no que se refere ao Japão, aplica-se a Karafuto (Sacalina Meridional), a Formosa e a Pescadores, mas não à Coreia e a Porto Arthur. Uma declaração em separado especifica que o tratado se aplica também às ilhas sob mandato no Pacífico, mas que isto não implica concordância com os mandatos por parte dos Estados Unidos. A garantia recíproca do *status quo* é de importância especial para as Filipinas, já que impede que o Japão fomente o descontentamento da população local.

No tratado para a limitação dos armamentos navais, há um dispositivo importantíssimo (art. 19), pelo qual França, Inglaterra, Estados Unidos e Japão se comprometem a manter, até 31 de dezembro de 1936, o *status quo* no que se refere às fortificações e bases navais nas possessões e domínios situados a leste do meridiano 110 de Greenwich, que passa pela ilha de Hainã. O Japão é sacrificado, já que tem as mãos atadas também no que se refere aos pequenos arquipélagos próximos às grandes ilhas metropolitanas. A Inglaterra e os Estados Unidos podem fortificar, respectivamente, Cingapura e Havaí, dominando assim ambos os acessos ao Pacífico. Limitação dos navios de linha. Obtenção da paridade naval entre Estados Unidos e Inglaterra.

Hegemonia dos Estados Unidos. Tommasini prevê aliança entre Estados Unidos e Inglaterra, e que partirá da Ásia a reação a tal aliança, sob a forma de uma coalizão que pode envolver a China, o Japão e a Rússia, com o concurso técnico-industrial da Alemanha. Ele ainda se baseia na primeira fase do movimento nacionalista chinês.

§ 18. "Una politica di pace europea", de Argus, *Nuova Antologia,* 1º de junho de 1927. Fala das frequentes visitas de políticos e literatos alemães à Inglaterra. Estes intelectuais alemães, interrogados, declaram que toda vez que conseguem entrar em contato com influentes personalidades anglo-saxãs ouvem a seguinte pergunta: "Qual é a atitude da Alemanha diante da Rússia?"; e acrescentam, com desespero (!): "Mas nós não podemos tomar partido nas controvérsias entre Londres e Moscou!" No fundo da concepção britânica de política externa, está a convicção de que o conflito com a Rússia não só é inevitável, mas já se iniciou, ainda que sob formas estranhas e insólitas, que o tornam invisível aos olhos da grande massa nacional. Artigo ultra-anglófilo (no mesmo período, recordo-me de um artigo de Manfredi Gravina no *Corriere della Sera*, de uma anglofilia tão escandalosa que causa espanto: nele se pregava a subordinação declarada da Itália à Inglaterra): os ingleses querem a paz, mas demonstraram que sabem fazer a guerra. São sentimentais e altruístas: pensam nos interesses europeus; se Chamberlain não rompeu com a Rússia, foi porque isto poderia prejudicar outros Estados em condições menos favoráveis do que a Inglaterra, etc.

A política inglesa de entendimento com a França é a base, mas o Governo inglês também pode favorecer outros Estados: a Inglaterra quer ser amiga de todos. Portanto, aproximação em relação à Itália e à Polônia. Na Inglaterra, certo número de pessoas não favoráveis ao regime italiano. Mas a política inglesa lealmente amiga; e será assim mesmo que mude o regime, até mesmo porque a política italiana é corajosa, etc., etc.

§ 19. *Artigo de Roger Labonne* no *Correspondant* de 10 de janeiro de 1927, sobre "Italia e Asia minore". A Itália interessa-se pela primeira vez pela Ásia Menor em 1900: envia uma série de missões que estudam a Anatólia Meridional, estabelece em Antália um vice-consulado, escolas, um hospital, subvenciona as linhas de navegação cujos navios levam sua bandeira ao longo do litoral. Interessa-se sobretudo por Esmirna, cujo porto transforma-se no centro de sua influência no Levante. Os artigos 8 e 9 do Pacto de Londres dizem: "A Itália ficará com a soberania total do arquipélago de Dodecaneso. Em caso de divisão total ou parcial da Turquia, ela obterá a região mediterrânea próxima da província de Antália, que já fez (!) uma convenção com a Inglaterra" [12]. Em San Giovanni di Moriana, a Itália apresenta de novo suas exigências (21 de abril de 1917). Venizelos, aproveitando-se da partida de Orlando e Sonnino de Paris, pressiona os aliados a entregarem Esmirna à Grécia. Em 1° de janeiro de 1926, no discurso de Milão, Mussolini diz: "É preciso ter fé na revolução, que terá em 1926 seu ano napoleônico." Em 1926, não se produziu nada de verdadeiramente notável, mas por duas vezes esteve-se à beira de acontecimentos sérios. Cessão da cidade de Mossul ao Iraque (isto é, aos ingleses). A Turquia cedeu diante da iminência de uma intervenção italiana, depois de ter em vão solicitado a ajuda militar de Moscou em caso de conflito no Menderes e no Tigre. Os jornais londrinos confessam ingenuamente que o sucesso de Mossul deve-se à pressão italiana, mas o Governo inglês não se preocupa excessivamente com a Itália. No jogo anatólio, a Itália perdeu em 1926 suas duas melhores cartas: com o acordo de Mossul e com a queda de Pangalos.

§ 20. *Para as relações entre o Centro Alemão e o Vaticano* e, por conseguinte, para estudar concretamente a política tradicional do Vaticano nos vários países e as formas que ela assume, é interessantíssimo um artigo de André Lavedan na *Revue Hebdomadaire*, resumido na *Rivista d'Italia* de 15 de março de 1927 [13]. Leão XIII pedia ao Centro que votasse a favor da lei sobre o setenato de Bismarck, tendo a garantia de que isto levaria a uma satisfatória modificação das leis político-eclesiásticas. Frankestein e Windthorst não quiseram seguir o Vaticano. Do Centro, só 7 votaram a lei: 83 se abstiveram.

§ 21. "L'Etiopia d'oggi" (artigo da *Rivista d'Italia*, assinado por três asteriscos). A Etiópia é o único Estado indígena independente numa África agora inteiramente europeia (com exceção da Libéria). Menelik foi o fundador da moderna unidade etíope: os nacionalistas abissínios reportam-se a Menelik, "o grande e bom imperador". Dos elementos que contribuíram para assegurar a independência da Etiópia, dois são evidentes: a estrutura geográfica do país e o ciúme entre as potências. A estrutura geográfica faz da Etiópia um imenso campo entrincheirado natural, que só pode ser derrotado com o emprego de enormes forças e com sacrifícios desproporcionais às escassas reservas econômicas que o país pode oferecer ao eventual conquistador. A província de Choa, que criou a unidade abissínia, é por sua vez uma fortaleza no campo entrincheirado, dominando e controlando tudo. Nos últimos trinta anos, foi criado um exército imperial, distinto dos pequenos exércitos dos rases e tecnicamente superior a eles; deveu-se a Menelik a criação do exército nacional. Antes da morte de Menelik (1913), a Corte, dada a decadência intelectual do velho imperador, já havia proclamado imperador (14 de abril de 1910) Ligg Jasu, filho de uma filha de Menelik e do Rás Mikael. Com a morte de Menelik (11 de dezembro de 1913), explodiram as lutas; Zeoditu, outra filha de Menelik, e o Rás Tafari, filho do Rás Makonnen, uniram-se e conseguiram agrupar um grande número de partidários. Tafari tinha os jovens a seu lado. O Rás Mikael, tutor de Ligg Jasu, ainda menor, foi incapaz de impor-se às facções e de assegurar a ordem pública, como ficou demonstrado durante o assalto de 17 de maio de 1916 à Legação da Itália. A guerra europeia salvou a Abissínia de uma intervenção estrangeira e possibilitou ao país superar autonomamente a crise. Zeoditu e Tafari uniram-se para destronar Ligg Jasu e dividir o poder, Zeoditu como imperatriz nominal, o outro como herdeiro do trono e regente (27 de setembro de 1916). Tafari, apoiado pelos chefes militares, soube com energia e habilidade impor obediência ao país. Mas o condomínio com Zeoditu ofereceu permanentes motivos para intrigas palacianas nem sempre inócuas. No fim de 1926 ou princípio de 1927, desapareceram quase simultaneamente o ministro da Guerra, *fitaurari* Hapte Gheorghes, e o chefe da Igreja, *abuna* Mattheos [14].

A morte do *abuna* desencadeou o problema da igreja nacional. A igreja etíope reconhecia a autoridade suprema do patriarca copta de Alexandria, que nomeava para o alto cargo de *abuna* um egípcio (Mattheos era egípcio). O nacionalismo etíope quis um *abuna* abissínio. O *abuna* tem na Abissínia uma importância enorme (maior do que o arcebispo-primaz da Gália, na França), e o fato de ser estrangeiro representa perigo, embora sua autoridade seja contrabalançada, e em certo sentido controlada, pelo *ekhegué* indígena, do qual dependem diretamente as numerosas ordens monásticas. A participação de Mattheos no golpe de Estado de 27 de setembro de 1926 a favor de Tafari mostrou o que poderia ocorrer. (Quando o artigo foi publicado, o patriarca de Alexandria ainda resistia à pretensão abissínia: ver o prosseguimento da questão.) (A Abissínia tem uma capital religiosa: Aksum.) Tafari procurou imprimir um ritmo novo à política externa abissínia. Menelik tentara limitar a escravidão e introduzir o ensino obrigatório, orientando o Estado para formas modernas, mas conservava uma atitude de isolamento dissidente. Tafari, ao contrário, procurou participar da vida europeia e conseguiu fazer com que seu país fosse admitido na Liga das Nações, comprometendo-se formalmente a extirpar no mais breve prazo possível a escravidão. E, com efeito, promulgou um edito que impunha a gradual libertação dos escravos; mas, até agora, sem resultados. Os escravistas são muito fortes. (Além do mais, a Etiópia é ainda feudal.)

Convenção de Londres, de 13 de dezembro de 1906, entre Itália, França e Inglaterra, pela qual as três potências limítrofes comprometeram-se a: respeitar o *status quo* político e territorial da Etiópia; manter, em caso de disputas ou mudanças internas, a mais estrita neutralidade, abstendo-se de qualquer intervenção nas questões internas do país; no caso de perturbação do *status quo*, buscar manter a integridade da Etiópia, protegendo de qualquer modo os respectivos interesses: para a Inglaterra, a bacia do Nilo e a regularização das águas deste rio e de seus afluentes; para a Itália, o *hinterland* de suas colônias da Eritreia e da Somália e a união territorial entre elas, a oeste de Adis-Abeba; para a França, o *hinterland* de Djibuti e a zona necessária à construção e ao tráfego da ferrovia Djibuti-Adis-Abeba. As três potências se comprometiam a ajudar-se mutuamente na proteção de seus respectivos interesses.

O acordo foi concebido no exato momento em que a Itália demonstrava inesperada amizade com as potências ocidentais, isto é, quando se desenvolvia plenamente aquele amplo programa de alianças mediterrâneas (o acordo de Londres foi concluído em 6 de julho, três meses depois de Algeciras), que foi suspenso alguns anos depois por causa da chantagem (!) do Estado-Maior austríaco. Assim, sucedeu-se à política de colaboração uma luta feita de pequenas e sutis estocadas: a única a ganhar com isso foi a França, que pôde prolongar a ferrovia até Adis-Abeba (a diplomacia sustenta que o acordo de Londres foi submetido previamente a Menelik e só foi assinado quando ele deu seu consentimento aos ministros das três potências junto a seu Governo, de modo que os termos estipulados no acordo seriam também concessões implicitamente (!) prometidas pela Abissínia, algo como a situação do famoso Tratado de Wuchali, ainda piorado) [15].

Depois da guerra europeia, durante as tratativas sobre as compensações coloniais fixadas pelo Pacto de Londres, a Itália propôs retomar o acordo de 1906, pretendendo resolver o problema da ligação ferroviária entre a Eritreia e a Somália. Mas Londres e Paris se recusaram. A França não tinha mais nada a exigir da Abissínia depois da ferrovia Djibuti-Adis-Abeba; a Inglaterra acreditava poder obter tudo sem se unir à Itália. Mas, depois, a Inglaterra fez o acordo de 1925 (duas notas trocadas entre Mussolini e o embaixador inglês em Roma, nos dias 14 e 20 de dezembro de 1925). Segundo tal acordo, a Itália comprometia-se a apoiar a Inglaterra em suas tentativas para obter da Etiópia a concessão para construir represas no Lago Tana, na zona que em 1906 estava reservada à influência italiana, bem como a concessão de uma autoestrada entre o Sudão e o Tana; a Inglaterra se compromete a apoiar a Itália na tentativa de obter a construção e exploração de uma ferrovia entre a Eritreia e a Somália italiana, a oeste de Adis-Abeba; a Inglaterra reconhece à Itália a influência exclusiva (!) na zona ocidental da Etiópia e em todo o território destinado a ser atravessado pela ferrovia, com o compromisso italiano de não realizar naquela zona, nas nascentes do Nilo Azul e do Nilo Branco e de seus afluentes, nenhuma obra que possa modificar sensivelmente o afluxo destes ao rio principal. A França reagiu estrepitosamente a este acordo, apresentado como uma ameaça à independência abissínia. A campanha francesa teve graves repercussões sobre o nacionalismo etíope. O Rás Tafari montou duas gráficas para impressão em língua amárica: desenvolvimento de literatura nacionalista incentivado por Tafari: xenofobia. O Japão é o modelo do nacionalismo abissínio.

O artigo da *Rivista d'Italia* transcreve trechos de artigos e opúsculos. Um estudante educado na América escreve: "Estudemos fortemente, vamos aprender muito para que não venham os estrangeiros a nos governar! [...] Devemos estudar o mais que pudermos: porque, se não estudarmos, nossa pátria estará condenada." A França desperta menos suspeitas em Adis-Abeba, porque, depois de Fachoda, Djibuti para ela só tem importância como escala no caminho da Indochina [16]. De resto, a ferrovia Djibuti-Adis-Abeba, que é utilizada para todo o comércio exterior da Etiópia, dá à França um monopólio que ela pretende conservar: a França pode, portanto, fazer uma política de aparente desinteresse. Mas o Rás Tafari deseja que a Etiópia progrida e, assim, é favorável a outras ferrovias, a obras hidráulicas, etc.

Existe ainda, entre a Etiópia e a Itália, uma pequena questão a propósito das fronteiras entre a Etiópia e a Somália. Quando, depois da convenção de Adis-Abeba de 16 de maio de 1908, a fronteira foi definida, a missão Citerni traçou os limites na parte referente ao Benadir. Deixou-se de lado a fronteira do Sultanato de Óbia, que não apresentava urgência, dada a situação especial daquele protetorado. Mas, hoje, Óbia está sob ocupação das armas italianas e será necessário fixar a linha fronteiriça com a Etiópia.

§ 23. *Eurasiatismo.* O movimento se desenrola em torno do jornal *Nakanune*, que tende à revisão da atitude assumida pelos intelectuais emigrados: teve início em 1921. A primeira tese do eurasiatismo é que a Rússia é mais asiática do que ocidental. A Rússia deve se colocar à frente da Ásia na luta contra o predomínio europeu. A segunda tese é que o bolchevismo foi um acontecimento decisivo para a história da Rússia: "ativou" o povo russo e impulsionou a autoridade e a influência mundial da Rússia com a nova ideologia que acabou por difundir. Os eurasiáticos não são bolcheviques, mas são inimigos da democracia e do parlamentarismo ocidental. Muitas vezes, comportam-se ostensivamente como fascistas russos, como amigos de um Estado forte no qual a disciplina, a autoridade, a hierarquia predominem sobre a massa. São partidários de uma ditadura e saúdam a ordem estatal vigente na Rússia dos Sovietes, ainda que eles pretendam substituir a ideologia proletária pela nacional. A ortodoxia é para eles a expressão típica do caráter popular russo; ela é o cristianismo da alma eurasiática.

§ 24. *Política mundial e política europeia.* Não são a mesma coisa. Um duelo entre Berlim e Paris ou entre Paris e Roma não faz do vencedor o senhor do mundo. A Europa perdeu sua importância e a política mundial depende de Londres, Washington, Moscou e Tóquio, mais do que do continente.

§ 27. O *Correspondant* de 25 de julho de 1927 (ver a *Rivista d'Italia* de 15 de julho de 1927: talvez haja um erro de data, a não ser que a *Rivista d'Italia* tenha saído muito depois de sua datação), num artigo,

"La pression italienne", escreveu: "O *Duce*, pelo que soubemos de fonte excelente, já por duas vezes quis a guerra depois de sua chegada ao poder: e por duas vezes o Marechal Badoglio teria recusado assumir esta responsabilidade e teria pedido e conseguido que se esperasse até 1935 para estar seguro" [17]. O discurso sobre o ano crucial é de junho de 1927: o *Correspondant*, portanto, buscaria dar uma explicação para esta determinação futura. O *Correspondant* é uma revista católico-conservadora muito respeitada.

§ 28. Artigo de Frank Simonds, "Vecchi torbidi nei nuovi Balcani", na *American Review of Reviews*. Simonds traça um paralelo entre Mussolini e Stresemann, considerados os políticos mais ativos da Europa [18]. Um e outro se sacrificam ao espírito de oportunismo (talvez queira dizer "do momento", mas talvez se refira também à falta de perspectivas amplas e de longo prazo e, portanto, de princípios). Os tratados de Mussolini, assim como os de Stresemann, não representam uma política permanente. São coisas feitas às pressas, para as condições contemporâneas. E, já que podem surgir fatos capazes de precipitar o conflito, um e outro mostram-se igualmente ansiosos para evitar as hostilidades, conquistando para os respectivos países e para si mesmos, através de vitórias diplomáticas ocasionais, o necessário prestígio.

§ 30. *Itália e Iêmen na nova política árabe*. Artigo de "três asteriscos" na *Rivista d'Italia* de 15 de julho de 1927. Tratado de Sana, de 2 de setembro de 1926, entre Itália e Iêmen. O Iêmen é a parte mais fértil da Arábia (a Arábia feliz). Foi sempre autônomo de fato, sob uma dinastia de imãs que descende de al-Hussein, segundo filho do califa Ali e de Fátima, filha de Maomé. Só em 1872 os turcos estabeleceram seu domínio no Iêmen. Em 1903, insurreição, que em 1904 encontrou seu líder no novo imã Yahya ibn-Mohammed Hamid, de 28 anos. Vencido em 1905, Yahya recomeçou a luta em 1911, ajudado pela Itália, que estava em guerra contra a Turquia, e consolidou sua independência. Na guerra europeia, Yahya colocou-se ao lado da Turquia por opor-se à política inglesa, que se baseava no fortalecimento do xeque Hussein (que se proclamara rei da Arábia em 6 de novembro de 1916) e na independência do Asir. Depois da paz, derrotado o programa unitário de Hussein, que abdicou em 1924 e em 1925 foi confinado em Chipre, permaneceu a questão do Asir. O Asir é um emirado criado durante a guerra ítalo-turca. No Asir, estabelecera-se o famoso profeta marroquino Ahmed ibn-Idris al-Hasani al-Idrisi, cujo descendente, Mohammed Ali, conhecido como xeque Idris durante a guerra líbica, apoiado pela Itália, levantou as tribos do Asir. Reconhecido como emir independente pelos ingleses, em 1914, Mohammed colaborou com Hussein e obteve dos ingleses Tihama e Hodeida; concedeu a uma companhia inglesa as jazidas petrolíferas das Ilhas Farsan. Pressionado por Hussein ao Norte e por Yahya ao Sul, o emir ligou-se em 1920 ao sultão do Nadjed (Ibn Saud), cedendo-lhe, para obter sua proteção, Abha, Muhail e Beni Shahr, isto é, a parte mais setentrional do Asir, assegurando-lhe assim uma saída para o Mar Vermelho. Os vaabitas ocuparam aquelas terras, servindo-se delas para melhor lutar contra Hedjaz (Hussein). Em 1926 (8 de janeiro), os vaabitas vitoriosos proclamaram Ibn Saud rei do Hedjaz. Os vaabitas revelaram-se os mais capazes de unificar a Arábia; Yahya, através de uma proclamação de 18 de junho de 1923, colocara sua candidatura a califa e a líder da nação árabe. Com campanhas vitoriosas, conseguiu assegurar o controle efetivo dos numerosos sultanatos e tribos do chamado Hadramaut e restringir sensivelmente o *hinterland* de Áden, sem esconder suas pretensões sobre o próprio Áden. Em seguida, lançou-se contra o emir do Asir (que considerava um usurpador) e conquistou toda a parte meridional até al-Luhayya, inclusive Hodeida, entrando em contato com os vaabitas, que haviam ampliado, a pedido do emir, sua ocupação do Asir. O emir do Asir deixou-se levar pelo ex-Senusis a atos de hostilidade contra a Itália (o ex-Senusis era hóspede de Ibn Saud em Meca, depois de sua expulsão de Damasco — dezembro de 1924) [19].

Com o tratado ítalo-iemenita, Yahya viu reconhecido seu título régio e a plena e absoluta independência. O Iêmen importará aquilo de que carece da Itália, etc. (Ibn Saud assinou, em 26 de dezembro de 1915, um tratado com a Inglaterra, assegurando a posse não só do Nadjed, mas também de al-Hasa, al-Qatif e al-Jubail, em troca de sua neutralidade em relação ao Kuwait, Bahrein e Omã, que, como se sabe, estão sob protetorado inglês. Numa discussão na Câmara dos Comuns, em 28 de novembro de 1922, ficou oficialmente claro que Ibn Saud recebia do Governo inglês um estipêndio regular. Com os tratados de 1º e 2 de novembro de 1925, depois da conquista do Hedjaz, Ibn Saud aceitou limites bastante desvantajosos com o Iraque e a Transjordânia, que Hussein não quisera aceitar, o que demonstrou um sólido entendimento com a Inglaterra.) O tratado ítalo-iemenita provocou rumores: falou-se de uma aliança política e militar secreta; de qualquer modo, os vaabitas não atacaram o Iêmen (falou-se de atritos ítalo-ingleses, etc.). Rivalidade entre Ibn Saud e Yahya: ambos aspiram a promover e dominar a unidade árabe.

Vaabitas: seita muçulmana fundada por Abd al-Wahhab, que procurou crescer pela força; obteve muitas vitórias, mas foi repelida para o deserto pelo famoso Mehemet Ali e por seu filho, Ibrahim Paxá. O sultão Abdallah, capturado, foi justiçado em Constantinopla (dezembro de 1918) e seu filho, Turki, conseguiu a duras penas manter um pequeno Estado no Nadjed. Os vaabitas pretendem retornar à pura letra do Corão, eliminando todas as superestruturas tradicionais (culto dos santos, ricas decorações das mesquitas, pompas religiosas). Tão logo Meca foi conquistada, derrubaram cúpulas e minaretes, destruíram os mausoléus dos santos mais célebres, entre os quais o de Khadija, a primeira mulher de Maomé, etc. Ibn Saud promulgou decretos contra o vinho e o fumo, proibiu o beijo da "pedra negra" e a invocação a Maomé no ritual da profissão de fé e nas preces.

As iniciativas puritanas dos vaabitas provocaram protestos no mundo muçulmano; os Governos da Pérsia e do Egito manifestaram reprovação. Ibn Saud adotou uma atitude mais moderada. Yahya busca tirar proveito desta reação religiosa. Yahya e a maioria dos iemenitas seguem o rito zaidita, isto é, são heréticos para a maioria sunita dos árabes. A religião está contra ele e, por isso, ele busca se apoiar na nacionalidade e no fato de descender do profeta, o que lhe permite reivindicar a dignidade de califa. (Na moeda que cunhou, está escrito: "cunhada na sede do califado, em Sana".) Sua região, que é uma das mais férteis da Arábia, e sua posição geográfica oferecem-lhe um certo potencial econômico.

Parece que o Iêmen tem 170.000 km^2 de superfície, com uma população entre 1 e 2 milhões de habitantes. No planalto, a população é árabe pura, branca; no litoral, é predominantemente negra. Há um certo aparelho administrativo, escolas embrionárias, exército com recrutamento obrigatório. Yahya é empreendedor e de tendências modernas, mas cioso de sua independência. Para a Itália, o Iêmen é o trampolim para o mundo árabe.

§ 32. *Augur.* Colaborador da *Nuova Antologia* sobre questões de política mundial, especialmente sobre a função do império inglês e sobre as relações entre Inglaterra e Rússia. Augur deve ser um exilado russo. Sua colaboração para a *Nuova Antologia* deve ser indireta: artigos publicados em revistas inglesas e traduzidos para a *Nuova Antologia*. Sua atividade de jornalista tem por meta pregar o isolamento moral da Rússia (rompimento das relações diplomáticas) e a criação de uma frente única antirrussa como preparação para uma guerra. Ligado à ala direita dos conservadores ingleses na política russa, distancia-se dela na política americana: prega uma estreita união anglo-americana e insiste em que a Inglaterra ceda à América ou ao menos desarme as ilhas que ainda possui no mar caribenho (Bahamas, etc.). Seus artigos são carregados de presunção (derivada talvez da suposta grande autoridade da fonte inspiradora); ele busca infundir a certeza de que uma guerra de extermínio é inevitável entre a Inglaterra e a Rússia, guerra na qual a Rússia certamente sucumbirá. As relações oficiais entre os dois países são como as ondas superficiais do oceano, que vão e vêm caprichosamente: mas, no nível mais profundo, há a poderosa corrente histórica que leva à guerra.

§ 33. *Documentos diplomáticos*. Um artigo de A. De Bosdari na *Nuova Antologia* de 1º de julho de 1927: "I documenti ufficiali britannici sull'origine della guerra (1898-1914)" [20].

De Bosdari questiona se os documentos, tanto alemães quanto ingleses, estão efetivamente reproduzidos na íntegra e sem omitir nada que tenha importância real para a exposição histórica dos fatos: "No que se refere às publicações alemãs, posso, com minha lembrança pessoal, afirmar que, tendo um dia lamentado junto ao Ministério alemão das Relações Exteriores a divulgação de alguns documentos estupidamente injuriosos à Itália, especialmente os relatórios do embaixador Monts, responderam-me que era uma circunstância bastante dolorosa, mas que aqueles documentos não poderiam ser suprimidos sem tirar da publicação o caráter de documentação histórica imparcial." Depois desta sua lembrança pessoal, De Bosdari dispunha-se a jurar sobre a integridade da documentação alemã.

No que se refere aos documentos ingleses, depois de ter recordado a boa-fé do Governo inglês, da qual não se tem motivo para duvidar, diz que constituem uma prova bastante segura de autenticidade e de integridade as numerosas complementações de documentos que, por motivos políticos bastante plausíveis, tinham sido mutilados nos livros azuis (mas parece que os livros ingleses são brancos!) anteriormente publicados. (Na realidade, outros "motivos políticos bastante plausíveis" podem ter induzido a que não se publicassem outros documentos e a que não se completassem alguns deles: por exemplo, os documentos oriundos da espionagem serão publicados algum dia?)

De Bosdari faz uma boa observação: nota a escassez, tanto nos documentos ingleses como nos alemães, dos documentos relacionados com as deliberações do Governo, com as discussões e as decisões dos Conselhos de Ministros (que não são "diplomáticos" em sentido técnico, mas que são evidentemente os decisivos). Nota, ao contrário, a grande abundância de telegramas e relatórios de funcionários diplomáticos e consulares, cuja importância é relativa, já que tais funcionários, nos momentos de crise, telegrafam continuamente (para não serem acusados de negligência e distração), sem ter o tempo de verificar as notícias e as impressões que transmitem. (Esta observação nasce da experiência pessoal de De Bosdari e pode ser uma prova de como trabalham os funcionários diplomáticos italianos: talvez para os ingleses as coisas ocorram de outro modo.)

§ 37. *A União Internacional de Socorro.* Iniciativa de origem italiana. Criada em 1927 numa conferência internacional para a qual também foram convidados os Estados que não fazem parte da Sociedade das Nações (Estados Unidos, URSS, etc.). A União coordena a atividade das organizações de socorro existentes, acrescentando a elas a participação dos governos. As calamidades levadas em conta são os desastres e os transtornos devidos a motivos de força maior, quando atingem populações inteiras, quando superam os cálculos até de uma administração previdente, quando têm um caráter excepcional. A ajuda não comporta indenização nem reconstrução. Estrita neutralidade nacional, política, religiosa, etc.

§ 38. *Gioviano Pontano.* Sua atividade política como afim à de Maquiavel. (Cf. M. Scherillo, *Origini e svolgimento della letteratura italiana*, II, onde estão transcritos dois escritos de Pontano sobre a situação italiana no período do declínio de Carlos VIII; e Gothein, *Il Rinascimento nell'Italia Meridionale*, tradução publicada na "Biblioteca storica del Rinascimento", Florença, 1915.) Pontano converteu-se à cultura de Nápoles. (A religião como instrumento de governo. Contra o poder temporal do papa: "os Estados temporais" deveriam ser governados por "reis e príncipes seculares".) [21]

§ 39. *A Geopolítica.* Já antes da guerra, Rudolf Kjellén, sociólogo sueco, procurou construir sobre novas bases uma ciência do Estado ou Política, partindo do estudo do território organizado politicamente (desenvolvimento das ciências geográficas: geografia física, antropogeografia, geopolítica) e da massa de homens que vivem em sociedade naquele território (geopolítica e demopolítica) [22]. Seus livros, especialmente dois deles — *Lo Stato come forma di vita* e *Le grandi potenze attuali* (*Die Grossmächte der Gegenwart*, de 1912, reelaborado pelo autor, tornou-se *Die Grossmächte und die Weltkrise* [As grandes potências e a crise mundial], publicado em 1921; Kjellén morreu em 1922) —, tiveram grande difusão na Alemanha, dando lugar a uma corrente de estudos. Existe uma *Zeitschrift für Geopolitik*; e são publicadas obras volumosas de geografia política (uma delas, *Weltpolitisches Handbuch*, pretende ser um manual para os homens de Estado) e de geografia econômica. Na Inglaterra, na América e na França.

§ 40. "Il problema scandinavo e baltico", artigo de A. M. (?) na *Nuova Antologia* de 1° de agosto de 1927. Artigo claudicante e cheio de generalidades pretensiosas, mas interessante em seu conjunto, até mesmo porque o assunto é habitualmente muito pouco tratado. Unidade cultural dos povos escandinavos muito mais profunda do que a dos povos de cultura latina. Existe um movimento em favor de uma Liga Interescandinava, que redunda em reuniões periódicas e solenes, mas a Liga não pode adquirir a realidade concreta de organismo político: persistem os vínculos culturais e de raça dos quais o movimento nasce e que são por ele mantidos e reforçados. As razões da impossibilidade da Liga são mais substanciais do que o perigo de uma hegemonia sueca. A Suécia e a Finlândia têm interesses distintos dos interesses da Dinamarca e da Noruega. Eliminadas as frotas alemã e russa, o Báltico fica de certo modo neutralizado, mas tal neutralidade é controlada pela Inglaterra. A Liga criaria uma outra situação, que poderia não satisfazer à Inglaterra, a não ser que a própria Liga viesse a ser uma sua criação. O mesmo pode ser dito para a Alemanha (e também para a Rússia: aliás, sobretudo para a Rússia) restabelecida como grande potência.

Antes da guerra, a Dinamarca gravitava na órbita inglesa. Hoje ainda mais. Renunciou a qualquer dispositivo militar (cabe ver se isso não ocorreu por sugestão inglesa, que assim pode entrar no Báltico sem violar nenhuma "pequena Bélgica"). De qualquer modo, a neutralidade desarmada da Dinamarca põe o Báltico sob controle inglês e, desse modo, enfraquece a posição da Alemanha, que tende a exercer uma influência no Norte. A Dinamarca, com seu desarmamento, renunciou a sua posição e função internacionais. País pequeno-burguês.

A Suécia é apática e acomodada, sem vontade de potência. A Noruega sob influência inglesa, em estado de quase desarmamento, mas em ascensão. Plena de vigor a Finlândia, dotada de um forte sistema estatal e de governo. A Suécia, país de grande indústria e de alta burguesia, com rígida diferenciação de classes (tradição aristocrático-militar e conservadora); redução de despesas militares e navais; sob influência alemã; decadência de seu prestígio; talvez pudesse ter anexado a Finlândia: ao contrário, viu serem entregues à Finlândia as Ilhas Aland, a Gibraltar báltica.

A Finlândia absorveu da Suécia a cultura ocidental. Seus interesses permanentes e profundos ligados à Alemanha. Atitude reservada em face da Polônia. A Polônia gostaria de se converter em grande protetora dos Estados bálticos e de reagrupá-los em torno de si, diante da Rússia e da Alemanha. (Mas Lituânia contrária, Finlândia muito reservada e outros Estados bálticos desconfiados e suspeitosos.) Até agora a Rússia frustrou essas manobras polonesas.

Inglaterra, potência naval contra o bloco alemão-russo (o autor prevê uma recuperação da potência alemã, que organiza a Rússia sob seu controle e a ela se une territorialmente): com isso, a tradicional supremacia do mar (inglesa) sobre o continente acabaria por perder sua eficiência, dada a magnitude territorial do bloco alemão-russo. A Inglaterra em posição defensiva, porque saturada de territórios dominados e com sua frota em declínio como fator hegemônico. O bloco russo-alemão representaria a revolta anti-inglesa. Acabaria por se formar uma continuidade ininterrupta do Ártico ao Mediterrâneo e do Reno ao Pacífico: a Turquia seria o segundo fator em ordem de importância; a adesão da Bulgária e da Hungria não seria improvável em caso de conflito. (A Lituânia já liga a Rússia e a Alemanha.)

A ameaça da Inglaterra de forçar os estreitos dinamarqueses (à parte a função alemã no Canal de Kiel) neutralizada pelos possíveis campos minados que a Alemanha pode dispor nas fronteiras meridionais da Dinamarca e da Suécia. A influência francesa no Norte é irrelevante. A Suécia e a Finlândia recusam-se a hostilizar a Inglaterra, mas tendem cada vez mais para a Alemanha.

Ressurgimento do germanismo. A Alemanha ainda é, "potencialmente", a mais forte nação continental. A unidade nacional se reforçou; o complexo estatal está intacto. Ela hoje manobra com habilidade entre Ocidente e Oriente, na expectativa de retomar sua liberdade política em face da Inglaterra, que tenta em vão separá-la da Rússia, com o objetivo de derrotar ambas.

A Rússia: os conceitos do autor sobre a Rússia são muito superficiais e obscuros. "O amorfismo russo é incapaz de organizar o Estado e sequer de concebê-lo. Todos os fundadores de Estado russo foram estrangeiros ou de origem estrangeira (Rurik, os Romanov). A potência organizadora só pode ser a Alemanha, por razões históricas, geográficas e políticas. Não conquista militar, mas apenas subordinação econômica, política, cultural. Seria anti-histórico fracionar a Rússia e submetê-la a experimentos coloniais, como teriam desejado certos teóricos da política. O povo russo é místico, mas não religioso, por excelência feminino e desagregador", etc., etc. (A questão, em outros termos, é muito menos complexa: a Rússia é excessivamente camponesa e tem uma agricultura tão primitiva que não pode organizar com "facilidade" um Estado moderno: sua industrialização é o processo de sua modernização.)

§ 46. *Instituições internacionais.* A Câmara de Comércio Internacional. (Um artigo sobre o IV Congresso da Câmara de Comércio Internacional realizado em Estocolmo, em junho-julho de 1927, está na *Nuova Antologia* de 16 de setembro de 1927.)

§ 48. *Constituição do Império inglês.* Artigo de "Junius", na *Nuova Antologia* de 16 de setembro de 1927, "Le prospettive dell'Impero britannico dopo l'ultima conferenza imperiale".

Busca de equilíbrio entre exigências de autonomia dos *Dominions* e exigências de unidade imperial [23]. (No *Commonwealth*, a Inglaterra carrega o peso político de seu poderio industrial e financeiro, de sua frota, de suas colônias, domínios da Coroa ou de sua presença, seja a que título for — Índia, Gibraltar, Suez, Malta, Cingapura, Hong Kong, etc. —, de sua experiência política, etc. Foram elementos de desagregação no pós-guerra: o poderio dos Estados Unidos, também anglo-saxões, que exercem uma influência sobre certos *Dominions*, bem como os movimentos nacionais e nacionalistas, que em parte constituem uma reação ao movimento operário — nos países de capitalismo desenvolvido — e em parte um movimento contra o capitalismo estimulado pelo movimento operário: Índia, negros, chineses, etc. Os ingleses encontram uma solução para o problema nacional dos *Dominions* de capitalismo desenvolvido, e este aspecto é muito interessante: recordar que Ilitch afirmava precisamente que não é impossível que as questões nacionais tenham uma solução pacífica em regime burguês: exemplo clássico é a separação pacífica da Noruega da Suécia. Mas os ingleses são particularmente atingidos pelos movimentos nacionais nos países coloniais e semicoloniais: Índia, negros da África, etc.) [24].

A dificuldade maior do equilíbrio entre *autonomia e unidade* manifesta-se naturalmente na política externa. Já que os *Dominions* não reconhecem mais o Governo de Londres como representante de sua vontade no campo da política internacional, discutiu-se a criação de uma nova entidade jurídico-política destinada a indicar e levar à prática a unidade do Império: falou-se em constituir um órgão de política externa imperial. Mas existe uma real unidade "internacional"? Os *Dominions* participam, através do Império, da política mundial, são potências mundiais; mas a política externa da Inglaterra, europeia e mundial, é de tal modo complexa que os *Dominions* relutam em ser envolvidos em questões que não são de seu interesse direto; além do mais, através da política externa, a Inglaterra poderia tolher ou limitar alguns dos direitos de independência que os *Dominions* conquistaram. Para a própria Inglaterra, este órgão de política imperial poderia ser razão de dificuldades, sobretudo na política externa, na qual se exige rapidez e unidade de vontade, difíceis de obter num organismo coletivo que representa países dispersos em todo o mundo.

Incidente com o Canadá a propósito do Tratado de Lausanne: o Canadá recusou-se a ratificá-lo porque não havia sido assinado por seus próprios representantes. Baldwin engavetou a questão do "órgão imperial" e contemporizou. O Governo conservador reconheceu ao Canadá e à Irlanda o direito de ter seus próprios representantes em Washington (primeiro passo no sentido de que os *Dominions* tenham direito ativo e passivo de legação); à Austrália, o direito de ter em Londres, além do Alto-Comissário (com encargos sobretudo econômicos), um funcionário encarregado da ligação política direta; favoreceu e encorajou a formação de frotas autônomas (frota australiana, canadense, indiana); base naval de Cingapura para a defesa do Pacífico; exposição de Wembley para valorizar a economia dos *Dominions* na Europa; Comitê Econômico Imperial para associar os *Dominions* à Inglaterra diante das dificuldades comerciais e industriais, e aplicação parcial do princípio do tratamento preferencial.

Na política externa: o Pacto de Locarno foi assinado pela Inglaterra, com a declaração de que só ela assumiria os compromissos nele contemplados. (Antes, vários métodos: a Inglaterra assinou o Tratado de Lausanne em nome de todo o Império, do que resultou o incidente com o Canadá; na Conferência de Londres, sobre as reparações de guerra alemãs, em julho de 1924, cada um dos *Dominions* participou com delegação própria, o que exigiu um mecanismo pesado e complicado, nem sempre aplicável na prática; no Pacto de Segurança de Genebra, de 1928, a Inglaterra reservou-se o direito de assiná-lo depois de ter consultado os *Dominions* e de ter obtido sua prévia aprovação.)

A Conferência Imperial (de novembro de 1926) pretendeu dar uma definição precisa dos membros do Império: eles constituem "comunidades autônomas, iguais em direitos, de nenhum modo subordinadas umas às outras no que se refere a suas questões internas e externas, embora unidas por um dever comum de obediência à Coroa e livremente associadas como membros do Império britânico". Igualdade de *status* não significa igualdade de funções, e é expressamente declarado que a função da política externa e da defesa militar e naval compete *principalmente* à Grã-Bretanha. Isso não exclui que determinadas atribuições destes dois ramos da atividade estatal sejam assumidas, em parte, por alguns *Dominions*: frotas australiana e indiana (a Índia, porém, não é um *Dominion*); representação em Washington da Irlanda e do Canadá, etc. Foi finalmente estabelecido o princípio geral de que nenhuma obrigação internacional recai sobre qualquer um dos sócios do Império se esta obrigação não tiver sido voluntariamente reconhecida e aceita.

Foi fixada a relação dos Domínios com a Coroa, que se tornou o verdadeiro órgão supremo imperial. Os Governadores-Gerais nos *Dominions,* ainda que sejam representantes do rei, só podem ter, em relação aos *Dominions,* a mesma posição que tem o rei na Inglaterra: por isso, eles não são representantes ou agentes do Governo inglês, cujas comunicações com os Governos dos *Dominions* se darão por outras vias.

A política externa inglesa não pode deixar de sofrer a influência dos *Dominions.*

§ 50. Roberto Cantalupo, "La Nuova Eritrea", *Nuova Antologia* de 1º de outubro de 1927. (Funções da Eritreia: 1) econômica: intensificar sua capacidade produtiva e comercial de exportação e importação, procurando fazer dela um complemento da mãe-pátria e torná-la ativa financeiramente; 2) política: dar à Eritreia uma posição e uma função tais que tornem possível um maior contato com os Estados árabes da margem asiática do Mar Vermelho, bem como restaurar as relações econômicas entre Asmara e a região limítrofe do Oeste etíope, de modo que a Eritreia se torne a saída marítima natural das regiões da Abissínia setentrional e o porto de trânsito natural das zonas centrais e meridionais da península arábica, depois que Porto Sudão passou a ser a saída de todo o Oeste sudanês e o *entrepôt* da Arábia setentrional.)

Dados de Cantalupo já ultrapassados. Problemas da Etiópia: além da luta de influência entre Inglaterra, Itália e França, potências limítrofes, que influência exercem ou podem exercer sobre Adis-Abeba os Estados Unidos e a Rússia? Como único Estado indígena livre da

África, a Etiópia pode se tornar a chave de toda a política mundial africana, isto é, o ponto de colisão das três potências mundiais (Inglaterra, Estados Unidos, Rússia). A Etiópia poderia colocar-se à frente de um movimento em defesa da África para os africanos.

Sobre a situação social da Etiópia, na qual a Igreja tem grande importância em função da estrutura feudal, cf. Alberto Pollera, *Lo Stato etiopico e la sua Chiesa,* publicado pela "Regia Società Geografica" (Pollera é um funcionário colonial italiano).

§ 54. "Olii, petrolii e benzine", de Manfredi Gravina, na *Nuova Antologia* de 16 de dezembro de 1927 (o artigo continua na *Nuova Antologia* de 1º de janeiro de 1928 e é interessante para ter uma referência geral ao problema do petróleo). O artigo é um resumo das publicações recentes sobre o problema do petróleo. Extraio algumas informações bibliográficas e algumas observações: Karl Hoffmann, *Ölpolitik und angelsächsischer Imperialismus* [Política do petróleo e imperialismo anglo-saxão] (Ring-Verlag, Berlim, 1927), que Gravina aponta como trabalho magistral, um resumo excelente dos grandes problemas petrolíferos do mundo e indispensável para quem quiser, a partir de dados precisos, aprofundar seu estudo (com a restrição de que vê "petróleo" demais em todo ato internacional). O *Federal Oil Conservation Board*, formado na América em 1924 com a missão de estudar cada medida capaz de racionalizar a excessiva exploração do patrimônio petrolífero americano e assegurar-lhe o máximo e melhor rendimento (Hoffmann define-o como "grandiosa organização de preparação industrial para possível guerra do Pacífico"). Neste *Board*, o Senador Hugues, ex-ministro das Relações Exteriores, representa os interesses diretos de duas sociedades do grupo *Standard* (*Standard*, de Nova York, e *Vaccum Oil*). O *Standard Oil Trust,* constituído em 1882 por John D. Rockefeller, teve de adaptar-se às leis contra os trustes. A *Standard* de Nova Jersey ainda é considerada como uma verdadeira central da atividade petrolífera da Casa Rockefeller: ela controla 20-25% da produção mundial, 40-45% das refinarias, 50-60% dos dutos desde os poços até os depósitos. Ao lado da *Standard* e subsidiárias surgiram outras empresas, entre as quais se devem recordar os chamados *Big Independents*.

A *Standard* está ligada ao Consórcio Harriman (transportes ferroviários e marítimos, 8 sociedades de navegação) e ao grupo bancário Kuhn Loeb & Cia. de Nova York, dirigido por Otto Kahn. No campo inglês, os dois grupos mais importantes são a *Shell Royal-Dutch* e a *Anglo-Persian Burmah*. Diretor-geral da *Shell* é o holandês Sir Henry Deterding. A *Shell* está a serviço do Império inglês, apesar dos grandes interesses financeiros e políticos da Holanda. A *Anglo-Persian Burmah* pode ser considerada uma empresa do Governo britânico e, mais especificamente, do Almirantado, que nela tem três representantes. Presidente da *Anglo-Persian* é Sir Charles Greenway, auxiliado por um consultor técnico, Sir John Cadman, que durante a guerra esteve à frente das atividades governamentais relativas ao petróleo. Greenway, Cadman, Deterding e os irmãos Samuel (fundadores da *Shell* inglesa, que depois se fundiu com a *Royal-Dutch*) são considerados de fato os dirigentes da política petrolífera inglesa.

§ 60. *Sobre Emanuele Filiberto*, é interessante e escrito com seriedade (não hagiográfico) o artigo de Pietro Egidi publicado na *Nuova Antologia* de 16 de abril de 1928: "Emanuele Filiberto di Savoia" [25]. A capacidade militar de Emanuele Filiberto é delineada com perspicácia: Emanuele Filiberto marca a passagem da estratégia das tropas mercenárias à nova estratégia, que depois encontrará em Frederico II e em Napoleão seus representantes: a grande guerra de movimento por objetivos capitais e decisivos. Em Cateau-Cambrésis ele consegue recuperar seu Estado, com a ajuda da Espanha; mas no tratado fica estabelecida a "neutralidade" do Piemonte, isto é, a independência em relação à França e à Espanha (Egidi sustenta ter sido Emanuele Filiberto quem sugeriu aos franceses que solicitassem essa neutralidade para estar em condições de escapar à sujeição espanhola, mas isto é pura hipótese: neste caso os interesses da França coincidiam inteiramente com os do Piemonte): tem assim início a política externa moderna dos Savoia, de equilíbrio entre as duas potências principais da Europa.

Depois dessa paz, porém, o Piemonte perde irreparavelmente algumas terras: Genebra e as terras em torno do lago de Genebra.

Numa história, seria necessário pelo menos assinalar as várias fases territoriais por que passou o Piemonte, de predominantemente francês a franco-piemontês e a italiano. (Emanuele Filiberto foi, no fundamental, um general da Contrarreforma.)

Egidi também delineia com bastante perspicácia a política externa de Emanuele Filiberto, mas faz apenas menções insuficientes à política interna e especialmente militar, e estas poucas menções estão ligadas aos fatos de política interna relacionados estritamente ao exterior, isto é, à unificação territorial do Estado por meio da retrocessão das terras ainda ocupadas por franceses e espanhóis depois de Cateau-Cambrésis, ou aos acordos com os cantões suíços para readquirir algumas faixas das terras perdidas. (Para o estudo sobre Maquiavel, examinar especialmente os ordenamentos militares de Emanuele Filiberto e sua política interna relacionada com o equilíbrio de classes, sobre a qual se fundou o principado absoluto dos Savoia.)

§ 61. *Contrarreforma.* Na *Nuova Antologia* de 16 de abril de 1928, Guido Chialvo publica uma "Istruttione" de Emanuele Filiberto a Pierino Belli, seu Chanceler e Auditor de Guerra, sobre o "Conselho de Estado", com data de 1° de dezembro de 1559. Eis o início desta "Istruttione": "Como o temor de Deus é princípio de sapiência, não há maior morbo nem peste mais capital no governo dos Estados do que quando os homens que os têm sob seu cuidado não temem a Deus e atribuem à própria prudência aquilo que só se deve reconhecer como próprio da Divina Providência e Inspiração, e desta ímpia heresia, como da fonte de todo vício, derivam todas as malvadezas e perversidades do mundo, e os homens atrevem-se a violar as divinas e humanas leis."

§ 63. *Itália e Egito.* Artigo de Romolo Tritonj na *Nuova Antologia* de 16 de abril de 1928: "Le Capitolazioni e l'Egitto" (que seria um capítulo de um *Manuale di quistioni politiche dell'Oriente musulmano* a ser publicado proximamente, mas que não vi anunciado ou comentado.

Tritonj é Lambém autor de um volume, *É giunto il momento di abolire le Capitolazioni in Turchia?*, publicado em Roma em 1916, e é colaborador assíduo da *Nuova Antologia* e da *Politica* de Coppola. Quem é? É um dos velhos nacionalistas? Não me lembro. Parece-me sério e informado: é especialista em questões do Oriente Próximo. Verificar).

É bastante favorável às Capitulações, especialmente no Egito, de um ponto de vista europeu e italiano: sustenta a necessidade da unidade entre os Estados europeus em torno da questão, mas prevê que a unidade de ação não será mantida, em virtude da divergência da Inglaterra [26]. Com os quatro pontos sobre o Egito, a Inglaterra já tentou afastar-se da Europa, afirmando que se reservaria a "proteção dos interesses estrangeiros", cláusula ambígua, porque parecia que a Inglaterra arrogava para si a proteção, excluindo as outras potências; mas foi explicado que na próxima conferência sobre as Capitulações a Inglaterra participaria em pé de igualdade com os outros Estados capitulares.

A Inglaterra tem no Egito uma colônia muito pequena (sobretudo se se excluírem os funcionários britânicos que trabalham na administração egípcia e os militares) e, aceitando a abolição das Capitulações, abandonaria traiçoeiramente os outros. Para conquistar as graças dos nacionalistas, salientaria os defeitos dos outros europeus (este é o ponto delicado que importa aos italianos: eles gostariam de ter os nacionalistas como amigos, mas também gostariam de fazer a política da colônia italiana no Egito, deixando nas costas da Inglaterra a odiosidade da situação criada pela Europa: vcr nas rcvistas as opiniões sobre os acontecimentos egípcios de 1929-1930: são contraditórias, confusas; a Itália é favorável às nacionalidades, mas... etc.; a mesma situação no que se refere à Índia, mas no Egito os interesses são muito fortes e as repercussões das opiniões mais imediatas).

A colônia italiana no Egito é muito selecionada, ou seja, é daquele tipo cujos elementos já chegaram à terceira ou quarta geração, passando do emigrado proletário ao industrial, comerciante, profissional liberal; mantido o caráter nacional, aumenta a clientela comercial da

Itália, etc. (seria interessante ver a composição social da colônia italiana; entretanto, é bastante provável que um considerável número de emigrados, depois de três ou quatro gerações, tenha subido de classe social: de qualquer modo, as Capitulações dão unidade à colônia e permitem aos funcionários italianos e aos burgueses controlar toda a massa dos emigrados).

Nos países do Mediterrâneo onde foram abolidas as Capitulações, a emigração italiana cessou, foi gradualmente eliminada (Turquia) ou se encontra nas condições da Tunísia, onde se procura desnacionalizá-la. Abolição das Capitulações significa desnacionalização da emigração (outra questão se deve ao fato de que a Itália é potência exclusivamente mediterrânea, e toda mudança neste mar interessa a ela mais do que a qualquer outra potência).

Naturalmente, Tritonj desejaria, com estas suas opiniões, manter a amizade com os egípcios e reconhece que "é de capital importância para nós sermos amigos de seu país".

§ 74. *Bibliografia variada*:

1) C. Smogorzenski, *Le jeu complexe des Partis en Pologne*, "Geebethner et Wolff".

2) Louis Fischer, *L'Impérialisme du pétrole*, Rieder. (Exposição da história da produção de petróleo segundo os documentos do Ministério alemão e do Comissariado russo. Contra Sir Henry Deterding e os demais reis do petróleo.)

3) Charles Benoist, *Les lois de la Politique française*, A. Fayard. (Entre outras coisas: "o francês é guerreiro, mas não militar", tem necessidade de ser disciplinado, por isso "o serviço militar de curta duração somente é possível com *quadros muito sólidos*".)

4) Georges Valois, *Basile ou la Politique de la Calomnie*, "Valois" (contra Maurras e a Ação Francesa: autobiográfico. História do "Cercle Proudhon" e de seus *Cahiers*. A propósito da participação de Sorel, ver o livro de Pierre Lasserre sobre Sorel e a correspondência Sorel-Croce. Devido à situação existente na França em 1925 e às esperanças dos reacionários, "Maurras quase se comprometera a proclamar a mo-

narquia no fim de 1925". Para a história lamentável do movimento de Valois na França.) [27].

5) Edouard Champion, "Le livre aux Etats Unis"; longo artigo na *Revue des Deux Mondes* de 15 de maio e 1º de junho de 1927.

6) Ottavio Cina, *La Commedia Socialista,* Bernardo Lux Edit., Roma, 1914, VIII-102 p., 3° milhar (?). Título tomado (mas não se declara) do livro de Yves Guyot, *La Comédie Socialiste*, Paris, 1897, Charpentier.

Este livro de Cina é um livreco muito banal e pedestre, de tipo panfletário. Só pode ser levado em consideração numa bibliografia desta espécie de literatura, nas margens extremas da polêmica daquele tempo. Muito genérico. Quando cita fatos concretos ou nomes, comete erros grosseiros (cf. p. 5, a propósito da controvérsia Turati-Ferri). Ver de que modo Croce o cita na bibliografia de sua *Storia d'Italia dal 1871 al 1915.* Cina remete, na p. 34, a seus artigos publicados em *Economista d'Italia* de 1910. Faz um exame das condições econômicas naqueles anos, muito superficial e banalmente tendencioso, naturalmente, e termina com um apelo à resistência das classes burguesas contra os operários, *até mesmo com a violência.* Deste ponto de vista é interessante, como um sinal dos tempos. Seria preciso verificar quem era (ou é) este senhor Cina. Não parece um "nacionalista" em sentido partidário.

§ 75. R. Michels, "Les partis politiques et la contrainte sociale", *Mercure de France,* 1° de maio de 1928, p. 513-535. "O partido político só poderia ser, etimológica e logicamente, uma parte do conjunto dos cidadãos organizada no terreno da política. O partido, portanto, é apenas uma fração, *pars pro toto*" (?) [28].

Segundo Max Weber (*Wirtschaft und Gesellschaft. Grundriss der Sozialökonomik*, III, 2ª ed., Tubingen, 1925, p. 167, 639), ele se origina de duas espécies de causas: seria especialmente uma associação espontânea de propaganda e de agitação, que visa ao poder para assim permitir a seus aderentes ativos (militantes) possibilidades morais e materiais de alcançar fins objetivos ou vantagens pessoais ou, ainda, as duas coisas juntas [29]. A orientação geral dos partidos políticos, portanto, consistiria no *Machtstreben*, pessoal ou impessoal. No primeiro caso, os partidos pessoais se baseariam na proteção oferecida aos inferiores por *um homem poderoso*. Na história (?) dos partidos políticos, os casos desse gênero são frequentes. Na velha Dieta prussiana de 1855, que englobava muitos grupos políticos, todos tinham o nome de seus chefes: o único grupo que adotou seu verdadeiro nome foi um grupo nacional, o polonês (cf. Friedrich Naumann, *Die politischen Parteien*, Berlim, 1910, "Die Hilfe", p. 8).

A história do movimento operário demonstra que os socialistas não desprezaram esta *tradição* burguesa. Muitas vezes os partidos socialistas adotaram o nome de seus chefes ("como para deixar publicamente patente sua completa submissão a seus chefes") (!) [30]. Na Alemanha, entre 1863 e 1875, as frações socialistas rivais eram os marxistas e os lassallianos. Na França, numa época mais recente, as grandes correntes socialistas estavam divididas em broussistas, alemanistas, blanquistas, guesdistas e jauresistas. É verdade que os homens que assim davam seus nomes aos diversos movimentos personificavam o mais completamente possível as *ideias* e as *tendências* que inspiravam seus partidos, e os guiaram durante toda a sua evolução (Maurice Charnay, *Les Allemanistes*, Paris, Rivière, 1912, p. 25).

Talvez exista analogia entre os partidos políticos e as seitas religiosas e as ordens monásticas; Yves Guyot notou que o indivíduo pertencente ao partido moderno age como os frades da Idade Média, que tomaram os nomes de São Domingos, São Bento, Santo Agostinho, São Francisco (Yves Guyot, *La Comédie socialiste*, Paris, 1897, Charpentier, p. 111). Eis o tipo dos partidos que poderiam ser chamados de *partis de patronage*. Quando o chefe exerce uma influência sobre seus seguidores em virtude de qualidades tão elevadas que parecem sobrenaturais a estes, pode ser chamado de *líder carismático* (carisma, dom de deus, recompensa: cf. M. Weber, *op. cit.*, p. 140). (Esta nota está numerada como 4 bis, isto é, foi inserida nas provas; não certamente por causa da tradução de "carisma", mas talvez por causa da citação de

Weber. Michels fez muito barulho na Itália por "seu" achado do "líder carismático", que provavelmente, seria preciso verificar, já estava em Weber; também seria necessário ver o livro de Michels sobre a sociologia política, de 1927: nem ao menos faz referência ao fato de que já existia antes, e como!, uma concepção do líder pela graça de Deus.) [31]

Entretanto, algumas vezes esta espécie de partido se apresenta sob formas mais gerais. O próprio Lassalle, o *chefe dos lassallianos*, oficialmente só era *presidente* vitalício do *Allgemeiner Deutscher Arbeiterverein* [32]. Ele se *comprazia* em alardear perante seus adeptos a idolatria que lhe dedicavam as massas delirantes e as virgens vestidas de branco que lhe cantavam coros e ofertavam flores. Esta fé carismática não era apenas fruto de uma psicologia exuberante e um pouco megalômana, mas correspondia também a uma concepção teórica. Nós devemos — disse aos operários renanos, expondo suas ideias sobre a organização do partido — forjar um martelo com todas as nossas vontades dispersas e colocá-lo nas mãos de um homem cuja inteligência, caráter e devoção representem para nós uma garantia de que golpeará energicamente (cf. Michels, *Les partis politiques*, 1914, p. 130; não remete à edição italiana ampliada, de 1924) [33]. Era o martelo do ditador. Mais tarde as massas exigiram *pelo menos um simulacro* de democracia e de poder coletivo, formaram-se grupos cada vez mais numerosos de chefes que não admitiam a ditadura de um só chefe. Jaurès e Bebel são dois tipos de líderes carismáticos. Bebel, órfão de um suboficial da Pomerânia, falava *arrogantemente* (?) e era imperativo (Hervé chamou-o de *Kaiser* Bebel; cf. Michels, *Bedeutende Männer* [Grandes homens], Leipzig, 1927, p. 29) [34]. Jaurès, orador extraordinário, inigualável, inflamado, romântico e ao mesmo tempo realista, procurava superar as dificuldades "ordenando" os problemas, para eliminá-los à medida que se apresentavam. (Cf. Rappoport, *Jean Jaurès. L'homme. Le Penseur. Le Socialiste,* 2ª ed., Paris, 1916, p. 366.) Os dois grandes líderes, amigos e inimigos, tinham em comum uma fé indômita tanto na eficácia de suas ações quanto no destino das legiões das quais eram os porta-bandeiras. Ambos foram deificados: Bebel ainda vivo, Jaurès depois de morto.

Mussolini é outro exemplo de líder partidário que tem algo de profeta e de crente. Além disso, ele não é apenas chefe único de um grande partido, mas é também o chefe *único* de um grande Estado. Com ele, também a noção do axioma: "o partido sou eu" teve o máximo desenvolvimento, no sentido da responsabilidade e do trabalho permanente. (Historicamente inexato. Desde logo, está proibida a formação de grupos e toda discussão pública, porque elas se revelaram desastrosas. Mussolini serve-se do Estado para dominar o partido e do partido, só em parte, nos momentos difíceis, para dominar o Estado. Além do mais, o chamado "carisma", no sentido de Michels, coincide sempre no mundo moderno com uma fase primitiva dos partidos de massa, com a fase em que a doutrina se apresenta às massas como algo nebuloso e incoerente, que necessita de um papa infalível para ser interpretada e adaptada às circunstâncias; quanto mais se verifica esse fenômeno, mais o partido nasce e se forma não com base numa concepção do mundo unitária e rica de desenvolvimentos, porque expressão de uma classe historicamente essencial e progressista, mas com base em ideologias incoerentes e confusas, que se nutrem de sentimentos e emoções que ainda não alcançaram o ponto terminal de dissolução, porque as classes, ou a classe, das quais é expressão, embora se dissolvendo, historicamente, ainda têm certa base e se apegam às glórias do passado para utilizá-las como escudo contra o futuro.)

O exemplo que Michels dá como prova da ressonância dessa concepção entre as massas é infantil para quem conhece a facilidade das multidões italianas para o exagero sentimental e o entusiasmo "emotivo". Uma voz entre os dez mil manifestantes diante do Palácio Chigi teria gritado: "Não, *tu* és a Itália", num momento de comoção objetivamente real da multidão fascista. Mussolini, posteriormente, manifestaria a essência carismática do seu caráter em telegrama enviado a Bolonha, no qual afirmava estar seguro, absolutamente seguro (e certamente estava, *pour cause*) de que nada de grave poderia ocorrer com ele antes de ter completado sua missão.

"Não temos por que indicar neste momento os perigos inerentes à concepção carismática" (?) [35]. A direção carismática traz consigo um dinamismo político vigorosíssimo. Saint-Simon, em seu leito de morte, disse a seus discípulos que se recordassem de que, para fazer grandes coisas, é preciso estar apaixonado. Estar apaixonado significa ter o dom de apaixonar os outros. É um estimulante formidável. Esta é a vantagem dos partidos carismáticos sobre os outros, baseados num programa bem definido e no interesse de classe. Entretanto, é verdade que a vida dos partidos carismáticos frequentemente é regulada pela duração de seu impulso e de seu entusiasmo, que muitas vezes fornecem uma base bastante frágil. Por isso, vemos os partidos carismáticos levados a apoiar seus valores psicológicos (!) nas organizações mais duradouras dos interesses humanos.

O líder carismático pode pertencer a qualquer partido, autoritário ou antiautoritário (dado que existam partidos antiautoritários, como partidos; dá-se bem mais que os "movimentos" antiautoritários, anarquistas, anarcossindicalistas, tornem-se "partido" porque o agrupamento se dá em torno de personalidades "irresponsáveis" organizativamente, em certo sentido "carismáticas").

A classificação que Michels faz dos partidos é muito superficial e sumária, baseada em características externas e genéricas: 1) partidos "carismáticos", isto é, agrupados em torno de certas personalidades, com programas rudimentares; a base desses partidos é a fé e a autoridade de um só indivíduo. (Tais partidos jamais foram vistos; certas expressões de interesses são em certos momentos representadas por certas personalidades mais ou menos excepcionais: em certos momentos de "anarquia permanente" devida ao equilíbrio estático das forças em luta, um homem representa a "ordem", isto é, a ruptura por meios excepcionais do equilíbrio mortal, e em torno dele se agrupam os "amedrontados", as "ovelhas hidrófobas" da pequena burguesia: mas há sempre um programa, mesmo que genérico, e genérico exatamente porque tende apenas a readaptar a cobertura política exterior a um conteúdo social que não atravessa uma verdadeira crise constitucional, mas só uma crise provocada pelo número excessivo de descontentes, difíceis de serem controlados em virtude de sua quantidade e da simultânea, mas mecanicamente simultânea, manifestação de descontentamento em toda a área da nação); 2) partidos que têm por base interesses de classe, econômicos e sociais, partidos de operários, camponeses ou de *petites gens*, já que os burgueses não podem por si sós formar um partido; 3) partidos políticos gerados (!) por ideias políticas ou morais, gerais e abstratas: quando esta concepção está baseada num dogma mais desenvolvido e elaborado até nos mínimos detalhes, seria possível falar de partidos doutrinários, cujas doutrinas seriam privilégio dos chefes: partidos livre-cambistas ou protecionistas, ou que proclamam direitos de liberdade e de justiça como: "A cada um o produto de seu trabalho! A cada um de acordo com seu esforço! A cada um segundo suas necessidades!"

Menos mal que Michels acha que esta distinção não pode ser nítida nem completa, porque os partidos "concretos" representam, em geral, matizes intermediários ou combinações de todos os três. A estes três tipos ele acrescenta outros dois: os partidos confessionais e os partidos nacionais (seria necessário ainda acrescentar os partidos republicanos em regime monarquista e os partidos monarquistas em regime republicano). Segundo Michels, os partidos confessionais, mais do que uma *Weltanschauung*, professam uma *Überweltanschauung* (que no fundo é a mesma coisa). Os partidos nacionais professam o princípio geral do direito de cada povo e de cada fração de povo à soberania completa e incondicional (teorias de P. S. Mancini) [36]. Mas, depois de 1848, estes partidos desapareceram e surgiram os partidos nacionalistas sem princípios gerais porque negam aos outros, etc. (se bem que os partidos nacionalistas nem sempre neguem "teoricamente" aos outros povos tudo o que defendem para si: confiam a solução do conflito às armas, quando não partem de concepções vagas de missões nacionais, como Michels diz).

O artigo está cheio de palavras vazias e imprecisas: "A necessidade da organização [...] e as tendências inelutáveis (!) da psicologia humana, individual e coletiva, apagam a longo prazo a maior parte das distinções originárias." (Tudo isto quer dizer: o tipo "sociológico" não corresponde ao fato concreto.) "O partido político como tal tem sua própria alma (!), independentemente de seus programas e regulamentos e dos princípios eternos de que está impregnado." Tendência à oligarquia. "Criando chefes para si, os próprios operários criam, com as próprias mãos, novos patrões, cuja principal arma de domínio reside na superioridade técnica e intelectual, e na impossibilidade de seus mandantes exercerem um controle eficaz." Os intelectuais têm uma função (nesta situação). Os partidos socialistas, graças aos numerosos postos remunerados e honoríficos de que dispõem, oferecem aos operários (a certo número de operários, naturalmente!) uma possibilidade de fazer carreira, o que exerce sobre eles uma força considerável de atração (esta força se exerce, porém, mais sobre os intelectuais).

Complexidade progressiva da atividade política, em virtude da qual os líderes dos partidos se tornam cada vez mais profissionais e devem ter noções cada vez mais amplas, um tato, uma prática burocrática e, frequentemente, uma esperteza cada vez mais ampla. Assim, os dirigentes afastam-se cada vez mais da massa, dando margem à flagrante contradição que se manifesta nos partidos avançados entre as declarações e as intenções democráticas e a realidade oligárquica (entretanto, é necessário observar que uma coisa é a democracia de partido e outra a democracia no Estado: para conquistar a democracia no Estado pode ser necessário — ou melhor, é quase sempre necessário — um partido fortemente centralizado; e mais ainda: as questões relacionadas com democracia e oligarquia têm um significado preciso, que é dado pela diferença de classe entre líderes e seguidores: a questão torna-se política, ou seja, adquire um valor real e não mais apenas de esquematismo sociológico, quando na organização existe divisão de classe: isso ocorreu nos sindicatos e nos partidos social-democratas. Se não existe diferença de classe, a questão torna-se puramente técnica — a orquestra não crê que o regente seja um patrão oligárquico —, de divisão do trabalho e de educação, isto é, a centralização deve levar em conta que nos partidos populares a educação e o "aprendizado" político se verificam em grande parte através da participação ativa dos seguidores na vida intelectual — discussões — e organizativa dos partidos. A solução do problema, que se complica exatamente pelo fato de que nos partidos avançados os intelectuais têm uma grande função, pode ser encontrada na formação de um estrato médio o mais numeroso possível entre os chefes e as massas, que sirva de equilíbrio para impedir os chefes de se desviarem nos momentos de crise radical e para elevar sempre mais a massa).

As ideias de Michels sobre os partidos políticos são bastante confusas e esquemáticas, mas são interessantes como coleta de material bruto e de observações empíricas e díspares. Os erros de fato também não são poucos (o partido bolchevique teria nascido das ideias de Blanqui sobre a ação das minorias, bem como das concepções, mais severas e mais diversificadas, do movimento sindicalista francês, inspiradas em G. Sorel). A bibliografia dos trabalhos de Michels pode ser reconstruída sempre a partir de seus próprios textos, porque ele cita a si mesmo abundantemente.

A pesquisa pode começar pelos livros que já tenho. Uma observação interessante sobre o modo de trabalhar e de pensar de Michels: seus escritos estão cheios de citações bibliográficas, em boa parte ociosas e confusas. Ele apoia até os mais banais "truísmos" com a autoridade dos escritores mais díspares. Tem-se frequentemente a impressão de que não é o curso do pensamento que determina as citações, mas o acúmulo de citações já prontas que determina o curso do pensamento, dando-lhe um quê de irregular e improvisado. Michels deve ter organizado um imenso fichário, mas como diletante, como autodidata. Pode ter uma certa importância saber quem fez pela primeira vez uma determinada observação, tanto mais se esta observação estimulou uma pesquisa ou fez progredir de algum modo uma ciência. Mas anotar que tal ou qual disse que dois e dois são quatro é no mínimo tolo.

Outras vezes as citações são muito manipuladas: o juízo sectário ou, no melhor caso, epigramático, de um polemista é apresentado como fato histórico ou como documento de fato histórico. Quando, na p. 514 deste artigo publicado no *Mercure de France*, ele diz que na França a corrente socialista estava dividida em broussistas, alemanistas, blanquistas, guesdistas e jauresistas, para chegar à conclusão de que nos partidos modernos as coisas são como nas ordens monásticas medievais (beneditinos, franciscanos, etc.), com a citação da *Comédie socialiste* de Yves Guyot, da qual deve ter extraído a ideia, ele não diz que aquelas não eram as denominações oficiais dos partidos, mas denominações "cômodas", surgidas das polêmicas internas e que, quase sempre, continham implicitamente uma crítica e uma reprovação de desvios personalistas, críticas e reprovações recíprocas que depois se enrijeceram com o uso efetivo da denominação personalista (pela mesma razão "corporativa" e "sectária" que levou os *Gueux* a adotarem essa denominação) [37]. Por esta razão, todas as considerações epigramáticas de Michels caem no superficialismo de salão reacionário.

O caráter puramente descritivo e a classificação externa próprios da velha sociologia positivista são uma outra característica essencial destes textos de Michels: ele não tem nenhuma metodologia intrínseca aos fatos, nenhum ponto de vista crítico a não ser um amável ceticismo de salão ou de café reacionário, que substituiu as transgressões igualmente superficiais do sindicalismo revolucionário e do sorelismo.

Relações entre Michels e Sorel: carta de Sorel a Croce em que alude à superficialidade de Michels e tentativa mesquinha de Michels de se livrar do juízo de Sorel. Na carta a Croce de 30 de maio de 1916 (*Critica*, 20 de setembro de 1929, p. 357), Sorel escreve: "Acabo de receber uma separata de R. Michels, extraída de *Scientia*, maio de 1916: 'La débâcle de l'Internationale ouvriere et l'avenir'. Peço que dê uma olhada; ela me parece demonstrar que o autor jamais compreendeu aquilo que é importante no marxismo. Ele nos apresenta Garibaldi, L. Blanc, Benoit Malon (!) como os verdadeiros mestres do pensamento socialista..." [38]. (A impressão de Sorel deve ser exata — eu não li este escrito de Michels —, porque ela atinge o alvo do modo mais evidente no caso do livro de Michels sobre o movimento socialista italiano, Edição "Voce") [39].

Nos *Nuovi Studi di Diritto, Economia e Politica* de setembro-outubro de 1929, Michels publica cinco bilhetes que lhe foram enviados por Sorel (o primeiro em 1905, o segundo em 1912, e os três últimos em 1917), sem nenhum caráter confidencial, mas sim de correta e fria conveniência, e numa nota (p. 291) escreve a respeito da opinião referida acima: "Sorel, evidentemente, não compreendera (!) o sentido mais direto do artigo incriminado, no qual eu acusara (!) o marxismo de ter deixado escapar (!) o lado ético do socialismo de Mazzini e outros, bem como, ao exagerar o lado meramente econômico, ter levado o socialismo à ruína. Por outro lado, como se depreende das cartas já publicadas (Que cartas? As publicadas por Michels? Estes cinco bilhetes? Eles não dizem nada), a *opinião impulsiva* (grifado por Michels, mas trata-se de algo muito diferente de impulsividade; para Sorel, parece tratar-se da confirmação de um juízo já formulado há muito tempo) de Sorel não impediu em nada as boas relações (!) com o autor destas linhas." Nestas notas publicadas nos *Nuovi Studi*, parece-me que Michels visa a alguns objetivos bastante interessantes e ambíguos: lançar um certo descrédito sobre Sorel como homem e como "amigo" da Itália e mostrar-se a si mesmo como um patriota italiano de longa data. Este tema bastante ambíguo é recorrente em Michels (creio que assinalei em outro lugar sua situação por ocasião do desencadeamento da guerra) [40]. É interessante o bilhete de Sorel a Michels, de 10 de julho de 1912: "Li o número da *Vallée d'Aoste* que você me enviou. Percebi que você afirma um direito ao separatismo capaz de tornar suspeita aos italianos a manutenção da língua francesa no Vale de Aosta" [41]. Michels assinala que se trata de um número especial, *La Vallée d'Aoste pour sa langue française*, publicado em maio de 1912 em Aosta pela tipografia Margherittaz, sob os auspícios de um comitê local valdostano para a proteção da língua francesa (colaboradores, Michels, Croce, Prezzolini, Graf, etc.). "Inútil dizer que nenhum destes autores assumira, como afirmou Sorel com excessiva licença poética, qualquer tese separatista." Sorel se refere apenas a Michels, e eu sou levado a crer que este, na verdade, pelo menos mencionou o direito ao separatismo (será preciso verificar isso no caso de uma apresentação sobre Michels que um dia se torne necessária).

§ 76. *Os oficiais da reserva.* Tiro as informações do discurso proferido pelo Senador Libertini no Senado, em 10 de junho de 1929. A União Nacional dos Oficiais da Reserva (Unuci) surgiu em decorrência do Real Decreto-Lei de 9 de dezembro de 1926, nº 2352, convertido em lei em 12 de fevereiro de 1928, nº 261: deu frutos muito escassos, porque, diz Libertini, "faltava nela o espírito necessário para dar-lhe vida".

(Esta afirmação é interessante na medida em que se entende por "espírito" precisamente a concessão de benefícios materiais, os quais, neste caso, são velados eufemisticamente na expressão "justas aspirações da benemérita classe dos oficiais da reserva, os quais se julgavam credores da Pátria pelos serviços prestados na guerra de redenção e pretendem, por isso, ser levados na devida consideração, moral e materialmente". Se se tratasse de classes populares, o caso não seria de "espírito", mas de mesquinha avidez materialista suscitada pela demagogia, etc. Este modo de pretender "gratuitamente" das massas populares aquilo que, ao contrário, se "paga" às outras classes é característico dos dirigentes italianos: se as massas permanecem passivas, a culpa não é da ignorância dos dirigentes e de seu egoísmo mesquinho, mas dos demagogos. Além do mais, é notável o modo de raciocinar segundo o qual é "materialista" quem quer melhorar as próprias condições econômicas, mas não o é quem não quer piorar, ainda que pouco, as suas: pede-se "materialisticamente", recusa-se "idealisticamente"; quem não tem é mesquinho, quem tem é altruísta porque não dá, etc.)

Nova lei, de 24 de dezembro de 1928, nº 3242, que concede benefícios. Neste ponto Libertini examina a situação dos oficiais da reserva na Iugoslávia e na França. Na França, os oficiais da reserva, se viajarem para participar de conferências e exercícios nas escolas de aperfeiçoamento, fora de seu local de residência, recebem diárias de 12 a 32 francos, de acordo com o tempo de ausência; ajuda de custo para viagens de ida e volta em primeira classe (tarifa militar), etc., etc. A partir de 1º de janeiro de 1925, o oficial de reserva francês recebe 700 francos a título de indenização pelo primeiro fardamento; aos que não receberam a indenização, fornece-se gratuitamente um fardamento completo.

Na Iugoslávia, estão inscritos no livro de registro dos oficiais de reserva e ex-combatentes, constituído em 1922, 18 mil oficiais e 35 mil ex-combatentes, isto é, a quase totalidade dos oficiais da reserva. No caso de "serviço" para instrução, etc., são alimentados, alojados e reembolsados das despesas de viagem.

Ainda a propósito do "espírito", no discurso perante a Câmara o general Gazzera, subsecretário da Guerra, admitiu que a decisão de convidar os oficiais da reserva para prestar serviço voluntariamente durante o período de exercícios de verão teve o seguinte resultado: em 1926, apresentaram-se 1.007 oficiais, em 1927, 206, e, em 1928, 165!

(O Estado deve cuidar dos oficiais da reserva por duas razões fundamentais: a primeira, de caráter técnico, para que estes oficiais, que serão convocados como tais em caso de mobilização, não percam a qualificação profissional adquirida e, mais ainda, possam desenvolvê-la com o aprendizado teórico-prático das inovações que são introduzidas nos sistemas táticos e estratégicos; a segunda, de caráter ideológico facilmente compreensível.

A propósito do "espírito" e da "matéria", as observações não se referem naturalmente aos oficiais, mas aos dirigentes. As cifras de Gazzera são muito interessantes, mais ainda se se considera que são muitos os oficiais pertencentes às organizações políticas oficiais: estas cifras devem ser cotejadas com aquelas sobre a participação nas associações de propaganda colonial, citadas por Carlo Curcio na *Critica Fascista* de julho de 1930: deve-se ter isso presente para a rubrica "Passado e presente".)

§ 77. *A política militar*. Ler atentamente as discussões, especialmente no Senado, sobre os orçamentos militares. Podem-se encontrar muitas observações interessantes sobre a real eficiência das forças armadas e para uma comparação entre o velho e o novo regime.

§ 78. *Atlântico-Pacífico.* Função do Atlântico na civilização e na economia moderna. Deslocar-se-á este eixo para o Pacífico? As maiores massas populacionais do mundo estão no Pacífico: se a China e a Índia se tornassem nações modernas com uma grande produção industrial, seu desligamento da dependência europeia romperia exatamente o equilíbrio atual: transformação do continente americano, deslocamento do eixo da vida americana da margem atlântica para a margem do Pacífico, etc. Ver todas estas questões nos termos econômicos e políticos (comércio, etc.).

§ 83. Francesco Tommasini, "La Conferenza panamericana dell'Avana", *Nuova Antologia* de 16 de agosto e 1° de setembro de 1928. Artigo muito analítico e minucioso.

§ 87. Oscar di Giamberardino, "Linee generali della politica marittima dell'Impero Britannico", *Nuova Antologia*, 16 de setembro de 1928. Útil.

§ 91. Giuseppe Gallavresi, "Ippolito Taine storico della Rivoluzione francese", *Nuova Antologia*, 1º de novembro de 1928. Cabanis (Georges), 1750-1808, suas teorias materialistas expostas no livro dedicado ao estudo das relações entre *le physique et le moral* [42]. Manzoni admirava profundamente *l'angélique Cabanis* e, mesmo quando se converteu, continuou a admirar o livro. Taine discípulo de Cabanis.

O método indutivo e as normas da observação tomadas por empréstimo das ciências naturais deviam levar Taine — de acordo com Gallavresi — à conclusão de que a Revolução Francesa foi uma monstruosidade, uma doença. "A democracia igualitária é uma monstruosidade à luz das leis da natureza; mas o fato de ter sido concebida pelo homem e até mesmo de se ter efetivado paulatinamente na história de alguns povos deve levar à reflexão os espíritos mais relutantes em aceitar um regime assim tão convencional." (Interessantes estes conceitos de "convencional", "artificial", etc., aplicados a certas manifestações históricas: "convencional" e "artificial" são implicitamente contrapostos a "natural", isto é, a um esquema "conservador" verdadeiramente convencional e artificial porque a realidade o destruiu. Na verdade, os piores "cientificistas" são os reacionários que preconizam uma "evolução" a seu gosto e só admitem a importância e a eficácia da intervenção da vontade humana poderosamente organizada e concentrada quando é reacionária, quando tende a restaurar o que passou, como se o que passou e foi destruído não fosse tão "ideológico", "abstrato", "convencional", etc., quanto o que até agora não se efetivou, e até mesmo muito mais.)

Esta questão de Taine e da Revolução Francesa deve ser estudada porque teve certa importância na história da cultura do século passado: examinar os livros de Aulard contra Taine e as publicações de Augustin Cochin sobre ambos [43]. O artigo de Gallavresi é muito superficial. (Examinar também o motivo pelo qual a literatura panfletária que precedeu e acompanhou a Revolução Francesa parece repugnante aos espíritos mais refinados: mas era melhor a literatura jesuítica contra a Revolução? Ou não teria sido pior? A classe revolucionária sempre é intelectualmente débil deste ponto de vista: ela luta para criar para si própria uma cultura e exprimir uma classe culta consciente e responsável; além disso, todos os descontentes e os falidos das outras classes passam para seu lado para reconquistar uma posição. Não se pode dizer o mesmo da velha classe conservadora, mas o contrário: no entanto, sua literatura de propaganda é pior e mais demagógica, etc.)

§ 97. Augur, "Il nuovo aspetto dei rapporti tra la Gran Bretagna e gli Stati Uniti d'America", *Nuova Antologia* de 16 de dezembro de 1928. (Expõe a seguinte hipótese: que os Estados Unidos procurem tornar-se a força política hegemônica do Império inglês, isto é, conquistem o Império inglês a partir de dentro e não a partir de fora, com uma guerra.)

No mesmo número da *Nuova Antologia*, ver também Oscar di Giamberardino, "La politica marittima degli Stati Uniti d'America"; o artigo é muito interessante e deve ser considerado.

§ 114. *História política e história militar.* No *Marzocco* de 10 de março de 1929, está resumido um artigo de Ezio Levi na *Glossa perenne* sobre os almogávares, interessante sob dois aspectos. Por um lado, os almogávares — tropas ligeiras catalãs, adestradas nas ásperas lutas da "reconquista" em combater os árabes à maneira dos árabes, isto é, em ordem dispersa, sem uma disciplina de guerra, mas com ataques inesperados, emboscadas, aventuras individuais — assinalam a introdução na Europa de uma nova tática, que pode ser comparada à tática dos *arditi*, se bem que em condições diversas. Por outro lado, eles, segundo alguns eruditos, assinalam o início das tropas mercenárias. Um corpo de almogávares foi enviado à Sicília pelos aragoneses para participar da Guerra das Vésperas: termina a guerra, mas parte dos almogávares transfere-se para o Oriente a serviço do basileu do Império bizantino, Andronico [44]. A outra parte foi alistada por Robert d'Anjou para a guerra contra os gibelinos toscanos. Segundo Gino Masi, do fato de os almogávares vestirem capotes negros e os florentinos, em desfile a pé ou em "cavalgada", vestirem túnica branca com a marca da cruz e do lírio, teria nascido a denominação de Brancos e Negros. Na realidade, o certo é que, quando os angevinos deixaram Florença, muitos almogávares permaneceram a serviço da Comuna, renovando anualmente seu "contrato".

A "tropa mercenária" nasce, assim, como um meio para determinar um desequilíbrio da relação das forças políticas em favor da parte mais rica da burguesia, em prejuízo dos gibelinos e do povo miúdo.

§ 118. *Sobre o Anschluss.* Ter presente: 1) a posição da social-democracia austríaca, tal como definida por Otto Bauer: favorável ao *Anschluss*, mas esperar, para realizá-lo, que a social-democracia alemã assuma o controle do Estado alemão; em síntese, *Anschluss* social-democrata; 2) posição da França: não coincide com a da Itália: a França é contra a união da Áustria com a Alemanha, mas estimula a Áustria a entrar numa Confederação danubiana: a Itália é contra o *Anschluss* e contra a Confederação. Se o problema se apresentasse sob a forma de uma opção entre as duas soluções, provavelmente a Itália preferiria o *Anschluss* à Confederação.

§ 120. *Sobre a América.* Na *Nuova Antologia* de 16 de fevereiro de 1929, estes artigos: 1) "Il trattato di Washington per la limitazione degli armamenti navali e le sue conseguenze", de Ulisse Guadagnini; 2) "Il patto Kellog", de Carlo Schanzer; 3) "La dottrina di Monroe", de Antonio Borgoni.

§ 121. *Cadorna.* Spectator (Mario Missiroli), "Luigi Cadorna", *Nuova Antologia* de 10 de março de 1929. Observações brilhantes, mas superficiais, sobre a tradição político-militar da família Cadorna e sobre as condições de crise do exército italiano no período em que Luigi iniciou e realizou sua carreira. Importância do general napolitano Pianell no sentido de infundir um espírito novo no novo exército nacional, contra a tradição burocraticamente francesa do Estado-Maior piemontês, composto de elementos medíocres: mas Pianell era velho e seu legado foi mais crítico do que construtivo. Importância da guerra de 1870 no sentido de mudar as ideias sobre a arte militar, fossilizadas com base na tradição francesa. Cadorna colabora com Pianell. "Fossiliza-se" no aspecto técnico, de organização da guerra, e negligencia o aspecto histórico-social.

(Parece-me que esta é uma acusação exagerada: a culpa não é de Cadorna, mas dos Governos que devem educar politicamente os militares.) O modelo napoleônico não pode ser evocado: Napoleão representava a sociedade civil e o militarismo da França, reunia em si as duas funções de chefe do Governo e chefe do exército. Numa só palavra, a classe dominante italiana não soube preparar chefes militares. Por que se deve exigir de Cadorna uma grande capacidade política, se não se exige dos líderes políticos uma capacidade militar correspondente? Decerto, o chefe militar deve ter, em razão de sua própria função, uma capacidade política, mas a posição política ante as massas militares e a política militar devem ser fixadas pelo Governo, sob sua responsabilidade. Eis uma série de questões muito interessantes a estudar a propósito da guerra até Caporetto: havia uma identidade de pontos de vista entre o Governo e Cadorna sobre a política militar, sobre os fins estratégicos e os meios gerais para obtê-los e sobre a administração política das massas militares? No primeiro ponto, havia desacordo entre Cadorna e Sonnino, e Cadorna era melhor político do que Sonnino: Cadorna queria fazer uma política de nacionalidades na Áustria, ou seja, queria tentar desagregar o exército austríaco, e Sonnino se opôs; ele não queria a destruição da Áustria [45]. No segundo ponto, não há elementos: é muito provável que o Governo tenha deixado de se ocupar da questão, pensando que ela competisse ao poder decisório do chefe do exército. Não ocorreu assim na França, onde os próprios deputados se dirigiam às frentes e controlavam o tratamento dado aos soldados: na Itália, isto parecia um absurdo, etc., e terá talvez acarretado alguns inconvenientes, mas os inconvenientes certamente não tiveram a dimensão de Caporetto.

"As deficiências naturais de sentido histórico e de intuição dos sentimentos das massas se tornaram mais sensíveis em razão de uma concepção da vida militar absorvida na escola de Pianell e entrelaçada a uma fé religiosa tendente ao misticismo." (Seria mais exato falar de beatice e precisar que Cadorna baseava na influência do sentimento religioso sua política em relação às massas militares: com efeito, o único fator moral do regulamento era confiado aos capelães militares.) Aversão de Cadorna, que quer dizer incompreensão, à vida política parlamentar (ele não é o único responsável, mas também, e especialmente; o Governo). Não participou nas guerras da África. Torna-se chefe do Estado-Maior em 27 de julho de 1914. Desconhecido do grande público, "com uma aura de respeito, sem efusões, na área militar". (A referência à "Memoria" de Cadorna, publicada em *Altre pagine sulla grande guerra*, é ingênua e jesuítica.)

O plano estratégico "contemplava duas possibilidades *igualmente* razoáveis: ação ofensiva na frente Júlia e defensiva no Trentino, ou vice-versa? Ele se ateve à primeira solução". (Por que *igualmente* razoáveis? Não era a mesma coisa: a ofensiva vitoriosa no Trentino levaria a guerra a uma área plenamente alemã, ou seja, galvanizaria a resistência alemã e determinaria "imediatamente" o choque entre os italianos e os alemães de Guilherme; a ofensiva vitoriosa na frente

Júlia, pelo contrário, levaria a guerra aos países eslavos e, apoiada numa política das nacionalidades, permitiria desagregar o exército austríaco. Mas o Governo se opunha à política das nacionalidades e não queria enfrentar a Alemanha, à qual não havia declarado guerra; assim, a escolha de Cadorna — escolha relativa, como se vê, em razão da posição equívoca ante a Alemanha —, podendo ser politicamente ótima, se tornou péssima; as tropas eslavas viram na guerra uma guerra nacional de defesa de suas terras contra um invasor estrangeiro e o exército austríaco se consolidou.)

Cadorna era um burocrata da estratégia; depois de fazer suas hipóteses "lógicas", tanto pior para a realidade, que ele se recusava a levar em consideração.

Caporetto: das *Memorie* de Cadorna se infere que ele há algum tempo, antes de Caporetto, estava informado de que o moral das tropas se enfraquecera. (E neste ponto é preciso destacar uma sua particular atividade "política", muito perigosa: ele não busca saber se é preciso mudar alguma coisa na direção política do exército, vale dizer, se o enfraquecimento moral das tropas se deve ao comando militar; ele não sabe praticar a autocrítica; está convencido de que o fato deriva do Governo civil, do modo como é governado o país, e exige medidas reacionárias, exige repressões, etc. No país se torna aparente algo desta sua atividade "política", e os artigos de *La Stampa* são a expressão de uma crise tanto do país quanto do exército. *La Stampa* objetivamente tem razão: a situação é muito semelhante à que precede a "fatal Novara" [46]. Também neste caso a responsabilidade é do Governo, que devia então substituir Cadorna e ocupar-se "politicamente" do exército.)

O "mistério" militar de Caporetto. O comando supremo fora avisado da ofensiva até mesmo quanto ao dia e à hora, à zona, às forças austro-alemãs que dela participariam. (Ver o livro de Aldo Valori sobre a guerra italiana.) Por que, então, houve "surpresa"? O articulista recorre a lugares-comuns: Cadorna chefe militar de segunda categoria; crítica dos militares italianos que estavam separados do país e de sua vida real (o contraste exército piemontês-garibaldinos continua no contraste entre exército e país: isto é, continua a operar a negatividade nacional do *Risorgimento*).

Muitos lugares-comuns: será verdade que antes da guerra, na Itália, o exército fora negligenciado? Seria preciso demonstrar que o percentual italiano de gastos militares em relação ao orçamento total fosse mais baixo do que em outros países: pelo contrário, parece-me que fosse mais alto na Itália do que em muitos países. (Mais obstinado do que dotado de vontade: energia do teimoso.)

§ 125. Ludovico Luciolli, "La politica doganale degli Stati Uniti d'America", *Nuova Antologia* de 16 de agosto de 1929.

Artigo muito interessante e de útil consulta, pois resume a história tarifária dos Estados Unidos e a função particular que as tarifas alfandegárias sempre tiveram na política dos Estados Unidos. Será interessante um panorama *histórico* das várias formas que assumiu e está assumindo a política alfandegária dos vários países, notadamente dos mais importantes econômica e politicamente, o que, no fundo, expressa as várias tentativas de organizar o mercado mundial e de se inserir nele da forma mais favorável do ponto de vista da economia nacional ou das indústrias essenciais da atividade econômica nacional. Uma nova tendência do nacionalismo econômico contemporâneo a ser observada é a seguinte: alguns Estados procuram conseguir que suas importações de um determinado país sejam "controladas" em bloco, com as correspondentes "exportações" igualmente controladas. É claro que tal medida beneficia as nações cuja balança comercial (visível) esteja em déficit. Mas como explicar que tal princípio comece a ser aceito pela França, que exporta mais mercadorias do que importa? Trata-se, inicialmente, de uma política comercial destinada a boicotar as importações de um determinado país, mas a partir disso pode-se desenvolver uma política geral a ser enquadrada numa moldura mais ampla e de caráter positivo, política que pode desenvolver-se na Europa em virtude da política alfandegária norte-americana e para tentar estabilizar certas economias nacionais. Isto é: toda nação importante pode tender a dar um substrato econômico organizado à própria hegemonia política sobre as nações que lhe são subordinadas. Os acordos políticos regionais poderiam tornar-se acordos econômicos regionais, nos quais a importação e a exportação "negociadas" não se verificariam mais apenas entre dois Estados, mas entre um grupo de Estados, eliminando muitos inconvenientes claríssimos e não desprezíveis. Seria possível situar nesta tendência a política de livre-câmbio interimperial e de protecionismo em relação ao não Império, do grupo novamente organizado na Inglaterra em torno de Lorde Beaverbrook (ou nome semelhante), assim como o acordo agrário de Sinaia, posteriormente ampliado em Varsóvia.

Esta tendência política poderia ser a forma moderna de *Zollverein* que levou ao Império germânico federal, ou das tentativas de união alfandegária entre os Estados italianos antes de 1848 e, antes ainda, do mercantilismo setecentista: e poderia tornar-se a etapa intermediária da Pan-Europa de Briand, na medida em que corresponde a uma exigência das economias nacionais de sair dos quadros nacionais sem perder o caráter nacional.

O mercado mundial, segundo esta tendência, seria constituído de uma série de mercados não mais nacionais, mas internacionais (interestatais), que organizariam em seu interior uma certa estabilidade das atividades econômicas essenciais e que poderiam relacionar-se entre si à base do mesmo sistema. Este sistema levaria mais em conta a política que a economia, no sentido de que no campo econômico daria mais importância à indústria de bens finais que à indústria pesada. Isto na primeira etapa da organização. De fato: as tentativas de cartéis internacionais baseados nas matérias-primas (ferro, carvão, potassa, etc.) colocaram frente a frente Estados hegemônicos, como a França e a Alemanha, que não podem ceder um palmo de sua posição e de sua função mundial. Muito difícil e muitos obstáculos. Mais simples, ao contrário, um acordo da França com seus Estados vassalos no sentido de um mercado econômico organizado como o Império inglês, que poderia levar à derrocada da posição alemã e obrigá-la a entrar no sistema, mas sob a hegemonia francesa.

São todas hipóteses ainda muito vagas, mas devem ser levadas em conta para estudar o desenvolvimento das tendências acima referidas.

§ 126. Andrea Torre, "Il principe di Bülow e la politica mondiale germanica", *Nuova Antologia*, 1º de dezembro de 1929 (escrito por ocasião da morte de Bülow e com base no livro do próprio Bülow, *Germania imperiale*: é interessante e sóbrio) [47].

§ 142. Gaspare Ambrosini, "La situazione della Palestina e gli interessi dell'Italia", *Nuova Antologia* de 16 de junho de 1930. (Indicações bibliográficas sobre a questão.)

§ 145. Luigi Villari, "L'agricoltura in Inghilterra", *Nuova Antologia*, 1º de setembro de 1930. Interessante.

§ 149. *Política e comando militar.* Ver, na *Nuova Antologia* de 16 de outubro e 1º de novembro de 1930, o artigo de Saverio Nasalli Rocca, "La politica tedesca dell'impotenza nella guerra mondiale".

Com base na experiência alemã (vencer as batalhas, perder a guerra), o artigo recolhe material para corroborar a tese segundo a qual, inclusive na guerra, é o comando político que garante a vitória, comando político que deve integrar-se ao comando militar, criando um novo tipo de comando adequado ao tempo de guerra. Nasalli Rocca serve-se especialmente das memórias e dos outros escritos de von Tirpitz [48]. (O título do artigo também é o título de um livro de Tirpitz traduzido para o italiano.) Escreve Nasalli Rocca: "[...] as relações entre o comando militar e o Governo representam uma das maiores dificuldades da guerra: velho militar, não hesito em reconhecer que as relações entre Governo e Forças Armadas correspondem, respectivamente, às relações existentes entre a estratégia e a tática. Ao Governo a estratégia da guerra, às Forças Armadas a tática: mas, assim como o tático, para alcançar os objetivos fixados, tem plena liberdade de manobra nos amplos limites fixados pela estratégia, da mesma forma o estrategista não tem a faculdade de *invadir* o campo do tático. O absenteísmo e a intromissão são os dois grandes obstáculos do *comando*, qualquer que seja seu nome: e o senso da proporção é aquele que fixa os limites da intromissão."

A fórmula não me parece muito exata: existe certamente uma "estratégia militar" que não compete tecnicamente ao Governo, porém ela está compreendida numa mais ampla estratégia política, que enquadra a estratégia militar. A questão pode ser ampliada: os conflitos entre militares e governantes não são conflitos entre técnicos e políticos, mas entre políticos e políticos, são os conflitos entre "duas direções políticas" que entram em concorrência no início de cada guerra. As dificuldades do comando único interaliado durante a guerra não eram de caráter técnico, mas político: conflito de hegemonias nacionais.

§ 150. *Temas de cultura.* O problema: "Quem é o legislador?" em um dado país, já mencionado em outras notas, pode ser retomado para a definição "real", não "escolástica", de outras questões [49]. Por exemplo: "O que é a polícia?" (esta pergunta foi mencionada em outras notas, tratando da real função dos partidos políticos) [50]. Ouve-se muitas vezes dizer, como se se tratasse de uma crítica demolidora da polícia, que 90% dos delitos hoje investigados (um grande número não é investigado, porque ou não se tem notícia deles ou é impossível qualquer verificação, etc.) permaneceriam impunes se a polícia não tivesse à disposição os informantes, etc. Mas, na realidade, este tipo de crítica é uma tolice. O que é a polícia? Por certo, ela não é apenas uma determinada organização oficial, juridicamente reconhecida e habilitada para a função de segurança pública, tal como ordinariamente se entende. Este organismo é o núcleo central e formalmente responsável da "polícia", que é uma organização muito mais ampla, da qual direta ou indiretamente, com laços mais ou menos precisos e determinados, permanentes ou ocasionais, etc., participa uma grande parte da população de um Estado. A análise destas relações serve bem mais para compreender o que é o "Estado" do que muitas dissertações filosófico-jurídicas.

CADERNO 3 (1930)

§ 6. *O que pensam os jovens?* Na *Italia Letteraria* de 22 de dezembro de 1929, M. Missiroli ("Filosofia della Rivoluzione") fala dos trabalhos que o professor Giorgio Del Vecchio manda seus alunos da Universidade de Roma fazer. Na *Rivista lnternazionale di Filosofia del Diritto*, saída em novembro de 1929, sob o título "Exercitazioni di filosofia del diritto" estão publicados estes trabalhos que em 1928-1929 tiveram por tema "a filosofia da Revolução". Observa Missiroli que a maioria destes jovens se orienta para as doutrinas do historicismo, se bem que não faltem adeptos do tradicional espiritualismo e mesmo reminiscências do antigo direito natural. Nenhum sinal de positivismo e de individualismo: os princípios de autoridade vigorosamente afirmados. Os trechos transcritos por Missiroli são verdadeiramente interessantes e a coletânea poderia servir como demonstração da crise intelectual que, em minha opinião, não pode deixar de desembocar numa retomada do materialismo histórico (os elementos para demonstrar como o materialismo histórico tenha penetrado profundamente na cultura moderna são abundantes nestes trabalhos).

§ 21. *A diplomacia italiana antes de 1914.* Um documento muito interessante e curioso sobre o assunto é o livro de Alessandro De Bosdari, *Delle guerre balcaniche, della grande guerra e di alcuni fatti preceduti ad esse* (Ed. Mondadori). A *Nuova Antologia* de 1º de setembro de 1927 reproduz um capítulo do livro: "A eclosão da guerra balcânica vista de Sófia", onde se leem bizarrices deste gênero: "Não posso negar que a profunda convicção da orientação austríaca, linha segura e permanente do czar dos búlgaros em toda a sua política externa, a que cheguei desde os últimos meses de 1911, me impediu de ver claramente a Liga Balcânica e a iminência da guerra contra a Turquia. A tantos anos de distância, não posso censurar-me tanto assim (!) por este motivo, uma vez que, se não antevi um fato acessório (!) e, por assim dizer (!), episódico (!) da política búlgara, isto aconteceu unicamente porque via com muitíssima clareza (e o diz seriamente!) a linha principal.

Foi, como se costuma dizer, um fenômeno de presbitismo político e, em política, o presbitismo é melhor do que a miopia, assim como esta é sem dúvida melhor do que aquela cegueira absoluta, da qual, devo dizer em minha própria defesa, deram provas muitos colegas meus, naquela e em tantas outras ocasiões subsequentes."

O trecho também é interessante sob outros aspectos, além desse aspecto particular do juízo sobre a diplomacia italiana. Uma divertida ingenuidade leva De Bosdari a dizer abertamente aquilo que outros pensam para justificar os próprios erros e não dizem abertamente desta forma. Existirá uma linha política que não se forme de "fatos acessórios" e de "episódios", como diz De Bosdari? E compreender uma linha não significa conseguir compreender e, portanto, prever e organizar esta cadeia de fatos acessórios? Quem fala de linha neste sentido está na realidade falando de uma "categoria sociológica", de uma "abstração". Adivinha algumas vezes? Adivinha, mas a este respeito se poderia citar o pensamento de Guicciardini sobre a obstinação [51].

§ 33. *Algumas causas de erro.* Um governo, ou um político, ou um grupo social aplica uma orientação política ou econômica. Dela se extraem muito facilmente conclusões gerais de interpretação da realidade presente e de previsão sobre o desenvolvimento desta realidade. Não se leva muito em conta o fato de que a orientação aplicada, a iniciativa promovida, etc., pode se dever a um erro de cálculo e, portanto, não representar nenhuma "atividade histórica concreta". Na vida histórica, como na vida biológica, ao lado dos que nascem vivos, existem os abortos. História e política estão estreitamente unidas, são, aliás, a mesma coisa; entretanto, deve-se distinguir a avaliação dos fatos históricos e dos fatos e atos políticos. Na história, dada sua larga perspectiva em relação ao passado e dado que os próprios resultados das iniciativas constituem um documento da vitalidade histórica, cometem-se menos erros do que na apreciação dos fatos e atos políticos em curso. Por isso, o grande político só pode ser "cultíssimo", isto é, deve "conhecer" o máximo de elementos da vida atual; conhecê-los não "livrescamente", como "erudição", mas de modo "vivo", como substância concreta de "intuição" política (no entanto, para que nele se tornem substância viva de "intuição", será necessário aprendê-los também "livrescamente").

§ 34. *Passado e presente.* O aspecto da crise moderna que se lamenta como "onda de materialismo" está ligado ao que se chama de "crise de autoridade". Se a classe dominante perde o consenso, ou seja, não é mais "dirigente", mas unicamente "dominante", detentora da pura força coercitiva, isto significa exatamente que as grandes massas se destacaram das ideologias tradicionais, não acreditam mais no que antes acreditavam, etc. A crise consiste justamente no fato de que o velho morre e o novo não pode nascer: neste interregno, verificam-se os fenômenos patológicos mais variados.

A este parágrafo devem ser vinculadas algumas observações feitas sobre a chamada "questão dos jovens", determinada pela "crise de autoridade" das velhas gerações dirigentes e pelo veto automático, imposto a quem poderia dirigir, de desempenhar sua missão [52]. O problema é este: uma ruptura tão grave entre massas populares e ideologias dominantes, como a que se verificou no pós-guerra, pode ser "sanada" com o puro exercício da força que impede as novas ideologias de se imporem? O interregno, a crise cuja solução historicamente normal é assim impedida, será resolvida necessariamente em favor de uma restauração do velho? Dado o caráter das ideologias, isto deve ser excluído, mas não em sentido absoluto. No entanto, a depressão física levará no longo prazo a um ceticismo difuso e nascerá uma nova "combinação", na qual, por exemplo, o catolicismo se tornará mais ainda um jesuitismo mesquinho, etc. Também daí se pode concluir que estão se formando as condições mais favoráveis para uma expansão inédita do materialismo histórico. A própria pobreza inicial que o materialismo histórico não pode deixar de ter como difusa teoria de massa o tornará mais expansivo. A morte das velhas ideologias se verifica como ceticismo diante de todas as teorias e fórmulas gerais e como limitação ao puro fato econômico (ganho, etc.) e à política não só realista de fato (como sempre é), mas cínica em sua manifestação imediata (recordar o episódio do "Preludio al Machiavelli", talvez escrito sob a influência do professor Rensi, que num certo período — em 1921 ou 1922 — exaltou a escravidão como meio moderno de política econômica) [53]. Mas esta redução à economia e à política significa justamente redução das superestruturas mais elevadas às mais aderentes à estrutura, isto é, possibilidade e necessidade de formação de uma nova cultura.

§ 42. *Passado e presente.* A fábula do castor (o castor, perseguido pelos caçadores que querem arrancar-lhe os testículos dos quais se extraem medicamentos, para salvar a vida arranca-os de si mesmo). Por que não houve defesa? Pouco senso de dignidade humana e de dignidade política dos partidos: mas estes elementos não são dados naturais, deficiências próprias de um povo de modo permanentemente característico. São "fatos históricos" que se explicam com a história passada e com as condições sociais presentes. *Contradições aparentes*: dominava uma concepção fatalista e mecânica da história (Florença, 1917, acusação de bergsonismo), mas se verificavam atitudes de vulgar e trivial voluntarismo formalista: por exemplo, o projeto de constituir em 1920 um conselho urbano em Bolonha apenas com os elementos das organizações; ou seja, criar uma cópia inútil, substituir um organismo histórico enraizado nas massas, como a Câmara do Trabalho, por um organismo puramente abstrato e livresco [54]. Havia ao menos o fim político de dar uma hegemonia ao elemento urbano, que com a constituição do conselho passava a ter um centro próprio, dado que a Câmara do Trabalho tinha um âmbito provincial? Esta intenção não existia absolutamente e, de resto, o projeto não foi realizado.

O discurso de Treves sobre a "expiação": este discurso me parece fundamental para compreender a confusão política e o diletantismo polêmico dos dirigentes [55]. Por trás destas escaramuças, há o medo das responsabilidades concretas; por trás deste medo, a completa ausência de união com a classe representada, a completa ausência de compreensão de suas exigências fundamentais, de suas aspirações, de suas energias latentes: partido paternalista, de pequenos-burgueses que se comportam de modo ridiculamente presunçoso. Por que não defesa? A ideia da psicose de guerra e a de que um país civilizado não pode "permitir" que se verifiquem certas cenas selvagens. Estas generalidades também eram disfarces de outros motivos mais profundos (por outra parte, estavam em contradição com a afirmação repetida depois de cada massacre: sempre dissemos que a classe dominante é reacionária), que sempre se resumem na separação em relação à classe, ou seja, nas "duas classes": não se consegue compreender o que acontecerá se a reação triunfar, porque não se vive a luta real, mas só a luta como "princípio livresco" [56].

Outra contradição em torno do voluntarismo: quando se é contra o voluntarismo, então se deve valorizar a "espontaneidade". Mas não: o "espontâneo" era coisa inferior, indigna de consideração, indigna até de ser analisada. Na realidade, o "espontâneo" era a prova mais esmagadora da inépcia do partido, porque demonstrava a cisão entre os programas altissonantes e os fatos miseráveis. Mas nesse meio-tempo os fatos "espontâneos" aconteciam (1919-1920), contrariavam interesses, abalavam posições adquiridas, suscitavam ódios terríveis até em gente pacífica, faziam sair da passividade estratos sociais estagnados na podridão: precisamente por sua espontaneidade e pelo fato de serem repudiados, criavam o "pânico" genérico, o "grande medo" de não poderem deixar de acarretar a concentração das forças repressivas que seriam impiedosas em sufocá-los.

Um documento excepcional desta separação entre representados e representantes é constituído pelo chamado pacto de aliança entre Confederação e Partido, que pode ser comparado a uma Concordata entre Estado e Igreja [57]. O partido, que embrionariamente é uma estrutura estatal, não pode admitir nenhuma divisão de seus poderes políticos, não pode admitir que uma parte de seus membros se ponha como detentora de igualdade de direito com o próprio partido, como aliada do "todo", assim como um Estado não pode admitir que uma parte de seus súditos, acima das leis gerais, faça com o Estado a que pertence e através de uma potência estrangeira um contrato especial de convivência com o próprio Estado. A admissão de uma tal situação implica a subordinação de fato e de direito do Estado e do partido à chamada "maioria" dos representados; na realidade, a um grupo que se põe como antiestado e antipartido e que termina por exercer indiretamente o poder. No caso do pacto de aliança, ficou claro que o poder não pertencia ao partido.

Ao pacto de aliança correspondiam as estranhas ligações entre partido e grupo parlamentar, ligações que também eram de aliança e de paridade de direito. Este sistema de relações fazia com que o partido não existisse concretamente como organismo independente, mas só como elemento constitutivo de um organismo mais complexo que tinha todas as características de um partido trabalhista, descentralizado, sem vontade unitária, etc. Devem, então, os sindicatos ser subordinados ao partido? Formular deste modo a questão seria errado. A questão deve ser apresentada assim: todo membro do partido, seja qual for a posição ou o cargo que ocupe, é sempre um membro do partido e está subordinado a sua direção. Não pode haver subordinação entre sindicato e partido; se o sindicato espontaneamente escolhe como dirigente um membro do partido, isto significa que o sindicato aceita livremente as diretrizes do partido e, portanto, aceita livremente (antes, deseja) o controle deste sobre seus funcionários.

Esta questão não foi formulada com justeza em 1919, por mais que existisse um grande precedente instrutivo, o de junho de 1914: porque, na realidade, não existia uma política de frações, isto é, uma política do partido [58].

§ 43. *Passado e presente.* Um episódio bastante obscuro, para não dizer equívoco, é constituído pelas relações dos reformistas com a plutocracia: a *Critica sociale* administrada por Bemporad, isto é, pela *Banca Commerciale* (Bemporad também era o editor dos livros políticos de Nitti), a entrada do engenheiro Omodeo no círculo de Turati, o discurso de Turati sobre a reconstrução da Itália com base na indústria elétrica e nas bacias hidrográficas, discurso sugerido e talvez escrito em colaboração com Omodeo.

§ 44. *Passado e presente.* A este ensaio pertencem as observações escritas noutra parte sobre os tipos "estranhos" que circulavam no partido e no movimento operário: Ciccotti-Scozzese, Gatto-Roissard, etc. [59]. Nenhuma política interna de partido, nenhuma política organizativa, nenhum controle sobre os homens. No entanto, demagogia abundante contra os intervencionistas, ainda que tenham sido intervencionistas muito jovens. A moção pela qual se estabelecia que os intervencionistas não podiam ser admitidos no partido foi apenas um meio de chantagem e de intimidação individual e uma afirmação demagógica. Com efeito, não impediu que Nenni fosse admitido, apesar de seu passado turvo (e, do mesmo modo, Francesco Rèpaci), mas serviu para tornar equívoca a posição política do partido, que não devia fazer do anti-intervencionismo o eixo de sua atividade, e para desencadear ódios e perseguições pessoais contra determinadas categorias pequeno-burguesas. (Rèpaci se tornou correspondente do jornal em Turim, assim como Nenni se tornou editor; logo, não se trata de gente que entra às escondidas.)

O discurso de "expiação" de Treves e a fixação no intervencionismo estão estreitamente ligados: é a política de evitar o problema fundamental, o problema do poder, e desviar a atenção e as paixões das massas para objetivos secundários, esconder hipocritamente a responsabilidade histórico-política da classe dominante, dirigindo a ira popular para os instrumentos materiais e muitas vezes inconscientes da política da classe dominante: no fundo, uma continuação da política giolittiana. A esta mesma tendência pertence o artigo "Carabinieri reali", de Italo Toscani: o cão que morde a pedra e não a mão que a arremessa. Toscani terminou como escritor católico de direita no *Corriere d'Italia* [60]. Era evidente que a guerra, com a enorme perturbação econômica e psicológica que havia determinado, especialmente entre os pequenos intelectuais e os pequenos-burgueses, iria radicalizar estes estratos. O partido os transformou em inimigos *gratuitos*, em vez de torná-los aliados, ou seja, os jogou de volta para a classe dominante.

Função da guerra nos outros países para selecionar os dirigentes do movimento operário e para determinar a precipitação das tendências de direita. Na Itália, esta função não foi desempenhada pela guerra (giolittismo), mas aconteceu posteriormente de modo muito mais catastrófico e com fenômenos de traição em massa e de deserção como não se haviam visto em nenhum outro país.

§ 45. *Passado e presente.* A fraqueza teórica, a completa ausência de sedimentação e continuidade histórica da tendência de esquerda estiveram entre as causas da catástrofe. Para indicar o nível cultural se pode citar o episódio de Abbo no Congresso de Livorno: quando falta uma atividade cultural do partido, os indivíduos formam sua cultura como podem e, com a ajuda do vago conceito de subversivo, sucede exatamente que um Abbo saiba de cor as sandices de um individualista [61].

§ 46. *Passado e presente.* O conceito genuinamente italiano de "subversivo" pode ser assim explicado: uma posição negativa e não positiva de classe: o "povo" sente que tem inimigos e os individualiza só empiricamente nos chamados senhores (no conceito de "senhor" há muito da velha aversão do campo à cidade, e a roupa é um elemento fundamental de distinção: há também a aversão à burocracia, somente na qual se vê o Estado: o camponês — mesmo o médio proprietário — odeia o "funcionário", não o Estado, que não compreende, e para ele o funcionário é o "senhor", ainda que o camponês lhe seja superior economicamente; daí a aparente contradição pela qual, para o camponês, o senhor é frequentemente um "morto de fome"). Este ódio "genérico" é ainda de tipo "semifeudal", não moderno, e não pode ser apresentado como documento de consciência de classe: é apenas seu primeiro vislumbre, é apenas, precisamente, a elementar posição negativa e polêmica: não só não se tem consciência exata da própria personalidade histórica, como não se tem sequer consciência da personalidade histórica e dos limites precisos do próprio adversário. (As classes inferiores, estando historicamente na defensiva, não podem adquirir consciência de si a não ser por negações, através da consciência da personalidade e dos limites de classe do adversário: mas justamente este processo ainda é informe, pelo menos em escala nacional.)

Um outro elemento para compreender o conceito de "subversivo" é aquele do estrato conhecido com a expressão típica de "mortos de fome". Os "mortos de fome" não são um estrato homogêneo, e podem ser cometidos graves erros em sua identificação abstrata. Nas aldeias e nos pequenos centros urbanos de certas regiões agrícolas, existem dois estratos distintos de "mortos de fome": um é o dos "diaristas agrícolas", outro o dos pequenos intelectuais. Estes diaristas não têm como característica fundamental sua situação econômica, mas sua condição intelectual-moral: são beberrões, incapazes de trabalho contínuo, sem espírito de poupança e, portanto, muitas vezes biologicamente deficientes, por desnutrição crônica ou por meia idiotia e estultice. O camponês típico destas regiões é o pequeno proprietário ou o meeiro primitivo (que paga o arrendamento com a metade, a terça parte ou mesmo dois terços da colheita, segundo a fertilidade e a localização da propriedade), que possui alguns instrumentos de trabalho, a junta de bois e a pequena casa, muitas vezes por ele mesmo construída nos dias de folga, e que obteve o capital necessário ou com alguns anos de emigração, ou indo trabalhar nas "minas", ou com alguns anos de serviço entre os *carabinieri*, etc., ou com alguns anos de emprego doméstico junto a um grande proprietário, vale dizer, "dando um jeito" e economizando. O "diarista" agrícola, ao contrário, não soube ou não quis empenhar-se e não possui nada, é um "morto de fome", porque o trabalho pago por dia é escasso e intermitente: é um semimendigo, que vive de expedientes e aproxima-se da criminalidade rural.

O "morto de fome" pequeno-burguês originou-se da burguesia rural: a propriedade se despedaça em famílias numerosas e termina por ser liquidada, mas os elementos da classe não querem trabalhar manualmente: assim se forma uma camada faminta de aspirantes a pequenos cargos municipais, de escrivães, de intermediários, etc., etc. Este estrato é um elemento perturbador na vida do campo, está sempre ávido de mudanças (eleições, etc.) e produz o "subversivo" local; como é bastante difundido, tem uma certa importância: ele se alia especialmente à burguesia rural contra os camponeses, organizando a serviço desta também os "diaristas mortos de fome". Em cada região existem estes estratos, que têm ramificações inclusive nas cidades, nas quais convergem para a criminalidade profissional e para a criminalidade flutuante. Muitos pequenos empregados das cidades derivam socialmente destes estratos e conservam sua psicologia arrogante de nobre decadente, de proprietário que é forçado a penar no trabalho. O "subversivismo" destes estratos tem duas faces: uma voltada para a esquerda, outra voltada para a direita, mas a face esquerda é um meio de chantagem: eles se dirigem sempre à direita nos momentos decisivos e sua "coragem" desesperada prefere sempre ter os *carabinieri* como aliados.

Um outro elemento a examinar é o chamado "internacionalismo" do povo italiano. Ele se relaciona com o conceito de "subversivismo". Trata-se, na realidade, de um vago "cosmopolitismo" ligado a elementos históricos bem precisos: ao cosmopolitismo e universalismo medieval e católico, que tinha sua sede na Itália e que se conservou em razão da ausência de uma "história política e nacional" italiana. Escasso espírito nacional e estatal em sentido moderno. Em outro ponto, porém, observei que existiu, e existe, um particular chauvinismo italiano, mais difundido do que parece [62]. As duas observações não são contraditórias: na Itália a unidade política, territorial, nacional tem uma escassa tradição (ou talvez nenhuma tradição) porque antes de 1870 a Itália jamais foi um corpo unido, e mesmo o nome Itália, que no tempo dos romanos indicava a Itália Meridional e Central até a Magra e o Rubicão, na Idade Média perdeu terreno para o nome Longobardia (ver o estudo de C. Cipolla sobre o nome "Itália", publicado nos *Atti dell'Academia di Torino*) [63]. Mas a Itália teve e conservou uma tradição cultural que não remonta à Antiguidade clássica, mas ao período entre os séculos XIV e XVII, e que foi ligada à idade clássica pelo Humanismo e pelo Renascimento. Esta unidade cultural foi a base, na verdade muito frágil, do *Risorgimento* e da unidade, para centralizar em torno da burguesia os estratos mais ativos e inteligentes da população, e é ainda o substrato do nacionalismo popular: em razão da ausência neste sentimento do elemento político-militar e político-econômico, isto é, dos elementos que estão na base da psicologia nacionalista francesa, alemã ou americana, ocorre que muitos entre os chamados "subversivos" e "internacionalistas" sejam "chauvinistas" neste sentido, sem acreditar estarem em contradição.

O que se deve notar, para compreender a virulência que assume às vezes este chauvinismo cultural, é isto: que na Itália um maior florescimento científico, artístico, literário coincidiu com o período de decadência política, militar, estatal (séculos XVI-XVII). (Explicar este fenômeno: cultura áulica, cortesã, ou seja, quando a burguesia das comunas estava em decadência e a riqueza transformara-se de produtiva em usurária, com concentrações de "luxo", prelúdio da completa decadência econômica.)

Os conceitos de revolucionário e internacionalista, no sentido moderno da palavra, correspondem ao conceito preciso de Estado e de classe: escassa compreensão do Estado significa escassa consciência de classe (compreensão do Estado existe não só quando se defende mas também quando se ataca o Estado para derrubá-lo); logo, escassa eficiência dos partidos, etc. Bandos à moda cigana, nomadismo político não são fatos perigosos e, assim, não eram perigosos o subversivismo e o internacionalismo italiano.

Naturalmente, nenhuma destas observações pode ser categórica e absoluta: elas servem para tentar descrever certos aspectos de uma situação, avaliar melhor a atividade desenvolvida para modificá-la (ou a não atividade, ou seja, a não compreensão das próprias tarefas) e dar maior relevo aos grupos que emergiam desta situação por tê-la compreendido e modificado em seu âmbito. O "subversivismo" popular corresponde ao "subversivismo" pelo alto, ou seja, ao fato de não ter nunca existido um "domínio da lei", mas só uma política de arbítrio e de grupelhos personalistas ou não.

§ 47. *A ciência da política e os positivistas.* A política é apenas uma determinada "fenomenologia" da delinquência, é a "delinquência sectária": parece-me ser este o núcleo do livro de Scipio Sighele, *Morale privata e morale politica*, nova edição de *La delinquenza settaria*, revista e aumentada pelo autor, Milão, Treves, 1913 (em apêndice, a reprodução do opúsculo *Contro il parlamentarismo*) [64]. Pode servir como "fonte" para ver como os positivistas compreendiam a "política", embora seja superficial, prolixo e desconexo. A bibliografia está arrumada sem método, sem precisão e sem necessidade (se um autor é citado por uma afirmação incidental, a bibliografia registra o livro do qual foi tomada a citação). O livro pode servir como elemento para compreender as relações existentes no decênio de 1890-1900 entre os intelectuais socialistas e os positivistas da escola lombrosiana, obcecados pelo problema da criminalidade, tanto que acabaram por transformá-la quase numa concepção do mundo (incorriam numa estranha forma de "moralismo" abstrato, já que o bem e o mal se transformavam em algo transcendente e dogmático, que concretamente coincidia com a moral do "povo", do "senso comum"). O livro de Sighele deve ter sido resenhado por Guglielmo Ferrero, porque na bibliografia é citado um artigo de Ferrero, "Morale individuale e morale politica", publicado em *Riforma Sociale*, ano I, nºˢ XI-XII. Livro de Ferri, *Socialismo e criminalità*; de Turati, *Il delito e la quistione sociale.* Ver bibliografia de Lombroso, Ferri, Garofalo (antissocialista), Ferrero e outros a pesquisar [65].

O opúsculo contra o parlamentarismo é também ele muito superficial e sem consistência: pode ser citado como uma curiosidade devido à época em que foi escrito. Está todo baseado no conceito de que as grandes assembleias, os colegiados, são organismos *tecnicamente* inferiores ao comando único ou "de poucos", como se esta fosse a questão principal. E pensar que Sighele era um democrata e que exatamente por isso se afastou num determinado momento do movimento nacionalista! De qualquer modo, talvez deva-se ligar este opúsculo de Sighele às concepções "orgânicas" de Comte.

§ 48. *Passado e presente. Espontaneidade e direção consciente.* Da expressão "espontaneidade" podem ser dadas diferentes definições, porque o fenômeno a que ela se refere é multilateral. Desde já é preciso acentuar que não existe na história a espontaneidade "pura": ela coincidiria com a mecanicidade "pura". No movimento "mais espontâneo", os elementos de "direção consciente" são simplesmente impossíveis de controlar, não deixaram nenhum documento comprovável. Pode-se dizer, por isto, que o elemento da espontaneidade é característico da "história das classes subalternas", aliás, dos elementos mais marginais e periféricos destas classes, que não alcançaram a consciência de classe "para si" e que, por isto, sequer suspeitam que sua história possa ter alguma importância e que tenha algum valor deixar traços documentais dela.

Existe, portanto, uma "multiplicidade" de elementos de "direção consciente" nestes movimentos, mas nenhum deles é predominante ou ultrapassa o nível da "ciência popular" de um determinado estrato social, do "senso comum", ou seja, da concepção de mundo tradicional deste determinado estrato.

É justamente este o elemento que De Man, empiricamente, contrapõe ao marxismo, sem se dar conta (aparentemente) de cair na mesma posição daqueles que, tendo descrito o folclore, a bruxaria, etc., e demonstrado que estes modos de ver têm uma raiz historicamente vigorosa e se enraízam tenazmente na psicologia de determinados estratos populares, acreditam "superar" a ciência moderna e tomam como "ciência moderna" os artiguetes das revistas populares de ciência e as publicações em fascículos; este é um verdadeiro caso de teratologia intelectual, de que existem outros exemplos: precisamente, os admiradores do folclore, que sustentam sua conservação, os "bruxos" ligados a Maeterlinck, que consideram se deva retomar o fio da alquimia e da bruxaria, rompido pela violência, para repor a ciência num caminho mais fecundo de descobertas, etc. [66]. No entanto, De Man tem um mérito incidental: demonstra a necessidade de estudar e elaborar os elementos da psicologia popular, historicamente e não sociologicamente, ativamente (isto é, para transformá-los, através da educação, numa mentalidade moderna) e não descritivamente, como ele faz; mas esta necessidade estava pelo menos implícita (talvez também explicitamente declarada) na doutrina de Ilitch, coisa que De Man ignora completamente.

Que em todo movimento "espontâneo" haja um elemento primitivo de direção consciente, de disciplina, é demonstrado indiretamente pelo fato de que existem correntes e grupos que defendem a espontaneidade como método. A este propósito é preciso fazer uma distinção entre elementos puramente "ideológicos" e elementos de ação prática, entre estudiosos que sustentam a espontaneidade como "método" imanente e objetivo do devir histórico e politiqueiros que a sustentam como método "político". Nos primeiros, trata-se de uma concepção errada, nos segundos, trata-se de uma contradição imediata e mesquinha que deixa ver a origem prática evidente, ou seja, a vontade imediata de substituir uma determinada direção por outra. Também nos estudiosos o erro tem uma origem prática, mas não imediata, como nos segundos. O apoliticismo dos sindicalistas franceses antes da guerra continha ambos os elementos: era um erro teórico e uma contradição (havia o elemento "soreliano" e o elemento da concorrência entre a tendência política anarcossindicalista e a corrente socialista). Isto ainda era a consequência dos terríveis fatos parisienses de 1871: a continuação, com métodos novos e uma brilhante teoria, da passividade de três décadas (1870-1900) dos operários franceses. A luta puramente "econômica" não incomodava a classe dominante, muito ao contrário. E o mesmo se diga do movimento catalão, que, se "desagradava" à classe dominante espanhola, era só porque objetivamente reforçava o separatismo republicano catalão, originando um autêntico bloco industrial republicano contra os latifundiários, a pequena burguesia e o exército monárquico.

O movimento turinense foi acusado simultaneamente de ser "espontaneísta" e "voluntarista" ou bergsoniano (!). A acusação contraditória, uma vez analisada, mostra a fecundidade e a justeza da direção que lhe foi impressa. Esta direção não era "abstrata", não consistia em repetir mecanicamente fórmulas científicas ou teóricas; não confundia a política, a ação real, com a investigação teórica; ela se aplicava a homens reais, formados em determinadas relações históricas, com determinados sentimentos, modos de ver, fragmentos de concepções do mundo, etc., que resultavam das combinações "espontâneas" de um dado ambiente de produção material, com a reunião "casual", nele, de elementos sociais díspares. Este elemento de "espontaneidade" não foi negligenciado, menos ainda desprezado: foi *educado*, orientado, purificado de tudo o que de estranho podia afetá-lo, para torná-lo homogêneo em relação à teoria moderna, mas de modo vivo, historicamente eficiente. Os próprios dirigentes falavam de "espontaneidade" do movimento; era justo que se falasse assim: esta afirmação era um estimulante, um tônico, um elemento de unificação em profundidade, era acima de tudo a negação de que se tratava de algo arbitrário, aventuroso, artificial e não de algo historicamente necessário. Dava à massa uma consciência "teórica", de criadora de valores históricos e institucionais, de fundadora de Estados.

Esta unidade de "espontaneidade" e "direção consciente", ou seja, de "disciplina", é exatamente a ação política real das classes subalternas como política de massas e não simples aventura de grupos que invocam as massas. Apresenta-se uma questão teórica fundamental a este propósito: a teoria moderna pode estar em oposição aos sentimentos "espontâneos" das massas? ("Espontâneos" no sentido de que não se devem a uma atividade educadora sistemática por parte de um grupo dirigente já consciente, mas que se formaram através da experiência cotidiana iluminada pelo "senso comum", ou seja, pela concepção tradicional popular do mundo, aquilo que muito pedestremente se chama de "instinto" e que, ele próprio, é somente uma conquista histórica primitiva e elementar.) Não pode estar em oposição: entre eles há diferença "quantitativa", de grau, não de qualidade: deve ser possível uma "conversão", por assim dizer, uma passagem da teoria para os sentimentos e vice-versa. (Recordar que Immanuel Kant considerava que suas teorias estavam de acordo com o senso comum; a mesma posição pode ser verificada em Croce: recordar a afirmação de Marx na *Sagrada Família* de que as fórmulas da política francesa da Revolução se traduzem nos princípios da filosofia clássica alemã) [67].

Negligenciar e, pior, desprezar os movimentos ditos "espontâneos", ou seja, renunciar a dar-lhes uma direção consciente, a elevá-los a um plano superior, inserindo-os na política, pode ter frequentemente consequências muito sérias e graves. Ocorre quase sempre que um movimento "espontâneo" das classes subalternas seja acompanhado por um movimento reacionário da ala direita da classe dominante, por motivos concomitantes: por exemplo, uma crise econômica determina, por um lado, descontentamento nas classes subalternas e movimentos espontâneos de massa, e, por outro, determina complôs de grupos reacionários que exploram o enfraquecimento objetivo do Governo para tentar golpes de Estado. Entre as causas eficientes destes golpes de Estado deve-se pôr a renúncia dos grupos responsáveis a dar uma direção consciente aos movimentos espontâneos e, portanto, a torná-los um fator político positivo. Exemplo das Vésperas sicilianas e discussão dos historiadores para verificar se se tratou de movimento espontâneo ou de movimento organizado. Parece-me que os dois elementos se combinaram nas Vésperas sicilianas: a insurreição espontânea do povo siciliano contra os provençais, que se estende rapidamente a ponto de dar a impressão de simultaneidade e, assim, da existência de um plano, em razão da opressão tornada intolerável em toda a área nacional, e o elemento consciente de importância e eficiência variada, ao se afirmar a conjuração de Giovanni de Procida com os aragoneses. Outros exemplos podem ser extraídos de todas as revoluções passadas em que as classes subalternas eram numerosas e hierarquizadas pela posição econômica e pela homogeneidade. Os movimentos "espontâneos" dos estratos populares mais amplos tornam possível o advento ao poder da classe subalterna mais avançada em razão do enfraquecimento objetivo do Estado. Este é ainda um exemplo "progressista", mas no mundo moderno são mais frequentes os exemplos regressivos.

A concepção histórico-política escolástica e acadêmica: só é real e valioso aquele movimento que é cem por cento consciente e que, mais ainda, é determinado por um plano minuciosamente traçado com antecedência ou corresponde (o que é a mesma coisa) à teoria abstrata. Mas a realidade é rica das mais bizarras combinações e é o teórico que, nesta bizarria, deve rastrear a comprovação de sua teoria, "traduzir" em linguagem teórica os elementos da vida histórica e não, inversamente, a realidade apresentar-se segundo o esquema abstrato. Isto não acontecerá jamais e, portanto, esta concepção é apenas uma expressão de passividade. (Leonardo sabia achar o número em todas as manifestações da vida cósmica, mesmo quando os olhos profanos só viam arbítrio e desordem.)

§ 55. *Passado e presente. Otto Kahn.* Sua viagem à Europa em 1924. Suas declarações a propósito do regime italiano e do inglês de MacDonald. Declarações análogas de Paul Warburg (Otto Kahn e Paul Warburg pertencem, ambos, à grande firma americana KuhnLoeb & Cia.), de Judge Gary, dos delegados da Câmara de Comércio americana e de outros grandes financistas. Simpatias da grande finança internacional pelo regime inglês e italiano. Como explicar no quadro do expansionismo mundial dos Estados Unidos. A segurança dos capitais americanos no exterior: desde logo, não ações, mas obrigações. Outras garantias não puramente comerciais, mas políticas, para o tratado sobre as dívidas concluído por Volpi (ver os anais parlamentares, porque nos jornais certas "minúcias" não foram publicadas) e para o empréstimo Morgan [68]. Atitude de Caillaux e da França ante as dívidas e o motivo pelo qual Caillaux se recusa a concluir o acordo. No entanto, também Caillaux representa a grande finança, mas francesa, que também tende à hegemonia ou pelo menos a uma certa posição de superioridade (em todo caso, não quer ser subordinada). O livro de Caillaux, *Où va la France? Où va l'Europe?*, no qual se expõe claramente o programa político-social da grande finança e se explica a simpatia pelo trabalhismo. Semelhanças reais entre o regime político dos Estados Unidos e da Itália, também observado em outra nota [69].

§ 56. *A concepção do centralismo orgânico e a casta sacerdotal.* Se o elemento constitutivo de um organismo é colocado num sistema doutrinário rígida e rigorosamente formulado, tem-se um tipo de direção de casta e sacerdotal. Mas ainda existe a "garantia" da imutabilidade? Não existe. As fórmulas serão repetidas de cor, sem mudar sílaba ou vírgula, mas a atividade real será outra. Não se deve conceber a "ideologia", a doutrina, como algo artificial e sobreposto mecanicamente (como uma roupa sobre a pele, ao contrário da pele, que é organicamente produzida pelo organismo biológico animal), mas historicamente, como uma luta incessante. O centralismo orgânico imagina que pode fabricar um organismo definitivo, objetivamente perfeito. Ilusão que pode ser desastrosa, porque faz com que um movimento se afogue num pântano de disputas *pessoais* acadêmicas [70]. (Três elementos: doutrina, composição "física" da organização de um determinado pessoal historicamente determinado, *movimento real histórico.* O primeiro e o segundo elementos caem sob o controle da vontade associada e deliberante. O terceiro elemento reage continuamente sobre os outros dois e determina a luta incessante, teórica e prática, para elevar o organismo a níveis de consciência coletiva cada vez mais altos e refinados.) Fetichismo constitucionalista. (História das Constituições aprovadas durante a Revolução Francesa: a Constituição votada em 1793 pela Convenção foi depositada numa arca de cedro no recinto da Assembleia, e sua aplicação foi suspensa até o fim da guerra: até mesmo a Constituição mais radical poderia ser aproveitada pelos inimigos da Revolução e, por isso, era necessária a ditadura, isto é, um poder não limitado por leis fixas e escritas.)

§ 61. *Luta de gerações.* O fato de que a geração mais velha não consiga guiar a geração mais jovem é também, em parte, a expressão da crise da instituição familiar e da nova situação do elemento feminino na sociedade. A educação dos filhos é confiada cada vez mais ao Estado ou a iniciativas educacionais privadas, e isto determina um empobrecimento "sentimental" no que se refere ao passado e uma mecanização da vida. O mais grave é que a velha geração, em determinadas situações, renuncia a sua missão educativa, com base em teorias mal compreendidas ou aplicadas em situações diversas daquelas das quais eram a expressão. Cai-se, inclusive, em formas de estatolatria: na realidade, todo elemento social homogêneo é "Estado", representa o Estado na medida em que adere a seu programa; de outro modo, confunde-se o Estado com a burocracia estatal. Todo cidadão é "funcionário" se é ativo na vida social conforme a direção traçada pelo Estado-Governo, e tanto mais é "funcionário" quanto mais adere ao programa estatal e o elabora inteligentemente.

§ 67. *Gerrymandering.* (Não sei o que significa *mandering.*) *Gerry*, um americano, que teria aplicado pela primeira vez o truque eleitoral de agrupar arbitrariamente os distritos para ter maiorias fictícias. (Este truque se verifica especialmente nos colégios uninominais, constituídos de modo que poucos eleitores bastam para eleger os deputados de direita, ao passo que é necessário um número muito maior de eleitores para eleger um deputado de esquerda: cf. as eleições francesas de 1928 e comparar o número de votos e os eleitos do partido Marin e os do grupo Cachin. Este truque também se aplica nos plebiscitos sobre as questões nacionais, estendendo o distrito a zonas mais amplas do que aquelas onde uma minoria é homogênea, etc.) (Ver quem era *Gerry*, etc.) [71].

§ 119. *Passado e presente. Agitação e propaganda.* A fraqueza dos partidos políticos italianos em todo o seu período de atividade, a partir do *Risorgimento* (com exceção parcial do partido nacionalista), consistiu no que se poderia chamar de desequilíbrio entre a agitação e a propaganda e que, em outros termos, se chama falta de princípios, oportunismo, falta de continuidade orgânica, desequilíbrio entre tática e estratégia, etc. A causa principal deste modo de ser dos partidos deve ser buscada na deliquescência das classes econômicas, na gelatinosa estrutura econômica e social do país, mas esta explicação é um tanto fatalista: com efeito, embora seja verdade que os partidos são apenas a nomenclatura das classes, também é verdade que os partidos não são apenas uma expressão mecânica e passiva das próprias classes, mas reagem energicamente sobre elas para desenvolvê-las, consolidá-las, universalizá-las. Foi isto, exatamente, o que não aconteceu na Itália, e a manifestação desta "omissão" é, sem dúvida, este desequilíbrio entre agitação e propaganda ou como quer que se queira falar.

O Estado-Governo tem uma certa responsabilidade neste estado de coisas (pode-se falar de responsabilidade na medida em que impediu o reforço do próprio Estado, isto é, demonstrou que o Estado-Governo não era um fator nacional): o Governo, de fato, operou como um "partido", colocou-se acima dos partidos não para harmonizar seus interesses e atividades no quadro permanente da vida e dos interesses estatais nacionais, mas para desagregá-los, para separá-los das grandes massas e ter "uma força de sem-partido ligada ao Governo por vínculos paternalistas de tipo bonapartista-cesarista": assim, é preciso analisar as chamadas *ditaduras* de Depretis, Crispi, Giolitti, bem como o fenômeno parlamentar do *transformismo* [72]. As classes expressam os partidos, os partidos elaboram os homens de Estado e de Governo, os dirigentes da sociedade civil e da sociedade política. Deve haver uma certa relação útil e fecunda nestas manifestações e nestas funções. Não pode haver elaboração de dirigentes onde falta a atividade teórica, doutrinária dos partidos, onde não são investigadas e estudadas sistematicamente as razões de ser e de desenvolvimento da classe representada. Logo, escassez de homens de Estado, de Governo, miséria da vida parlamentar, facilidade de desagregar os partidos, corrompendo e absorvendo seus poucos homens indispensáveis. Logo, miséria da vida cultural e estreiteza mesquinha da alta cultura: em lugar da história política, a erudição descarnada; em lugar da religião, a superstição; em lugar dos livros e das grandes revistas, o jornal e o panfleto. O dia a dia, com seus facciosismos e seus choques personalistas, em lugar da política séria. As universidades, todas as instituições que elaboravam as capacidades intelectuais e técnicas, não permeadas pela vida dos partidos, pelo realismo vivo da vida nacional, formavam quadros nacionais apolíticos, com formação mental puramente retórica, não nacional. A burocracia, assim, se alienava do país e, através das posições administrativas, tornava-se um verdadeiro partido político, o pior de todos, porque a hierarquia burocrática substituía a hierarquia intelectual e política: a burocracia se tornava justamente o partido estatal-bonapartista.

Ver os livros que, depois de 1919, criticaram um estado de coisas "análogo" (mas muito mais rico na vida da "sociedade civil") na Alemanha guilhermina; por exemplo, o livro de Max Weber, *Parlamento e governo nel nuovo ordinamento della Germania. Critica politica della burocrazia e della vita dei partiti.* Tradução e prefácio de Enrico Ruta, XVI-200 p., 10 liras. (A tradução é muito imperfeita e imprecisa) [73].

§ 122. *A diplomacia italiana. Costantino Nigra* e o *Tratado de Wuchali.* Na *Nuova Antologia* de 16 de novembro de 1928, num artigo de Carlo Richelmy, "Lettere inedite di Costantino Nigra", está publicada uma carta (ou extratos de uma carta) escrita em 28 de agosto de 1896 por Nigra a um "caro amigo", que Richelmy acredita poder identificar como o Marquês Visconti-Venosta, porque com ele, naqueles dias, Nigra havia trocado alguns telegramas sobre o mesmo assunto [74]. Nigra informa que o Príncipe Lobanov (talvez embaixador russo em Viena, onde Nigra era embaixador) informou-o sobre algumas sondagens que o Negus Menelik fizera junto ao czar. O Negus informara ao czar estar disposto a aceitar a mediação da Rússia para a conclusão da paz com a Itália, etc. Nigra conclui: "Para mim uma coisa é evidente. Depois da questão do Tratado de Wuchali, o Negus desconfia de nós, suspeitando sempre que nosso plenipotenciário vá alterar as cláusulas acordadas. Esta desconfiança, que é insuperável, induziu o Negus a solicitar negociações através da Rússia com o objetivo de ter uma testemunha idônea e poderosa. A coisa é dura para nosso amor-próprio, mas agora nosso país deve persuadir-se de que, quando se utilizam diplomatas como Antonelli, generais como Baratieri e ministros como Mocenni, não se pode querer muito" [75]. ("Mãos vazias, mas sujas" — maquiavelismo de mascates, etc.)

§ 128. *Maquiavel e Emanuele Filiberto.* No volume miscelâneo sobre *Emanuele Filiberto*, publicado em 1928 por Lattes, Turim (477 p.), in-8°, a atividade militar de Emanuele Filiberto como estrategista e como organizador do exército piemontês é estudada pelos generais Maravigna e Brancaccio.

§ 129. *Diplomacia italiana.* Deve ter havido durante longo período uma espécie de censura prévia ou um compromisso dos diplomatas e homens de Estado italianos em geral no sentido de não escrever suas memórias, tão escassa é a literatura do gênero. A partir de 1919, temos certa abundância, relativa, mas a qualidade deixa muito a desejar. (As memórias de Salandra são "inconcebíveis" naquela forma grosseira.) O livro de Alessandro De Bosdari, *Delle guerre balcaniche, della grande guerra e di alcuni fatti precedenti ad esse* (Milão, Mondadori, 1927, 225 p.), segundo uma pequena nota de P. Silva na *Italia che scrive* de abril de 1928, é destituído de importância pelo fato de o autor insistir especialmente em relatar pequenos fatos pessoais e não saber retratar organicamente sua atividade através de uma exposição dos acontecimentos que lance sobre eles alguma luz útil. (Sobre um capítulo deste livro, publicado pela *Nuova Antologia,* escrevi uma nota a propósito dos juízos de Bosdari sobre a diplomacia italiana) [76].

§ 131. *Diplomacia italiana.* Na resenha do livro de Salandra, *La neutralità italiana*, feita por Giuseppe A. Andriulli e publicada na *Italia che scrive* de maio de 1928, menciona-se o fato de que, já antes de Sonnino assumir o Ministério do Exterior, o ministro San Giuliano havia entabulado tratativas com a *Entente* e os colaboradores de San Giuliano diziam que elas haviam sido encaminhadas de modo bastante diverso do de Sonnino, especialmente em relação à parte colonial. Por que estas tratativas foram suspensas por Sonnino e se iniciaram, em vez disso, negociações com a Áustria? Salandra também não explica as razões do acordo com a Alemanha sobre propriedades privadas, de maio de 1915 (acordo imediatamente divulgado pelos alemães no *Bund*, jornal suíço) e as razões da tardia declaração de guerra à Alemanha (o que provocou a desconfiança da *Entente* em relação à Itália, do que se aproveitou Sisto de Bourbon) [77].

§ 133. Carlo Flumiani, *I gruppi sociali. Fondamenti di scienza politica*, Milão, Instituto Editorial Científico, 1928, 126 p., 20 liras. (Obter o catálogo desta editora, que publicou outros livros de ciência política.)

§ 142. *Os limites da atividade do Estado.* Ver a discussão realizada nestes últimos anos a este propósito: é a discussão mais importante de doutrina política e serve para assinalar os limites entre liberais e não liberais. Pode servir como ponto de referência o opúsculo de Carlo Alberto Biggini, *Il Fondamento dei limiti all'attività dello Stato*, Città di Castello, Ed. Il Solco, 150 p., 10 liras [78]. A afirmação de Biggini segundo a qual só há tirania quando se quer reinar fora "das regras constitutivas da estrutura social" pode ter aprofundamentos bem diversos do que Biggini supõe, desde que por "regras constitutivas" não se entendam os artigos das Constituições, como sequer Biggini parece entender (tomo como ponto de partida uma resenha da *Italia che scrive* de outubro de 1929, escrita por Alfredo Poggi). (O Estado é soberano, na medida em que é a própria sociedade organizada. Não pode ter limite jurídico: não pode ser limitado pelos direitos públicos subjetivos nem é possível dizer que se autolimite. O direito positivo não pode constituir limite ao Estado porque pode ser modificado pelo Estado, a qualquer momento, em nome de novas exigências sociais, etc.)

Poggi considera justa esta observação e diz que tudo já está implícito na doutrina do limite jurídico, isto é, *enquanto* existir um ordenamento jurídico, o Estado se submete a ele; se quiser modificá-lo, terá de substituí-lo por outro ordenamento, isto é, o Estado só pode agir por via jurídica (mas, como tudo o que o Estado faz é em si jurídico, pode-se continuar até o infinito). Ver em que medida as concepções de Biggini são marxismo camuflado e tornado abstrato.

Para a reconstrução histórica destas duas concepções do Estado, parece ser interessante o livreto de Widar Cesarini Sforza, *"Ius" et "directum". Note sull'origine storica dell'idea di diritto*, in-8°, 90 p., Bolonha, Tipografia Riuniti, 1930. Os romanos criaram a palavra *ius* para exprimir o direito como poder da vontade e definiram a ordem jurídica como um sistema de poderes não limitados em sua esfera recíproca por normas objetivas e racionais: todas as expressões por eles utilizadas, como *aequitas, justitia, recta* ou *naturalis ratio*, devem ser compreendidas nos limites deste significado fundamental. O cristianismo, mais do que o conceito de *ius*, elaborou o conceito de *directum*, em sua tendência a subordinar a vontade à norma, a transformar o poder em dever. O conceito de direito como poder só é referido a Deus, cuja vontade se torna norma de conduta inspirada no princípio da igualdade. *A justitia* já não se distingue da *aequitas* e ambas implicam a *rectitudo*, que é a qualidade subjetiva da vontade de se conformar a tudo o que é reto e justo. Retiro estas noções de uma resenha (publicada na *Leonardo* de agosto de 1930) de G. Solari, que faz breves objeções a Cesarini Sforza.

§ 157. *Separação entre dirigentes e dirigidos.* Assume aspectos diversos de acordo com as circunstâncias e as condições gerais. Desconfiança recíproca: o dirigente acredita que o "dirigido" o engana, exagerando os dados positivos e favoráveis à ação e, por isso, em seus cálculos, deve levar em conta esta incógnita que complica a equação. O "dirigido" duvida da energia e do espírito de decisão do dirigente e, por isso, é levado, até mesmo inconscientemente, a exagerar os dados positivos e a esconder ou diminuir os dados negativos. Há um engano recíproco, origem de novas hesitações, de desconfianças, de questões pessoais, etc. Quando isto ocorre, significa que: 1) há crise de comando; 2) a organização, o bloco social do grupo em causa ainda não teve tempo de se consolidar, criando a harmonia recíproca, a *lealdade* recíproca; 3) mas há um terceiro elemento: a incapacidade do "dirigido" de cumprir sua missão, que no fundo significa a incapacidade do "dirigente" de escolher, controlar e dirigir seu pessoal.

Exemplos práticos: um embaixador pode enganar seu Governo: 1) porque deseja enganá-lo por interesse pessoal; caso de deslealdade por traição da nação ou do Estado: o embaixador é ou passa a ser agente de um Governo diferente daquele que representa; 2) porque deseja enganá-lo por ser adversário da política do Governo e favorável à política governamental de outro partido de seu próprio país; portanto, porque deseja que seu país seja governado por um dado partido e não por outro: caso de deslealdade que, em última análise, pode-se tornar tão grave quanto o precedente, embora possa ser acompanhado de circunstâncias atenuantes, como seria o caso em que o Governo não realize uma política nacional e o embaixador tenha provas evidentes disso. Seria, então, deslealdade com homens transitórios para poder ser leal com o Estado imanente: problema terrível, porque esta justificativa serviu a homens moralmente indignos (Fouché, Talleyrand e, em menor escala, os marechais de Napoleão); 3) porque não sabe que o engana, por incapacidade, incompetência ou incorreção (desleixo no cargo), etc. Neste caso, a responsabilidade do Governo deve ser graduada: 1) se, tendo possibilidades adequadas de escolha, escolheu mal por motivos extrínsecos ao serviço (nepotismo, corrupção, limitação de despesas num setor importante para o qual, em vez dos capazes, são escolhidos os "ricos" ou os "nobres", etc.); 2) se não tem possibilidades de escolha (um novo Estado, como a Itália em 1861-1870) e não cria as condições gerais para sanar a deficiência e construir as possibilidades de escolha.

CADERNO 4 (1930-1932)

§ 4. *Maquiavelismo e marxismo.* Dupla interpretação de Maquiavel: por parte dos homens de Estado tirânicos, que querem conservar e aumentar seu domínio, e por parte das tendências liberais, que querem modificar as formas de governo. Esta segunda tendência tem sua expressão nos versos de Foscolo: "temperando o cetro aos soberanos, cresta seus louros, e à gente revela", etc. Croce escreve que isso demonstra a *validade objetiva* das posições de Maquiavel, o que é justíssimo [79].

§ 62. *Arte militar e política.* Máximas tradicionais que correspondem ao senso comum das massas: "Os generais — diz Xenofonte — devem superar os outros não na suntuosidade da mesa e nos prazeres, mas na capacidade e no esforço." "Dificilmente se pode induzir os soldados a sofrer penúrias e dificuldades que derivam da ignorância ou da culpa de seu comandante; mas, quando são acarretadas pela necessidade, cada um está pronto para suportá-las." "A ousadia, à custa do próprio risco, é prova de valor; à custa do risco alheio, é arrogância" (Pietro Colleta) [80].

Diferença entre audácia-intrepidez e coragem: a primeira é instintiva e impulsiva; a coragem, ao contrário, se conquista com a educação e através dos costumes. Para permanecer durante longo tempo na trincheira, é preciso "coragem", isto é, perseverança na intrepidez, que pode ser dada pelo terror (certeza de morrer se não ficar) ou pela convicção de estar fazendo algo necessário (coragem).

CADERNO 5 (1930-1932)

§ 20. *Maquiavel e Emanuele Filiberto.* Um artigo da *Civiltà Cattolica* de 15 de dezembro de 1928 ("Emanuele Filiberto di Savoia nel IV centenario della nascita") começa assim: "A coincidência da morte de Maquiavel com o nascimento de Emanuele Filiberto não deixa de proporcionar ensinamentos. Tem um alto significado a antítese representada pelos dois personagens, um dos quais desaparece da cena do mundo, amargurado e desiludido, enquanto o outro está por ingressar na vida, ainda circundada de mistério, exatamente naqueles anos que podemos considerar como a linha de separação entre a era do Renascimento e a Reforma católica. Maquiavel e Emanuele Filiberto: quem pode personificar melhor as duas faces diversas, as duas correntes opostas que disputam o domínio do século XVI? Teria alguma vez imaginado, o secretário florentino, que exatamente aquele século, para o qual preconizara um Príncipe substancialmente pagão no pensamento e na obra, acabaria por ser palco da existência do monarca que mais se aproximou do ideal do perfeito príncipe cristão?"

As coisas se passaram de modo muito diferente do que pensa o escritor da *Civiltà Cattolica*, e Emanuele Filiberto continua e realiza Maquiavel mais do que parece: por exemplo, na organização das milícias nacionais. Além disso, Emanuele Filiberto podia evocar Maquiavel em muitas outras coisas; ele não vacilava nem mesmo em suprimir seus inimigos utilizando a violência e a fraude.

Este artigo da *Civiltà Cattolica* é interessante em razão das relações entre Emanuele Filiberto e os jesuítas, bem como pela posição que estes adotaram na luta contra os valdenses.

§ 25. *Maquiavel e Manzoni.* Algumas referências de Manzoni a Maquiavel podem ser encontradas nos *Colloqui col Manzoni*, de N. Tommaseo, publicados pela primeira vez e anotados por Teresa Lodi, Florença, G. C. Sansoni, 1929 [81]. Transcrevo o seguinte trecho de um artigo de G. S. Gargano, publicado no *Marzocco* de 3 de fevereiro de 1929 ("Manzoni in Tommaseo"): "É também atribuída a Manzoni a opinião segundo a qual a autoridade de Maquiavel havia enchido de preconceitos as cabeças italianas: alguns repetiam suas máximas sem ousar adotá-las e outros as adotavam sem ousar dizer; 'são os liberais que as celebram e os reis que as praticam'; comentário, este último, que talvez seja de Tommaseo, o qual acrescenta que Manzoni tinha pouquíssima fé na garantia das leis e no poder dos Parlamentos e que seu único desejo, então, era fazer a nação unida e poderosa, mesmo à custa da liberdade, 'se bem que a ideia da liberdade fosse verdadeira em todas as cabeças e íntegro fosse o sentimento dela em todos os corações'."

§ 45. Enrico Catellani, "La libertà del mare", *Nuova Antologia* de 1º de abril de 1929.

§ 49. Bernardo Sanvisenti, "La questione delle Antille", *Nuova Antologia,* 1º de junho de 1929. Sobre a Doutrina Monroe, sobre as relações entre Estados Unidos e América hispânica, etc. Sobre estes temas, contém referências bibliográficas de escritores sul-americanos e fornece informações sobre movimentos culturais ligados ao predomínio dos Estados Unidos, que podem ser úteis.

§ 73. *Direção político-militar da guerra.* A *Nuova Antologia* de 16 de junho de 1929 publica uma pequena nota assinada por G.S. (ou talvez fosse C.S., isto é, Cesare Spellanzon? Seria surpreendente!), "Benes l'immemore", bastante curiosa, porque afirma que a "política das nacionalidades" foi seguida por nossos mais lúcidos políticos, apoiada imediatamente pelos maiores jornais favoráveis ao intervencionismo, adotada espontaneamente pelo Governo italiano [82]. É verdade que G.S. escreve que esta política foi desde então definida "em seus verdadeiros termos", isto é, favorável especialmente à Itália; mas nem isto é verdadeiro neste sentido restrito, porque a política das nacionalidades só se "impôs" depois de outubro de 1917. Agora, G.S. lamenta que Benes, em *Souvenirs de guerre et de révolution* (Ernest Leroux, Paris), atenue as lembranças da amizade "do tempo da guerra" e chegue à conclusão de que todos os males da Itália, durante e após a guerra, devem ser atribuídos à falta de clareza e de decisão da política de guerra do país.

§ 79. A.G. Bianchi, "I clubs rossi durante l'assedio di Parigi", *Nuova Antologia,* 1º de julho de 1929. Resume um pequeno livro, publicado em 1871, de M.G. Molinari, *Les clubs rouges pendant le siège de Paris.* É uma coletânea de crônicas publicadas primeiro no *Journal des Débats* sobre as reuniões dos clubes durante o cerco (talvez se trate do mesmo De Molinari, o conhecido escritor livre-cambista e diretor dos *Débats*; mas Bianchi escreve que é "um modesto, mas diligente jornalista"). O livrinho é interessante porque registra todas as propostas excêntricas que eram feitas pelos frequentadores destes círculos populares. Por isto, seria interessante lê-lo e daí extrair material para sustentar a necessidade da ordem intelectual e da "sobriedade" moral no povo. Também pode servir para estudar como, até 1870, Paris permaneceu sob o encanto das formas políticas criadas pela Revolução de 1789, cuja manifestação mais visível foram os clubes, etc. (Não podendo ler o pequeno livro original de Molinari, pode-se recorrer a este artigo de Bianchi.)

§ 80. *Sorel e os jacobinos.* No artigo referido na nota precedente está reproduzido este juízo de Proudhon sobre os jacobinos: o jacobinismo é "a aplicação do absolutismo de direito divino à soberania popular". "O jacobinismo preocupa-se pouco com o direito: procede de bom grado por meios violentos, execuções sumárias. A revolução, para ele, são ações fulminantes, razias, requisições, empréstimos forçados, expurgos, terror. Desconfiado, hostil às ideias, refugia-se na hipocrisia e no maquiavelismo: os jacobinos são os jesuítas da revolução." Estas definições são tomadas do livro *La justice dans la révolution.* A atitude de Sorel contra os jacobinos baseia-se em Proudhon.

§ 86. *Inglaterra.* Cinquenta anos antes da guerra, a balança comercial inglesa já estava modificando sua estrutura interna. A parte constituída pelas exportações de mercadorias caía relativamente e o equilíbrio baseava-se cada vez mais nas chamadas exportações invisíveis, isto é, os rendimentos dos capitais investidos no exterior, os fretes da marinha mercante e os lucros realizados por Londres como centro financeiro internacional. Depois da guerra, em virtude da concorrência dos outros países, a importância das exportações invisíveis aumentou ainda mais. Daí o cuidado do ministro da Fazenda e do Banco da Inglaterra em manter a paridade da libra com o ouro e de reintegrá-la assim em sua posição de moeda internacional. Este objetivo foi alcançado, mas determinou o aumento do preço de custo da produção industrial, que perdeu terreno nos mercados estrangeiros.

Mas terá sido esta a causa (ou, pelo menos, o elemento mais importante) da crise industrial inglesa? Em que medida o Governo sacrificou os interesses dos industriais aos interesses dos círculos financeiros, fornecedores de créditos ao exterior e organizadores do mercado financeiro mundial londrino? Desde logo, o restabelecimento do valor da libra pode ter antecipado e não determinado a crise, porque todos os países, mesmo aqueles que permaneceram durante algum tempo com a moeda flutuante e só a consolidaram num valor mais baixo do que o original, sofreram e sofrem a crise: seria possível dizer que a antecipação da crise na Inglaterra deveria ter induzido os industriais a se protegerem antes e, portanto, a se refazerem antes dos outros países, retomando, assim, a hegemonia mundial. Além do mais, o retorno imediato à paridade com o ouro evitou na Inglaterra as crises sociais determinadas pelas transferências de propriedades e pela decadência fulminante das classes médias pequeno-burguesas: num país tradicionalista como a Inglaterra, conservador, ossificado em sua estrutura social, que resultados teriam tido os fenômenos de inflação, de flutuação, de desvalorização da moeda? Certamente muito mais graves do que nos outros países.

De qualquer modo, seria necessário fixar com exatidão a relação entre a exportação de mercadorias e as exportações invisíveis, entre o fato industrial e o fato financeiro: isso serviria para explicar a importância política relativamente pequena dos operários, o caráter ambíguo do Partido Trabalhista e a escassez de estímulos para sua diferenciação e seu desenvolvimento.

§ 87. *Direção político-militar da guerra de 1914-1918*. Ver o artigo de Mario Caracciolo (coronel), "Il comando unico e il comando italiano nel 1918", na *Nuova Antologia* de 16 de julho de 1929. Muito interessante e indispensável para redigir definitivamente esta rubrica. Caracciolo é escritor militar muito sério, que dificilmente se deixa levar pela retórica. Escreveu um volume para a Coleção Gatti, da Ed. Mondadori: *Le truppe italiane in Francia*.

Por ora me interessa uma particularidade (que poderia aparecer na rubrica "Passado e presente"), ligada à repetida afirmação de Caracciolo sobre a insuficiência do aparelho industrial italiano: por volta de janeiro-fevereiro de 1918 (para estabelecer exatamente o fato, cf. o citado volume de Caracciolo), a Itália enviou à França 60.000 homens, trabalhadores auxiliares, "que tínhamos disponíveis porque nossa indústria ainda não nos pudera dar todas as armas necessárias para equipá-las". Este dado pode implicar algumas consequências: 1) É politicamente errôneo chamar de "fugitivos da linha de frente" os trabalhadores industriais em tempo de guerra [83]. Eram eles necessários e indispensáveis à atividade bélica? Eram tão necessários que acabou havendo muito poucos "fugitivos da frente" e 60.000 homens ficaram inutilizados na Itália. Esta propaganda contra os pseudofugitivos teve consequências deploráveis: já antes do armistício foram enviados a Turim grupos de assalto que começaram imediatamente a caça ao "fugitivo da frente"; na saída das fábricas e, depois, nas ruas centrais, os homens que usavam braçadeiras de isentos do serviço militar eram atacados, agredidos a porrete e muitas vezes tinham o rosto desfigurado; os acontecimentos esporádicos culminaram na noite do ano-novo de 1919, com as ocorrências no Palácio Siccardi. A censura não permitiu que se fizesse sequer uma referência a estes acontecimentos.

2) A contraposição entre combatentes, isentos do serviço militar e fugitivos da linha de frente transformou-se, de fato privado, em fato de direito público; e este é o aspecto mais grave da questão, porque permitiu que se formasse a opinião de que os isentos eram verdadeiros "fugitivos da frente", não elementos indispensáveis para a atividade bélica, ainda que, com aprovação oficial, não fossem combatentes. Por lei, deve-se preferir um ex-combatente nas fábricas, etc. (Se houve nas fábricas verdadeiros fugitivos da frente de batalha, eles devem ser procurados especialmente entre os técnicos intermediários: a redução ao mínimo das operações de trabalho, determinada pelo limitado número de objetos fabricados, por sua estrutura elementar e pelo trabalho em série, restringiu a função do supervisor a pura vigilância disciplinar: isto, unido à ampliação das instalações, criou a possibilidade de fugir do serviço militar para muita gente que jamais se envolvera com a indústria. Estes são os verdadeiros fugitivos da frente, uma vez que o posto podia ser confiado a velhos operários da própria fábrica. Assim, não se pode falar de fugitivos da frente de batalha quando se trata dos camponeses que então entraram em grande quantidade nas fábricas, diretamente dos campos ou convocados pelas autoridades militares. Em Turim, os trabalhadores fabris não qualificados eram, em grande parte, conscritos de origem camponesa.) Nestes regulamentos sobre a admissão de desempregados nem

ao menos se faz menção ao caso especial dos que foram declarados incapacitados para o serviço militar, para os quais o fato de não terem sido combatentes foi ainda mais involuntário.

Na Itália, com o restrito aparelho industrial em face das necessidades dos tempos de guerra, o problema é espinhoso: necessariamente, a indústria metalúrgica e mecânica, mas parcialmente também outras indústrias (química, madeireira, têxtil) devem ser mobilizadas e, como a produção deve ser teoricamente ilimitada, precisam ser inclusive ampliadas: portanto, não só os velhos operários devem permanecer nas fábricas, mas novas admissões devem ser feitas. Em virtude disso, a composição do exército será predominantemente camponesa, enquanto a maior parte dos operários, ou pelo menos uma porção considerável deles, deverá trabalhar para prover o equipamento e a munição. Fazer desta necessidade um elemento de agitação demagógica e usá-la como prova de inferioridade dos trabalhadores da indústria — isto pode acarretar a seguinte consequência (na ausência de uma solução orgânica, que é difícil: rotatividade entre fábrica e frente, etc.): na realidade, só desejarão ficar nas fábricas os pacifistas em causa própria e a produção sofrerá uma crise, ou seja, a guerra poderá ser perdida nas fábricas, por falta de produção.

§ 92. *Diplomacia italiana.* A propósito do incidente do *Carthage* e do *Manouba*, entre a Itália e a França, é preciso comparar a versão dos fatos dada por Alberto Lumbroso no segundo volume de seu confuso calhamaço, *Origini economiche e diplomatiche della guerra mondiale* (Coleção Gatti, Ed. Mondadori), com o trecho de Tittoni ("Veracissimus"!) dedicado ao mesmo incidente, no artigo "I documenti diplomatici francesi (1911-1912)", publicado na *Nuova Antologia* de 16 de agosto de 1929 e talvez republicado em livro (na edição Treves dos livros de Tittoni) [84]. A exposição de Tittoni é evidentemente obscura e reticente: ora, ele era exatamente o embaixador italiano em Paris e, segundo Lumbroso, foi a ele que Poincaré se dirigiu assegurando que o *Carthage* e o *Manouba* não continham contrabando de guerra e solicitando que telegrafasse a Roma para que não se detivessem as duas embarcações. É estranho que Tittoni, tão sensível em tudo o que se refere à sua carreira, não mencione Lumbroso, seja para desmenti-lo, seja para diminuir o efeito de sua versão. Entretanto, é preciso lembrar que Tittoni parece desprezar as improvisações de Lumbroso, e este o reprova por não levar em conta os documentos alemães sobre a guerra e, por isso, ser germanófobo (quanto às responsabilidades pelo desencadeamento do conflito).

§ 98. *História do pós-guerra.* Ver o artigo de Giovanni Marietti, "Il trattato di Versailles e la sua esecuzione", nas edições de 16 de setembro e 16 de outubro da *Nuova Antologia.* É um resumo cuidadoso dos principais acontecimentos ligados à execução do Tratado de Versalhes, uma descrição esquemática que pode ser útil como início de uma reconstrução analítica, ou para fixar as relações entre acontecimentos internacionais e internos nos vários países.

§ 99. *Armamento da Alemanha no momento do armistício.* No momento do armistício foram entregues pelo exército em operação: canhões, 5.000; metralhadoras, 25.000; morteiros, 3.000; aviões, 1.700; caminhões, 5.000; locomotivas, 5.000; vagões de trens, 150.000. A comissão de desarmamento destruiu no território alemão: canhões, 39.600; carretas com canhões, 23.061; fuzis e pistolas, 4.574.000; metralhadoras, 88.000; projéteis de artilharia, 39.254.000; projéteis para morteiros, 4.028.000; cartuchos, 500.294.000; granadas de mão, 11.530.000; explosivos, 2.131.646 toneladas (e muitas armas não foram entregues).

§ 106. Luigi Villari, "Il governo laburista britannico", *Nuova Antologia* de 16 de outubro de 1929. Artigo medíocre: alguns episódios. Deve ser recordado pelo fato de a *Nuova Antologia* — embora dirigida pelo antigo presidente do Senado, que depois se tornou presidente da Academia, e, portanto, obrigada a uma certa discrição — publicar artigos em que são expressos juízos de caráter personalista, sectário e pouco respeitoso sobre membros dos Governos estrangeiros, fora da polêmica política.

§ 107. *Itália e Palestina.* Ver, na *Nuova Antologia* de 16 de outubro de 1929, o artigo "La riforma del mandato sulla Palestina", de Romolo Tritonj. Ali se expõe o programa mínimo italiano, isto é, *a internacionalização* da Palestina, segundo o projeto negociado durante a guerra entre as potências da *Entente* e abandonado pela França e pela Inglaterra depois da queda do czarismo na Rússia, deixando a Itália a ver navios, uma vez que a França ficou com a Síria e a Inglaterra com a própria Palestina. O artigo é em geral moderado, mas virulento contra o sionismo. Deverá ser visto de novo para reconstruir a política italiana no Oriente (no Oriente Próximo).

§ 112. Carlo Schanzer, "Sovranità e giustizia nei rapporti fra gli Stati", *Nuova Antologia,* 1º de novembro de 1929. Moderado na forma e na substância. Pode ser tomado como documento da posição oficiosa do Governo em relação à Sociedade das Nações e aos problemas de política internacional a ela ligados.

§ 115. *Nicolau Maquiavel.* Uma edição das cartas de Nicolau Maquiavel foi feita pela Ed. "Rinascimento del Libro", Florença, na coleção "Raccolta nazionale dei classici", organizada e prefaciada por Giuseppe Lesca (o prefácio foi publicado na *Nuova Antologia* de 1º de novembro de 1929). As cartas já haviam sido publicadas em 1883 por Alvisi, na Ed. Sansoni, de Florença, incluindo cartas endereçadas a Maquiavel (foi lançada uma nova edição do livro de Alvisi, com prefácio de Giovanni Papini).

§ 116. G. B., "La Banca dei regolamenti internazionali", *Nuova Antologia,* 16 de novembro de 1929.

§ 117. Argus, "Il disarmo navale, i sottomarini e gli aeroplani", *Nuova Antologia*, 16 de novembro de 1929. Breves referências às primeiras negociações entre os Estados Unidos e a Inglaterra para o desarmamento e a igualdade naval. Também se refere rapidamente à inovação que o submarino e o avião representam na força naval — com um custo relativamente baixo, podiam dar resultados muito relevantes —, bem como à inutilidade cada vez maior dos grandes encouraçados.

§ 118. *Stresemann*. Cf. na *Nuova Antologia* de 16 de novembro de 1929 o artigo de Francesco Tommasini, "Il pensiero e l'opera de Gustavo Stresemann", interessante para estudar a Alemanha do pós-guerra e a mudança na psicologia dos nacionalistas burgueses e pequeno-burgueses [85].

§ 121. *França*. André Siegfried, *Tableau des Partis en France*, Paris, Grasset, 1930.

§ 127. *Maquiavel*. A *Nuova Antologia* de 16 de dezembro de 1929 publica uma breve nota de um certo M. Azzalini, "La politica, scienza ed arte di Stato", que pode ser interessante como apresentação dos elementos em que se debate o esquematismo científico. Azzalini começa afirmando que foi glória "fulgurante" de Maquiavel "ter circunscrito ao Estado o âmbito da política". Não é fácil compreender o que Azzalini quis dizer. Ele transcreve o seguinte período do cap. III de *O Príncipe*: "Dizendo-me o Cardeal de Rouen que os italianos não entendiam de guerra, respondi-lhe que os franceses não entendiam do Estado", e com base nesta única citação afirma que para Maquiavel, portanto, "a política devia ser entendida como ciência e como ciência de Estado", e que foi sua glória, etc. (antes de Maquiavel, o termo "ciência de Estado" para "política" só teria sido adotado, em seu correto significado moderno, por Marsílio de Pádua) [86]. Azzalini é bastante leviano e superficial. O episódio do cardeal de Rouen, isolado do texto, não significa nada. No contexto, assume um significado que não se presta a deduções científicas: trata-se, evidentemente, de uma frase de espírito, de uma réplica de efeito imediato. O cardeal de Rouen afirmara que os italianos não entendem de guerra; para replicar, Maquiavel responde que os franceses não entendem de Estado, porque de outro modo não teriam permitido ao papa ampliar seu poder na Itália, o que era contra os interesses do Estado francês. Maquiavel estava bem longe de pensar que os franceses não entendiam de Estado, até mesmo porque admirava o modo pelo qual a monarquia (Luís XI) realizara a unidade estatal da França e fazia da atividade francesa de Estado um termo de comparação para a Itália. Naquele seu diálogo com o cardeal de Rouen, ele fez "política" prática e não "ciência política", porque, segundo ele, se o fortalecimento do papa era prejudicial à "política externa" francesa, era mais prejudicial ainda à política interna italiana.

O curioso é que, partindo de tão incongruente citação, Azzalini afirma que, "a despeito de se dizer que aquela ciência estuda o Estado, dá-se uma definição (!?) inteiramente imprecisa (!) porque não se indica com que critério se deve observar o objeto da pesquisa. E a imprecisão é absoluta, dado que todas as ciências jurídicas em geral, e o direito público em particular, referem-se indiretamente e diretamente àquele elemento". O que quer dizer tudo isto em relação a Maquiavel? Menos do que nada: confusão mental.

Maquiavel escreveu livros de "ação política imediata", não escreveu uma utopia em que se aspirasse a um Estado já constituído, com todas as suas funções e elementos constitutivos. Em sua elaboração, em sua crítica do presente, expressou conceitos gerais, que se apresentam sob forma aforística e assistemática, e expressou uma concepção do mundo original, que também poderia ser chamada de "filosofia da práxis" ou "neo-humanismo", na medida em que não reconhece elementos transcendentais ou imanentistas (em sentido metafísico), mas baseia-se inteiramente na ação concreta do homem que, por suas necessidades históricas, opera e transforma a realidade. Não é verdade, como parece acreditar Azzalini, que Maquiavel não tenha levado em conta o "direito constitucional", já que em toda a obra de Maquiavel encontram-se disseminados princípios gerais de direito constitucional e ele afirma, com bastante clareza, a necessidade de que no Estado domine a lei, princípios fixos segundo os quais os cidadãos virtuosos possam operar seguros de que não cairão sob os golpes do arbítrio. Mas, justamente, Maquiavel remete tudo à política, isto é, à arte de governar os homens, de buscar seu consenso permanente, de fundar, portanto, os "grandes Estados". É preciso recordar que, para Maquiavel, a Comuna ou a República e a senhoria comunal não eram Estado, porque lhes faltava, além de um vasto território, uma população suficiente para ser a base de uma força militar que permitisse uma política internacional autônoma: ele sentia que na Itália, com o papado, perdurava uma situação de não Estado e que ela duraria enquanto a própria religião não se tornasse "política" do Estado e deixasse de ser política do papa para impedir a formação de Estados fortes na Itália, ao intervir na vida interna dos povos que ele não dominava temporalmente, em defesa de interesses que não eram os dos Estados e, por isso, eram perturbadores e desagregadores.

Pode-se encontrar em Maquiavel a confirmação daquilo que já assinalei em outro lugar: que a burguesia italiana medieval não soube sair da fase corporativa para ingressar na fase política, porque não soube se libertar completamente da concepção medieval-cosmopolita representada pelo papa, pelo clero e, inclusive, pelos intelectuais leigos (humanistas), isto é, não soube criar um Estado autônomo e permaneceu na moldura medieval, feudal e cosmopolita [87].

Azzalini escreve que "basta [...] apenas a definição de Ulpiano e, melhor ainda, seus exemplos publicados no *Digesto* [...] para ressaltar a identidade extrínseca (e daí?) do objeto das duas ciências: 'O direito público cabe ao Estado da república romana. — O direito político se sustenta nas coisas sagradas, nos sacerdotes, nos magistrados' [88]. Tem-se, portanto, uma identidade de objeto no direito público e na ciência política, mas não uma identidade substancial, já que os critérios com que uma e outra ciência observam a mesma matéria são inteiramente diversos. São efetivamente diversas as esferas da ordem jurídica e da ordem política. Na realidade, enquanto a primeira observa o organismo público de um ponto de vista estático, como o produto natural de uma determinada evolução histórica, a segunda observa o mesmo organismo de um ponto de vista dinâmico, como um produto que pode ser avaliado em suas qualidades e em seus defeitos e que, consequentemente, deve ser modificado de acordo com as novas exigências e os subsequentes desenvolvimentos". Portanto, seria possível dizer que a "ordem jurídica é ontológica e analítica, porque estuda e analisa os diversos institutos públicos em seu ser real", ao passo que a "ordem política é deontológica e crítica, porque estuda os vários institutos não como são, mas como deveriam ser, isto é, com critérios de avaliação e julgamentos de oportunidade que não são nem podem ser jurídicos".

E tal sabichão pensa que é admirador, discípulo e até aperfeiçoador de Maquiavel!

"Disso se segue que à identidade formal acima descrita opõe-se uma substancial diversidade tão profunda e notável a ponto de não permitir, talvez, o juízo manifestado por um dos maiores publicistas contemporâneos, que considerava difícil, se não impossível, criar uma ciência política completamente diferente do direito constitucional. Parece-nos que tal juízo só é verdadeiro se a análise do aspecto jurídico e do aspecto político se detiver neste ponto; não o será se for além, especificando aquele novo campo que é de competência exclusiva da ciência política. Esta última, de fato, não se limita a estudar a organização do Estado com um critério deontológico e crítico, diferente daquele usado para o mesmo objeto pelo direito público, mas amplia sua esfera a um campo que lhe é próprio, investigando as leis que regulam o surgimento, o devir e o declínio dos Estados. E não é válido afirmar que este estudo pertence à história (!) entendida no significado geral (!), porque, mesmo admitindo que a pesquisa das causas, dos efeitos, dos vínculos mútuos de interdependência das leis naturais que governam o ser e o devir dos Estados seja investigação histórica, permanecerá sempre no âmbito exclusivamente político — portanto, nem histórico nem jurídico — a pesquisa dos meios apropriados para controlar praticamente a orientação política geral. A função proposta e sintetizada por Maquiavel, ao dizer: 'Discutirei como estes principados podem ser governados e mantidos' (*O Príncipe*, cap. II), é de tal ordem, por sua importância intrínseca e especificação, que não só legitima a autonomia da política, mas permite, pelo menos sob o aspecto que acabamos de delinear, uma distinção inclusive formal entre a política e o direito público." E eis o que Azzalini entende por *autonomia* da política!

Mas — afirma Azzalini —, além de uma ciência, existe uma arte política. "Existem homens que deduzem ou deduziram da intuição pessoal a visão das necessidades e dos interesses dos países governados, que na obra de governo aplicaram ao mundo externo a visão da intuição pessoal. Não queremos dizer com isto, é claro, que a atividade intuitiva, e por isso artística, seja a única e a predominante no estadista; queremos apenas dizer que nele, ao lado das atividades práticas, econômicas e morais, deve subsistir também aquela atividade teórica acima indicada, tanto sob o aspecto subjetivo da intuição quanto sob o aspecto objetivo (!) da expressão, e que, na ausência desses requisitos, não pode existir o governante e muito menos (!) o estadista, cuja estatura se caracteriza exatamente por aquela faculdade inata (?). Também no campo político, portanto, além do cientista, no qual predomina a atividade teórico-cognoscitiva, existe o artista, no qual predomina a atividade teórico-intuitiva. Isto não esgota inteiramente a esfera de ação da arte política: esta, além de ser observada através do estadista que, com as funções práticas do governo, exterioriza a representação interna do intuído, pode ser avaliada através do escritor, que realiza no mundo externo (!) a verdade política intuída não com atos de poder, mas com obras e escritos que traduzem a intuição do autor. É o caso do indiano Kamandaki (século III d.C.), de Petrarca no *Trattatello pei Carraresi*, de Botero na *Ragion di Stato* e, sob certos aspectos, de Maquiavel e de Mazzini."

É de fato uma bela confusão, digna de... Maquiavel, mas especialmente de Tittoni, diretor da *Nuova Antologia*. Azzalini não sabe orientar-se nem na filosofia nem na ciência da política. Mas procurei tomar todas estas notas para tentar desatar os nós e ver se chego a conceitos claros por minha conta.

Deve-se esclarecer, por exemplo, o que pode significar "intuição" na política e a expressão "arte" política, etc. — Recordar, ao mesmo tempo, alguns pontos de Bergson: "A inteligência só nos oferece da vida (a realidade em movimento) uma tradução em termos de inércia. Ela se movimenta em círculos, apreendendo de fora o maior número possível de visões do objeto, que faz aproximar de si em vez de nele penetrar. Mas é a intuição que nos levará ao interior mesmo da vida: noutros termos, o instinto que se tornou desinteressado." "Nosso olho percebe os traços do ser vivo, mas justapostos um ao outro, não organizados entre si. Escapa-lhe a intenção da vida, o movimento simples que corre através das linhas, que as liga umas às outras e lhes dá um significado; e é esta intenção que o artista tende a apreender, colocando-se no interior do objeto com uma espécie de simpatia, superando com um esforço de intuição a barreira que o espaço coloca entre ele e o modelo. Mas, na verdade, a intuição estética só capta o individual." "A inteligência é caracterizada por uma incompreensão natural da vida, já que ela representa claramente apenas o descontínuo e a imobilidade." Desde logo, separação entre intuição política e intuição estética, lírica ou artística: só por metáfora fala-se de arte política. A intuição política não se expressa no artista, mas no "líder", e por "intuição" deve-se entender não o "conhecimento das individualidades", mas a rapidez em ligar fatos aparentemente estranhos entre si e em conceber os meios adequados ao fim, de modo a situar os interesses em jogo e suscitar as paixões dos homens e orientá-los para uma determinada ação. A "expressão" do "líder" é a "ação" (em sentido positivo ou negativo: desencadear uma ação ou impedir que se verifique uma determinada ação, congruente ou incongruente com o fim que se quer alcançar). Além disso, o "líder em política" pode ser um indivíduo, mas também um corpo político mais ou menos numeroso; e, neste último caso, a unidade de intenções será alcançada por um indivíduo ou por um pequeno grupo interno, e, no pequeno grupo, por um indivíduo que pode mudar de vez em quando, embora o grupo permaneça unido e coerente na obra em curso.

Se se devesse traduzir em linguagem política moderna a noção de "Príncipe", da forma como ela se apresenta no livro de Maquiavel, seria necessário fazer uma série de distinções: "príncipe" poderia ser um chefe de Estado, um chefe de Governo, mas também um chefe político que pretende conquistar um Estado ou fundar um novo tipo de Estado; neste sentido, a tradução de "príncipe" em linguagem moderna poderia ser "partido político". Na realidade de qualquer Estado, o "chefe do Estado", isto é, o elemento equilibrador dos diversos interesses em luta contra o interesse predominante, mas não exclusivista em sentido absoluto, é exatamente o "partido político"; ele, porém, ao contrário do que se verifica no direito constitucional tradicional, não reina nem governa juridicamente: tem "o poder de fato", exerce a função hegemônica (e, portanto, equilibradora de interesses diversos) na "sociedade civil", mas de tal modo esta se entrelaça de fato com a sociedade política que todos os cidadãos sentem que ele reina e governa. Sobre esta realidade, que está em contínuo movimento, não se pode criar um direito constitucional do tipo tradicional, mas apenas um sistema de princípios que afirmam como finalidade do Estado seu próprio fim, seu próprio desaparecimento, isto é, a reabsorção da sociedade política na sociedade civil.

§ 144. *Noções enciclopédicas.* Como nasceu nos publicistas da Restauração o conceito de "tirania da maioria". Conceito encontrado entre os "individualistas", como Nietzsche, mas também entre os católicos. Segundo Maurras, a "tirania da maioria" é admissível nos pequenos países, como a Suíça, porque entre os cidadãos suíços reina uma certa igualdade de condições; é desastrosa (*sic*), no entanto, onde existe muita desigualdade de condições entre os cidadãos, como na França.

§ 146. *Direção político-militar da guerra de 1914.* Em alguns países, a formação das tropas selecionadas de assalto foi, ao que parece, catastrófica: enviou-se à destruição a parte combativa do exército, em vez de mantê-la como elemento "estrutural" do moral da massa dos soldados. Segundo o general Krasnov (em seu famigerado romance), isto foi exatamente o que sucedeu na Rússia em 1915. Esta observação pode valer como crítica corretiva das recentes opiniões manifestadas pelo general alemão von Seeckt sobre os corpos especializados profissionais, que seriam bons especialmente para a ofensiva [89].

CADERNO 6 (1930-1932)

§ 12. *Estado e sociedade regulada.* Nas novas tendências "jurídicas" representadas especialmente pelos *Nuovi Studi* de Volpicelli e Spirito, deve-se notar, como momento crítico inicial, a confusão entre o conceito de Estado-classe e o conceito de sociedade regulada [90]. Esta confusão é especialmente notável no estudo "La libertà economica", apresentado por Spirito durante a XIX Reunião da Sociedade para o Progresso das Ciências realizada em Bolzano em setembro de 1930 e publicado nos *Nuovi Studi* de setembro-outubro de 1930. Enquanto existir o Estado-classe não pode existir a sociedade regulada, a não ser por metáfora, isto é, apenas no sentido de que também o Estado-classe é uma sociedade regulada. Os utopistas, na medida em que exprimiam uma crítica da sociedade existente em seu tempo, compreendiam muito bem que o Estado-classe não podia ser a sociedade regulada, tanto é verdade que nos tipos de sociedade pensados pelas diversas utopias introduz-se a igualdade econômica como base necessária da reforma projetada: nisto os utopistas não eram utopistas, mas cientistas concretos da política e críticos coerentes. O caráter utópico de alguns deles era dado pelo fato de que consideravam possível introduzir a igualdade econômica com leis arbitrárias, com um ato de vontade, etc. Mas permanece exato o conceito, que também se encontra em outros escritores de política (inclusive de direita, isto é, nos críticos da democracia, na medida em que ela se serve do modelo suíço ou dinamarquês para estabelecer o sistema razoável para todos os países), de que não pode existir igualdade política completa e perfeita sem igualdade econômica: nos escritores do século XVII, este conceito pode ser encontrado, por exemplo, em Ludovico Zuccolo e em seu livro *Il Belluzzi*, e creio também que em Maquiavel [91]. Maurras considera que na Suíça é possível aquela determinada forma de democracia, exatamente porque há uma certa mediocridade das fortunas econômicas, etc.

A confusão entre Estado-classe e sociedade regulada é própria das classes médias e dos pequenos intelectuais, que se sentiriam felizes com uma regulação qualquer que impedisse as lutas agudas e as catástrofes: é concepção tipicamente reacionária e retrógrada.

§ 19. *Noções enciclopédicas. Sobre a verdade, ou seja, sobre dizer a verdade em política.* É opinião muito difundida em alguns ambientes (e esta difusão é um sinal da estatura política e cultural destes ambientes) que é essencial à arte política mentir, saber esconder astuciosamente as próprias opiniões verdadeiras e os verdadeiros fins para os quais nos orientamos, saber fazer com que se acredite no contrário do que realmente se quer, etc., etc. A opinião é tão enraizada e difundida que, ao se dizer a verdade, não se consegue crédito. Os italianos em geral são considerados, no exterior, mestres na arte da simulação e da dissimulação, etc. Lembrar a anedota judia: "Aonde vai?", pergunta Isaac a Benjamin. "À Cracóvia", responde Benjamin. "Mentiroso! Você diz que vai à Cracóvia para que eu acredite que vai a Lemberg; mas eu sei muito bem que você está indo à Cracóvia: então, qual a necessidade de mentir?" Em política, pode-se falar de discrição, não de mentira no sentido mesquinho em que muitos pensam: na política de massa, dizer a verdade é precisamente uma necessidade política [92].

§ 24. *Noções enciclopédicas. A sociedade civil.* É preciso distinguir a sociedade civil tal como é entendida por Hegel e no sentido em que é muitas vezes usada nestas notas (isto é, no sentido de hegemonia política e cultural de um grupo social sobre toda a sociedade, como conteúdo ético do Estado) do sentido que lhe dão os católicos, para os quais a sociedade civil, ao contrário, é a sociedade política ou o Estado, em oposição à sociedade familiar e à Igreja. Diz Pio XI em sua encíclica sobre a educação (*Civiltà Cattolica* de 1º de fevereiro de 1930): "Três são as sociedades *necessárias*, distintas, mas harmonicamente unidas por Deus, em cujo seio nasce o homem: duas sociedades de ordem natural, a saber, a família e a sociedade civil; a terceira, a Igreja, de ordem sobrenatural. Primeiro, a família, instituída imediatamente por Deus com seu próprio fim, que é a procriação e a educação da prole, a qual, por isto, tem prioridade de natureza e, portanto, prioridade de direitos em relação à sociedade civil. Apesar disto, a família é sociedade imperfeita, porque não tem em si todos os meios para o próprio aperfeiçoamento: no aspecto em que a sociedade civil é sociedade perfeita e tem em si todos os meios para o próprio fim, que é o bem comum temporal, ela, a este respeito, isto é, a respeito do bem comum, tem preeminência sobre a família, a qual alcança justamente na sociedade civil sua adequada perfeição temporal. A terceira sociedade, na qual, mediante o Batismo, o homem nasce para a vida divina da Graça, é a Igreja, sociedade de ordem sobrenatural e universal, sociedade perfeita, porque tem em si todos os meios necessários para seu fim, que é a salvação eterna dos homens; e, portanto, ela é suprema em sua ordem."

Para o catolicismo, o que se chama em linguagem hegeliana de "sociedade civil" não é "necessário", ou seja, é puramente histórico ou contingente. Na concepção católica, o Estado é só a Igreja, e é um Estado universal e sobrenatural: a concepção medieval se mantém teoricamente em sua plenitude.

§ 39. *Noções enciclopédicas.* A afirmação de Paul Bourget, feita no princípio da guerra (me parece, porque talvez até antes), de que os quatro pilares da Europa eram o Vaticano, o Estado-Maior prussiano, a Câmara dos Lordes inglesa, a Academia Francesa [93]. Bourget esquecia o czarismo russo, que era o maior pilar, o único que havia resistido durante a Revolução Francesa e Napoleão e durante 1848.

Seria preciso ver com exatidão onde e quando Bourget fez tal afirmação e em que termos precisos. Talvez o próprio Bourget tenha tido vergonha de relacionar o czarismo russo. Pode-se partir desta proposição de Bourget para examinar a função que teve a Rússia na história europeia: ela defendeu a Europa Ocidental das invasões tártaras, foi um anteparo entre a civilização europeia e o nomadismo asiático, mas esta função logo se tornou reacionária e conservadora. Com sua imensa população composta de tantas nacionalidades, era sempre possível à Rússia organizar exércitos imponentes de tropas absolutamente infensas à propaganda liberal, a serem lançados contra os povos europeus: isto aconteceu em 1848, deixando uma sedimentação ideológica que ainda operava em 1914 (rolo compressor, os cossacos, que destruíram a Universidade de Berlim, etc.). Muitos não conseguem calcular a mudança histórica que ocorreu na Europa em 1917 e a liberdade que os povos ocidentais conquistaram.

§ 40. *Passado e presente. O Governo inglês.* Um artigo interessante de Ramsay Muir sobre o sistema de governo inglês foi publicado no número de novembro de 1930 da *Nineteenth Century* (reproduzido na *Rassegna settimanale della Stampa estera* de 9 de dezembro de 1930). Muir sustenta que, na Inglaterra, não se pode falar de regime parlamentar, porque não existe controle do Parlamento sobre o Governo e sobre a burocracia, mas só de uma ditadura de partido e, mais ainda, de uma ditadura inorgânica, porque o poder oscila entre partidos extremos. O debate no Parlamento não é como deveria ser, ou seja, debate de Conselho de Estado, mas debate de partidos para disputar o corpo eleitoral na próxima eleição, com promessas por parte do Governo e tentativas de desacreditar o Governo por parte da oposição. As deficiências do sistema de governo inglês manifestaram-se cruamente no pós-guerra, em razão dos grandes problemas de reconstrução e de adaptação à nova situação (mas também às vésperas da guerra: ver o caso Carson, na Irlanda Setentrional. Carson extraía sua audácia e certeza de impunidade justamente do sistema de governo, uma vez que suas ações subversivas seriam cobertas por um retorno dos conservadores ao poder) [94]. Muir vê a origem da ditadura de partido no sistema eleitoral sem segundo turno e especialmente sem voto proporcional; isto dificulta os compromissos e as opiniões médias (ou pelo menos força os partidos a um oportunismo interno pior do que o compromisso parlamentar). Muir não observa outros fenômenos: no próprio Governo, há um grupo restrito que domina todo o gabinete e, mais ainda, existe uma personalidade que exerce uma função bonapartista.

§ 46. *A função do czarismo na Europa.* Cf. a carta de Cavour ao conde Vimercati (de 4 de janeiro de 1861), publicada por A. Luzio na

Nuova Antologia de 16 de janeiro de 1930 ("I carteggi cavouriani"). Cavour, depois de expor seus acordos com a emigração húngara para a preparação de uma insurreição na Hungria e nos países eslavos do Império austríaco, à qual se seguiria um ataque italiano para a libertação das Venezas, continua: "Desde então, dois eventos modificaram profundamente a situação: as conferências de Varsóvia e as concessões sucessivas do imperador da Áustria. Se, como é de temer, o imperador da Rússia mostrou-se disposto, em Varsóvia, a intervir na Hungria caso ocorra uma insurreição nesse país, é evidente que só poderia ocorrer um movimento com possibilidade de sucesso se a França estivesse disposta a se opor pela força à intervenção russa", etc., etc. [95]. Este artigo de Luzio também é interessante porque menciona as mutilações sofridas pelos documentos do *Risorgimento* nas publicações de história e nas coletâneas de materiais. Luzio já devia estar no Arquivo de Estado de Turim (ou no Arquivo Real) quando foi revistada a residência do professor Bollea em virtude da publicação das cartas de d'Azeglio, que não comportavam questões diplomáticas (estava-se exatamente em guerra contra a Áustria e a Alemanha). Seria interessante saber se na ocasião Luzio protestou contra a revista e os sequestros ou se não foi ele a aconselhar a medida à polícia de Turim [96].

§ 50. *Maquiavel.* Fortuna "prática" de Maquiavel: Carlos V o estudava. Henrique IV. Sisto V o resumiu. Catarina de Médici levou-o à França e talvez se tenha inspirado nele para a luta contra os huguenotes e o massacre da noite de São Bartolomeu. Richelieu, etc. Isto é, Maquiavel serviu realmente aos Estados absolutos em sua formação, porque tinha sido a expressão da "filosofia da época", europeia mais do que italiana.

§ 52. *Maquiavel.* Maquiavel como figura de transição entre o Estado corporativo republicano e o Estado monárquico absoluto. Não sabe se desvincular da república, mas compreende que só um monarca absoluto pode resolver os problemas da época. Seria preciso ver esta divisão trágica da personalidade humana maquiaveliana (do homem Maquiavel).

§ 53. *Noções enciclopédicas.* A velha máxima inglesa: *no representation without labour*, recordada por "Augur" ("Britannia, quo vadis?", *Nuova Antologia,* 16 de janeiro de 1930), para sustentar que seria preciso proibir o voto dos desempregados para resolver o problema do desemprego (ou seja, para formar um governo que reduzisse ao mínimo o fundo de desemprego): quando foi praticada, por quem, como? E como era compreendida?

§ 54. *Sobre* o *Império inglês.* Funções do rei da Inglaterra como nexo político imperial: isto é, do Conselho Privado da Coroa, especialmente do Comitê Jurídico do Conselho Privado, que não somente acolhe os recursos contra as decisões da Suprema Corte dos *Dominions*, mas também julga as controvérsias entre os membros do próprio Império. Este Comitê é o mais forte vínculo organizativo do Império. O Estado livre da Irlanda e a África do Sul aspiram a escapar do Comitê Jurídico. Os políticos responsáveis não sabem como substituí-lo. "Augur" é favorável à máxima liberdade interna no Império: quem quiser pode sair, mas isto, segundo ele, deveria também significar que quem quiser pode pedir para entrar: ele prevê que o *Commonwealth* pode se tornar um organismo mundial, mas só depois que se esclareçam as relações da Inglaterra com os outros países, especialmente com os Estados Unidos ("Augur" defende a hegemonia inglesa no Império — da Inglaterra propriamente dita —, determinada, mesmo em regime de igualdade, pelo peso econômico e cultural).

§ 60. *As questões navais.* Diferença entre os armamentos terrestres e os marítimos: os marítimos dificilmente podem ser escondidos; podem existir fábricas secretas de armas e munições, não estaleiros secretos nem cruzadores construídos em segredo. A "visibilidade", a possibilidade de calcular todo o potencial naval fazem nascer as questões de prestígio, isto é, encontram sua máxima expressão na frota de guerra, e daí as lutas pelo equilíbrio entre duas potências. Exemplo clássico: Inglaterra e Estados Unidos. Em última análise, a base da frota, como de todo o aparelho militar, repousa na potencialidade produtiva e financeira dos diversos países, mas as questões se formulam em bases "racionalistas". A Inglaterra sublinha sua posição insular e a necessidade para ela vital de manter permanentemente a ligação com os domínios para o abastecimento de sua população, ao passo que a América é um continente que basta a si mesmo, tem dois oceanos unidos pelo Canal do Panamá, etc. Mas por que um Estado renunciaria à superioridade estratégica geográfica, se esta lhe dá condições favoráveis para a hegemonia mundial? Por que a Inglaterra manteria uma determinada hegemonia sobre uma série de países, baseada em certas tradicionais condições favoráveis de superioridade, se os Estados Unidos podem ser superiores à Inglaterra e absorvê-la com todo o império, se possível? Não há nenhuma "racionalidade" nestas coisas, mas só questões de força, e a figura de *sor* Panera que quer estocar o adversário, com o consentimento deste, é ridícula em qualquer caso [97].

§ 66. *Maquiavel.* Gino Arias, "Il pensiero economico de Niccolò Machiavelli". (Nos *Annali di Economia dell'Università Bocconi*, de 1928 (ou 1927?).

§ 69. *Caporetto.* Sobre o livro de Volpe, *Ottobre 1917. Dall'Isonzo al Piave,* cf. a resenha de Antonio Panella, no *Pégaso* de outubro de 1930. A resenha é benévola, mas superficial. Caporetto foi essencialmente um "infortúnio militar"; o fato de Volpe ter dado a esta fórmula, com toda a sua autoridade de historiador e político, o valor de um lugar-comum, satisfaz a muita gente que sentia toda a insuficiência histórica e moral (a abjeção moral) da polêmica sobre Caporetto como "crime" dos derrotistas ou como "greve militar". Mas tão excessiva é a complacência com a validade deste novo lugar-comum que deve surgir uma reação, a qual, por outro lado, é mais difícil do que a crítica ao lugar-comum precedente, como se depreende da crítica de Omodeo ao livro de Volpe [98]. "Absolvidos" os soldados, a massa militar executiva e instrumental (*l'outil tactique élémentaire*, como Anatole France faz um general dizer dos soldados), sente-se que o processo não terminou: a polêmica entre Volpe e Omodeo sobre os "oficiais da reserva" é interessante como indício. Parece, de acordo com Omodeo, que Volpe não reconhece a contribuição bélica dos oficiais da reserva, isto é, da pequena burguesia intelectual, e, portanto, acabe por apontá-la indiretamente como responsável pelo "infortúnio", com o objetivo de salvar a classe superior, já preservada pela palavra "infortúnio". A responsabilidade histórica deve ser buscada nas relações gerais de classe, nas quais soldados, oficiais da reserva e Estados-Maiores ocupam uma posição determinada — portanto, na estrutura nacional, pela qual a única responsável é a classe dirigente precisamente porque é dirigente (vale também aqui o *ubi maior, minor cessat*). Mas esta crítica, que seria verdadeiramente fecunda até do ponto de vista nacional, é um assunto explosivo.

§ 74. *Caporetto.* Cf. o livro do general Alberto Baldini sobre o general Diaz (*Diaz,* in-8°, 263 p., Barbera, 1929). Parece que o general Baldini critica implicitamente Cadorna e procura demonstrar que Diaz teve uma importância muito maior do que se reconhece [99].

Nesta polêmica sobre o significado de Caporetto, seria necessário fixar alguns pontos claros e precisos:

1) Foi Caporetto um fato puramente militar? Esta explicação parece definitivamente incorporada pelos historiadores da guerra, mas ela baseia-se num equívoco. Todo fato militar é também um fato político e social. Imediatamente depois da derrota procurou-se difundir a convicção de que as responsabilidades políticas de Caporetto deveriam ser procuradas na massa militar, isto é, no povo e nos partidos que eram sua expressão política. Esta tese é hoje universalmente rechaçada, até mesmo oficialmente. Mas isso não quer dizer que Caporetto seja um fato puramente militar, conforme se pretende fazer crer, como se fator político fosse apenas o povo, isto é, os responsáveis pela execução político-militar. Mesmo que se tivesse demonstrado (o que está universalmente excluído) que Caporetto foi uma "greve militar", isto não quer dizer que a responsabilidade política deva ser imputada ao povo, etc. (pode-se explicar do ponto de vista judiciário, mas o ponto de vista

judiciário é um ato de vontade unilateral tendente a completar com o terrorismo a insuficiência governamental): historicamente, isto é, do ponto de vista político mais elevado, a responsabilidade seria sempre dos governantes e de sua incapacidade de prever que determinados fatos poderiam levar à greve militar e, portanto, de providenciar a tempo, através de medidas adequadas (sacrifícios de classe), os meios de impedir tal possível emergência. É compreensível que para fins imediatos de psicologia da resistência, em caso de força maior, afirme-se que "é preciso cortar as redes de arame farpado com os dentes", mas é criminosa a convicção de que, em qualquer caso, os soldados devem cortar as redes de arame farpado com os dentes, porque assim o quer o abstrato dever militar, deixando-se por isso de lhes fornecer alicates. É compreensível a convicção de que a guerra não se faz sem vítimas humanas, mas é criminoso não se levar em conta que as vidas humanas não devem ser sacrificadas inutilmente, etc. Este princípio estende-se da relação militar à relação social. É compreensível que se sustente de modo irrestrito a convicção de que a massa militar deve participar da guerra e suportar todos os seus sacrifícios, mas é coisa de simplórios, isto é, de políticos incapazes, pensar que isto se verificará sempre, sem levar em conta o caráter social da massa militar e sem atender às exigências deste caráter.

2) Assim, a responsabilidade, se deixamos de lado a da massa militar, não pode nem mesmo ser do comandante supremo, isto é, de Cadorna, além de certos limites, isto é, além dos limites assinalados pelas possibilidades de um comandante, da técnica militar e das atribuições políticas que um comandante tem em cada caso. Cadorna teve grandes responsabilidades, é certo, tanto técnicas como políticas, mas estas últimas não podem ter sido decisivas. Se Cadorna não compreendeu a necessidade de uma "direção política determinada" das massas comandadas e não a expôs ao Governo, é certamente responsável, mas não tanto quanto o Governo e a classe dirigente em geral, cuja mentalidade e compreensão política ele expressava em última análise. O fato de não ter existido uma análise objetiva dos fatores que deter-

minaram Caporetto, e uma ação concreta para eliminá-los, demonstra "historicamente" a amplitude desta responsabilidade.

3) A importância de Caporetto no decurso de toda a guerra. A tendência atual é diminuir o significado de Caporetto e transformá-lo num simples episódio do quadro geral. Esta tendência tem um significado político e terá repercussões políticas nacionais e internacionais: demonstra que não se pretendem eliminar os fatores gerais que determinaram a derrota, o que pesará no sistema das alianças e nas condições que serão impostas ao país no caso de uma nova aliança de guerra, porque as críticas a nós mesmos que não desejamos fazer no campo nacional, para evitar determinadas consequências inevitáveis na orientação político-social, serão indubitavelmente feitas pelos organismos responsáveis dos outros países, na medida em que a Itália for considerada como possível participante de alianças de guerra. Os outros países, nos cálculos relacionados com as alianças, deverão levar em conta novos Caporettos e solicitarão garantias maiores, isto é, desejarão a hegemonia até mesmo além de certos limites.

4) A importância de Caporetto no quadro da guerra mundial. Ela é determinada também pelos meios fornecidos ao inimigo (todos os depósitos de víveres e de munições, etc.), que permitiram uma resistência mais longa, e a necessidade imposta aos aliados de reconstituir estes depósitos com perturbação de todos os serviços e planos gerais.

É verdade que em todas as guerras, e também na guerra mundial, verificaram-se outros fatos semelhantes a Caporetto. Mas deve-se ver (deixando de lado o caso da Rússia) se tiveram a mesma importância absoluta e relativa, se tiveram causas semelhantes ou comparáveis, se tiveram consequências semelhantes ou comparáveis para a posição política do país cujo exército foi derrotado. Depois de Caporetto, a Itália materialmente (em termos de armamentos, abastecimentos, etc.) ficou dependendo dos aliados, cuja organização econômica era incomparável em matéria de eficiência. A ausência de autocrítica significa falta de vontade de eliminar as causas do mal e é, portanto, um sintoma de grave insuficiência política.

§ 75. *Passado e presente*. Deveria ser um princípio de governo buscar elevar o padrão de vida material do povo além de um certo nível. Nesta orientação, não se deve buscar um motivo "humanitário" especial nem uma tendência "democrática": mesmo o Governo mais oligárquico e reacionário deveria reconhecer a validade "objetiva" deste princípio, isto é, seu valor essencialmente político (universal na esfera da política, na arte de conservar e aumentar o poder do Estado). Nenhum Governo pode descartar a hipótese de uma crise econômica nem especialmente descartar a hipótese de ser obrigado a fazer uma guerra, ou seja, ser obrigado a superar a máxima crise a que pode se submeter uma formação estatal e social. Como toda crise significa uma queda do padrão de vida popular, é evidente que se faz necessária a preexistência de uma área de segurança suficiente para que a resistência "biológica" e, portanto, psicológica do povo não desmonte ao primeiro choque com a nova realidade. Portanto, o grau de poder real de um Estado deve ser medido segundo este elemento, que naturalmente está coordenado aos outros elementos de juízo sobre a solidez estrutural de um país. Com efeito, se as classes dominantes de uma nação não conseguiram superar a fase econômico-corporativa que as leva a explorar as massas populares até o limite extremo permitido pelas condições de força, isto é, a reduzi-las apenas à vida vegetativo-biológica, é evidente que não se pode falar de potência do Estado, mas só de simulação de potência. Parece-me importante, neste exame de um ponto essencial de arte política, evitar sistematicamente qualquer alusão extrapolítica (em sentido técnico, ou seja, fora da esfera tecnicamente política), vale dizer, humanitária, ou própria de uma determinada ideologia política (não porque o "humanitarismo" também não seja uma política, etc.). Para esta nota é indispensável recorrer ao artigo do professor Mario Camis publicado na edição janeiro-fevereiro da *Riforma Sociale* de 1926.

§ 76. *A função europeia do czarismo no século XIX*. O Príncipe Bülow narra em suas *Memórias* ter-se encontrado com Bethmann-Hollweg imediatamente depois da declaração de guerra da Alemanha à Rússia em agosto de 1914. Bethmann, interrogado sobre as razões que o levaram a declarar guerra à Rússia, respondeu: "Para ter logo a meu lado os social-democratas." A este respeito, Bülow faz algumas observações sobre a psicologia de Bethmann-Hollweg, mas o que importa, do ponto de vista desta nota, é a segurança do chanceler de que poderia ter a seu lado a social-democracia contra o czarismo russo. O chanceler explorava habilmente a tradição de 1848, etc., do "gendarme da Europa" [100].

§ 81. *Hegemonia (sociedade civil) e divisão dos poderes.* A divisão dos poderes e toda a discussão havida para sua efetivação e a dogmática jurídica derivada de seu advento constituem o resultado da luta entre a sociedade civil e a sociedade política de um determinado período histórico, com certo equilíbrio instável entre as classes, determinado pelo fato de que certas categorias de intelectuais (a serviço direto do Estado, especialmente burocracia civil e militar) ainda estão muito ligadas às velhas classes dominantes. Verifica-se assim, no interior da sociedade, aquilo que Croce define como o "conflito perpétuo entre Igreja e Estado", no qual a Igreja é tomada como representante da sociedade civil em seu conjunto (embora dela seja apenas um elemento cada vez menos importante) e o Estado como representante de toda tentativa de cristalizar permanentemente um determinado estágio de desenvolvimento, uma determinada situação [101]. Neste sentido, a própria Igreja pode se tornar Estado e o conflito pode se manifestar entre sociedade civil laica e laicizante e Estado-Igreja (quando a Igreja se torna uma parte integrante do Estado, da sociedade política monopolizada por um determinado grupo privilegiado, que incorpora a Igreja para melhor defender seu monopólio com o apoio daquela área de sociedade civil representada pela Igreja). Importância essencial da divisão dos poderes para o liberalismo político e econômico: toda a ideologia liberal, com suas forças e suas fraquezas, pode ser resumida no princípio da divisão dos poderes, e surge a fonte da debilidade do liberalismo: a burocracia, isto é, a cristalização do pessoal dirigente, que exerce o poder coercitivo e que, num determinado ponto, se transforma em casta. Daí a reivindicação popular da elegibilidade de todos os cargos, reivindicação que é, simultaneamente, liberalismo extremo e sua dissolução (princípio da Constituinte permanente, etc.; nas Repúblicas, a eleição periódica do chefe do Estado dá uma satisfação ilusória a esta reivindicação popular elementar).

Unidade do Estado na distinção dos poderes: o Parlamento, mais ligado à sociedade civil; o Poder Judiciário, entre Governo e Parlamento, representa a continuidade da lei escrita (inclusive contra o Governo). Naturalmente, os três poderes são também órgãos da hegemonia política, mas em medida diversa: 1) Parlamento; 2) Magistratura; 3) Governo. Deve-se notar como causam no público impressão particularmente desastrosa as incorreções da administração da justiça: o aparelho hegemônico é mais sensível neste setor, ao qual também podem ser remetidos os arbítrios da polícia e da administração política.

§ 82. *Passado e presente.* Sociedade política e civil. Polêmica em torno das críticas de Ugo Spirito à economia tradicional. Na polêmica existem muitas coisas subentendidas e pressupostos ideológicos que se evita discutir, pelo menos até agora, entre os "economistas" e também, ao que parece, por parte de Spirito. É evidente que os economistas não querem discutir a concepção de Estado de Spirito, mas é justamente esta a raiz da polêmica. Spirito, de resto, não quer ou hesita em empurrá-los e acossá-los neste terreno, porque a consequência seria suscitar uma discussão política geral e fazer aparecer a existência de vários partidos no mesmo partido, um dos quais estreitamente ligado aos que se dizem sem partido: revelar-se-ia a existência de um partido dos cientistas e da alta cultura. Por parte dos cientistas, seria fácil demonstrar toda a arbitrariedade das proposições de Spirito e de sua concepção de Estado, mas eles não querem sair de certos limites, que raramente transcendem a indulgência e a cortesia pessoal. O que é cômica é a pretensão de Spirito de que os economistas lhe construam uma ciência econômica segundo seu ponto de vista. Mas, na polêmica de Spirito, nem tudo é de se jogar fora: existem algumas exigências reais, perdidas no amontoado das palavras "especulativas". Por isto, deve-se considerar o episódio como um momento da luta político-cultural. Na exposição, é preciso partir justamente da concepção de Estado própria de Spirito e do idealismo gentiliano, que está bem longe de ter sido adotada pelo próprio "Estado", isto é, pelas classes dominantes e pelo pessoal político mais ativo, ou seja, não se tornou absolutamente (pelo contrário!) elemento de uma política cultural governamental. A isto se opõe a Concordata (opõe-se implicitamente, claro), e é conhecida a aversão de Gentile à Concordata, expressa em 1928 (cf. artigos no *Corriere della Sera* e discursos daquele tempo); é preciso levar em conta o discurso de Paolo Orano na Câmara (verificar), em 1930, tanto mais significativo quando se considera que o próprio Paolo Orano muitas vezes falou na Câmara em sentido "oficioso" [102]. A ser levada em conta ainda a curta, mas violenta, crítica do livro de Spirito (*Critica dell'economia liberale*), publicada na *Rivista di Politica Economica* (dezembro de 1930) por A. De Pietri Tonelli, dado que a revista é emanação dos industriais italianos (cf. a direção: no passado era órgão da Associação das Sociedades Anônimas). Mais: convidou-se para a Academia P. Jannaccone, conhecido economista ortodoxo, que demoliu Spirito na *Riforma Sociale* (dezembro de 1930). Verificar também a "Postilla" de Croce na *Critica* de janeiro de 1931. Das publicações de Spirito estampadas nos *Nuovi Studi* se infere que suas teses até agora só foram aceitas integralmente por... Massimo Fovel, conhecido aventureiro da política e da economia [103]. No entanto, permite-se a Spirito levantar a voz e se distribuem cargos de confiança (por iniciativa do ministro Bottai, acredito, que fundou o *Archivio di studi corporativi* com ampla participação de Spirito & Cia.).

A concepção de Estado em Spirito não é muito clara e rigorosa. Às vezes, parece até mesmo sustentar que, antes que ele próprio se tornasse "a filosofia", ninguém havia compreendido nada do Estado e o Estado não tinha existido ou sido um "verdadeiro" Estado, etc. Mas, como pretende ser historicista, quando se recorda disto, admite que também no passado houve o Estado, mas que agora tudo mudou e o Estado (ou o conceito de Estado) foi aprofundado e posto sobre bases especulativas "bem diversas" do passado; e como, "quanto mais uma ciência for especulativa, tanto mais será prática", então parece que estas bases especulativas devem *ipso facto* se tornar bases práticas e toda a construção real do Estado mudar, porque Spirito mudou-lhe as bases especulativas (não naturalmente o Spirito homem empírico, mas Ugo Spirito-Filosofia). Verificar *Critica dell'economia liberale*, p. 180: "Meu ensaio sobre Pareto pretendia ser um ato de fé e de boa vontade: de fé, na medida em que com ele queria iniciar o desdobramento do programa dos *Nuovi Studi*, ou seja, a aproximação e a colaboração efetiva entre a filosofia e a ciência"; e as ilações ali estão: filosofia = realidade, logo também ciência e também economia, ou seja, Ugo Spirito = sol radiante de toda a filosofia-realidade, que convida os cientistas especialistas a colaborar com ele, a se deixarem aquecer por seus raios-princípios, ou melhor, a serem os raios de Spirito, para se tornarem "verdadeiros" cientistas, ou seja, "verdadeiros" filósofos.

Como os cientistas não se prestam a tanto e só alguns se deixam induzir a uma relação epistolar com ele, eis que Spirito os desafia em seu terreno e, se ainda assim não aceitam, sorri sardônica e triunfalmente: não aceitam o desafio porque têm medo ou algo semelhante. Spirito não pode supor que os cientistas não queiram se ocupar dele porque não vale a pena e porque têm mais o que fazer. Uma vez que ele é a "filosofia" e filosofia = ciência, etc., aqueles cientistas não são "verdadeiros" cientistas, ou melhor, a "verdadeira" ciência jamais existiu, etc.

Volpicelli e Spirito, diretores dos *Nuovi Studi*, os Bouvard e Pécuchet da filosofia, da política, da economia, do direito, da ciência, etc., etc. Questão fundamental: a utopia de Spirito e Volpicelli consiste em confundir o Estado com a sociedade regulada, confusão que se verifica em razão de uma concatenação de conceitos puramente "racionalista": indivíduo = sociedade (o indivíduo não é um "átomo", mas a individuação histórica de toda a sociedade), sociedade = Estado, logo indivíduo = Estado. A característica que diferencia esta "utopia" das utopias tradicionais e, em geral, das investigações sobre o "Estado ótimo", é que Spirito e Volpicelli dão como já existente esta sua "fantástica" entidade, existente, mas não reconhecida por ninguém a não ser eles, depositários da "verdadeira verdade", ao passo que os outros (especialmente os economistas e, em geral, os cientistas das ciências sociais) não entendem nada, encontram-se "no erro", etc. Por que diabo só Spirito e Volpicelli possuem esta verdade e os outros não a querem possuir, isso ainda não foi explicado pelos dois, mas aparece aqui e ali um vislumbre dos meios com os quais os dois consideram que a verdade deverá se difundir e tornar autoconsciência: é a polícia (recordar o discurso de Gentile em Palermo, em 1924) [104]. Por razões políticas se disse às massas: "Aí está, já existe aquilo que vocês esperavam e lhes fora prometido pelos charlatães", ou seja, a sociedade regulada, a igualdade econômica, etc. Spirito e Volpicelli (na esteira de Gentile, que, no entanto, não é tão tolo como os dois) ampliaram, "especularam", "filosofaram", sistematizaram a afirmação, e se batem como dois leões empalhados contra todo mundo, que bem sabe o que pensar de tudo isto. Mas a crítica desta "utopia" exigiria uma atitude bastante diferente, teria consequências bastante diversas da carreira mais ou menos brilhante dos dois Ajax do "atualismo" e, então, assistimos ao torneio atual. De todo modo, é bem merecido que o mundo intelectual esteja sob a férula destes dois bufões, assim como foi bem merecido que a aristocracia milanesa tenha ficado tantos anos sob o tacão da tríade. (A subscrição para o casamento da senhora Franca pode ser comparada ao ato de homenagem a Francisco José em 1853: a distância entre Francisco José e a senhora Franca indica a decadência da aristocracia milanesa) [105]. Também seria preciso observar que a concepção de Spirito e Volpicelli é uma derivação lógica das teorias democráticas mais simplórias e "racionais". Além disso, ela está ligada à concepção da "natureza humana" idêntica e destituída de desenvolvimento, tal como era concebida antes de Marx, segundo a qual todos os homens são fundamentalmente iguais no reino do Espírito (= neste caso ao Espírito Santo e a Deus Pai de todos os homens).

Esta concepção se expressa na citação que Benedetto Croce faz no capítulo "A proposito del positivismo italiano" (em *Cultura e vita morale*, p. 45) de "uma velha dissertação alemã": "Toda filosofia, portanto, por remeter à comum faculdade humana de pensar, é democrática; por isso, a injúria não é considerada pelos melhores como perniciosa em si." Esta "comum faculdade de pensar", convertida em "natureza humana", acarretou muitas utopias, cujos vestígios se encontram em muitas ciências que partem do conceito da igualdade perfeita entre os homens, etc.

§ 84. *Passado e presente. Continuidade e tradição.* Um aspecto da questão mencionada na nota "Diletantismo e disciplina", do ponto de vista do centro organizador de um grupo, é o da "continuidade" que tende a criar uma "tradição", entendida, naturalmente, em sentido ativo e não passivo, como continuidade em permanente desenvolvimento, mas "desenvolvimento orgânico" [106]. Este problema contém *in nuce* todo o "problema jurídico", isto é, o problema de assimilar todo o grupo à fração mais avançada do grupo: é um problema de educação das massas, de sua "conformação" segundo as exigências do fim a alcançar. Esta é precisamente a função do direito no Estado e na sociedade; através do "direito", o Estado torna "homogêneo" o grupo dominante e tende a criar um conformismo social que seja útil à linha de desenvolvimento do grupo dirigente. A atividade geral do direito (que é mais ampla do que a atividade puramente estatal e governativa e também inclui a atividade diretiva da sociedade civil, naquelas zonas que os técnicos de direito chamam de indiferença jurídica, isto é, na moralidade e no costume em geral) serve para compreender melhor, concretamente, o problema ético, que na prática é a correspondência "espontânea e livremente aceita" entre os atos e as omissões de cada indivíduo, entre a conduta de cada indivíduo e os fins que a sociedade se propõe como necessários, correspondência que é coercitiva na esfera do direito positivo tecnicamente entendido e é espontânea e livre (mais estritamente ética) naquelas zonas em que a "coação" não é estatal, mas de opinião pública, de ambiente moral, etc. A continuidade "jurídica" do centro organizador não deve ser do tipo bizantino-napoleônico, ou seja, segundo um código concebido como perpétuo, mas romano-anglo-saxão, ou seja, uma continuidade cuja característica essencial consiste no método, realista, sempre aderente à vida concreta em perpétuo desenvolvimento. Esta continuidade orgânica requer um bom arquivo, bem organizado e de fácil consulta, no qual toda a atividade passada seja facilmente verificável e "criticável". As manifestações mais importantes desta atividade não são tanto as "decisões orgânicas" quanto as circulares explicativas e argumentadas (educativas).

Há o perigo de "burocratizar-se", é verdade, mas toda continuidade orgânica apresenta este perigo, que é preciso vigiar. O perigo da descontinuidade, da improvisação, é ainda maior. Órgão, o "boletim", que [...] três seções principais: 1) artigos diretivos; 2) decisões e circulares; 3) crítica do passado, isto é, referência contínua do presente ao passado, para mostrar as diferenciações e as determinações e para justificá-las criticamente.

§ 86. *Fase econômico-corporativa do Estado.* Guicciardini representa um passo atrás na ciência política em relação a Maquiavel. O maior "pessimismo" de Guicciardini significa apenas isso. Guicciardini retorna a um pensamento político puramente italiano, ao passo que Maquiavel se havia elevado a um pensamento europeu. Não se compreende Maquiavel se não se leva em conta que ele supera a experiência italiana com a experiência europeia (internacional, naquela época): sua "vontade" seria utópica sem a experiência europeia. Por isso, a própria concepção de "natureza humana" nos dois é diferente. Na "natureza humana" de Maquiavel está incluído o "homem europeu"; e este homem, na França e na Espanha, superou efetivamente a fase feudal desagregada com a monarquia absoluta: logo, não é a "natureza humana" que se opõe ao surgimento, na Itália, de uma monarquia absoluta unitária, mas condições transitórias que a vontade pode superar. Maquiavel é "pessimista" (ou melhor, "realista") quando considera os homens e os motivos de sua atividade; Guicciardini não é pessimista, mas cético e estreito.

Paolo Treves (cf. "Il realismo político di Francesco Guicciardini", *Nuova Rivista Storica*, novembro-dezembro de 1930) comete muitos erros ao analisar Guicciardini e Maquiavel [107]. Não distingue bem "política" de "diplomacia", mas exatamente nesta não distinção reside a causa de suas avaliações erradas. De fato, na política o elemento volitivo tem uma importância muito maior do que na diplomacia. A diplomacia ratifica e tende a conservar as situações criadas pelo choque das políticas estatais; é criativa apenas por metáfora ou por convenção filosófica (toda a atividade humana é criativa). As relações internacionais dizem respeito a um equilíbrio de forças no qual cada elemento estatal pode influir muito limitadamente: Florença podia influir reforçando a si mesma, por exemplo, mas este reforço, mesmo que tivesse melhorado sua posição no equilíbrio italiano e europeu, não podia certamente ser pensado como decisivo para subverter o conjunto do próprio equilíbrio. Por isso, em decorrência do próprio hábito profissional, o diplomata é levado ao ceticismo e à estreiteza conservadora.

Nas relações internas de um Estado, a situação é incomparavelmente mais favorável à iniciativa central, a uma vontade de comando, da forma como a compreendia Maquiavel. A opinião de De Sanctis sobre Guicciardini é muito mais realista do que Treves julga [108]. Deve-se perguntar por que De Sanctis estava mais bem preparado do que Treves para dar esta opinião histórica e cientificamente mais exata. De Sanctis participou de um momento criativo da história política italiana, de um momento em que a eficiência da vontade política, empenhada em suscitar forças novas e originais e não só em fazer cálculos com as tradicionais, concebidas como impossíveis de se desenvolverem e reorganizarem (ceticismo político guicciardiniano), mostrara toda a sua potencialidade não só na arte de fundar um Estado a partir de uma ação interna, mas também de dominar as relações internacionais, reformulando os métodos profissionais e costumeiros da diplomacia (com Cavour). A atmosfera cultural era propícia a uma concepção mais compreensivamente realista da ciência e da arte políticas. Mas, mesmo sem esta atmosfera, teria sido impossível a De Sanctis compreender Maquiavel? A atmosfera dada pelo momento histórico enriquece os ensaios de De Sanctis com um *pathos* sentimental que torna mais simpático e apaixonante o assunto, mais artisticamente expressiva e cativante a exposição científica, mas o conteúdo lógico da ciência política poderia ser formulado inclusive nos períodos de pior reação. Não é talvez a reação, também ela, um ato construtivo de vontade? E não é ato voluntário a conservação? Por que, então, seria "utópica" a vontade revolucionária de Maquiavel, e não utópica a vontade de quem pretende conservar o existente e impedir o surgimento e a organização de forças novas que perturbariam e subverteriam o equilíbrio tradicional? A ciência política abstrai o elemento "vontade" e não leva em conta o fim a que uma vontade determinada é aplicada. O atributo de "utópico" não é próprio da vontade política em geral, mas das vontades particulares que não sabem ligar o meio ao fim e, portanto, não são nem mesmo vontade, mas veleidades, sonhos, desejos, etc.

O ceticismo de Guicciardini (não pessimismo da inteligência, que pode ser unido a um otimismo da vontade nos políticos realistas ativos) tem diversas origens: 1) o hábito diplomático, isto é, de uma atividade subalterna, subordinada, executivo-burocrática, que deve aceitar uma vontade estranha (a vontade política do próprio Governo ou príncipe) às convicções particulares do diplomata (que pode, é verdade, sentir aquela vontade como sua, na medida em que corresponde a suas convicções, mas também pode não senti-la: o fato de a diplomacia ter-se tornado necessariamente uma profissão especializada trouxe a consequência de poder o diplomata afastar-se da política de Governos mutáveis, etc.); portanto, ceticismo e, na elaboração científica, preconceitos extracientíficos; 2) as convicções mesmas de Guicciardini, que era conservador no quadro geral da política italiana e, por isto, teoriza as próprias opiniões, a própria posição política, etc.

Os escritos de Guicciardini são mais um sinal dos tempos do que ciência política, e este é o juízo de De Sanctis; sinal dos tempos, e não ensaio de história da ciência política, é o trabalho de Paolo Treves.

§ 87. *Armas e religião.* Afirmação de Guicciardini de que, para a vida de um Estado, duas coisas são absolutamente necessárias: as armas e a religião. A fórmula de Guicciardini pode ser traduzida em várias outras fórmulas menos drásticas: força e consenso, coerção e persuasão, Estado e Igreja, sociedade política e sociedade civil, política e moral (história ético-política de Croce), direito e liberdade, ordem e disciplina, ou, com um juízo implícito de sabor libertário, violência e fraude. Em todo caso, na concepção política do Renascimento a religião era o consenso e a Igreja era a sociedade civil, o aparelho de hegemonia do grupo dirigente, que não tinha um aparelho próprio, isto é, não tinha uma organização cultural e intelectual própria, mas sentia como tal a organização eclesiástica universal. Não se está fora da Idade Média a não ser pelo fato de que se concebe e analisa abertamente a religião como *instrumentum regni*.

Deve-se estudar, a partir deste ponto de vista, a iniciativa jacobina de instituir o culto do "Ser Supremo", que surge, portanto, como uma tentativa de criar identidade entre Estado e sociedade civil, de unificar ditatorialmente os elementos constitutivos do Estado em sentido orgânico e mais amplo (Estado propriamente dito e sociedade civil), numa desesperada tentativa de dominar toda a vida popular e nacional, mas que surge também como a primeira raiz do moderno Estado laico, independente da Igreja, que procura e encontra em si mesmo, em sua vida complexa, todos os elementos de sua personalidade histórica.

§ 88. *Estado gendarme—guarda-noturno, etc.* Deve-se meditar sobre este tema: a concepção do Estado gendarme — guarda-noturno, etc. (à parte a especificação de caráter polêmico: gendarme, guarda-noturno, etc.) não será, afinal, a única concepção do Estado que supere as fases extremas "corporativo-econômicas"? Estamos sempre no terreno da identificação de Estado e Governo, identificação que é, precisamente, uma reapresentação da forma corporativo-econômica, isto é, da confusão entre sociedade civil e sociedade política, uma vez que se deve notar que na noção geral de Estado entram elementos que devem ser remetidos à noção de sociedade civil (no sentido, seria possível dizer, de que Estado = sociedade política + sociedade civil, isto é, hegemonia couraçada de coerção). Numa doutrina do Estado que conceba este como tendencialmente capaz de esgotamento e de dissolução na sociedade regulada, o tema é fundamental. Pode-se imaginar o elemento Estado-coerção em processo de esgotamento à medida que se afirmam elementos cada vez mais conspícuos de sociedade regulada (ou Estado ético, ou sociedade civil). As expressões Estado ético ou sociedade civil significariam que esta "imagem" de Estado sem Estado estava presente nos maiores cientistas da política e do direito, na medida em que se situavam no terreno da pura ciência (= pura utopia, enquanto baseada no pressuposto de que todos os homens são realmente iguais e, portanto, igualmente razoáveis e morais, isto é, passíveis de aceitar a lei espontaneamente, livremente, e não por coerção, como coisa imposta por outra classe, como coisa externa à consciência). É preciso recordar que a expressão guarda-noturno para o Estado liberal é de Lassalle, isto é, de um estatista dogmático e não dialético [109]. (Cf. bem a doutrina de Lassalle sobre este ponto e sobre o Estado em geral, em contraste com o marxismo). Na doutrina do Estado → sociedade regulada, de uma fase em que Estado será igual a Governo, e Estado se identificará com sociedade civil, dever-se-á passar a uma fase de Estado — guarda-noturno, isto é, de uma organização coercitiva que protegerá o desenvolvimento dos elementos de sociedade regulada em contínuo incremento e que, portanto, reduzirá gradualmente suas intervenções autoritárias e coativas. E isso não pode fazer pensar num novo "liberalismo", embora esteja por se dar o início de uma era de liberdade orgânica.

§ 90. *Psicologia e política.* Especialmente nos períodos de crise financeira, ouve-se muito falar de "psicologia" como causa eficiente de determinados fenômenos marginais. Psicologia (desconfiança), pânico, etc. Mas o que significa, neste caso, "psicologia"? É uma pudica folha de parreira para indicar a "política", isto é, uma determinada situação política. Uma vez que, por "política", comumente se entende a ação dos grupos parlamentares, partidos, jornais e, em geral, toda ação que se explicita segundo uma diretriz evidente e predeterminada, dá-se o nome de "psicologia" aos fenômenos elementares de massa, não predeterminados, não organizados, não dirigidos de modo evidente, os quais assinalam uma fratura na unidade social entre governados e governantes. Através destas "pressões psicológicas", os governados exprimem sua desconfiança nos dirigentes e exigem que sejam modificadas as pessoas e as diretrizes da atividade financeira e, portanto, econômica. Os poupadores não poupam e desinvestem poupanças de determinadas atividades que se mostram particularmente arriscadas, etc.: contentam-se com rendimentos mínimos e até com rendimento zero; algumas vezes preferem até perder uma parte do capital para garantir o resto.

Será suficiente a "educação" para evitar estas crises de desconfiança geral? Elas são sintomáticas exatamente porque "gerais", e contra a "generalidade" é difícil educar uma nova confiança. A sucessão frequente de tais crises psicológicas indica que um organismo está doente, isto é, que o conjunto social não está mais em condições de fornecer dirigentes capazes. Trata-se, portanto, de crises políticas, ou melhor, de crises político-sociais do grupo dirigente.

§ 91. *Funcionários e funções.* O que significa, do ponto de vista dos "funcionários e das funções", o hiato entre os preços do atacado e os do varejo? Que existe um "exército" de funcionários que vive à custa do consumidor e do produtor. E o que significam as falhas que saltam para cifras hiperbólicas? Que os "concursos" para este exército de funcionários vão muitíssimo mal: e são "concursos" de um tipo especial: os "reprovados" destroem uma massa enorme de riqueza e só são reprovados *pro tempore*: mesmo reprovados, voltam às funções e destroem nova riqueza. Quantos funcionários assim existem? Eles próprios criam funções, atribuem-se salários e dispõem sobre aposentadorias.

§ 93. *Noções enciclopédicas.* Teocracia. Césaro-papismo. Hierocracia. Não são precisamente a mesma coisa: 1) teocracia, unida à ideia do comando por graça de Deus; 2) césaro-papismo: o imperador também é chefe da religião, ainda que nele predomine o caráter laico-militar; 3) hierocracia é o governo dos religiosos, isto é, predomina no comando, o caráter sacerdotal: existe uma hierocracia do papa.

§ 97. *Passado e presente. Grande ambição e pequenas ambições.* Pode existir política, ou seja, história em ato, sem ambição? "A ambição" assumiu um significado negativo e desprezível por duas razões principais: 1) porque se confundiu inteiramente a ambição (grande) com as pequenas ambições; 2) porque a ambição muitíssimas vezes conduziu ao oportunismo mais baixo, à traição dos velhos princípios e das velhas formações sociais que haviam dado ao ambicioso as condições para passar a um serviço mais lucrativo e de rendimento mais imediato. No fundo, também este segundo motivo pode se reduzir ao primeiro: trata-se de pequenas ambições, porque têm pressa e não querem superar dificuldades excessivas ou grandes demais, ou correr muitos perigos.

É próprio do caráter de todo líder ser ambicioso, isto é, aspirar com toda a sua força ao exercício do poder estatal. Um líder não ambicioso não é um líder e é um elemento perigoso para seus seguidores: é um incapaz ou um covarde. Recordar a afirmação de Arturo Vella: "Nosso partido não será jamais um partido de Governo", isto é, será sempre partido de oposição: mas o que significa propor-se estar sempre na oposição [110]? Significa preparar os piores desastres, porque, se estar na oposição é cômodo para os opositores, não é "cômodo" (segundo, naturalmente, as forças opositoras e sua natureza) para os dirigentes do Governo, os quais num certo ponto devem se pôr o problema de desbaratar e varrer a oposição. A grande ambição, além de necessária para a luta, não é nem mesmo desprezível moralmente, de modo algum: tudo consiste em ver se o "ambicioso" se eleva depois de fazer o deserto em torno de si ou se sua ascensão está conscientemente condicionada pela ascensão de todo um estrato social e se o ambicioso vê exatamente sua própria ascensão como elemento da ascensão geral.

O que se vê habitualmente é a luta das pequenas ambições (do próprio particular) contra a grande ambição (que é inseparável do bem coletivo). Estas observações sobre a ambição podem e devem ser ligadas com outras sobre a chamada demagogia. Demagogia quer dizer muitas coisas: no sentido pejorativo, significa servir-se das massas populares, de suas paixões sabiamente excitadas e nutridas, para os próprios fins particulares, para as próprias pequenas ambições (o parlamentarismo e o eleitoralismo oferecem um terreno propício para esta forma particular de demagogia, que culmina no cesarismo e no bonapartismo com seus regimes plebiscitários). Mas, se o líder não considera as massas humanas como um instrumento servil, bom para alcançar os próprios objetivos e depois jogar fora, mas aspira a alcançar fins políticos orgânicos cujo necessário protagonista histórico são estas massas, se o líder desenvolve obra "constituinte" construtiva, então se tem uma "demagogia" superior; as massas não podem deixar de ser ajudadas a se elevar através da elevação de determinados indivíduos e de estratos "culturais" inteiros. O "demagogo" em sentido negativo põe-se a si mesmo como insubstituível, cria o deserto em torno de si, sistematicamente esmaga e elimina os possíveis concorrentes, quer entrar em relação direta com as massas (plebiscito, etc., grande oratória, golpes de cena, aparato coreográfico fantasmagórico: trata-se daquilo que Michels chamou "líder carismático"). O líder político de grande ambição, ao contrário, tende a suscitar um estrato intermediário entre ele e a massa, a suscitar possíveis "concorrentes" e iguais, a elevar a capacidade das massas, a criar elementos que possam substituí-lo na função de líder. Ele pensa segundo os interesses da massa, e para estes interesses um aparelho de conquista e domínio não deve se desagregar com a morte ou a falta do líder, lançando a massa no caos ou na impotência primitiva. Se é verdade que todo partido é partido de uma só classe, o líder deve se apoiar nela e elaborar seu Estado-Maior e toda uma hierarquia; se o líder é de origem "carismática", deve renegar sua origem e trabalhar para tornar orgânica a função da direção: orgânica e com as características da permanência e da continuidade.

§ 98. *Os costumes e as leis.* É opinião muito difundida, ou melhor, é opinião considerada realista e inteligente que as leis devem ser antecedidas pelo costume, que a lei só é eficaz quando ratifica os costumes.

Esta opinião está contra a história real do desenvolvimento do direito, que sempre exigiu uma luta para se afirmar, luta que, na realidade, é pela criação de um novo costume. Na opinião mencionada existe um resíduo muito evidente de moralismo intrometido na política.

Supõe-se que o direito seja a expressão integral de toda a sociedade, o que é falso: ao contrário, constituem expressão mais aderente da sociedade aquelas regras de conduta que os juristas chamam "juridicamente indiferentes" e cuja zona se modifica com os tempos e com a extensão da intervenção estatal na vida dos cidadãos. O direito não exprime toda a sociedade (pelo que os violadores do direito seriam seres antissociais por natureza, ou deficientes mentais), mas a classe dirigente, que "impõe" a toda a sociedade aquelas normas de conduta que estão mais ligadas à sua razão de ser e ao seu desenvolvimento. A função máxima do direito é esta: pressupor que todos os cidadãos devem aceitar livremente o conformismo assinalado pelo direito, de vez que todos podem se tornar elementos da classe dirigente; no direito moderno, portanto, está implícita a utopia democrática do século XVIII.

Entretanto, existe algo de verdade na opinião segundo a qual o costume deve anteceder o direito: de fato, nas revoluções contra os Estados absolutos já existia como costume e como aspiração uma grande parte de tudo o que posteriormente se tornou direito obrigatório; foi com o nascimento e o desenvolvimento das desigualdades que o caráter obrigatório do direito veio a aumentar, da mesma forma que veio a aumentar a zona da intervenção estatal e da obrigação jurídica. Mas, nesta segunda fase, mesmo afirmando que o conformismo deve ser livre e espontâneo, trata-se de coisa bastante diversa: trata-se de reprimir e sufocar um direito nascente, e não de estabelecer conformidade.

Isto se enquadra no tema mais geral da posição diferente que as classes subalternas tiveram antes de se tornar dominantes. Certas classes subalternas devem atravessar um longo período de intervenção jurídica rigorosa e depois atenuada, diferentemente de outras; há diferença também nos modos: em certas classes a expansividade nunca cessa, indo até à absorção completa da sociedade; em outras, ao primeiro período de expansão sucede um período de repressão. Este caráter educativo, criativo, formativo do direito foi pouco evidenciado por certas correntes intelectuais: trata-se de um resíduo do espontaneísmo, do racionalismo abstrato que se baseia num conceito da "natureza humana" abstratamente otimista e superficial. Outro problema se apresenta para estas correntes: qual deve ser o órgão legislativo "em sentido lato", isto é, a necessidade de levar as discussões legislativas a todos os organismos de massa: uma transformação orgânica do conceito de "referendo", ainda que deixando ao Governo a função de última instância legislativa.

§ 99. *Conceito de grande potência.* (Cf. outras notas anteriores) [111]. Segundo o chefe do Governo italiano, "são as marinhas de guerra que hierarquizam as grandes potências". Deve-se notar que as marinhas de guerra podem ser medidas em qualquer momento pelo sistema matemático absoluto, o que não pode ocorrer com os exércitos terrestres. Recordar o epigrama de Anatole France: "Todos os exércitos são os primeiros do mundo, mas, quanto à marinha, é o número dos navios que conta."

§ 109. *Passado e presente. O indivíduo e o Estado.* Como a situação econômica mudou "em detrimento" do velho liberalismo: será verdade que cada cidadão conhece seus negócios melhor do que qualquer outro nas atuais condições? Será verdade que acontece, nas atuais condições, uma seleção segundo os méritos? "Cada cidadão", na medida em que não pode conhecer e especialmente não pode controlar as condições gerais em que os negócios se desenrolam, dada a amplitude do mercado mundial e sua complexidade, na realidade não conhece sequer os próprios negócios: necessidade das grandes organizações industriais, etc. Além disto, o Estado, com o regime cada vez mais oneroso dos impostos, alcança os próprios cidadãos, mas não pode alcançar os cidadãos das outras nações (com menos impostos ou com regimes tributários que distribuem diferentemente os impostos); os grandes Estados, que devem ter grandes gastos para serviços públicos imponentes (incluídos exército, marinha, etc.), tributam mais os próprios cidadãos (acrescente-se o desemprego subsidiado, etc.). Mas a intervenção do Estado, com as tarifas alfandegárias, cria uma nova base? Com as tarifas, o Estado "escolhe" entre os cidadãos aqueles a serem protegidos, ainda que não "merecedores", desencadeia uma luta entre os grupos pela divisão da renda nacional, etc.

§ 110. *Maquiavel e Guicciardini.* No livro de Clemenceau, *Grandeurs et miseres d'une victoire* (Paris, Plon, 1930), no capítulo "Les critiques de l'escalier", estão contidas algumas das observações gerais que fiz na nota sobre o artigo de Paolo Treves, "Il realismo politico di Guicciardini": por exemplo, a distinção entre políticos e diplomatas [112]. Os diplomatas foram formados (*dressés*) para a execução, não para a iniciativa, diz Clemenceau, etc. O capítulo é todo de polêmica contra Poincaré, que reprovara a não utilização dos diplomatas na preparação do Tratado de Versalhes [113]. Clemenceau, como puro homem de ação, como puro político, é extremamente sarcástico em relação a Poincaré, a seu espírito bacharelesco, a suas ilusões de que é possível criar a história com sofismas, com subterfúgios, com habilidades formais, etc. "A *diplomacia* foi instituída mais para a preservação dos inconciliáveis do que para a inovação dos imprevistos. Na palavra *diplomata* há a raiz *duplo*, no sentido de *dobrar*" [114]. (A verdade, porém, é que este conceito de duplo não se refere aos "diplomatas" mas aos "diplomas" que os diplomatas conservavam, e tinha um significado material, de folha dobrada.)

§ 117. *Passado e presente.* "Uma resistência que se prolonga em demasia numa praça sitiada é desmoralizadora por si mesma. Ela implica sofrimentos, fadigas, privações de repouso, doenças e a presença contínua não já do perigo agudo que tempera, mas do perigo crônico que abate." Karl Marx, "Quistione orientale", artigo de 14 de setembro de 1855 (*Opere politiche*, tomo VIII, p. 22).

§ 125. *Tipos de revista. História e "progresso".* A história alcançou um certo estágio; por isso, parece anti-histórico todo movimento que surge em contraste com tal estágio, na medida em que "reproduz" um estágio anterior; nestes casos, chega-se a falar de reação, etc. A questão deriva do fato de não se conceber a história como história de classes. Uma classe atingiu um determinado estágio, construiu uma determinada forma de vida estatal: a classe dominada, que se insurge, será reacionária por estilhaçar esta realidade adquirida?

Estados unitários, movimentos autonomistas; o Estado unitário foi um progresso histórico, necessário, mas nem por isso se pode dizer que todo movimento tendente a dividir os Estados unitários seja anti-histórico e reacionário; se a classe dominada não pode alcançar sua historicidade a não ser rompendo estes invólucros, isto significa que se trata de "unidades" militar-administrativo-fiscais, não de "unidades" modernas; pode acontecer que a criação de tal unidade moderna exija o rompimento da unidade "formal" anterior, etc. Onde existe mais unidade moderna: na Alemanha "federal" ou na Espanha "unitária" de Alfonso e dos proprietários-generais-jesuítas?, etc. Esta observação pode ser estendida a muitas outras manifestações históricas; por exemplo, ao grau de "cosmopolitismo" alcançado nos diversos períodos do desenvolvimento cultural internacional. No século XVIII, o cosmopolitismo dos intelectuais foi "máximo", mas que fração do conjunto social ele atingia? Não se tratava, em grande parte, de uma manifestação hegemônica da cultura e dos grandes intelectuais franceses?

Todavia, é certo que toda classe dominante nacional está mais próxima das outras classes dominantes, como cultura e costumes, do que as classes subalternas entre si, mesmo se estas são "cosmopolitas" por programa e destino histórico. Um grupo social pode ser "cosmopolita" por sua política e sua economia, mas pode não sê-lo pelos costumes e também pela cultura (real).

§ 128. *Centralismo orgânico, etc.* Schneider cita as seguintes palavras de Foch: "Comandar não é nada. O que é preciso é compreender bem aqueles com quem temos de lidar e fazer com que eles nos compreendam. Compreender bem é todo o segredo da vida..." [115]. Tendência a separar o "comando" de qualquer outro elemento e a transformá-lo numa "panaceia" de novo tipo. Deve-se ainda fazer distinções no "comando" como expressão de diversos grupos sociais: para cada grupo, a arte do comando e seu modo de se explicitar mudam muito, etc. O centralismo orgânico, com o comando autoritário e "abstratamente" concebido, está ligado a uma concepção mecânica da história e do movimento, etc.

§ 131. *Passado e presente. Características.* Ética e política. Deve-se notar a virulência de certas polêmicas entre políticos em razão de seu caráter personalista e moralista. Quando se quer diminuir ou anular a influência política de uma personalidade ou de um partido, não se tenta demonstrar que sua política é inepta ou nociva, mas que determinadas pessoas são canalhas, etc., que não existe "boa-fé", que determinadas ações são "interessadas" (em sentido pessoal e privado), etc. É uma prova do caráter elementar do senso político, do nível ainda baixo da vida nacional; deve-se ao fato de que realmente existe uma ampla camada que "vive" da política com "má-fé", ou seja, sem convicções; liga-se à miséria geral, pela qual facilmente se acredita que um ato político é devido a causas pecuniárias, etc. "Incapaz, mas íntegro", modos de dizer curiosos em política: reconhece-se alguém como incapaz, mas, como se lhe credita a integridade, confia-se nele; mas "incapaz" em política não corresponderia a "desonesto" em moral? É verdade que as consequências destas campanhas moralistas normalmente são inúteis, quando não são um instrumento para induzir a opinião pública popular a aceitar uma determinada "liquidação" política, ou a exigi-la, etc.

§ 136. *Organização das sociedades nacionais.* Assinalei de outra feita que, numa determinada sociedade, ninguém é desorganizado e sem partido, desde que se entendam organização e partido num sentido amplo, e não formal [116]. Nesta multiplicidade de sociedades particulares, de caráter duplo — natural e contratual ou voluntário —, uma ou mais prevalecem relativa ou absolutamente, constituindo o aparelho hegemônico de um grupo social sobre o resto da população (ou sociedade civil), base do Estado compreendido estritamente como aparelho governamental-coercivo.

Ocorre sempre que os indivíduos pertencem a mais de uma sociedade particular e muitas vezes a sociedades que estão essencialmente (objetivamente) em contraste entre si. Uma política totalitária tende precisamente: 1) a fazer com que os membros de um determinado partido encontrem neste único partido todas as satisfações que antes encontravam numa multiplicidade de organizações, isto é, a romper todos os fios que ligam estes membros a organismos culturais estranhos; 2) a destruir todas as outras organizações ou a incorporá-las num sistema cujo único regulador seja o partido. Isto ocorre: 1) quando um determinado partido é portador de uma nova cultura e se verifica uma fase progressista; 2) quando um determinado partido quer impedir que uma outra força, portadora de uma nova cultura, torne-se "totalitária"; verifica-se então uma fase objetivamente regressiva e reacionária, mesmo que a reação não se confesse como tal (como sempre sucede) e procure aparecer como portadora de uma nova cultura.

Luigi Einaudi, na *Riforma Sociale* de maio-junho de 1931, comenta um volume francês: *Les sociétés de la nation. Étude sur les éléments constitutifs de la nation française*, de Etienne Martin-SaintLéon (Ed. Spes, 17, rue Soufflot, Paris, 1930, 415 p., 45 francos), no qual uma parte destas organizações são estudadas, mas apenas aquelas que existem formalmente. (Por exemplo, os leitores de um jornal formam ou não uma organização?, etc.). De qualquer modo, se o assunto for tratado, ver o livro e também o comentário de Einaudi.

§ 137. *Conceito de Estado.* Pode-se demonstrar que o conceito comum de Estado é unilateral e conduz a erros colossais falando do recente livro de Daniel Halévy, *Decadência da liberdade*, sobre o qual li um comentário nas *Nouvelles Litteraires*. Para Halévy, "Estado" é o aparelho representativo e ele descobre que os fatos mais importantes da história francesa, de 1870 até hoje, não se devem a iniciativas de organismos políticos derivados do sufrágio universal, mas ou de organismos privados (empresas capitalistas, Estado-Maior, etc.), ou de grandes funcionários desconhecidos do país, etc. Mas isto significa que por "Estado" deve-se entender, além do aparelho de governo, também o aparelho "privado" de hegemonia ou sociedade civil. Deve-se notar que, desta crítica ao "Estado" que não intervém, que está a reboque dos acontecimentos, etc., nasce a corrente ideológica ditatorial de direita, com seu fortalecimento do Executivo, etc. Entretanto, seria necessário ler o livro de Halévy para ver se também ele enveredou por este caminho: não é difícil em princípio, tendo em vista seus antecedentes (simpatias sorelianas, por Maurras, etc.) [117].

§ 138. *Passado e presente. Passagem da guerra manobrada (e do ataque frontal) à guerra de posição também no campo político.* Esta me parece a questão de teoria política mais importante posta pelo período do pós-guerra e a mais difícil de resolver corretamente. Ela está ligada às questões levantadas por Bronstein, que, de um modo ou de outro, pode ser considerado o teórico político do ataque frontal num período em que este é apenas causa de derrotas. Só indiretamente (mediatamente) esta passagem na ciência política está ligada àquela ocorrida no campo militar, se bem que, certamente, exista uma relação, e essencial. A guerra de posição exige enormes sacrifícios de massas imensas de população; por isto, é necessária uma concentração inaudita da hegemonia e, portanto, uma forma de governo mais "intervencionista", que mais abertamente tome a ofensiva contra os opositores e organize permanentemente a "impossibilidade" de desagregação interna: controles de todo tipo, políticos, administrativos, etc., reforço das "posições" hegemônicas do grupo dominante, etc. Tudo isto indica que se entrou numa fase culminante da situação político-histórica, porque na política a "guerra de posição", uma vez vencida, é definitivamente decisiva. Ou seja, na política subsiste a guerra de movimento enquanto se trata de conquistar posições não decisivas e, portanto, não se podem mobilizar todos os recursos de hegemonia e do Estado; mas quando, por uma razão ou por outra, estas posições perderam seu valor e só aquelas decisivas têm importância, então se passa à guerra de assédio, tensa, difícil, em que se exigem qualidades excepcionais de paciência e espírito inventivo. Na política o assédio é recíproco, apesar de todas as aparências, e o simples fato de que o dominante deva ostentar todos os seus recursos demonstra o cálculo que ele faz do adversário.

§ 139. *Conflito entre Estado e Igreja como categoria histórica eterna.* Consultar a este respeito o capítulo correspondente de Croce, em seu livro sobre a política [118]. Pode-se acrescentar que, num determinado sentido, o conflito entre "Estado e Igreja" simboliza o conflito entre qualquer sistema de ideias cristalizadas, que representam uma fase ultrapassada da História, e as necessidades práticas atuais. Luta entre conservação e revolução, etc., entre o que foi pensado e o novo pensamento, entre o velho que não quer morrer e o novo que quer viver, etc.

§ 141. *Sobre o sentimento nacional.* O editor Grasset publicou um grupo de *Lettres de jeunesse* do então capitão Lyautey. As cartas são de 1883, e na época Lyautey era monarquista, devotado ao conde de Chambord. Lyautey pertencia à grande burguesia, que era firme aliada da aristocracia. Mais tarde, morto o conde de Chambord, e depois da ação de Leão XIII pelo *ralliement*, Lyautey uniu-se ao movimento de Albert de Mun, que seguiu as diretrizes de Leão XIII, e assim chegou a ser um alto funcionário da República, conquistou o Marrocos, etc. [119].

Lyautey era e permaneceu um nacionalista integral, mas eis como, em 1883, concebia a solidariedade nacional: em Roma conhecera o alemão conde von Dillen, capitão dos ulanos, sobre o qual escreveu a seu amigo Antoine de Margerie: "Um *gentleman*, de educação perfeita e modos encantadores, que compartilhava todas as nossas ideias em todas as coisas, religião, política. Falamos a mesma língua e nos entendemos às mil maravilhas. O que você quer? Tenho no coração um ódio feroz, o ódio à desordem, à revolução. Eu me sinto muito mais próximo de todos aqueles que a combatem, sejam eles de que nacionalidade forem, do que de certos compatriotas nossos, com os quais não tenho qualquer ideia em comum e que vejo como inimigos públicos" [120].

§ 148. *O gênio na história.* No texto inédito de Niccolò Tommaseo, "Pio IX e Pellegrino Rossi", publicado por Teresa Lodi no *Pègaso* de outubro de 1931, lê-se a propósito de Pio IX (p. 407). "Ainda que tivesse sido um gênio, convinha a ele encontrar auxiliares e intérpretes; porque o homem que surge só permanece só e muitas vezes tomba solitário ou vilipendiado. Em toda educação, tanto privada quanto pública, importa conhecer o instrumento que se tem nas mãos e tirar dele o som que pode dar, e não outro; e antes de tudo saber manejá-lo." Do mesmo Tommaseo: "Eu não me imiscuo nas coisas privadas do homem, a não ser quando ajudam a explicar as públicas." A proposição é justa, embora Tommaseo quase nunca a respeitasse.

§ 155. *Passado e presente. Política e arte militar.* Tática das grandes massas e tática imediata de pequenos grupos. Insere-se na discussão sobre a guerra de posição e a de movimento, na medida em que se reflete na psicologia dos grandes líderes (estrategistas) e dos subalternos. Também é (se se pode dizer) o ponto de conexão entre a estratégia e a tática, seja na política, seja na arte militar. O indivíduo (inclusive como componente de amplas massas) é levado a conceber a guerra instintivamente como "guerra de guerrilhas" ou "guerra garibaldina" (que é um aspecto superior da "guerra de guerrilhas"). Na política, o erro acontece por uma inexata compreensão do que é o Estado (no significado integral: ditadura + hegemonia); na guerra, tem-se um erro semelhante, transportado ao campo inimigo (incompreensão não só do próprio Estado, mas também do Estado inimigo). Num e noutro caso, o erro está ligado ao particularismo individual, de município, de região, que leva a subestimar o adversário e sua organização de luta.

§ 185. *Noções enciclopédicas. Conselho de Estado.* Duplo significado do termo. Na Itália, o Conselho de Estado tomou o significado de organismo judicial para os assuntos administrativos. Mas não é a este significado que se referem os publicistas ingleses quando polemizam sobre a questão de saber se o Parlamento (Câmara dos Deputados) pode e deve se transformar num Conselho de Estado: eles se referem à questão do parlamentarismo como regime dos partidos ou ao parlamentarismo que deve ser reduzido a um corpo legislativo em regime puramente constitucional, com o equilíbrio dos poderes rompido em benefício da Coroa ou do poder executivo em geral, isto é, reduzido à função dos Conselhos de Estado em regime de absolutismo monárquico ou ditatorial de direita. Na Itália, pode-se encontrar um vestígio do velho instituto do Conselho de Estado no Senado, que não é uma Câmara da aristocracia (como na Inglaterra), não é eletivo, ainda que sob formas indiretas, como na França e em outras partes, mas é nomeado pelo poder executivo entre gente submissa ao poder de uma força determinada, para frear a expansão democrática e a intervenção popular nos vários assuntos.

§ 203. *Passado e presente. O Estado e os funcionários.* Uma opinião difundida é esta: enquanto para os cidadãos a observância das leis é uma obrigação jurídica, para o "Estado" a observância é só uma obrigação moral, isto é, uma obrigação sem sanções punitivas pelo descumprimento. Apresenta-se a questão: o que se entende por "Estado", ou seja, quem é que tem apenas a obrigação "moral" de observar a lei — e não se termina jamais de constatar quanta gente acredita não ter obrigações "jurídicas" e poder gozar de imunidade e impunidade. Este "estado de espírito" está ligado a um costume ou criou um costume? Uma coisa e outra são verdadeiras. Ou seja, o Estado, como lei escrita permanente, jamais foi concebido (nem se fez conceber) como uma obrigação objetiva ou universal.

Este modo de pensar está ligado à curiosa concepção do "dever cívico" independente dos "direitos", como se existissem deveres sem direitos e vice-versa: esta concepção está ligada precisamente à da não obrigatoriedade jurídica das leis para o Estado, isto é, para os funcionários e agentes estatais, que parecem ter tanto trabalho para obrigar os outros que não lhes sobra tempo de obrigarem a si mesmos.

§ 205. *Noções enciclopédicas. Ação direta.* Diversos significados, segundo as tendências políticas e ideológicas. Significado dos "individualistas" e dos "economicistas", com significados intermediários. O significado dos "economicistas" ou sindicalistas de várias tendências (reformistas, etc.) foi o que deu livre curso aos vários significados, até aquele dos puros "criminosos".

CADERNO 7 (1930-1931)

§ 12. *O homem-indivíduo e o homem-massa.* O provérbio latino *Senatores boni viri, senatus mala bestia* virou lugar-comum. O que significa este provérbio e que significado adquiriu? Que uma multidão de pessoas dominadas pelos interesses imediatos ou tomadas pela paixão suscitada pelas impressões momentâneas, transmitidas acriticamente de boca em boca, unifica-se na decisão coletiva pior, que corresponde aos mais baixos instintos bestiais. A observação é justa e realista quando referida às multidões ocasionais, reunidas como "uma multidão durante um aguaceiro sob um abrigo", compostas de homens que não estão ligados por vínculos de responsabilidade em relação a outros homens ou grupos de homens, ou em relação a uma realidade econômica concreta, cuja ruína se desdobra no desastre dos indivíduos. Por isso, pode-se dizer que nestas multidões o individualismo não só não é superado, mas é exasperado pela certeza da impunidade e da irresponsabilidade.

Mas também é observação comum que uma assembleia "bem organizada" de elementos desordeiros e indisciplinados unifica-se em torno de decisões coletivas superiores à média individual: a quantidade transforma-se em qualidade. Se não fosse assim, não seria possível o exército; por exemplo, não seriam possíveis os sacrifícios inauditos que grupos humanos bem disciplinados sabem fazer em determinadas ocasiões, quando seu senso de responsabilidade social é despertado vigorosamente pelo sentido imediato do perigo comum e o futuro se delineia mais importante que o presente. Pode-se dar o exemplo de um comício em praça pública, que é diferente de um comício em recinto fechado e é diferente de uma assembleia sindical de categoria profissional, e assim por diante. Uma reunião de oficiais de Estado-Maior será bastante diferente de uma assembleia de soldados de um pelotão, etc.

Tendência ao conformismo no mundo contemporâneo, mais ampla e profunda do que no passado: a estandardização do modo de pensar e de atuar assume dimensões nacionais ou até mesmo continentais. A base econômica do homem-coletivo: grandes fábricas, taylorização, racionalização, etc. Mas terá existido ou não no passado o homem-coletivo? Existia sob a forma da direção carismática, para citar Michels: isto é, obtinha-se uma vontade coletiva sob o impulso e a sugestão imediata de um "herói", de um homem representativo; mas esta vontade coletiva era devida a fatores extrínsecos, compondo-se e decompondo-se continuamente. O homem coletivo de hoje, ao contrário, forma-se essencialmente de baixo para cima, à base da posição ocupada pela coletividade no mundo da produção: também hoje o homem representativo tem uma função na formação do homem-coletivo, mas muito inferior à do passado, tanto que ele pode desaparecer sem que o cimento coletivo se desfaça e a construção desabe.

Diz-se que "os cientistas ocidentais consideram que a psique da massa não passa do ressurgimento dos antigos instintos da horda primitiva e, portanto, de um regresso a estágios culturais superados há longo tempo"; isto deve ser referido à chamada "psicologia das multidões", isto é, das multidões casuais, e a afirmação é pseudocientífica, está ligada à sociologia positivista [121].

Deve-se notar, a respeito do "conformismo" social, que a questão não é nova e que o brado de alarme lançado por alguns intelectuais é apenas cômico. O conformismo sempre existiu: trata-se hoje de luta entre "dois conformismos", isto é, de uma luta pela hegemonia, de uma crise da sociedade civil. Os velhos dirigentes intelectuais e morais da sociedade sentem faltar terreno sob seus pés, percebem que suas "pregações" tornaram-se de fato "pregações", isto é, coisas estranhas à realidade, pura forma sem conteúdo, mera aparência sem espírito; daí seu desespero e suas tendências reacionárias e conservadoras: como a forma particular de civilização, de cultura, de moralidade que eles representaram se decompõe, eles sentenciam a morte de toda civilização, de toda cultura, de toda moralidade, exigem medidas repressivas do Estado ou se tornam um grupo de resistência separado do processo histórico real, aumentando dessa forma a duração da crise, porque o ocaso de um modo de viver e de pensar não pode ocorrer sem crise. Os representantes da nova ordem em gestação, por outro lado, por ódio "racionalista" à velha, difundem utopias e planos cerebrinos. Qual o ponto de referência para o novo mundo em gestação? O mundo da produção, o trabalho. O máximo utilitarismo deve estar na base de qualquer análise das instituições morais e intelectuais a serem criadas e dos princípios a serem difundidos: a vida coletiva e individual deve ser organizada tendo em vista o máximo rendimento do aparelho produtivo. O desenvolvimento das forças econômicas em novas bases e a instauração progressiva da nova estrutura sanarão as contradições que não podem deixar de existir; e, tendo criado um novo "conformismo" a partir de baixo, permitirão novas possibilidades de autodisciplina, isto é, de liberdade até individual.

§ 16. *Guerra de posição e guerra manobrada ou frontal.* Deve-se examinar se a famosa teoria de Bronstein sobre a *permanência* do movimento não é o reflexo político da teoria da guerra manobrada (recordar observação do general dos cossacos, Krasnov); em última análise, o reflexo das condições gerais — econômicas, culturais, sociais — de um país em que os quadros da vida nacional são embrionários e frouxos e não se podem tornar "trincheira ou fortaleza". Neste caso, seria possível dizer que Bronstein, que aparece como um "ocidentalista", era, ao contrário, um cosmopolita, isto é, superficialmente nacional e superficialmente ocidentalista ou europeu. Em vez disso, Ilitch era profundamente nacional e profundamente europeu. Bronstein recorda, em suas memórias, terem-lhe dito que sua teoria se revelara boa... quinze anos depois, e responde ao epigrama com outro epigrama [122]. Na realidade, sua teoria, como tal, não era boa nem quinze anos antes nem quinze anos depois: como sucede com os obstinados, dos quais fala Guicciardini, ele adivinhou no atacado, isto é, teve razão na previsão prática mais geral; como se se previsse que uma menina de quatro anos irá se tornar mãe e, quando isto ocorre, vinte anos depois, se diz: "adivinhei", mas sem recordar que, quando a menina tinha quatro anos, se tentara estuprá-la, na certeza de que se tornaria mãe. Parece-me que Ilitch havia compreendido a necessidade de uma mudança da guerra manobrada, aplicada vitoriosamente no Oriente em 1917, para a guerra de posição, que era a única possível no Ocidente, onde, como observa Krasnov, num breve espaço de tempo os exércitos podiam acumular quantidades enormes de munição, onde os quadros sociais eram por si sós ainda capazes de se tornarem trincheiras municiadíssimas. Parece-me este o significado da fórmula da "frente única", que corresponde à concepção de uma só frente da *Entente* sob o comando único de Foch [123]. Só que Ilitch não teve tempo de aprofundar sua fórmula, mesmo considerando que ele só podia aprofundá-la teoricamente, quando, ao contrário, a tarefa fundamental era nacional, isto é, exigia um reconhecimento do terreno e uma fixação dos elementos de trincheira e de fortaleza representados pelos elementos de sociedade civil, etc. No Oriente, o Estado era tudo, a sociedade civil era primitiva e gelatinosa; no Ocidente, havia entre o Estado e a sociedade civil uma justa relação e, ao oscilar o Estado, podia-se imediatamente reconhecer uma robusta estrutura da sociedade civil. O Estado era apenas uma trincheira avançada, por trás da qual se situava uma robusta cadeia de fortalezas e casamatas; em medida diversa de Estado para Estado, é claro, mas exatamente isto exigia um acurado reconhecimento de caráter nacional.

A teoria de Bronstein pode ser comparada à teoria de certos sindicalistas franceses sobre a greve geral e à teoria de Rosa no opúsculo traduzido por Alessandri: o opúsculo de Rosa e a teoria de Rosa, de resto, influenciaram os sindicalistas franceses, como se depreende de determinados artigos de Rosmer sobre a Alemanha na *Vie Ouvrière* (primeira série em formato menor): procede também, em parte, da teoria da espontaneidade [124].

§ 28. *Sociedade civil e sociedade política.* Separação da sociedade civil em relação à sociedade política: pôs-se um novo problema de hegemonia, isto é, a base histórica do Estado se deslocou. Tem-se uma forma extrema de sociedade política: ou para lutar contra o novo e conservar o que oscila, fortalecendo-o coercivamente, ou como expressão do novo para esmagar as resistências que encontra ao desenvolver-se, etc.

§ 40. *Nacionalizações e estatizações.* Cf. M. Saitzew, *Die öffentliche Unternehmung der Gegenwart* [A empresa pública de hoje], Tübingen, Mohor, 1930. Saitzew é professor da Universidade de Zurique. Segundo ele, a área de ação das empresas públicas, especialmente em certos ramos, é muito maior do que se crê: na Alemanha, o capital das empresas públicas seria um quinto de toda a riqueza nacional (durante a guerra e no imediato pós-guerra a empresa pública se ampliou). Saitzew não crê que as empresas públicas constituam uma forma de socialismo, mas sim que são parte integrante do capitalismo. As objeções contra a empresa pública poderiam ser feitas também para as sociedades anônimas; repetem-se argumentos que eram bons quando as empresas privadas eram individuais, mas o que prevalece hoje são as sociedade anônimas, etc.

O pequeno livro será útil para ver a extensão da empresa pública em alguns países: o caráter da empresa pública não consistiria, segundo Saitzew, em ter como objetivo fundamental um ganho fiscal, mas impedir que em determinados ramos, nos quais a concorrência é tecnicamente impossível, se estabeleça um monopólio privado perigoso para a coletividade.

§ 53. *Passado e presente. Dívidas da Alemanha e pagamentos à América.* Parece que quem fixou, antes de qualquer outro, que deve existir relação entre os pagamentos à América e as dívidas de guerra da Alemanha foi Lorde Balfour em sua famosa nota de 1922. O Senador D'Amelio teria apenas aderido à nota Balfour na Conferência de Londres de 1923 [125].

§ 64. *Robert Michels.* No artigo "Il pangermanismo coloniale tra le cause del conflitto mondiale", de Alberto Giaccardi (*Nuova Antologia*, 16 de maio de 1930) está escrito na p. 238: "O 'lugar ao sol' reclamado pela Alemanha começou muito cedo a adquirir uma tal dimensão que acabaria por lançar à sombra todos os outros, ou quase isso: até ao povo italiano, cuja situação era análoga à do povo alemão, um erudito germânico, Robert Michels, negava o direito de exigir colônias, já que 'a Itália, mesmo demograficamente forte, é pobre de capitais'." Giaccardi não cita a referência bibliográfica desta expressão de Michels.

No número de 1º de julho da mesma revista, Giaccardi publica uma "retificação" de sua afirmação anterior, evidentemente por pressão de Michels. Recorda *L'imperialismo italiano* de Michels (Milão, 1914, Società Editrice Libraria) e, de 1912, "Elemente zur Entstehungsgeschichte des Imperialismus in Italien" [Elementos para a história da formação do imperialismo na Itália], *Archiv für Sozialwissenschaft*, janeiro-fevereiro de 1912, p. 91-92, e conclui: "Isto corresponde perfeitamente aos sentimentos de italianidade constantemente (!) demonstrados pelo ilustre professor do Ateneu perugino, que, embora renano de origem, escolheu a Itália como sua Pátria de adoção, desenvolvendo em todas as ocasiões uma intensa e eficaz atividade em nosso favor."

§ 80. *Passado e presente.* A discussão sobre a força e o consenso demonstrou como está relativamente avançada na Itália a ciência política e como em seu tratamento, mesmo por parte de estadistas responsáveis, existe uma certa franqueza de expressão. Esta discussão é a discussão da "filosofia da época", do motivo central da vida dos Estados no período do pós-guerra. Como reconstruir o aparelho hegemônico do grupo dominante, aparelho que se desagregou em razão das consequências da guerra em todos os Estados do mundo? Desde logo, por que se desagregou? Talvez porque se tenha desenvolvido uma forte vontade política coletiva antagônica? Se tivesse sido assim, a questão teria sido resolvida em favor de tal antagonista. Ao contrário, desagregou-se por causas puramente mecânicas, de tipo variado: 1) porque grandes massas, anteriormente passivas, entraram em movimento, mas num movimento caótico e desordenado, sem direção, isto é, sem uma precisa vontade política coletiva; 2) porque classes médias que tiveram na guerra funções de comando e de responsabilidade foram privadas disto com a paz, ficando desocupadas justamente depois de fazer uma aprendizagem de comando, etc.; 3) porque as forças antagônicas se revelaram incapazes de organizar em seu proveito esta desordem de fato. O problema era reconstruir o aparelho hegemônico destes elementos antes passivos e apolíticos, e isto não podia acontecer sem a força: mas esta força não podia ser a "legal", etc. Como em cada Estado o conjunto das relações sociais era diferente, diferentes deviam ser os métodos políticos de emprego da força e a combinação das forças legais e ilegais. Quanto maior é a massa de apolíticos, tanto maior deve ser a contribuição das forças ilegais. Quanto maiores são as forças politicamente organizadas e educadas, tanto mais é preciso "resguardar" o Estado legal, etc.

§ 83. *Noções enciclopédicas. A opinião pública.* O que se chama de "opinião pública" está estreitamente ligado à hegemonia política, ou seja, é o ponto de contato entre a "sociedade civil" e a "sociedade política", entre o consenso e a força. O Estado, quando quer iniciar uma ação pouco popular, cria preventivamente a opinião pública adequada, ou seja, organiza e centraliza certos elementos da sociedade civil. História da "opinião pública": naturalmente, elementos de opinião pública sempre existiram, mesmo nas satrapias asiáticas; mas a opinião pública como hoje se entende nasceu às vésperas da queda dos Estados absolutistas, isto é, no período de luta da nova classe burguesa pela hegemonia política e pela conquista do poder.

A opinião pública é o conteúdo político da vontade política pública, que poderia ser discordante: por isto, existe luta pelo monopólio dos órgãos da opinião pública — jornais, partidos, Parlamento —, de modo que uma só força modele a opinião e, portanto, a vontade política nacional, desagregando os que discordam numa nuvem de poeira individual e inorgânica.

§ 84. *Noções enciclopédicas. Mística.* O termo italiano *mistica* não coincide com o francês *mystique*, mas também em italiano começou a se difundir com o significado francês, ainda que de modo estranho, ou seja, o significado francês, que é evidentemente pejorativo e crítico, está sendo aceito com significado "positivo", sem sentido depreciativo. A "mística" não pode ser destacada do fenômeno do "êxtase", isto é, de um estado nervoso particular no qual o sujeito "sente" entrar em contato com deus, com o universal, sem precisar de mediadores (por isto, os católicos desconfiam do misticismo, que despreza a Igreja-intermediária). Compreende-se por que os franceses introduziram o termo "mística" na linguagem política: pretendem indicar um estado de ânimo de exaltação política não racional ou destituída de raciocínio, um fanatismo permanente que não se deixa coibir por demonstrações corrosivas e que, afinal, é tão só a "paixão" de que fala Croce ou o "mito" de Sorel julgado por cérebros cartesianamente lógicos: fala-se, portanto, de uma mística democrática, parlamentar, republicana, etc. Fala-se positivamente de mística (como na "Escola de Mística Fascista", de Milão) para não usar os termos religiosidade ou mesmo "religião". No discurso inaugural de Arnaldo Mussolini para o terceiro ano da Escola de Mística Fascista ("Coscienza e dovere", publicado no semanário *Gente Nostra* de 13 de dezembro de 1931), diz-se entre outras coisas: "Afirma-se que vossa Escola de Mística Fascista não tem o título apropriado. Mística é palavra apropriada a algo divino e, levada para fora do campo rigidamente religioso, adapta-se a muitíssimas ideologias inquietas, vagas, indeterminadas. Desconfiai das palavras e, sobretudo, das palavras que podem ter diversos significados. Por certo, alguém poderá me responder que, com a palavra 'mística', quis-se evidenciar as relações necessárias entre o divino e o espírito humano, que é sua derivação. Aceito esta tese sem me deter numa questão de palavras. No fundo, não são estas que contam: é o espírito que vale. E o espírito que vos anima está em justa relação com o curso do tempo, que não conhece barreiras nem tem limites críticos; mística é uma referência a uma tradição ideal que revive transformada e recriada em vosso programa de jovens fascistas renovadores" [126]. (Do significado de "mística" em francês se aproxima o significado de "religião", tal como empregada por Croce na *Storia d'Europa.*)

§ 85. *Noções enciclopédicas. Doutrinarismo e doutrinário.* Significaria, afinal, "inimigo dos compromissos", "fiel aos princípios". Palavra tomada à linguagem política francesa. *Partido de doutrinários* sob Carlos X e Luís Felipe: Royer-Collard, Guizot, etc.

§ 90. *Passado e presente. Estado e partidos.* A função hegemônica ou de direção política dos partidos pode ser avaliada pelo desenvolvimento da vida interna dos próprios partidos. Se o Estado representa a força coerciva e punitiva de regulamentação jurídica de um país, os partidos, representando a adesão espontânea de uma elite a tal regulamentação, considerada um tipo de convivência coletiva para a qual toda a massa deve ser educada, devem mostrar em sua vida particular interna terem assimilado, como princípios de conduta moral, aquelas regras que no Estado são obrigações legais. Nos partidos, a necessidade já se tornou liberdade, e daí nasce o enorme valor político (isto é, de direção política) da disciplina interna de um partido e, portanto, o valor de critério que tem tal disciplina para avaliar a força de expansão dos diversos partidos. Deste ponto de vista, os partidos podem ser considerados escolas da vida estatal. Elementos de vida dos partidos: caráter (resistência aos impulsos das culturas ultrapassadas), honra (vontade intrépida ao sustentar o novo tipo de cultura e de vida), dignidade (consciência de operar por um fim superior), etc.

§ 93. *Nomenclatura política. Privilégios e prerrogativas.* Fixar os significados históricos dos dois termos. Parece-me que, embora num Estado moderno seja absurdo falar de privilégios para determinados grupos sociais, não tão absurdo é falar de prerrogativas. De resto, só se pode falar de prerrogativas com referência a corpos constituídos e com referência às funções políticas, não como benefícios na vida econômica: a prerrogativa não pode deixar de ser "estritamente" ligada à função social e à explicitação de determinados deveres. Por isto, deve-se ver se os "privilégios" não são apenas "prerrogativas" degeneradas, ou seja, invólucros sem conteúdo social e funcional, benefícios mantidos parasitariamente mesmo quando a função pela qual eram justificados havia caducado ou se transferido para um novo grupo social, que, portanto, suportava o ônus funcional sem ter todos os meios jurídico-políticos para explicitá-lo regularmente. Deve-se salientar que os conceitos de privilégio e de prerrogativa eram originalmente conceitos jurídicos, ou melhor, foram o conteúdo de toda uma época da história dos Estados: eles só se tornaram conceitos morais de reprovação quando não mais corresponderam a serviços sociais e estatais necessários. "Prerrogativas da Coroa" é a expressão mais comum em que surge hoje o termo "prerrogativa". Se for exata a teoria constitucional segundo a qual a função da Coroa de personificar a soberania, seja no sentido estatal, seja no da direção político-cultural (isto é, de ser árbitro nas lutas internas das camadas dominantes, da classe hegemônica e de seus aliados), está se transferindo para os grandes partidos de tipo "totalitário", é evidente que para tais partidos passam as prerrogativas correspondentes. Por isto, deve-se estudar a função do Grande Conselho, que tende a se tornar um "Conselho de Estado" no velho sentido (isto é, com as velhas atribuições), mas com funções bem mais radicais e decisivas.

§ 95. *Nomenclatura política. Reich, etc.* Buscar a origem histórica e ideológica exata deste termo, que é mal traduzido como "império". Do mesmo modo, o *Commonwealth* das nações britânicas não pode ser traduzido como "república", embora também signifique "república".

§ 97. *Nomenclatura política. Hierocracia-teocracia.* "Um Governo no qual têm participação e ingerência legal o clero, o papa ou outras autoridades eclesiásticas" seria mais apropriadamente hierocrático; mas também pode haver um Governo — teocrático — "que opera por impulsos religiosos e subordina leis, relações da vida civil, costumes e opiniões religiosas", sem ser composto de eclesiásticos. Na realidade, elementos de teocracia subsistem em todos os Estados nos quais não exista nítida e radical separação entre Igreja e Estado, mas o clero exerça funções públicas de qualquer gênero e o ensino da religião seja obrigatório ou existam concordatas. (Inversão da máxima de Maquiavel: *regnum instrumentum religionis*).

§ 99. *Nomenclatura política. Facção.* O termo serve hoje para indicar geralmente uma certa degeneração do espírito de partido, uma certa unilateralidade extremista fanática, exclusiva, infensa a compromissos até mesmo — aliás, especialmente — em questões secundárias e subordinadas; o ponto de vista de tal juízo é o espírito nacional, isto é, um certo modo de conceber a direção política de um país. "Facção" e "faccioso" são usados pelos partidos de direita contra seus adversários, os quais responderam com os termos "camarilha", "espírito de camarilha", etc., para indicar a tendência de certos grupos políticos governamentais a identificar seus interesses particulares com os do Estado e da nação, e de defendê-los com igual fanatismo e exclusivismo [127].

A palavra "facção", que é de origem militar (provavelmente), tornou-se comum na Itália para indicar os partidos que se combatiam nas comunas medievais, etc., e está implícita no uso a concepção de que tais lutas impediram a unificação nacional antes do *Risorgimento*, ou seja, toda uma concepção anti-histórica do desenvolvimento nacional italiano. "Facção" indica o caráter das lutas políticas medievais, exclusivistas, tendentes a destruir fisicamente o adversário, não a criar um equilíbrio de partidos num todo orgânico com a hegemonia do partido mais forte, etc. "Partido" é parte de um todo; "facção", força armada que segue as leis militares exclusivistas, etc.

§ 102. *Passado e presente. Nitidez do mandato e mandato imperativo.* Nas eleições italianas, nenhuma nitidez no mandato, porque não existiam partidos definidos em torno de programas definidos. O Governo era sempre de coalizão, e de coalizão no terreno estritamente parlamentar, logo muitas vezes entre partidos distantes uns dos outros: conservadores com radicais, ao passo que os liberal-democratas estavam fora do Governo, etc. As eleições se faziam em torno de questões muito genéricas, porque os deputados representavam posições pessoais e locais, não posições de partidos nacionais. Toda eleição parecia ser feita para uma Constituinte e, ao mesmo tempo, para um clube de caça. O estranho é que tudo isto parecia ser o máximo da democracia.

§ 103. *Noções enciclopédicas. Opinião pública.* Entre os elementos que recentemente perturbaram a direção normal da opinião pública por parte dos partidos organizados e definidos em torno de programas definidos, devem ser postos na linha de frente a imprensa marrom e o rádio (onde estiver muito difundido). Eles possibilitam suscitar extemporaneamente explosões de pânico ou de entusiasmo fictício, que permitem alcançar objetivos determinados, nas eleições, por exemplo. Tudo isto está ligado ao caráter da soberania popular, que se exerce uma vez a cada 3-4-5 anos: basta o predomínio ideológico (ou melhor, emotivo) naquele dia determinado para ter uma maioria que dominará por 3-4-5 anos, ainda que, passada a emoção, a massa eleitoral se separe de sua expressão legal (país legal diferente de país real). Organismos que podem impedir ou limitar este *boom* da opinião pública são, mais do que os partidos, os sindicatos profissionais livres, e daí nasce a luta contra os sindicatos livres e a tendência a submetê-los a controle estatal: todavia, a parte não organizável da opinião pública (especialmente as mulheres, onde existe o voto das mulheres) é de tal modo grande que sempre possibilita os *booms* e os golpes eleitorais, nos lugares em que a imprensa marrom é muito difundida, assim como o rádio (sob monopólio controlado pelo Governo). Um dos problemas de técnica política que se apresentam hoje, mas cujo modo de resolver as democracias não conseguem encontrar, é justamente este: criar organismos intermediários entre as grandes massas, não organizáveis profissionalmente (ou dificilmente organizáveis), os sindicatos profissionais, os partidos e as casas legislativas. Os conselhos municipais e provinciais tiveram no passado uma função assemelhada a esta, mas atualmente perderam importância. Os Estados modernos tendem ao máximo de centralização, ao passo que se desenvolvem, por reação, as tendências federativas e localistas, de modo que o Estado oscila entre o despotismo central e a completa desagregação (até a confederação dos três oprimidos) [128].

CADERNO 8 (1931-1932)

§ 2. *O Estado e a concepção do direito.* A revolução provocada pela classe burguesa na concepção do direito e, portanto, na função do Estado consiste especialmente na vontade de conformismo (logo, eticidade do direito e do Estado). As classes dominantes precedentes eram essencialmente conservadoras, no sentido de que não tendiam a assimilar organicamente as outras classes, ou seja, a ampliar "técnica" e ideologicamente sua esfera de classe: a concepção de casta fechada. A classe burguesa põe-se a si mesma como um organismo em contínuo movimento, capaz de absorver toda a sociedade, assimilando-a a seu nível cultural e econômico; toda a função do Estado é transformada: o Estado torna-se "educador", etc. De que modo se verifica uma paralisação e se volta à concepção do Estado como pura força, etc. A classe burguesa está "saturada": não só não se difunde, mas se desagrega; não só não assimila novos elementos, mas desassimila uma parte de si mesma (ou, pelo menos, as desassimilações são muitíssimo mais numerosas do que as assimilações). Uma classe que se ponha a si mesma como passível de assimilar toda a sociedade e, ao mesmo tempo, seja realmente capaz de exprimir este processo leva à perfeição esta concepção do Estado e do direito, a ponto de conceber o fim do Estado e do direito, tornados inúteis por terem esgotado sua missão e sido absorvidos pela sociedade civil.

§ 28. *Nomenclatura política. Teóricos, doutrinários, partidários de abstrações, etc.* Na linguagem comum, usa-se "teórico" em sentido negativo, como "doutrinário" e, melhor ainda, como "partidário de abstrações". Teve a mesma sorte do termo "idealista", que, do significado técnico-filosófico, passou a significar "quem vive nas nuvens", etc. Não é casual que certos termos tenham assumido este significado pejorativo. Trata-se de uma reação do senso comum contra certas degenerações culturais, etc., mas o "senso comum" por sua vez amesquinhou, mumificou uma reação justificada num estado de ânimo permanente, numa preguiça intelectual tão degenerativa e repulsiva quanto o fenômeno que pretendia combater. O "bom senso" reagiu, o "senso comum" embalsamou a reação e fez dela um cânone "teórico", "doutrinário", "idealista".

§ 38. *Passado e presente. O medo do kerenskismo.* É um dos traços mais relevantes dos anos do pós-guerra. Talvez corresponda, numa certa medida, ao medo do lafayettismo no período subsequente à Revolução Francesa. Em torno do kerenskismo formou-se todo um "mito negativo". Foram atribuídas a Kerenski todas as qualidades negativas, as fraquezas, as hesitações, as deficiências de toda uma época histórica [129]. Não ser o Kerenski do próprio país se tornou a obsessão de toda uma série de chefes de Governo. Deste medo derivaram algumas máximas políticas do maquiavelismo atual e dos princípios críticos em torno dos quais se desenvolve a propaganda política de massa. Mas o que existe de real neste medo? Não se observa que um dos elementos do kerenskismo é justamente este medo mesmo de ser Kerenski, isto é, o fato de que se substitui uma orientação positiva por uma orientação negativa na vida política, pensa-se mais no "não fazer" do que no "fazer concreto", fica-se tão obcecado pelo adversário que se é dominado no próprio interior da própria personalidade. De resto, ninguém é Kerenski por um ato de vontade, assim como a vontade não pode evitar que alguém seja Kerenski. Kerenski foi a expressão de uma determinada relação de forças políticas, organizativas, militares imediatas, que não fora criada por ele e que ele não conseguiu corrigir apesar de seus esforços desesperados, tão desesperados e desordenados que lhe deram o aspecto de um arlequim. Levou-se a sério o quadro moral e intelectual de Kerenski traçado por seus inimigos como arma de luta contra ele, como meio imediato para liquidá-lo e isolá-lo, um típico "hilota" a ser mostrado aos "espartanos" para educá-los. Seria possível demonstrar não ser verdade que Kerenski não tenha recorrido às medidas de força, antes pelo contrário; mas talvez precisamente este seu recurso à força acelerou o processo político que o levou de roldão. Na realidade, Kerenski teve muitos sucessos relativos e sua linha política não era equivocada em si; mas isto contou pouco no conjunto das forças desencadeadas em torno dele, que eram incontroláveis por políticos do tipo Kerenski, ou seja, pelo conjunto de forças sociais cuja expressão mais adequada era Kerenski.

§ 45. *Noções enciclopédicas. Comandar e obedecer.* Em que medida é verdade que obedecer seja mais fácil do que comandar. O comando próprio do autoritarismo. A espera passiva das ordens. Na obediência, há um elemento de comando e, no comando, um elemento de obediência (autocomando e auto-obediência). O *perinde ac cadaver* dos jesuítas. O caráter do comando e da obediência na esfera militar. Deve-se obedecer sem compreender para onde a obediência conduz e a que fim visa? Obedece-se neste sentido de bom grado, ou seja, livremente, quando se compreende que se trata de força maior: mas, para que se esteja convencido da força maior, é preciso que exista colaboração efetiva quando a força maior não existe.

Comandar por comandar é autoritarismo; mas comanda-se para que um fim seja alcançado, não só para resguardar as próprias responsabilidades jurídicas: "Eu dei a ordem: não sou responsável se ela não foi cumprida ou se foi mal cumprida, etc.; responsável é o executor, que falhou."

O comando do maestro: acordo prévio alcançado, colaboração, o comando como uma função distinta, não hierarquicamente imposta.

§ 55. *Noções enciclopédicas. Self-government e burocracia.* O autogoverno é uma instituição ou um costume político-administrativo, que pressupõe condições bem determinadas: a existência de um estrato social que viva de rendas, tenha uma prática tradicional dos negócios e goze de um certo prestígio entre as grandes massas populares por sua retidão e seu desinteresse (e também por alguns traços psicológicos, como saber exercer a autoridade com uma digna firmeza, sem arrogância nem soberbo distanciamento). Compreende-se, por isto, que o autogoverno só tenha sido possível na Inglaterra, onde a classe dos proprietários de terra, além das condições de independência econômica, jamais esteve em luta encarniçada contra a população (o que aconteceu na França) nem teve grandes tradições militares de corpo (como na Alemanha), com o distanciamento e o comportamento autoritário derivados. Mudança de significado do autogoverno em países não anglo-saxões: luta contra o centralismo da alta burocracia governamental, mas instituições confiadas a uma burocracia controlada imediatamente a partir de baixo. Burocracia tornada necessidade: a questão a ser posta deve ser a de formar uma burocracia honesta e desinteressada, que não abuse de sua função para tornar-se independente do controle do sistema representativo. Pode-se dizer que toda forma de sociedade tem sua formulação ou solução do problema da burocracia, e uma não pode ser igual à outra.

§ 64. *Passado e presente. O Pacto de Londres.* O art. 13 do Pacto de Londres estabelece que, no caso em que França e Inglaterra aumentassem seus domínios coloniais à custa da Alemanha, os dois países reconheceriam como princípio que a Itália poderia exigir compensações justas, especialmente na regulamentação das questões relativas à fronteira das colônias, etc. A imprecisão e a ambiguidade da formulação estão ligadas ao caráter do pacto, segundo o qual a Itália se comprometia a declarar guerra à Áustria e não à Alemanha [130]. Este elemento permanece como o fator central da política externa e da política de alianças da Itália naquele período. Por que se tomou esta decisão e como se sabia da atitude que tomaria a Alemanha, ou seja, que a Alemanha não iria declarar guerra à Itália? Problemas que permanecem ainda sem solução. Elementos para resolvê-los: 1) o documento Cadorna, que Salandra escreve não ter conhecido; 2) a posição de Salandra-Sonnino, pela qual eles não atraem Giolitti mas pretendem "fazer a história" sozinhos, isto é, em benefício de seu partido, sem no entanto conseguir dominar as forças políticas dominantes do país; 3) a posição de Giolitti em 1918-1919, ou seja, movimentos de Giolitti por uma Constituinte ou, pelo menos, por uma limitação do poder executivo, do que se poderia inferir que não se mantiveram pactos ou promessas feitas a Giolitti sem o conhecimento de Salandra e Sonnino.

§ 73. *Noções enciclopédicas. Doutrinários, etc.* O caráter "doutrinário" estritamente entendido de um grupo pode ser estabelecido por sua atividade real (política e organizativa) e não pelo conteúdo "abstrato" da própria doutrina. Um grupo de "intelectuais", pelo fato mesmo de se constituir numa certa dimensão quantitativa, demonstra representar "problemas sociais", para cuja solução as condições já existem ou estão prestes a aparecer. Chama-se "doutrinário" porque representa não só interesses imediatos mas também aqueles futuros (previsíveis) de um certo grupo: é "doutrinário" em sentido pejorativo quando se mantém numa posição puramente abstrata e acadêmica e não se esforça por organizar, educar e dirigir uma força política correspondente, de acordo com as "condições já existentes ou prestes a aparecer". Neste sentido, os "jacobinos" não foram de modo algum "doutrinários".

§ 80. *As colônias.* Estudar se e em que medida as colônias serviram para o povoamento, no sentido de que o colonialismo esteja ligado à exuberância demográfica das nações colonizadoras. É certo que foram mais ingleses para os Estados Unidos depois da separação do que quando os Estados Unidos eram colônia inglesa, etc.: mais ingleses para os Estados Unidos independentes do que para as colônias inglesas, etc. As colônias permitiram uma expansão das forças produtivas e, portanto, absorveram o excedente demográfico de uma série de países, mas não houve nisto influência do fator "domínio direto". A emigração segue leis próprias, de caráter econômico, ou seja, desencadeiam-se correntes migratórias nos diversos países segundo as mais diferentes necessidades de mão de obra ou de elementos técnicos dos próprios países. Um Estado é colonizador não por ser prolífico, mas por ser rico de capitais que podem ser investidos fora das próprias fronteiras, etc. Ver assim para quais países se dirigiram as correntes migratórias dos Estados sem colônias e quais destes países "podiam" se tornar suas colônias (abstratamente). A enorme maioria da emigração alemã, italiana, japonesa em direção a países não "colonizáveis".

§ 81. *Noções enciclopédicas. O espírito de corpo.* No sentido melhor do termo, poderia significar a concordância das intenções e da vontade, a compacta unidade moral pela qual importa que as coisas boas sejam feitas no interesse do todo único, não importa se por um ou por outro componente do todo. Comumente, porém, "espírito de corpo" assumiu um significado pejorativo, isto é, de "defesa" do todo contra as sanções para o mal praticado pelos indivíduos. E se compreende qual é a raiz da degeneração: é uma falsa compreensão daquilo que é o "todo". Assume-se como "todo" apenas uma fração dele, uma fração, naturalmente, subordinada, e através da "força" dada pelo espírito de corpo se visa e se tenta fazer com que a parte (subordinada) prevaleça sobre o todo, para exercer um poder indireto (se não for possível o direto) e obter privilégios. Ao se analisar um pouco mais, vê-se que, na raiz de tal espírito de corpo, está a ambição de uma pessoa ou de um pequeno grupo de pessoas (que então se chama "igrejinha", "grupelho", "quadrilha", "camarilha", etc.). O elemento burocrático — civil, mas especialmente militar — tem as maiores tendências ao espírito de corpo, que conduz à formação de "castas". O elemento psicológico e moral mais forte do espírito de corpo é o ponto de honra, a honra do corpo, naturalmente, que cria as paixões mais pervertidas e equívocas. A luta contra o espírito de corpo deteriorado é a luta do todo contra a parte, da coletividade contra as ambições dos indivíduos e contra os privilégios, do Estado contra as castas e as "associações para o crime".

§ 88. *Noções enciclopédicas. Posições de comando-alavancas de comando.* Expressões usadas em línguas diversas para dizer a mesma coisa. A expressão "posições de comando" talvez tenha uma origem de caráter militar; "alavancas de comando", uma origem evidentemente industrial. Na luta, é preciso ter as posições ou as alavancas de comando, aquilo que se chama de chaves da situação, etc.; isto é, quando se têm forças determinadas e limitadas, é preciso distribuí-las de modo a ter nas mãos as posições estratégicas que dominam o conjunto da situação e permitem guiar o desenvolvimento dos acontecimentos. (Um capitão que se aquartelasse no fundo de um vale e não se preocupasse em ocupar e fortificar os pontos altos vizinhos e as passagens obrigatórias facilmente poderia ser cercado, aprisionado ou destruído, ainda que em superioridade numérica: um grande canhão no fundo de um despenhadeiro ou numa elevação tem potencialidades diferentes, etc.)

§ 92. *Passado e presente. Nacionalizações.* Cf. o artigo de A. De Stefani no *Corriere* de 16 de março de 1932 ("La copertura delle perdite"): "Mesmo em tempos normais, nos atuais regimes protecionistas é toda a Nação que contribui para equilibrar sistematicamente o balanço das empresas e a formar seus ganhos [...]. O problema da cobertura dos prejuízos de uma empresa é precisamente o de sua repartição além do âmbito que deveria suportá-los diretamente em termos do direito comum: os proprietários (acionistas), os credores (emprestadores de dinheiro, prestadores de serviços e fornecedores). Tal processo poderia ser chamado, nos casos em que o Estado se responsabiliza pela cobertura dos prejuízos de uma empresa, de processo de nacionalização das perdas, uma extensão do princípio do ressarcimento das perdas de guerra e dos desastres naturais." Que se nacionalizem os prejuízos e não os lucros, que sejam ressarcidas as perdas criadas pela especulação (deliberada) mas não pelo desemprego (involuntário) é algo que não faz De Stefani rir.

§ 94. *Noções enciclopédicas. Homo homini lupus.* Fortuna obtida por esta expressão na ciência política, mas especialmente na ciência política dos filisteus nas tertúlias interioranas. Parece que a origem da fórmula deve ser buscada numa fórmula mais ampla devida aos religiosos medievais, em latim tosco: *Homo homini lupus, foemina foeminae lupior, sacerdos sacerdoti lupissimus.*

§ 103. *Sobre a China.* M. T. Z. Tyan, *Two years of nationalist China,* Kelly and Walsh, Xangai (de 1930 ou 1931). Obra documental (cerca de 500 páginas), que parece muito interessante e bem-feita. História de dois anos. *Kuomintang*, organização do Governo nacionalista, estatísticas sobre a vida chinesa, apêndice de documentos. O autor é diretor de *The Peking Leader*, jornal, e de *The Chinese Social and Political Review*; um dos jornalistas políticos chineses mais hábeis e preparados.

§ 107. *Noções enciclopédicas. Reich.* Quanto ao significado do termo *Reich*, que não significa de modo algum "império" (vi que na *Gerarchia* às vezes foi traduzido até mesmo como "reino"), observar que ele existe em todas as línguas germânicas e aparece no termo correspondente a *Reichstag* nas línguas escandinavas, etc.; parece realmente que *Reich* é termo germânico para indicar genericamente o "Estado" territorial.

§ 123. *Passado e presente. Balanço da guerra.* Camillo Pellizzi anuncia no *Corriere* de 7 de abril de 1932 o livro de Luigi Villari, *The War on the italian front* (Londres, Cobden-Sanderson, 1932, com prefácio de Sir Rennell Rodd). Num apêndice, são publicadas as cifras do balanço comparativo da guerra e Pellizzi reproduz as seguintes: a Itália mobilizou 14,48% de sua população, a França, 20,08%, a Inglaterra, 12,31%; a Itália teve 14% de mortos em relação ao número de mobilizados, a França, 16,15%, a Inglaterra, 11,05%; a Itália gastou na guerra mais de um quarto de sua riqueza total, a França menos de um sexto; a Itália perdeu 58,93% de sua tonelagem mercantil, a Grã-Bretanha, 43,63, a França, 39,44.

Seria preciso ver como estas cifras foram obtidas e se se trata de quantidades homogêneas. As cifras percentuais da mobilização podem ser tornadas inexatas em razão do fato de se calcularem todos os mobilizados de vários anos e se considerar o percentual em relação à população de um ano dado. Também para a tonelagem seria preciso saber a idade dos navios perdidos, porque se sabe que alguns países mantêm os navios em serviço por mais tempo do que outros, donde o maior número de desastres mesmo em tempo de paz. O cálculo da riqueza de um país varia sensivelmente de acordo com a honestidade fiscal na declaração de rendimentos, e esta forma de honestidade jamais é abundante.

§ 130. *Noções enciclopédicas e temas de cultura. Estatolatria.* Atitude de cada um dos diferentes grupos sociais em relação ao próprio Estado. A análise não seria exata se não se levassem em conta as duas formas sob as quais o Estado se apresenta na linguagem e na cultura das épocas determinadas, isto é, como sociedade civil e como sociedade política, como "autogoverno" e como "governo dos funcionários". Dá-se o nome de "estatolatria" a uma determinada atitude em relação ao "governo dos funcionários" ou sociedade política, que, na linguagem comum, é a forma de vida estatal a que se dá o nome de Estado e que vulgarmente é entendida como todo o Estado.

A afirmação de que o Estado se identifica com os indivíduos (com os indivíduos de um grupo social), como elemento de cultura ativa (isto é, como movimento para criar uma nova civilização, um novo tipo de homem e de cidadão), deve servir para determinar a vontade de construir, no invólucro da sociedade política, uma complexa e bem articulada sociedade civil, em que o indivíduo particular se governe por si sem que, por isto, este seu autogoverno entre em conflito com a sociedade política, tornando-se, ao contrário, sua normal continuação, seu complemento orgânico. Para alguns grupos sociais que, antes da elevação à vida estatal autônoma, não tiveram um longo período de desenvolvimento cultural e moral próprio e independente (como na sociedade medieval e nos governos absolutistas se tornara possível por causa da existência jurídica dos estamentos ou ordens privilegiadas), um período de estatolatria é necessário e até oportuno: esta "estatolatria" é apenas a forma normal de "vida estatal", de iniciação, pelo menos, à vida estatal autônoma e à criação de uma "sociedade civil" que não foi possível historicamente criar antes da elevação à vida estatal independente. Todavia, tal "estatolatria" não deve ser abandonada a si mesma, não deve, especialmente, tornar-se fanatismo teórico e ser concebida como "perpétua": deve ser criticada, exatamente para que se desenvolvam e se produzam novas formas de vida estatal, em que a iniciativa dos indivíduos e dos grupos seja "estatal", ainda que não se deva ao "governo dos funcionários" (fazer com que a vida estatal se torne "espontânea"). (Cf., infra, no § 142, o tema "Iniciativa individual".)

§ 131. *Noções enciclopédicas e temas de cultura.* 1) O lema da *Civiltà Cattolica: Beatus populus cuius Dominus Deus eius* (Sl. 143, 15). Os redatores da revista traduzem assim: "Bem-aventurado o povo que tem a Deus por seu Senhor." Mas será exato? A tradução é esta: "Bem-aventurado o povo que tem por Senhor o próprio Deus." Ou seja, o lema reproduz a exaltação da nação judaica e do Deus nacional judeu que era seu Senhor. Será que agora a *Civiltà Cattolica* quer igrejas nacionais, como está implícito no lema? (Cf. a tradução da Bíblia feita por Luzzi para a verificação dos textos.)

2) *Religião e política.* Um tema a ser estudado é este: se existe uma relação, e qual, entre a unidade religiosa de um país e a multiplicidade dos partidos e, inversamente, entre a unidade relativa dos partidos e a multiplicidade das Igrejas e seitas religiosas. Observa-se que nos Estados Unidos, onde os partidos políticos efetivos são dois ou três, existem centenas de Igrejas e seitas religiosas; na França, onde a unidade religiosa é notável, existem dezenas e dezenas de partidos. O que faz pensar é o caso da Rússia czarista, onde partidos políticos normal e legalmente não existiam ou eram reprimidos e existia tendência à multiplicidade das seitas religiosas mais impregnadas de fanatismo. Seria possível explicar observando que tanto o Partido quanto a Religião são formas de concepção do mundo e que a unidade religiosa é aparente, como é aparente a unidade política: a unidade religiosa oculta uma multiplicidade real de concepções do mundo que encontram expressão nos partidos, porque existe "indiferentismo" religioso, assim como a unidade política oculta uma multiplicidade de tendências que encontram expressão nas seitas religiosas, etc. Todo homem tende a ter uma só concepção do mundo orgânica e sistemática, mas, como as diferenciações culturais são muitas e profundas, a sociedade assume uma bizarra variedade de correntes que apresentam um colorido religioso ou um colorido político, de acordo com a tradição histórica.

§ 132. *Maquiavel. A paixão.* Se o conceito crociano da paixão como momento da política se choca com a dificuldade de explicar e justificar as formações políticas permanentes, como os partidos e, mais ainda, os exércitos nacionais e os Estados-Maiores, uma vez que não se pode conceber uma paixão organizada permanentemente sem que ela se torne racionalidade e reflexão ponderada, isto é, não mais paixão, a solução só pode ser encontrada na identidade entre política e economia [131]. A política é ação permanente e dá origem a organizações permanentes precisamente por se identificar com a economia. Mas também se distingue desta e, por isso, pode-se falar separadamente de economia e de política e pode-se falar de "paixão política" como um impulso imediato à ação, que nasce no terreno "permanente e orgânico" da vida econômica, mas o supera, fazendo entrar em jogo sentimentos e aspirações em cuja atmosfera incandescente o próprio cálculo da vida humana individual obedece a leis diversas daquelas do interesse individual, etc.

§ 141. *Maquiavel.* 1) Outro elemento a ser examinado é o das relações orgânicas entre a política interna e a política externa de um Estado. É a política interna que determina a política externa, ou vice-versa? Também neste caso é preciso distinguir entre grandes potências, com relativa autonomia internacional, e outras potências, e ainda entre diversas formas de governo (um Governo como o de Napoleão III tinha duas políticas, aparentemente: reacionária no plano interno e liberal no plano externo).

2) Condições de um Estado antes e depois de uma guerra. É evidente que contavam, numa aliança, as condições em que um Estado se encontra no momento da paz. Por isso, pode ocorrer que aquele que teve a hegemonia durante a guerra termine por perdê-la pelo enfraquecimento sofrido na luta e veja tornar-se hegemônico um "subalterno" que foi mais hábil ou mais "afortunado". Isto se verifica nas "guerras mundiais" quando a situação geográfica obriga um Estado a lançar todas as suas reservas no fogo: vence graças às alianças, mas a vitória o deixa prostrado, etc. Eis por que, no conceito de "grande

potência", deve-se levar em conta muitos elementos, especialmente os "permanentes", isto é, especialmente "potencialidade econômica e financeira" e população.

§ 142. *Noções enciclopédicas e temas de cultura. A iniciativa individual.* (Tema relacionado ao da "estatolatria", § 130, supra.) Elementos para formular a questão: identidade-distinção entre sociedade civil e sociedade política e, portanto, identificação orgânica entre indivíduos (de um determinado grupo) e Estado, de modo que "todo indivíduo é funcionário", não na medida em que é empregado pago pelo Estado e submetido ao controle "hierárquico" da burocracia estatal, mas na medida em que, "agindo espontaneamente", sua ação se identifica com os fins do Estado (ou seja, do grupo social determinado ou sociedade civil). Por isto, a iniciativa individual não é uma hipótese de "boa vontade", mas um pressuposto necessário. Mas compreende-se "iniciativa individual" no campo econômico e, exatamente, no sentido preciso de iniciativa de caráter "utilitário" imediato e estritamente pessoal, com a apropriação do lucro que a própria iniciativa determina num determinado sistema de relações jurídicas. Mas não é esta a única forma de iniciativa "econômica" que se manifesta historicamente (relação das grandes iniciativas individuais que terminaram em desastre nas últimas décadas: Kreuger, Stinnes; na Itália: irmãos Perrone; talvez sejam úteis, a este propósito, os livros de Lewinsohn): têm-se exemplos de tais iniciativas não "imediatamente interessadas", ou seja, "interessadas" no sentido mais elevado, do interesse estatal ou do grupo que constitui a sociedade civil [132]. Um exemplo admirável é a própria "alta burocracia" italiana, cujos componentes, se quisessem empregar numa atividade econômica voltada para a apropriação pessoal as qualidades de organizadores e de especialistas de que são dotados, teriam a possibilidade de obter uma posição financeira muito mais elevada do que aquela que lhes confere o Estado empresário: e não se pode dizer que a ideia da aposentadoria os mantenha fiéis à função pública, como ocorre com o estrato burocrático mais baixo.

§ 152. *Passado e presente*. Seria possível dizer que a burguesia francesa é o "*gargagnan* da civilização europeia" [133].

§ 162. *Maquiavel*. Estudos específicos sobre Maquiavel como "economista": Gino Arias publica, nos *Annali di Economia della Università Bocconi*, um estudo onde se encontram algumas indicações. (Estudo de Vincenzo Tangorra.) Parece que Chabod, em alguns textos sobre Maquiavel, considera que a quase ausência de referências econômicas em seus escritos é uma deficiência do florentino em comparação, por exemplo, com Botero (sobre a importância de Botero para o estudo da história do pensamento econômico, cf. Mario De Bernardi e resenha de Luigi Einaudi na *Riforma Sociale* de março-abril de 1932) [134].

É preciso fazer algumas observações gerais sobre o pensamento político de Maquiavel e sobre seu caráter de "atualidade", ao contrário de Botero, que tem caráter mais sistemático e orgânico ainda que menos vivo e original. Deve-se também recordar o caráter do pensamento econômico daquele tempo (referências no citado artigo de Einaudi) e a discussão sobre a natureza do mercantilismo (ciência econômica ou política econômica?). Se é verdade que o mercantilismo é uma mera política econômica, na medida em que não pode pressupor um "mercado determinado" e a existência de um "automatismo econômico" pré-formado, cujos elementos só se formam historicamente num determinado grau de desenvolvimento do mercado mundial, é evidente que o pensamento econômico não pode fundir-se no pensamento político geral, isto é, no conceito de Estado e das forças que, acredita-se, devam participar de sua composição. Se se provar que Maquiavel aspirava a suscitar laços entre cidade e campo e a ampliar a função das classes urbanas, até exigir delas que se despojassem de determinados privilégios feudal-corporativos em relação ao campo, para incorporar as classes rurais ao Estado, também se demonstrará que Maquiavel superou implicitamente em ideia a fase mercantilista e já dá sinais de caráter "fisiocrático", isto é, ele pensa num ambiente político-social que é aquele pressuposto pela economia clássica.

O professor Sraffa chama a atenção para uma possível aproximação entre Maquiavel e um economista inglês do século XVII, William Petty, que Marx considera o "fundador da economia clássica" e cujas obras completas foram traduzidas também para o francês [135]. (Marx falará dele nos volumes do *Mehrwert — História das doutrinas econômicas*.)

§ 179. *Estado ético ou de cultura*. Parece-me que o que de mais sensato e concreto se pode dizer a propósito do Estado ético e de cultura é o seguinte: todo Estado é ético na medida em que uma de suas funções mais importantes é elevar a grande massa da população a um determinado nível cultural e moral, nível (ou tipo) que corresponde às necessidades de desenvolvimento das forças produtivas e, portanto, aos interesses das classes dominantes. A escola como função educativa positiva e os tribunais como função educativa repressiva e negativa são as atividades estatais mais importantes neste sentido: mas, na realidade, para este fim tende uma multiplicidade de outras iniciativas e atividades chamadas privadas, que formam o aparelho da hegemonia política e cultural das classes dominantes. A concepção de Hegel é própria de um período em que o desenvolvimento extensivo da burguesia podia parecer ilimitado e, portanto, a eticidade ou universalidade desta classe podia ser afirmada: todo o gênero humano será burguês. Mas, na realidade, só o grupo social que propõe o fim do Estado e de si mesmo como objetivo a ser alcançado pode criar um Estado ético, tendente a eliminar as divisões internas de dominados, etc., e a criar um organismo social unitário técnico-moral.

§ 180. *Passado e presente. As grandes ideias*. As grandes ideias e as fórmulas vagas. As ideias são grandes na medida em que são realizáveis, isto é, na medida em que tornam clara uma relação real que é imanente à situação, e a tornam clara na medida em que mostram concretamente o processo das ações através das quais uma vontade coletiva organizada traz à luz aquela relação (a cria) ou, ao trazê-la à luz, a destrói, substituindo-a. Os grandes projetistas falastrões são o que são justamente porque não sabem ver os vínculos da "grande ideia" no ar com a realidade concreta, não sabem estabelecer o processo real de efetivação. O estadista de qualidade intui simultaneamente a ideia e o processo real de efetivação: formula ao mesmo tempo o projeto e o "regulamento" para a execução. O projetista falastrão procede "experimentando e voltando a experimentar"; de sua atividade se diz que "faz e desfaz sem parar". O que significa dizer em "ideia" que um regulamento deve estar ligado ao projeto? Que o projeto deve ser entendido por todo elemento ativo, de modo que ele veja qual deve ser sua tarefa na realização e efetivação; que o projeto, sugerindo uma ação, torna possível prever-lhe as consequências positivas e negativas, de adesão e de reação, e contém em si as respostas a estas adesões ou reações, vale dizer, oferece um terreno de organização. Este é um aspecto da unidade de teoria e prática.

Corolário: todo grande político não pode deixar de ser também um grande administrador; todo grande estrategista, um grande tático; todo grande doutrinário, um grande organizador. Isto, aliás, pode ser um critério de avaliação: julga-se o teórico, o formulador de planos por suas qualidades de administrador, e administrar significa prever as ações e as operações necessárias para realizar o plano, inclusive as "moleculares" (e as mais complexas, é óbvio).

Naturalmente, também é justo o contrário: de uma ação necessária se deve saber remontar ao princípio correspondente. Criticamente, este processo é de suma importância. Julga-se a partir do que é feito, não do que é dito. Constituições estatais > leis > regulamentos: são os regulamentos, ou melhor, sua aplicação (que se dá mediante circulares) que indicam a real estrutura política e jurídica de um país e de um Estado.

§ 185. *Fase econômico-corporativa do Estado.* Se é verdade que nenhum tipo de Estado pode deixar de atravessar uma fase de primitivismo econômico-corporativa, disso se deduz que o conteúdo da hegemonia política do novo grupo social que fundou o novo tipo de Estado deve ser predominantemente de ordem econômica: trata-se de reorganizar a estrutura e as relações reais entre os homens e o mundo econômico ou da produção. Os elementos de superestrutura só podem ser escassos e seu caráter será de previsão e de luta, mas com elementos "de plano" ainda escassos: o plano cultural será principalmente negativo, de crítica do passado, tenderá a fazer esquecer e a destruir: as linhas da construção serão ainda "grandes linhas", esboços, que poderiam (e deveriam) ser modificados a cada momento, para ser coerentes com a nova estrutura em formação. Isto, precisamente, não se verifica no período das Comunas; aliás, a cultura, que permanece função da Igreja, é exatamente de caráter antieconômico (da economia capitalista nascente), não está orientada para dar a hegemonia à nova classe, mas, ao contrário, para impedir que esta classe a conquiste: por isso, o Humanismo e o Renascimento são reacionários, porque assinalam a derrota da nova classe, a negação do mundo econômico que lhe é próprio, etc.

§ 190. *Conceito de Estado.* Curzio Malaparte, na introdução a seu livreto *Technique du coup d'État*, parece afirmar a equivalência da fórmula "Tudo no Estado, nada fora do Estado, nada contra o Estado" com a proposição "Onde existe a liberdade não existe o Estado". Nesta proposição, o termo "liberdade" não é entendido no significado comum de "liberdade política, ou seja, de imprensa, etc.", mas se contrapõe a "necessidade" e se relaciona com a proposição de Engels sobre a passagem do reino da necessidade ao reino da liberdade. Malaparte sequer desconfia do significado da proposição [136].

§ 191. *Hegemonia e democracia.* Entre os muitos significados de democracia, parece-me que o mais realista e concreto se possa deduzir em conexão com o conceito de hegemonia. No sistema hegemônico, existe democracia entre o grupo dirigente e os grupos dirigidos na medida em que o desenvolvimento da economia e, por conseguinte, a legislação que expressa este desenvolvimento favorecem a passagem molecular dos grupos dirigidos para o grupo dirigente. Existia no Império Romano uma democracia imperial-territorial na concessão da cidadania aos povos conquistados, etc. Não podia existir democracia no feudalismo em virtude da constituição dos grupos fechados, etc.

§ 193. *Relações entre cidade e campo.* Para obter dados sobre as relações entre as nações industriais e as nações agrícolas e, portanto, elementos para o problema da situação semicolonial dos países agrícolas (e das colônias internas nos países capitalistas), deve-se ver o livro de Mihail Manoilesco, *La teoria del protezionismo e dello scambio internazionale*, Milão, Treves, 1931. Manoilesco escreve que "o produto do trabalho de um operário industrial é, em geral, sempre trocado pelo produto do trabalho de muitos operários agrícolas, em média um para cinco". Por isso, ele fala de uma "exploração invisível" dos países agrícolas pelos países industriais. Manoilesco é o atual governador do Banco Nacional Romeno e seu livro expressa as tendências ultraprotecionistas da burguesia romena.

§ 195. *A proposição de que "a sociedade não se põe problemas para cuja solução ainda não existam as premissas materiais"* [137]. É o problema da formação de uma vontade coletiva que decorre imediatamente desta proposição, e analisar criticamente o que significa a proposição implica indagar como se formam as vontades coletivas permanentes e como tais vontades se propõem objetivos imediatos e mediatos concretos, isto é, uma linha de ação coletiva. Trata-se de processos de desenvolvimento mais ou menos longos, e raramente de explosões "sintéticas" inesperadas. Também as "explosões" sintéticas se verificam, mas, observando de perto, vê-se que nestes casos se trata de destruir mais do que reconstruir, de remover obstáculos exteriores e mecânicos ao desenvolvimento original e espontâneo: pode-se assim assumir como exemplares as Vésperas sicilianas.

Seria possível estudar concretamente a formação de um movimento histórico coletivo, analisando-o em todas as suas fases moleculares, o que habitualmente não se faz porque tornaria pesada qualquer exposição: em vez disso, aceitam-se as correntes de opinião já constituídas em torno de um grupo ou de uma personalidade dominante. É o problema que modernamente se expressa em termos de partido ou de coalizão de partidos afins: como se inicia a constituição de um partido, como se desenvolve sua força organizada e influência social, etc. Trata-se de um processo molecular, em escala mínima, de análise dificílima, capilar, cuja documentação é constituída por uma quantidade incrível de livros, opúsculos, artigos de revistas e de jornais, de conversações e debates verbais que se repetem infinitas vezes e que, em seu conjunto gigantesco, representam este trabalho do qual nasce uma vontade coletiva com um certo grau de homogeneidade, o grau que é necessário e suficiente para determinar uma ação coordenada e simultânea no tempo e no espaço geográfico em que o fato histórico se verifica.

Importância das utopias e das ideologias confusas e racionalistas na fase inicial dos processos históricos de formação das vontades coletivas: as utopias, o racionalismo abstrato têm a mesma importância das velhas concepções do mundo historicamente elaboradas por acumulação de experiências sucessivas. O que importa é a crítica à qual este complexo ideológico é submetido pelos primeiros representantes da nova fase histórica: através desta crítica tem-se um processo de distinção e de modificação no peso relativo que os elementos das velhas ideologias possuíam: aquilo que era secundário e subordinado, ou mesmo acessório, é considerado principal, torna-se o núcleo de um novo complexo ideológico e doutrinário. A velha vontade coletiva desagrega-se em seus elementos contraditórios, porque os elementos subordinados destes últimos se desenvolvem socialmente, etc.

Depois da formação do regime dos partidos, fase histórica ligada à estandardização de grandes massas da população (comunicações, jornais, grandes cidades, etc.), os processos moleculares se manifestam com mais rapidez do que no passado, etc.

CADERNO 9 (1932)

§ 23. *Temas de cultura.* Individualismo e individualidade (consciência da responsabilidade individual) ou personalidade. Deve-se ver quanto há de justo na tendência contra o individualismo e quanto de errôneo e perigoso. Atitude contraditória, necessariamente. Dois aspectos, negativo e positivo, do individualismo. Questão, portanto, a ser posta historicamente e não abstratamente, esquematicamente. Reforma e Contrarreforma. A questão se apresenta diferentemente nos países que tiveram a Reforma ou que foram paralisados pela Contrarreforma. O homem-coletivo ou conformismo imposto e o homem coletivo ou conformismo proposto (mas, então, se pode chamar de conformismo?). Consciência crítica não pode nascer sem uma ruptura do conformismo católico ou autoritário e, portanto, sem um florescimento da individualidade: a relação entre o homem e a realidade deve ser direta ou através de uma casta sacerdotal (tal como a relação entre homem e deus no catolicismo, que afinal é uma metáfora da relação entre o homem e a realidade)? Luta contra o individualismo é luta contra um determinado individualismo, com um determinado conteúdo social, e precisamente contra o individualismo econômico num período em que ele se tornou anacrônico e anti-histórico (não esquecer, porém, que ele foi historicamente necessário e representou uma fase do desenvolvimento progressivo). Que se lute para destruir um conformismo autoritário, tornado retrógrado e embaraçoso, e se chegue ao homem-coletivo através de uma fase de desenvolvimento da individualidade e da personalidade crítica é uma concepção dialética difícil de ser compreendida pelas mentalidades esquemáticas e abstratas. Assim como é difícil compreender que se sustente que através da destruição de uma máquina estatal se chegue a criar uma outra, mais forte e complexa, etc.

§ 25. *Temas de cultura. O maquiavelismo de Stenterello.* Stenterello é muito mais esperto do que Maquiavel. Quando Stenterello adere a uma iniciativa política, faz saber a todos que é muito esperto e que a ele ninguém engana, sequer ele próprio. Adere à iniciativa porque é esperto, mas é ainda mais esperto porque sabe que o é e quer que todos o saibam. Por isto, explicará a todos o que significa "exatamente" a iniciativa à qual aderiu: trata-se, falta dizer, de uma maquinação bem montada, bem articulada, e a maior astúcia consiste no fato de que foi preparada com a convicção de que todos são imbecis e se deixarão embrulhar. Precisamente: Stenterello quer que se saiba que não é ele quem se deixa embrulhar, ele tão esperto; aceita a operação porque ela embrulhará os outros, não a ele. E, como entre os outros sempre existem alguns espertos, Stenterello dá-lhes uma piscadela e explica, e analisa: "Olhem aí, sou um de vocês! Nós nos entendemos. Prestem atenção para não acreditar que eu acredite... Trata-se de um 'maquiavelismo', certo?" E Stenterello passa assim por ser o mais esperto dos espertos, o mais inteligente dos inteligentes, o herdeiro direto, e sem necessidade de inventário, da tradição de Maquiavel.

Outro aspecto da questão: quando se propõe uma iniciativa política, Stenterello não se dá ao trabalho de ver a importância da proposta, para aceitá-la e trabalhar para divulgá-la, defendê-la, sustentá-la. Stenterello acredita que sua missão é a de ser a vestal do fogo sagrado. Reconhece que a iniciativa não é contrária às tábuas sagradas e assim acredita ter cumprido sua parte. Ele sabe que estamos cercados de traidores, de trânsfugas, e está de arma em punho para defender o altar e o fogo sagrado. Aplaude e dispara, e assim faz a história com o auxílio de uma boa garrafa.

(Em torno desta rubrica, na forma de esboços sobre o Stenterello político, podem ser agrupados outros temas, como o da desvalorização do adversário feita por razões políticas, mas que se torna uma convicção e, assim, leva à superficialidade e à derrota, etc.) [138].

§ 26. *Passado e presente. Economicismo, sindicalismo, desvalorização de qualquer movimento cultural, etc.* Recordar polêmica, antes de 1914, entre Tasca e Amadeo, com reflexo na *Unità* de Florença. Diz-se com frequência que o extremismo "economicista" era justificado pelo oportunismo culturalista (e isso é dito para toda a área de conflito), mas não se poderia também dizer o contrário, que o oportunismo culturalista estava justificado pelo extremismo economicista? Na realidade, nem um nem outro eram "justificáveis" e jamais devem ser justificados. Deverão ser "explicados" de modo realista como dois aspectos da mesma imaturidade e do mesmo primitivismo [139].

§ 27. *Temas de cultura. O maquiavelismo de Stenterello.* Stenterello pensa especialmente no futuro. O presente o preocupa menos do que o futuro. Tem um inimigo que deveria combater. Mas por que combater, se o inimigo deve necessariamente desaparecer, arrastado pela fatalidade da história? Existem outras coisas a fazer além de combater o inimigo imediato. Mais perigosos são os inimigos mediatos, aqueles que assediam o legado de Stenterello, aqueles que combatem o mesmo inimigo de Stenterello, pretendendo ser seus herdeiros. Que pretensões são estas? Como se ousa duvidar que Stenterello será o herdeiro? Stenterello, portanto, não combate o inimigo imediato, mas aqueles que, para sucedê-lo, pretendem combater este mesmo inimigo. Stenterello é tão esperto que só ele compreende que estes são os verdadeiros e únicos inimigos. Muito esperto, este Stenterello!

§ 32. *Economia nacional.* Toda a atividade econômica de um país só pode ser julgada em relação ao mercado internacional, "existe" e deve ser avaliada quando inserida numa unidade internacional. Daí a importância do princípio dos custos comparados e a solidez que mantêm os teoremas fundamentais da economia clássica contra as críticas verbalistas dos teóricos de toda nova forma de mercantilismo (protecionismo, economia dirigida, corporativismo, etc.). Não existe um "balanço" puramente nacional da economia, nem para seu conjunto nem sequer para uma atividade particular. Todo o conjunto econômico nacional projeta-se no excedente que é exportado em troca de uma correspondente importação, e se, no conjunto econômico nacional, uma determinada mercadoria ou serviço custa muito, é produzida de modo antieconômico, esta perda se reflete no excedente exportado, transforma-se num "presente" do país ao exterior ou, pelo menos (já que nem sempre se pode falar de "presente"), numa perda nítida do país em relação ao exterior, na avaliação de sua estatura relativa e absoluta no mundo econômico internacional.

Se se produz trigo num país a alto preço, as mercadorias industriais exportadas e produzidas por trabalhadores alimentados com aquele trigo, a preço igual ao da equivalente mercadoria estrangeira, contêm congelada uma maior quantidade de trabalho nacional, uma maior quantidade de sacrifícios do que a mesma mercadoria estrangeira. Trabalha-se para o "exterior" com sacrifício; fazem-se sacrifícios para o exterior, não para o próprio país. As classes que no interior se aproveitam desses sacrifícios não constituem a "nação", mas representam uma exploração exercida por "estrangeiros" sobre as forças realmente nacionais, etc.

§ 33. *Passado e presente. Elite e décima parte submersa.* Deve-se formular a pergunta se, em uma sociedade qualquer, é possível a constituição de uma elite, sem que para ela conflua uma grande quantidade de elementos pertencentes à "décima parte submersa" social [140]. Mas a pergunta se torna necessária se a elite se constitui no terreno de uma doutrina que pode ser interpretada de modo fatalista: afluem então, acreditando poder justificar idealmente sua pobreza de iniciativa, sua vontade deficiente, sua falta de paciente perseverança e concentração de esforços, todos os fracassados, os medíocres, os derrotados, os descontentes com o fato de que o maná não caia dos céus e das pedras não jorre leite; também estes são uma forma de "décima parte submersa" das sociedades em que a luta pela existência é encarniçada e nos países pobres, nos quais só se pode conseguir um lugar ao sol depois de lutas encarniçadas. Assim se pode ter uma elite ao contrário, uma vanguarda de inválidos, uma cabeça voltada para trás.

§ 39. *Temas de cultura. Elementos da vida política francesa.* Os monarquistas construíram a doutrina histórico-política (que tentam popularizar) segundo a qual o Império e a República até agora significaram a invasão do território nacional francês. Duas invasões relacionadas à política de Napoleão I (1814 e 1815), uma à política de Napoleão III (1870-1871) e uma à da Terceira República (1914) dão o material de agitação. Os republicanos também se servem dos mesmos materiais, mas naturalmente seu ponto de vista não é o dos monarquistas, que pode parecer até derrotista, na medida em que põe as causas da invasão nas instituições francesas e não, como os republicanos sustentam, nos inimigos hereditários da França, em primeiro lugar a Prússia (mais do que a Alemanha; e esta distinção tem importância, porque decorre da política francesa tendente a isolar a Prússia e a tornar aliados da França a Baviera e os alemães meridionais, incluídos os austríacos). Este modo de apresentar a questão ante as massas populares por parte das várias tendências do nacionalismo está longe de ser destituído de eficácia. Mas será historicamente exato? Quantas vezes a Alemanha foi invadida pelos franceses? (Seria preciso também contar entre as invasões francesas a ocupação do Ruhr em 1923.) E quantas vezes a Itália foi invadida pelos franceses? E quantas vezes a França foi invadida pelos ingleses, etc.? (As invasões inglesas: a luta da nação francesa para expulsar o invasor e libertar o território formou a nação francesa antes da Revolução; previsível do ponto de vista do patriotismo e do nacionalismo, embora o argumento anti-inglês, por causa das guerras da Revolução e de Napoleão, se arraste, especialmente na literatura para os jovens — Verne, etc. —, até a época da Terceira República e não esteja completamente morto.) Mas, depois de 1870, o mito nacionalista do perigo prussiano absorveu toda ou quase toda a atenção dos propagandistas de direita e criou a atmosfera de política exterior que sufoca a França.

§ 52. *Passado e presente.* No segundo volume de suas *Memórias* (edição francesa, II, p. 233 e ss.), W. Steed narra como em 30 de outubro de 1918 o doutor Kramár, líder do partido jovem-tcheco, que fora aprisionado e condenado à morte na Áustria, se encontrou em Genebra com Benes. Os dois tiveram grande dificuldade para "se compreenderem". Desde 1915, Benes havia vivido e trabalhado nos países da *Entente* e assimilado o modo de pensar deles, ao passo que Kramár, que permanecera na Áustria, apesar de tudo havia recebido a maior parte de suas impressões de guerra através da cultura e da propaganda alemã e austríaca. "À medida que transcorria a conversação, Benes compreendeu o amplo fosso que separava os pontos de vista dos Aliados e da Europa Central sobre a guerra. Comunicou-me suas impressões no retorno a Paris e eu compreendi que, se a diferença de pensamento podia ser tão grande entre dois patriotas tchecos, tanto maior devia ser entre os Aliados e os povos germânicos, a ponto, verdadeiramente, de excluir toda possibilidade de entendimento entre eles até que se formulasse um vocabulário ou um grupo de pensamentos comuns." Por isto, Steed propõe a Northcliffe transformar o escritório de propaganda e dedicá-lo a este fim: criar a possibilidade de que os alemães compreendessem aquilo que havia sucedido e por quê, de modo a "desencantar", por assim dizer, o povo alemão e fazer com que aceitasse como necessária a paz que a *Entente* imporia.

Trata-se, como se vê, de duas ordens de fatos e de observações: 1°) Homens cujo pensamento seja fundamentalmente idêntico, depois de viver separados e em condições de vida tão diferentes, terminam por compreender-se a duras penas, criando-se assim a necessidade de um período de trabalho comum, imprescindível para se porem no mesmo diapasão. Se não se compreende esta necessidade, corre-se o risco banal de criar polêmicas sem substância sobre questões de "vocabulário", quando seria preciso fazer outras coisas. Isto reforça o princípio de que em todo movimento o grau de preparação do pessoal não deve ser entendido abstratamente (como fato exteriormente cultural, de elevação cultural), mas como preparação "coerente" e coordenada, de modo que no pessoal exista, como visão, identidade no modo de pensar e, portanto, rapidez no entendimento para operar em conjunto e de modo ágil. 2°) Não só dois campos inimigos não mais se compreenderão por longo tempo depois do fim da luta, mas não se compreenderão nem mesmo os elementos afins entre si que existem nos dois campos como massa e que, depois da luta, deveriam convergir rapidamente. Não cabe pensar que, dada a afinidade, a reunião deva acontecer automaticamente, mas é preciso prepará-la com um trabalho de longo alcance sobre toda a área, isto é, em toda a extensão do domínio cultural, e não abstratamente, isto é, partindo de princípios gerais sempre válidos, mas concretamente, com base na experiência do passado imediato e do presente imediato, da qual os princípios devem brotar como férrea necessidade, e não como *a priori*.

§ 60. *Passado e presente. Do sonhar de olhos abertos e do fantasiar.* Prova de falta de caráter e de passividade. Imagina-se que um fato tenha ocorrido e que o mecanismo da necessidade tenha sido invertido. A própria iniciativa se tornou livre. Tudo é fácil. Pode-se tudo aquilo que se quer e se quer toda uma série de coisas que não se possui no presente. No fundo, é o presente invertido que se projeta no futuro. Tudo o que é reprimido se desencadeia. É preciso, ao contrário, dirigir violentamente a atenção para o presente assim como é, se se quer transformá-lo. Pessimismo da inteligência, otimismo da vontade [141].

§ 65. *Passado e presente.* A história mestra da vida, as lições da experiência, etc. Também Benvenuto Cellini (*Vita*, livro segundo, últimas palavras do capítulo XVII) escreve: "É bem verdade que se diz: tu aprenderás para uma nova ocasião. Isto não vale, porque a (fortuna) sempre procede de modos diversos e nunca imaginados" [142]. Talvez se possa dizer que a história é mestra da vida e que a experiência ensina, etc., não no sentido de que se possa extrair, a partir do modo como se desenrolou uma série de acontecimentos, um critério seguro de ação e de conduta para acontecimentos semelhantes, mas só no sentido de que, sendo a produção dos acontecimentos reais o resultado de um concurso contraditório de forças, é preciso tentar ser a força determinante. O que se deve entender em muitos sentidos, porque se pode ser a força determinante não só pelo fato de ser a força quantitativamente predominante (o que nem sempre é possível e factível), mas pelo fato de ser aquela qualitativamente predominante, e isto pode ocorrer quando se tem espírito de iniciativa, se apreende o "momento bom", se mantém a vontade num estado contínuo de tensão de modo a ter a capacidade de fazer a investida em cada momento escolhido (sem necessidade de longos preparativos que deixam escapar o instante mais favorável), etc. Um aspecto de tal modo de considerar as coisas aparece no aforismo de que a melhor tática de defesa é o ataque. Sempre estamos na defensiva contra o "acaso", ou seja, o concurso imprevisível de forças contrastantes que nem sempre podem ser todas identificadas (e negligenciar apenas uma delas impede que se preveja a combinação efetiva das forças que sempre dá originalidade aos acontecimentos), e podemos "atacá-lo" no sentido de intervir ativamente em sua produção e, de nosso ponto de vista, torná-lo menos "acaso" ou "natureza" e mais efeito de nossa atividade e vontade.

§ 83. *Bibliografias.* Sobre o Império Britânico. 1) Alfred Zimmerman, *Il terzo Impero Britannico*, tradução de Mario Zecchi, Roma, Formiggini, 1931; 2) Fabio Mann, *La posizione dei Dominions e dell'India nel Commonwealth Britannico*, Roma, Società Ed. del Foro Italiano, 1931. (Parece que são muito bem-feitos e de grande interesse. Mann pertence à escola de Jemolo, que escreveu o prefácio para o volume póstumo de seu discípulo) [143].

§ 86. *Literatura de funcionários.* O ministro plenipotenciário Antonino D'Alia escreveu um *Saggio di Scienza politica* (Roma, Treves, 1932, in-8°, XXXII-710 p.), que seria simultaneamente uma história universal e um manual de Política e de Diplomacia (segundo Alberto Lumbroso, que o exalta no *Marzocco* de 17 de abril de 1932).

CADERNO 14 (1932-1935)

§ 3. *Maquiavel. Centro.* Seria bastante educativo um estudo minucioso dos partidos de centro em sentido amplo. Termo exato, extensão do termo, mudança histórica do termo e da acepção. Por exemplo, os jacobinos foram um partido extremista: hoje, são tipicamente de centro; do mesmo modo, os católicos (em sua massa); do mesmo modo, também, os socialistas, etc. Creio que uma análise dos partidos de centro e de sua função constitui uma parte importante da história contemporânea.

E não devemos nos deixar iludir pelas palavras ou pelo passado; é certo, por exemplo, que os "niilistas" russos devem ser considerados partido de centro, assim como até os "anarquistas" modernos. A questão é se, por simbiose, um partido de centro não serve a um partido "histórico"; por exemplo, o partido hitleriano (de centro) a Hugenberg e Papen (extremistas: extremistas num certo sentido, agrários e em parte industriais, dada a particular história alemã) [144]. Partidos de centro e partidos "demagógicos" ou burguês-demagógicos.

O estudo da política alemã e francesa no inverno de 1932-1933 fornece uma massa de materiais para esta pesquisa, como no caso da contraposição da política externa à política interna (mas é sempre a política interna que dita as decisões, entenda-se, de um país determinado: de fato, é claro que a iniciativa de um país, devida a razões internas, se tornará "externa" para o país que sofre a iniciativa).

§ 9. *Maquiavel. Quem é o legislador?* Num estudo sobre teoria financeira (dos impostos), de Mamo Fasiani ("Schemi teorici ed 'exponibilia' finanziari", na *Riforma Sociale* de setembro-outubro de 1932), fala-se de "suposta vontade daquele ser um tanto mítico, chamado legislador". A expressão cautelosa tem dois significados, isto é, refere-se a duas ordens bem distintas de observações críticas. Por um lado, refere-se ao fato de que as consequências de uma lei podem ser diversas das "previstas", isto é, desejadas conscientemente pelo legislador individual, com o que, "objetivamente", a *voluntas legislatoris*, ou seja, os efeitos previstos pelo legislador individual, é substituída pela *voluntas legis*, ou seja, pelo conjunto de consequências efetivas que o legislador individual não previra, mas que, de fato, derivam de uma determinada lei. (Naturalmente, deve-se ver se os efeitos que o legislador individual prevê em palavras são por ele previstos *bona fide* ou apenas para criar o ambiente favorável à aprovação da lei, se os "fins" que o legislador individual diz querer alcançar não são um simples meio de propaganda ideológica ou demagógica.) Mas a expressão cautelosa também tem outro significado que precisa e define o primeiro: a palavra "legislador" pode ser efetivamente interpretada num sentido muito amplo, "até o ponto de indicar o conjunto de crenças, sentimentos, interesses e raciocínios difundidos numa coletividade num dado período histórico". O que, na realidade, significa: 1) que o legislador individual (deve-se entender legislador individual não só no caso restrito da atividade parlamentar-estatal, mas também em qualquer outra "atividade individual" que pretenda, em esferas mais ou menos amplas da vida social, modificar a realidade segundo certas diretrizes) jamais pode desenvolver ações "arbitrárias", anti-históricas, porque sua iniciativa, uma vez efetivada, atua como uma força em si no círculo social determinado, provocando ações e reações que são intrínsecas a este círculo, além de intrínsecas ao ato em si; 2) que todo ato legislativo, ou de vontade diretiva e normativa, deve também e especialmente ser avaliado objetivamente, em virtude das consequências efetivas que poderá ter; 3) que nenhum legislador pode ser visto como indivíduo, salvo abstratamente e por comodidade de linguagem, porque, na realidade, expressa uma determinada vontade coletiva disposta a tornar efetiva sua "vontade", que só é "vontade" porque a coletividade está disposta a dar-lhe efetividade; 4) que, portanto, qualquer indivíduo que prescinda de uma vontade coletiva e não procure criá-la, suscitá-la, ampliá-la, reforçá-la, organizá-la, é simplesmente um pretensioso, um "profeta desarmado", um fogo-fátuo.

Sobre este tema, ver o que diz Pareto sobre as ações *lógicas* e *não lógicas* em sua *Sociologia.* Segundo Fasiani, para Pareto são "ações *lógicas* aquelas que unem logicamente o meio ao fim, não só segundo o juízo do sujeito agente (fim subjetivo), mas também segundo o juízo do observador (fim objetivo). As ações não lógicas não têm este caráter. Seu fim objetivo difere do fim subjetivo". Fasiani não se satisfaz com esta terminologia paretiana, mas sua crítica permanece no mesmo terreno puramente *formal* e esquemático de Pareto [145].

§ 11. *Temas de cultura. As grandes potências mundiais.* Uma reconstrução histórico-crítica dos regimes políticos dos Estados que têm uma função decisiva na vida mundial. O ponto mais interessante, ao que parece, deve ser este: como a Constituição escrita se adapta (é adaptada) à variação das conjunturas políticas, especialmente as desfavoráveis às classes dominantes. Portanto, é necessária a exposição objetiva e analítica da Constituição e de todas as leis orgânicas, mas esta descrição deve ser feita segundo o modelo da que se fez sobre a Constituição espanhola de 1812 no volume *Quistione d'Oriente* (ed. italiana; na ed.

francesa, no volume VIII dos *Escritos políticos*); mas é especialmente necessária uma análise crítica das forças políticas constitutivas dos diferentes Estados, forças que devem ser vistas numa adequada perspectiva histórica [146]. Assim, o estudo do regime presidencial americano (Estados Unidos da América), com sua unidade entre chefe de Governo e chefe de Estado, é de difícil compreensão para um europeu moderno médio: no entanto, ele é semelhante ao regime das repúblicas comunais medievais italianas (fase econômico-corporativa do Estado). Em toda Constituição, devem ser vistos os pontos que permitem a passagem legal do regime constitucional-parlamentar ao ditatorial: exemplo, o art. 48 da Constituição de Weimar, que tanta importância teve na história alemã recente [147]. Na Constituição francesa (cujo desenvolvimento é do máximo interesse), a figura do presidente da República tem possibilidades de desenvolvimento das quais ainda não foi necessário lançar mão, mas cujo emprego não se pode excluir (recordar as tentativas de MacMahon e a recente de Millerand). Ainda se deve ver em que relação com a Constituição se encontram outras leis orgânicas (recordar, no caso da Itália, a função que em certas ocasiões teve a lei municipal e provincial e a de segurança pública). Pode-se dizer, em geral, que as Constituições são acima de tudo "textos educativos" ideológicos e que a Constituição "real" está noutros documentos legislativos (mas, especialmente, na relação efetiva das forças sociais no momento político-militar). Um estudo sério destes temas, feito com perspectiva histórica e com métodos críticos, pode ser um dos meios mais eficazes para combater a abstração mecanicista e o fatalismo determinista. Como bibliografia, pode-se mencionar, por uma parte, os estudos de geopolítica, para a descrição das forças econômico-sociais constitutivas e suas possibilidades de desenvolvimento, e, por outra, livros como o de Bryce sobre as democracias modernas [148]. Mas para cada país é necessária uma bibliografia especializada sobre a história geral, sobre a história constitucional, sobre a história dos partidos políticos, etc. (o Japão e os Estados Unidos me parecem os temas mais fecundos de educação e de ampliação dos horizontes culturais). A história dos partidos e das correntes políticas não pode ser separada da história dos grupos e das tendências religiosas. Os Estados Unidos e o Japão, precisamente, oferecem um terreno de exame excepcional para compreender a interdependência entre os grupos religiosos e os políticos, isto é, para compreender como todo obstáculo legal ou de violência privada ao desenvolvimento espontâneo das tendências políticas e a sua organização em partido determina uma multiplicação de seitas religiosas. Deste ponto de vista, a história político-religiosa dos Estados Unidos pode ser comparada à da Rússia czarista (com a diferença, importante, de que na Rússia czarista, se faltava a liberdade política legal, também faltava a liberdade religiosa e, portanto, o sectarismo religioso assumia formas patológicas e excepcionais). Nos Estados Unidos, legalmente e de fato não falta a liberdade religiosa (dentro de certos limites, como atesta o processo contra o darwinismo) e, se legalmente (dentro de certos limites) não falta a liberdade política, esta falta efetivamente em razão da pressão econômica e também da violência privada aberta [149]. Deste ponto de vista, assume importância o exame crítico da organização judiciária e de polícia, que deixam impune e apoiam a violência privada voltada para impedir a formação de outros partidos além do republicano e do democrático. Mesmo o surgimento de novas seitas religiosas é quase sempre estimulado e financiado por grupos econômicos, para canalizar os efeitos da compressão político-cultural. As enormes somas destinadas na América à atividade religiosa têm um fim político-cultural bem preciso. Nos países católicos, dado o centralismo hierárquico vaticanista, a criação de novas ordens religiosas (que substitui a criação de seitas dos países protestantes) não cumpre suficientemente seu objetivo (como antes da Reforma) e recorre-se a soluções de caráter local: novos santos, novos milagres, campanhas missionárias, etc. Pode-se recordar, por exemplo, que, em 1911-1912, à tentativa na Itália Meridional de formar politicamente os camponeses através de uma campanha pelo livre-câmbio (contra os fabricantes de açúcar especialmente, dado que o açúcar é mercadoria popular ligada à alimentação das crianças, dos doentes, dos velhos), contrapôs-se uma campanha missionária tendente a suscitar o fanatismo popular supersticioso, às vezes até de forma violenta (pelo menos, no caso da Sardenha). Que estivesse ligada à campanha pelo livre-câmbio se depreende do fato de que simultaneamente, nos chamados *Misteri* (semanário popularíssimo, com tiragem de milhões de cópias), se convidava a orar pelos "pobres produtores de açúcar" atacados "à maneira de Caim" pelos "maçons", etc. [150]

§ 13. *Maquiavel. Quem é legislador?* O conceito de "legislador" não pode deixar de identificar-se com o conceito de "político". Como todos são "políticos", todos são também "legisladores". Mas será necessário fazer distinções. "Legislador" tem um significado jurídico-estatal preciso, isto é, significa aquelas pessoas que estão habilitadas pelas leis para legislar. Mas pode ter também outros significados. Todo homem, na medida em que é ativo, isto é, vivo, contribui para modificar o ambiente social em que se desenvolve (para modificar determinadas características dele ou para conservar outras), isto é, tende a estabelecer "normas", regras de vida e de conduta. O círculo de atividades será maior ou menor, a consciência da própria ação e dos objetivos será maior ou menor; além disso, o poder representativo será maior ou menor e será mais ou menos praticado pelos "representados" em sua expressão sistemática normativa. Um pai é um legislador para os filhos, mas a autoridade paterna será mais ou menos consciente e mais ou menos obedecida, e assim por diante. Em geral, pode-se dizer que a distinção entre o conjunto dos homens e outros homens mais especificamente legisladores é dada pelo fato de que este segundo grupo não só elabora diretrizes que se devem tornar norma de conduta para os outros, mas, ao mesmo tempo, elabora os instrumentos através dos quais as próprias diretrizes serão "impostas" e será controlada sua aplicação. Deste segundo grupo, o poder legislativo máximo reside no pessoal estatal (funcionários eleitos e de carreira), que têm à disposição as forças coercivas legais do Estado. Mas não se pode dizer que os dirigentes de organismos e organizações "privadas" também não disponham de sanções coercivas, até a pena de morte. A capacidade máxima do legislador pode se deduzir do fato de que, à perfeita elaboração das diretrizes, corresponde uma perfeita predisposição dos organismos de execução e de controle e uma perfeita preparação do consenso "espontâneo" das massas, que devem "viver" aquelas diretrizes, modificando seus hábitos, sua vontade e suas convicções de acordo com aquelas diretrizes e com os objetivos que elas se propõem atingir.

Se cada um é legislador no sentido mais amplo do termo, continua a ser legislador ainda que aceite diretrizes de outros; executando-as, controla sua execução também por parte dos outros, compreendendo-as em seu espírito, divulga-as, quase transformando-as em regulamentos de aplicação particular a zonas de vida restrita e individualizada.

§ 18. *Maquiavel. Voluntarismo e garibaldismo.* É preciso distinguir: uma coisa é o voluntarismo ou garibaldismo que se teoriza como forma orgânica de atividade histórico-política e se exalta com frases que são apenas uma transposição da linguagem do super-homem indivíduo a um conjunto de "super-homens" (exaltação das minorias ativas como tais, etc.); outra coisa é o voluntarismo ou garibaldismo concebido como momento inicial de um período orgânico a ser preparado e desenvolvido, no qual a participação da coletividade orgânica, como bloco social, aconteça de modo completo. As "vanguardas" sem exército de apoio, os *arditi* sem infantaria e artilharia são também transposições da linguagem do heroísmo retórico; mas não as vanguardas e os *arditi* como funções especializadas de organismos complexos e regulares. O mesmo vale para a concepção das elites de intelectuais sem massa, mas não dos intelectuais que se sentem ligados organicamente a uma massa nacional-popular. Na realidade, luta-se contra estas degenerações de falsos heroísmos e de pseudoaristocracias estimulando a formação de blocos sociais homogêneos e compactos, capazes de produzir um grupo de intelectuais, de *arditi*, uma sua própria vanguarda, que reagem sobre o bloco para desenvolvê-lo e não só para perpetuar seu domínio cigano. A *bohème* parisiense do romantismo também esteve na origem intelectual de muitos modos de pensar atuais, mesmo que pareçam ridicularizar aqueles *bohémiens.* {C}

§ 23. *Maquiavel. Cesarismo e equilíbrio "catastrófico" das forças político-sociais.* Seria um erro de método (um aspecto do mecanicismo sociológico) considerar que, nos fenômenos de cesarismo, tanto nos progressistas quanto nos reacionários ou nos de caráter intermediário episódico, qualquer novo fenômeno histórico derive do equilíbrio entre as forças "fundamentais"; também é necessário examinar as relações que se estabelecem entre os grupos principais (de tipo variado, social-econômico e técnico-econômico) das classes fundamentais e as forças auxiliares guiadas ou submetidas à influência hegemônica. Desse modo, não se compreenderia o golpe de Estado de 2 de dezembro sem se estudar a função dos grupos militares e dos camponeses franceses [151].

Um episódio histórico muito importante desse ponto de vista é o chamado movimento em torno do caso Dreyfus na França; também ele deve ser considerado nesta série de observações, não porque tenha levado ao "cesarismo", mas exatamente pelo contrário: porque impediu a ocorrência de um cesarismo de caráter nitidamente reacionário, que estava em gestação. Mas o movimento Dreyfus é característico porque são elementos do próprio bloco social dominante que frustram o cesarismo da parte mais reacionária do mesmo bloco, apoiando-se não nos camponeses, no campo, mas nos elementos subordinados da cidade guiados pelo reformismo socialista (e também na parte mais avançada do campesinato). Encontramos outros movimentos histórico-políticos modernos do tipo Dreyfus que certamente não são revoluções, mas não são inteiramente reações, ao menos no sentido de que quebram cristalizações estatais sufocantes também no campo dominante e inserem na vida do Estado e nas atividades sociais um pessoal diferente e mais numeroso do que o precedente: também estes movimentos podem ter um conteúdo relativamente "progressista", ao indicar que, na velha sociedade, estavam latentes forças operosas que os velhos dirigentes não sabiam aproveitar, mesmo que fossem "forças marginais", mas não absolutamente progressistas, por não poder "marcar época". Tornam-se historicamente efetivas em razão da debilidade construtiva do antagonista, não de uma força própria interior, e, portanto, estão ligadas a uma situação determinada de equilíbrio das forças em luta, ambas incapazes de expressar no próprio campo uma vontade reconstrutiva autônoma.

§ 32. *Maquiavel. Teoria e prática.* Relida a famosa dedicatória de Bandello a Giovanni delle Bande Nere, onde se fala de Maquiavel e de suas tentativas inúteis de organizar, segundo suas teorias da arte da guerra, uma multidão de soldados no campo de batalha, enquanto Giovanni delle Bande Nere, "num piscar de olhos, com o auxílio dos tambores", organizou "aquela gente de variados modos e formas, com grandíssima admiração de quem ali se encontrava" [152]. Parece claro que nem Bandello nem Giovanni tiveram qualquer propósito de "ridicularizar" Maquiavel por sua incapacidade, e o próprio Maquiavel não se sentiu ofendido. A utilização deste caso para tirar conclusões a respeito do caráter abstrato de Maquiavel é um contrassenso e demonstra que não se compreende sua exata dimensão. Maquiavel não era um militar de profissão, eis tudo; isto é, não conhecia a "linguagem" das ordens e dos sinais militares (cornetas, tambores, etc.). Por outro lado, é preciso muito tempo para que um conjunto de soldados, sargentos, suboficiais, oficiais adquira o hábito de evoluir em certa direção. Um ordenamento teórico das tropas pode ser ótimo em tudo, mas, para ser aplicado, deve se tornar "regulamento", disposições de exercício, etc., "linguagem" compreendida imediatamente e aplicada quase automaticamente. Sabe-se que muitos legisladores de primeira ordem não sabem fazer "regulamentos" burocráticos, organizar funções e selecionar o pessoal para aplicar as leis, etc. Portanto, de Maquiavel se pode dizer apenas que foi muito apressado em improvisar-se como "tambor".

A questão, no entanto, é importante: não se pode separar o administrador-funcionário do legislador, o organizador do dirigente, etc. Mas isto não se aplica sequer hoje e a "divisão do trabalho" supre não só a incapacidade relativa, mas integra "economicamente" a atividade principal do grande estrategista, do legislador, do líder político, que recorrem à ajuda de especialistas para fazer "regulamentos", "instruções", "ordenamentos práticos", etc.

§ 33. *Maquiavel.* Interpretação do *Príncipe.* Se, como está escrito noutras notas, a interpretação do *Príncipe* deve (ou pode) ser feita pondo-se como centro do livro a invocação final, deve-se rever quanto de "real" existe na chamada interpretação "satírica e revolucionária" da obra (como se expressa Enrico Carrara na nota ao trecho respectivo dos *Sepolcri*, em sua obra didática *Storia ed esempi della Letteratura Italiana*, VII, *L'Ottocento*, Ed. Signorelli, Milão, p. 59) [153]. No que se refere a Foscolo, não me parece que se deve falar de uma interpretação particular do *Príncipe,* isto é, da atribuição a Maquiavel de intenções veladamente democráticas e revolucionárias; parece-me mais justa a observação de Croce (no livro *Storia del Barocco*), que corresponde literalmente aos *Sepolcri:* "Maquiavel, pelo próprio fato de 'temperar' o cetro, etc., de tornar o poder dos príncipes mais coerente e consciente, cresta seus louros, destrói os mitos, mostra o que é realmente este poder, etc."; ou seja, a ciência política, como ciência, é útil tanto aos governantes quanto aos governados para se compreenderem reciprocamente [154].

Ao contrário, nos *Ragguagli del Parnaso*, de Boccalini, a questão do *Príncipe* é apresentada de modo inteiramente diverso dos *Sepolcri.* Mas deve-se perguntar: a quem Boccalini quer satirizar? A Maquiavel ou a seus adversários? Boccalini apresenta a questão assim: "Os inimigos de Maquiavel consideram-no homem digno de punição porque revelou como os príncipes governam e, assim, instruiu o povo; 'colocou dentes de cães nas ovelhas', destruiu os mitos do poder, o prestígio da autoridade, tornou mais difícil governar, porque os governados podem saber a este respeito tanto quanto os governantes, as ilusões se tornaram impossíveis, etc." Deve-se ver toda a posição política de Boccalini, que nesta comparação parece-me satirizar os antimaquiavélicos, os quais são antimaquiavélicos não porque não façam na realidade o que Maquiavel escreveu, isto é, são antimaquiavélicos não porque Maquiavel tenha errado, mas porque tudo o que Maquiavel escreveu "se faz e não se diz", ou melhor, é factível exatamente porque não é explicado e sistematizado criticamente. Maquiavel é odiado porque "revelou os truques e segredos" da arte de governar, etc. [155]

A questão também se põe hoje e a experiência da vida dos partidos modernos é instrutiva; muitas vezes se ouve recriminação por mostrar criticamente os erros dos governantes: "Mostrando aos governantes os erros que praticam, vocês os ensinam a não cometer erros", isto é, "fazem o jogo deles". Esta concepção está ligada à teoria infantil do "quanto pior, melhor", o medo de "fazer o jogo" dos adversários é dos mais cômicos e liga-se ao conceito tolo de considerar os adversários sempre como estúpidos; liga-se também à incompreensão das "necessidades" histórico-políticas, segundo a qual "certos erros devem ser cometidos" e criticá-los é útil para educar o próprio lado.

Parece que as intenções de Maquiavel ao escrever *O Príncipe* foram mais complexas e, inclusive, "mais democráticas" do que teriam sido segundo a interpretação "democrática". Maquiavel considera ser tão grande a necessidade do Estado unitário nacional que todos aceitarão, para atingir este elevadíssimo fim, o emprego dos únicos meios adequados. Pode-se, portanto, dizer que Maquiavel propôs-se educar o povo, mas não no sentido que habitualmente se dá a esta expressão ou, pelo menos, lhe deram certas correntes democráticas. Para Maquiavel, "educar o povo" pode ter significado apenas torná-lo convencido e consciente de que pode existir uma única política, a realista, para alcançar o fim desejado e que, portanto, é preciso cerrar fileiras e obedecer exatamente àquele príncipe que emprega tais métodos para alcançar o fim, porque só quem almeja o fim almeja os meios adequados para alcançá-lo. Em tal sentido, a posição de Maquiavel deve ser aproximada daquela dos teóricos e dos políticos da filosofia da práxis, que também procuraram construir e difundir um "realismo" popular, de massa, e tiveram de lutar contra uma forma de "jesuitismo" adaptada aos novos tempos. A "democracia" de Maquiavel é de um tipo adequado aos tempos em que ele viveu, ou seja, é o consenso ativo das massas populares em favor da monarquia absoluta como limitadora e destruidora da anarquia feudal e senhorial e do poder dos padres, *como* fundadora de grandes Estados territoriais nacionais, função que a monarquia absoluta não podia realizar sem o apoio da burguesia e de um exército permanente, nacional, centralizado, etc.

§ 34. *Maquiavel. Partidos políticos e funções de polícia.* É difícil excluir que haja algum partido político (dos grupos dominantes, mas também de grupos subalternos) que não exerça também uma função de polícia, isto é, de defesa de uma determinada ordem política e legal. Se isto for demonstrado taxativamente, a questão deve ser posta noutros termos: ou seja, sobre os modos e as orientações com que se exerce essa função. O sentido é repressivo ou expansivo, isto é, de caráter reacionário ou progressista? Um determinado partido exerce sua função de polícia para conservar uma ordem externa, extrínseca, freio das forças vivas da história, ou a exerce no sentido de levar o povo a um novo nível de civilização, da qual a ordem política e legal é uma expressão programática? De fato, uma lei encontra quem a infringe: 1) entre os elementos sociais reacionários que a lei alijou do poder; 2) entre os elementos progressistas que a lei reprime; 3) entre os elementos que não alcançaram o nível de civilização que a lei pode representar. Portanto, a função de polícia de um partido pode ser progressista ou reacionária: é progressista quando aspira a manter na órbita da legalidade as forças reacionárias alijadas do poder e a elevar ao nível da nova legalidade as massas atrasadas. É reacionária quando aspira a reprimir as forças vivas da história e a manter uma legalidade ultrapassada, anti-histórica, tornada extrínseca. De resto, o funcionamento de um dado partido fornece critérios discriminantes: quando o partido é progressista, funciona "democraticamente" (no sentido de um centralismo democrático); quando o partido é reacionário, funciona "burocraticamente" (no sentido de um centralismo burocrático). Neste segundo caso, o partido é puro executor, não deliberante: ele, então, é tecnicamente um órgão de polícia e seu nome de partido político é uma pura metáfora de caráter mitológico.

§ 48. *Passado e presente. Centralismo orgânico e centralismo democrático. Disciplina.* Como deve ser entendida a disciplina, se se entende com esta palavra uma relação continuada e permanente entre governantes e governados que realiza uma vontade coletiva? Certamente, não como acolhimento servil e passivo de ordens, como execução mecânica de uma tarefa (o que, no entanto, também será necessário em determinadas ocasiões, como, por exemplo, no meio de uma ação já decidida e iniciada), mas como uma assimilação consciente e lúcida da diretriz a realizar. Portanto, a disciplina não anula a personalidade em sentido orgânico, mas apenas limita o arbítrio e a impulsividade irresponsável, para não falar da fátua vaidade de sobressair. Bem examinado, também o conceito de "predestinação", próprio de algumas correntes do cristianismo, não anula o chamado "livre-arbítrio" na concepção católica, uma vez que o indivíduo aceita "voluntariamente" a vontade divina (assim Manzoni formula a questão em *Pentecoste*), a qual, é verdade, ele não poderia contrariar, mas com a qual colabora, ou não, com todas as suas forças morais. Portanto, a disciplina não anula a personalidade e a liberdade: a questão da "personalidade e liberdade" se apresenta não em razão da disciplina, mas da "origem do poder que ordena a disciplina". Se esta origem for "democrática", ou seja, se a autoridade for uma função técnica especializada e não um "arbítrio" ou uma imposição extrínseca e exterior, a disciplina é um elemento necessário de ordem democrática, de liberdade. Será o caso de dizer "função técnica especializada" quando a autoridade se exercer num grupo homogêneo socialmente (ou nacionalmente); quando se exercer em termos de um grupo sobre outro grupo, a disciplina será autônoma e livre para o primeiro, mas não para o segundo.

Em caso de ação iniciada ou mesmo já decidida (sem que se tenha tempo para rediscutir de modo útil a decisão), a disciplina também pode parecer extrínseca e autoritária. Mas outros elementos, então, a justificam. É observação de senso comum que uma decisão (orientação) parcialmente errada pode produzir menos danos do que uma desobediência, ainda que justificada com razões gerais, uma vez que, aos danos parciais da orientação parcialmente errada, juntam-se os outros danos da desobediência e da duplicação de orientações (isto se verificou muitas vezes nas guerras, quando generais não obedeceram a ordens parcialmente errôneas e perigosas, provocando catástrofes piores e frequentemente irremediáveis).

§ 49. *Maquiavel. O Estado.* O professor Júlio Miskolczy, diretor da Academia Húngara de Roma, escreve em *Magyar Szemle* (artigo reproduzido na *Rassegna della Stampa Estera* de 3-10 de janeiro de 1933) que, na Itália, "o Parlamento, que antes se situava, por assim dizer, fora do Estado, permaneceu um colaborador valioso, mas foi inserido no Estado e sofreu uma modificação essencial em sua composição", etc. Afirmar que o Parlamento pode ser "inserido" no Estado é uma descoberta de ciência e técnica política digna dos Cristóvão Colombo do reacionarismo moderno. Todavia, a afirmação é interessante porque mostra como muitos políticos concebem o Estado na prática. E, na realidade, deve-se formular a questão: os Parlamentos fazem parte da estrutura dos Estados, mesmo nos países onde parece que os Parlamentos têm o máximo de eficiência, ou que função real desempenham? Se a resposta for positiva, de que modo eles fazem parte do Estado e como exercem sua função particular? Mas: a existência dos Parlamentos, mesmo se organicamente não fazem parte do Estado, será destituída de significado estatal? E que fundamento têm as acusações que se fazem ao parlamentarismo e ao regime dos partidos, que é inseparável do parlamentarismo? (fundamento objetivo, naturalmente, ou seja, ligado ao fato de que a existência dos Parlamentos, de per si, obstaculiza e retarda a ação *técnica* do Governo). Compreende-se que o regime representativo possa "aborrecer" politicamente a burocracia de carreira; mas não é este o ponto. O ponto é se o regime representativo e dos partidos, em vez de ser um mecanismo adequado para escolher funcionários eleitos que completem e equilibrem os burocratas nomeados, para impedir sua petrificação, transformou-se num estorvo e num mecanismo contraproducente, e por qual razão. De resto, até uma resposta afirmativa a estas perguntas não esgota a questão: porque, mesmo admitindo (o que se deve admitir) que o parlamentarismo se tornou ineficiente e inclusive prejudicial, não se pode concluir que o regime burocrático deve ser reabilitado e exaltado. É preciso ver se parlamentarismo e regime representativo se identificam e se não é possível uma solução diferente tanto do parlamentarismo quanto do regime burocrático, com um novo tipo de regime representativo.

§ 50. *Passado e presente.* A expressão: "briga de irmãos, faca nas mãos". Afinal, será assim tão estranho e irracional que as lutas e os ódios se tornem tão maiores e mais ferozes quanto mais dois elementos "parecem" próximos e levados pela "força das coisas" a se entenderem e a colaborar? Não parece. Pelo menos "psicologicamente" o fato se explica. Com efeito, ninguém pode esperar nada de bom de um inimigo ou de um adversário; ao contrário, tem o direito de esperar, e de fato espera, unidade e colaboração de quem lhe está próximo, de quem a ele se liga por vínculos de solidariedade ou de qualquer outro tipo. Com efeito, a expressão "briga de irmãos, faca nas mãos" não só se aplica aos laços de afeto, mas também aos laços constituídos pelas obrigações legais. Que cause danos a você quem é inimigo ou mesmo quem lhe seja apenas "indiferente" não suscita reações sentimentais de exasperação. Mas se quem causa danos tinha o dever moral de ajudar (nas associações voluntárias) ou a obrigação legal de agir de outro modo (nas associações de tipo estatal), isto o exaspera e aumenta o dano, porque torna difícil prever o futuro, impede fazer projetos e planos, fixar uma linha de conduta. É certo que todo homem busca fixar o maior número possível de referências certas em sua conduta, limitar o "casual" e a "força maior"; no esforço desta limitação entra no cálculo a solidariedade, a palavra dada, as promessas feitas por outros, que deveriam levar a alguns fatos certos. Se estes vêm a faltar por desleixo, por negligência, por imperícia, por deslealdade, ao mal que daí resulta se acrescenta a exasperação moral que é típica desta ordem de relações. Se um inimigo lhe causa um dano e você se lamenta por isto, você é um estúpido, porque é próprio dos inimigos causar danos. Mas, se um amigo o prejudica, justifica-se o ressentimento.

Assim, se um representante da lei comete uma ilegalidade, a reação é diversa de quando um bandido comete a ilegalidade. Por isto, parece-me que não há razão para surpreender-se com a ferocidade nas lutas e nos ódios entre os que são próximos (por exemplo, entre dois partidos ditos afins); o contrário seria surpreendente, ou seja, a indiferença e a insensibilidade moral, como acontece nos choques entre inimigos abertos e declarados.

§ 51. *Maquiavel. Moral e política.* Verifica-se uma luta. Avalia-se a "equidade" e a "justiça" das pretensões das partes em conflito. Chega-se à conclusão de que uma das partes não tem razão, suas pretensões não são justas ou até mesmo estão privadas de senso comum. Estas conclusões são o resultado de modos de pensar difusos, populares, compartilhados pela própria parte que é deste modo atingida pela desaprovação. Apesar disso, esta parte continua a dizer que "tem razão", que a "justiça" está com ela e, o que mais conta, continua a lutar, sacrificando-se, o que significa que suas convicções não são superficiais e sem raízes, não são razões polêmicas para salvar as aparências, mas são realmente profundas e operam nas consciências. Significará que o problema está mal posto e mal resolvido. Que os conceitos de equidade e de justiça são puramente formais. De fato, pode ocorrer que, de duas partes em conflito, ambas tenham razão "se as coisas ficarem como estão", ou que uma pareça ter mais razão que a outra "se as coisas ficarem como estão", mas não tenha razão "se as coisas mudarem". Ora, precisamente num conflito, aquilo que se deve avaliar não são as coisas assim como estão, mas os fins que as partes em conflito propõem com o próprio conflito; e como este fim, que ainda não existe como realidade efetiva e passível de julgamento, poderá ser julgado? E por quem poderá ser julgado? Não se tornará o próprio julgamento um elemento do conflito, isto é, não será ele apenas uma força do jogo a favor ou em prejuízo de uma das partes? De qualquer modo, pode-se dizer: 1) que, num conflito, todo juízo de moralidade é absurdo, porque ele só se pode basear nos dados de fato existentes, que o conflito visa precisamente a modificar; 2) que o único juízo possível é o "político", isto é, de conformidade do meio ao fim (logo, implica uma identificação do fim ou dos fins, graduados numa escala sucessiva de aproximação). Um conflito é "imoral" quando torna o fim mais distante ou não cria condições que tornem o fim mais próximo (ou seja, não cria meios mais adequados à conquista do fim), mas não é "imoral" de outros pontos de vista "moralistas". Desse modo, não se pode julgar o político por ser ele honesto ou não, mas por cumprir ou não seus compromissos (e neste cumprimento pode estar compreendido "ser honesto", isto é, ser honesto pode ser um fator político necessário, e em geral o é, mas o juízo é político e não moral). Ele é julgado não pelo fato de atuar com equidade, mas pelo fato de obter ou não resultados positivos, ou evitar um resultado negativo, e nisto pode ser necessário "atuar com equidade", mas como meio político e não como juízo moral.

§ 53. *Maquiavel. A força dos partidos agrários.* Um dos fenômenos característicos da época moderna é este: nos parlamentos ou, pelo menos, numa série deles, os partidos agrários têm uma força relativa que não corresponde a sua função histórica, social, econômica. Isto se deve ao fato de que se manteve no campo um bloco de todos os elementos da produção agrária, bloco muitas vezes dirigido pela parte mais retrógrada desses elementos, enquanto nas cidades e entre as populações de tipo urbano há já algumas gerações um bloco semelhante se dissolveu, se é que alguma vez existiu (uma vez que não podia existir, não se ampliava o sufrágio eleitoral). Ocorre assim que, em países eminentemente industriais, dada a desagregação dos partidos médios, os agrários mantêm o predomínio "parlamentar" e impõem diretrizes políticas "anti-históricas". É preciso estabelecer por que isto ocorre e se os responsáveis por isto não são os partidos urbanos com seu corporativismo ou economicismo estreito.

§ 54. *Passado e presente.* Além do fluxo dos impostos (as rendas patrimoniais são negligenciáveis), os Governos têm à disposição as grandes somas representadas pelo movimento dos seguros, que muitas vezes são imponentes. Deve-se ver se através dos seguros não se conseguem impor novos impostos. Ver quanto custa o seguro e se ele é "pago" com maior ou menor facilidade, imediatamente ou com atraso; se, tornando-o mais barato, pode ser mais difundido, quais classes estão cobertas e quais excluídas; o seguro é uma forma de poupança, aliás, a mais típica e popular. Como o Estado reintegra as somas que recolhe através dos institutos de seguro? Com bônus do Tesouro ou com dívida pública? De qualquer modo, o Governo tem a possibilidade de gastar sem o controle do Parlamento. Está excluída uma falência ou dificuldades dos seguros? Os seguros são organizados como uma espécie de jogo lotérico: calcula-se sempre que haverá lucro, e considerável. Erro: o lucro deveria ser reduzido às margens do cálculo das probabilidades atuariais. Além disto: os enormes capitais à disposição da seguridade deveriam ter investimento seguro, certamente, não imediatista, mas produtivo num sentido mais elástico do que os investimentos de Estado. Como o Estado, através da obrigação de conversão em títulos do patrimônio de uma série de entidades, especialmente beneficentes, conseguiu expropriar partes consideráveis do patrimônio dos pobres: exemplo, o *Collegio delle Province*, de Turim. As conversões dos ativos e a inflação, ainda que a longo prazo, são catastróficas para tais entidades e as destroem completamente.

§ 68. *Maquiavel.* Texto (em forma de perguntas e respostas) de Giuseppe Bessarione, de setembro de 1927, sobre alguns pontos essenciais de ciência e de arte políticas [156]. O ponto que, em minha opinião, deve ser desenvolvido é o seguinte: como, segundo a filosofia da práxis (em sua manifestação política), seja na formulação de seu fundador, mas especialmente nos esclarecimentos dados por seu mais recente grande teórico, a situação internacional deve ser considerada em seu aspecto nacional. Realmente, a relação "nacional" é o resultado de uma combinação "original" única (em certo sentido), que deve ser compreendida e concebida nesta originalidade e unicidade se se quer dominá-la e dirigi-la. Por certo, o desenvolvimento é no sentido do internacionalismo, mas o ponto de partida é "nacional", e é deste ponto de partida que se deve partir. Mas a perspectiva é internacional e não pode deixar de ser. É preciso, portanto, estudar exatamente a combinação de forças nacionais que a classe internacional deverá dirigir e desenvolver segundo a perspectiva e as diretrizes internacionais. A classe dirigente só será dirigente se interpretar exatamente esta combinação, da qual ela própria é componente, e só como tal pode dar ao movimento uma determinada orientação, de acordo com determinadas perspectivas. Parece-me que é neste ponto que se localiza a divergência fundamental entre Leão Davidovitch e Bessarione como intérprete do movimento majoritário. As acusações de nacionalismo não são válidas se se referem ao núcleo da questão. Se se estuda o esforço empreendido pelos majoritários de 1902 a 1917, vê-se que sua originalidade consiste em depurar o internacionalismo de todo elemento vago e puramente ideológico (em sentido pejorativo), para dar-lhe um conteúdo de política realista. O conceito de hegemonia é aquele em que se reúnem as exigências de caráter nacional e podemos compreender por que certas tendências não falam deste conceito ou apenas se referem a ele de passagem. Uma classe de caráter internacional, que guia camadas sociais estritamente nacionais (intelectuais) e, muitas vezes, menos ainda que nacionais, particularistas e municipalistas (os camponeses), deve se "nacionalizar" num certo sentido, sentido este que não é, aliás, muito estreito, porque, antes de se formarem as condições de uma economia segundo um plano mundial, é necessário atravessar fases múltiplas em que as combinações regionais (de grupos de nações) podem ser variadas. Por outro lado, não se deve jamais esquecer que o desenvolvimento histórico segue as leis da necessidade até que a iniciativa passe nitidamente às forças que visam à construção segundo um plano, de pacífica e solidária divisão do trabalho.

Vê-se por absurdo que os conceitos não nacionais (isto é, que não se referem a cada país determinado) são errados; eles levaram à passividade e à inércia em duas fases bastante distintas: 1) na primeira fase, ninguém acreditava que devia começar, ou seja, considerava que, começando, ficaria isolado; na expectativa de que todos se movimentassem simultaneamente, ninguém se movia e organizava o movimento; 2) a segunda fase é talvez pior, porque se espera uma forma de "napoleonismo" anacrônico e antinatural (já que nem todas as fases históricas se repetem da mesma maneira). As debilidades teóricas desta forma moderna do velho mecanicismo são mascaradas pela teoria geral da revolução permanente, que não passa de uma previsão genérica apresentada como dogma e que se destrói por si mesma, pelo fato de que não se manifesta efetivamente.

§ 70. *Maquiavel. Quando se pode dizer que um partido está formado e não pode ser destruído por meios normais.* A questão de saber quando um partido está formado, isto é, tem uma missão precisa e permanente, dá lugar a muitas discussões e com frequência também gera, infelizmente, uma forma de vaidade que não é menos ridícula e perigosa do que a "vaidade das nações" de que fala Vico [157]. Na verdade, pode-se dizer que um partido jamais se completa e se forma, no sentido de que cada desenvolvimento cria novos encargos e tarefas e no sentido de que, para certos partidos, é verdadeiro o paradoxo de que só se completam e se formam quando já não existem mais, isto é, quando sua existência se tornou historicamente inútil. Assim, como cada partido é apenas uma nomenclatura de classe, é evidente que, para o partido que se propõe anular a divisão em classes, sua perfeição e seu acabamento consistem em não existir mais, porque já não existem classes e, portanto, suas expressões. Mas aqui queremos nos referir a um momento particular deste processo de desenvolvimento, ao momento subsequente àquele em que um fato pode existir e pode não existir, no sentido de que a necessidade de sua existência ainda não se tornou "peremptória", mas depende em "grande parte" da existência de pessoas de extraordinário poder volitivo e de extraordinária vontade. Quando um partido se torna historicamente "necessário"? Quando as condições de seu "triunfo", de seu inevitável tornar-se Estado estão pelo menos em via de formação e deixam prever normalmente seus novos desenvolvimentos. Mas quando é possível dizer, em tais condições, que um partido não pode ser destruído por meios normais? Para responder a isto, é preciso desenvolver um raciocínio: para que um partido exista, é necessária a confluência de três elementos fundamentais (isto é, três grupos de elementos). 1) Um elemento difuso, de homens comuns, médios, cuja participação é dada pela disciplina e pela fidelidade, não pelo espírito criativo e altamente organizativo. Sem eles o partido não existiria, é verdade, mas também é verdade que o partido não existiria "somente" com eles. Eles constituem uma força na medida em que existe quem os centraliza, organiza e disciplina; mas, na ausência dessa força de coesão, eles se dispersariam e se anulariam numa poeira impotente. Não se nega que cada um desses elementos possa se transformar numa das forças de coesão, mas falamos deles exatamente no momento em que não o são nem estão em condições de sê-lo, e, se o são, apenas o são num círculo restrito, politicamente ineficiente e inconsequente. 2) O elemento de coesão principal, que centraliza no campo nacional, que torna eficiente e poderoso um conjunto de forças que, abandonadas a si mesmas, representariam zero ou pouco mais; este elemento é dotado de força altamente coesiva, centralizadora e disciplinadora e também (ou melhor, talvez por isto mesmo) inventiva, se se entende inventiva numa certa direção, segundo certas linhas de força, certas perspectivas, certas premissas. Também é verdade que, por si só, este elemento não formaria o partido, mas poderia servir para formá-lo mais do que o primeiro elemento considerado. Fala-se de capitães sem exército, mas, na realidade, é mais fácil formar um exército do que formar capitães. Tanto isto é verdade que um exército já existente é destruído se faltam os capitães, ao passo que a existência de um grupo de capitães, harmonizados, de acordo entre si, com objetivos comuns, não demora a formar um exército até mesmo onde ele não existe. 3) Um elemento médio, que articule o primeiro com o segundo elemento, que os ponha em contato não só "físico", mas moral e intelectual. Na realidade, existem para cada partido "proporções definidas" entre estes três elementos e se alcança o máximo de eficiência quando tais "proporções definidas" são realizadas [158].

Dadas estas considerações, pode-se dizer que um partido não pode ser destruído por meios normais quando, existindo necessariamente o segundo elemento, cujo nascimento está ligado à existência das condições materiais objetivas (e, se este segundo elemento não existe, qualquer raciocínio é vazio), ainda que em estado disperso e errante, não podem deixar de se formar os outros dois, isto é, o primeiro que necessariamente forma o terceiro como sua continuação e seu meio de expressão. Para que isto ocorra, é preciso que se tenha criado a convicção férrea de que uma determinada solução dos problemas vitais seja necessária. Sem esta convicção não se formará o segundo elemento, cuja destruição é mais fácil em virtude de seu número restrito, mas é necessário que este segundo elemento, se destruído, deixe como herança um fermento a partir do qual volte a se formar. E onde este fermento subsistirá melhor e poderá se formar melhor do que no primeiro e no terceiro elementos, que, evidentemente, são os mais homogêneos em relação ao segundo? Por isso, a atividade do segundo elemento para constituir este elemento é fundamental. O critério para julgar este segundo elemento deve ser procurado: 1) naquilo que realmente faz; 2) naquilo que prepara na hipótese de sua destruição. É difícil dizer qual dos dois fatos é o mais importante. Como na luta deve-se sempre prever a derrota, a preparação dos próprios sucessores é um elemento tão importante quanto tudo o que se faz para vencer.

A propósito da "vaidade" de partido, pode-se dizer que ela é pior do que a vaidade das nações de que fala Vico. Por quê? Porque uma nação não pode deixar de existir, e, no fato de que ela existe, é sempre possível, ainda que com boa vontade e forçando os textos, achar que a existência é plena de destino e de significação. Um partido, ao contrário, pode deixar de existir por força própria. *Jamais* devemos esquecer que, na luta entre as nações, cada uma delas está interessada em que a outra se enfraqueça por meio das lutas internas e que os partidos são exatamente os elementos das lutas internas. Para os partidos, portanto, é sempre possível perguntar se eles existem por força própria, como necessidade intrínseca, ou se existem apenas em virtude de interesses de outros (e de fato, nas polêmicas, este ponto jamais é esquecido; aliás, é motivo de insistência, especialmente quando a resposta não é dúbia, o que significa que tem fundamento e suscita dúvidas). É claro que quem se deixasse dilacerar por essa dúvida seria um tolo. Politicamente, a questão só tem uma relevância momentânea. Na história do chamado princípio de nacionalidade, as intervenções estrangeiras a favor dos partidos nacionais que perturbavam a ordem interna dos Estados antagonistas são numerosas, tanto que, quando se fala, por exemplo, da política "oriental" de Cavour, pergunta-se se se tratava de uma "política", isto é, de uma linha de ação permanente, ou de um estratagema momentâneo para enfraquecer a Áustria, tendo em vista 1859 e 1866. Do mesmo modo, nos movimentos mazzinianos dos primeiros anos da década de 1870 (exemplo, o episódio Barsanti) vê-se a intervenção de Bismarck, que, em vista da guerra com a França e do perigo de uma aliança ítalo-francesa, pensava em enfraquecer a Itália com conflitos internos. Também nos acontecimentos de junho de 1914 alguns veem a intervenção do Estado-Maior austríaco, preocupado com a guerra iminente [159]. Como se vê, a casuística é numerosa, e é necessário ter ideias claras a respeito. Supondo que, quando se faz alguma coisa, sempre se faz o jogo de alguém, o importante é procurar de todos os modos fazer bem o próprio jogo, isto é, vencer completamente. De qualquer forma, é preciso desprezar a "vaidade" de partido e substituí-la por fatos concretos. Quem substitui os fatos concretos pela vaidade ou faz a política da vaidade, deve ser indubitavelmente suspeito de pouca seriedade. Não é preciso acrescentar que, para os partidos, deve-se evitar também a aparência "justificada" de que se esteja fazendo o jogo de alguém, especialmente se este alguém é um Estado estrangeiro; mas ninguém pode evitar as especulações.

§ 74. *Passado e presente. A autocrítica e a hipocrisia da autocrítica.* É certo que a autocrítica se tornou uma palavra da moda [160]. Pretende-se, com meras palavras, fazer acreditar que se encontrou um equivalente para a crítica representada pela "livre" luta política no regime representativo, equivalente que, de fato, se aplicado seriamente, é mais eficaz e produtivo em termos de consequências do que o original. Mas aí está tudo: que o sucedâneo seja aplicado a sério, que a autocrítica seja ativa e "impiedosa", porque nisto está sua eficácia maior: que deve ser impiedosa. Viu-se, no entanto, que a autocrítica pode dar origem a belíssimos discursos, a declamações sem fim e nada mais: a autocrítica foi "parlamentarizada". Porque até agora não se observou que destruir o parlamentarismo não é tão fácil como parece. O parlamentarismo "implícito" e "tácito" é muito mais perigoso do que o explícito, porque tem todas as suas deficiências sem ter seus valores positivos. Existe muitas vezes um regime de partido "tácito", isto é, um parlamentarismo "tácito" e "implícito" onde menos se acreditaria. É evidente que não se pode abolir uma "pura" forma, como é o parlamentarismo, sem abolir radicalmente seu conteúdo, o individualismo, e isto em seu preciso significado de "apropriação individual" do lucro e de iniciativa econômica tendo em vista o lucro capitalista individual. A autocrítica hipócrita é justamente uma destas situações. De resto, a estatística dá indícios da consistência da posição. A não ser que se queira sustentar que desapareceu a criminalidade, o que de resto outras estatísticas desmentem, e como!

Toda a questão deve ser revista, especialmente aquela relativa ao regime dos partidos e ao parlamentarismo "implícito", isto é, o que funciona como os "mercados negros" e o "jogo clandestino", onde e quando as bolsas oficiais e o jogo de Estado se mantêm fechados por alguma razão. Teoricamente, o importante é mostrar que, entre o velho absolutismo derrubado pelos regimes constitucionais e o novo absolutismo, há uma diferença essencial, de modo que não se pode falar de um regresso; e não só, mas também demonstrar que tal "parlamentarismo negro" é função de necessidades históricas atuais, é "um progresso", em seu gênero; que o retorno ao "parlamentarismo" tradicional seria um regresso anti-histórico, uma vez que, mesmo onde "funciona" publicamente, o parlamentarismo efetivo é aquele "negro". Teoricamente, parece-me que se pode explicar o fenômeno no conceito de "hegemonia", com um retorno ao "corporativismo", não no sentido "antigo regime", mas no sentido moderno da palavra, quando a "corporação" não pode ter limites fechados e exclusivistas, como no passado; hoje, é corporativismo de "função social", sem restrição hereditária ou de outro [...] (ver abaixo, § 76)

§ 75. *Passado e presente.* Convicção cada dia mais enraizada a de que, não menos do que as iniciativas, conta o controle de que a iniciativa seja efetivada, que meios e fins coincidam perfeitamente (se bem que isto não se deve entender materialmente) e que só se pode falar de almejar um fim quando se sabe predispor com exatidão, cuidado, meticulosidade, os meios adequados, suficientes e necessários (nem mais nem menos, nem aquém nem além do alvo). Convicção também enraizada a de que, uma vez que as ideias caminham e se efetivam historicamente com os homens de boa vontade, o estudo dos homens, a escolha destes, o controle de suas ações é algo tão necessário quanto o estudo das ideias, etc. Por isto, qualquer distinção entre dirigir e organizar (e em organizar está compreendido "verificar" ou controlar) indica um desvio e muitas vezes uma traição.

§ 76. *Passado e presente* (continua o § 74) [...] tipo (que, de resto, também era relativa no passado, quando a característica mais evidente era a de "privilégio legal").

Analisando a questão, deve-se excluir cuidadosamente qualquer aparência, mesmo que só ela, de apoio às tendências "absolutistas", coisa que se pode conseguir insistindo no caráter "transitório" (no sentido de que não marca época, não no sentido de "curta duração") do fenômeno. (A este propósito, deve-se notar que muitíssimas vezes se confunde "não marcar época" com a pouca duração "temporal"; é possível "durar" muito tempo, relativamente, e não "marcar época"; a força de viscosidade de certos regimes é frequentemente insuspeitada, especialmente se eles são "fortes" com a fraqueza alheia, inclusive induzida: a este propósito, devem ser recordadas as opiniões de Cesarino Rossi, que por certo eram equivocadas "em última instância", mas que realmente tinham um conteúdo de realismo efetivo) [161].

O parlamentarismo "negro" parece um tema a ser desenvolvido com certa amplitude, mesmo porque oferece a ocasião para precisar os conceitos políticos que constituem a concepção "parlamentar". As comparações com outros países, a este respeito, são interessantes: por exemplo, a liquidação de Leão Davidovitch não será "também" um episódio da liquidação do parlamento "negro" que subsistia após a abolição do parlamento "legal"?

Fato real e fato legal. Sistema de forças em equilíbrio instável que no terreno parlamentar encontram o terreno "legal" de seu equilíbrio "mais econômico" e abolição deste terreno legal, porque se torna fonte de organização e de surgimento de forças sociais latentes e adormecidas; portanto, esta abolição é sintoma (ou previsão) de intensificação das lutas, e não o contrário. Quando se pode compor uma luta legalmente, ela por certo não é perigosa: torna-se tal precisamente quando o equilíbrio legal é reconhecido como impossível. (O que não significa que, abolindo-se o barômetro, se acabe por abolir o mau tempo.)

§ 77. *Passado e presente.* Observa-se frequentemente como uma incoerência e um sintoma de que a política, de per si, perverte os ânimos, o fato de que, depois de uma ruptura, "descobre-se" contra o trânsfuga ou o traidor um punhado de ações equívocas que antes pareciam ignoradas. Mas a questão não é tão simples. Em primeiro lugar, a ruptura é habitualmente um longo processo, do qual apenas o último ato se revela ao público: nesta "instrução do processo", recolhem-se todos os fatos negativos e é natural que se tente colocar o trânsfuga na posição de erro até imediato, ou seja, se finge ser "magnânimo" para mostrar que a ruptura era mesmo necessária e inevitável. Parece que isto é bastante compreensível politicamente. Aliás, mostra que se considera importante a filiação a um partido e só se decide o ato resolutivo depois de excedido o limite. Portanto, é claro que a enumeração dos "fatos" é fácil "depois": ela apenas torna público um processo que privadamente já durava um bom tempo. Em segundo lugar, também é claro que toda uma série de fatos passados pode ser iluminada por um último fato de modo incontrovertido.

Fulano frequenta cotidianamente uma casa: nada demais, até que se vem a saber, por exemplo, que tal casa é um covil de espionagem e Fulano é um informante. Evidentemente, quem tivesse anotado todas as vezes que Fulano se dirigiu a tal casa pode enumerar quantas vezes ele se encontrou com informantes conscientemente, sem causar surpresa a ninguém.

CADERNO 15 (1933)

§ 2. *Maquiavel.* Põe-se o problema se os grandes industriais têm um partido político permanente próprio. A resposta, parece-me, deve ser negativa. Os grandes industriais se servem alternadamente de todos os partidos existentes, mas não têm um partido próprio. Nem por isso eles são, de modo algum, "agnósticos" ou "apolíticos": seu interesse é um equilíbrio determinado, que obtêm exatamente reforçando com seus meios, alternadamente, este ou aquele partido do tabuleiro político (com exceção, naturalmente, do único partido antagonista, cujo reforço não pode ser buscado nem mesmo por manobra tática). Mas é certo que, se isto ocorre na vida "normal", nos casos extremos, que afinal são aqueles que contam (como a guerra na vida nacional), o partido dos grandes industriais é aquele dos proprietários de terras, os quais, ao contrário, têm um partido próprio permanente.

Pode-se ver a exemplificação desta nota na Inglaterra, onde o Partido Conservador assimilou o Partido Liberal, que tradicionalmente aparecia como o partido dos industriais. A situação inglesa, com suas grandes *Trade Unions*, explica este fato. Na Inglaterra, não existe formalmente um partido antagonista dos industriais em grande estilo, é verdade, mas existem as organizações operárias de massas, e já se observou que elas, nos momentos decisivos, transformam-se constitutivamente de baixo para cima, rompendo o invólucro burocrático (por exemplo, em 1919 e em 1926). Além do mais, existem estreitos interesses permanentes entre proprietários de terras e industriais (especialmente agora que o protecionismo se tornou geral, agrário e industrial) e é inegável que os proprietários de terras organizam "politicamente" muito melhor do que os industriais, atraem mais os intelectuais, são mais "permanentes" em suas diretrizes, etc. A sorte dos partidos "industriais" tradicionais, como o "liberal-radical" inglês e o radical francês (que, no entanto, sempre se diferenciou muito do primeiro), é interessante (da mesma forma que o "radical italiano", de boa memória). O que representavam eles? Uma articulação de classes, grandes e pequenas, não uma única grande classe. Daí surgirem e desaparecerem frequentemente. A tropa de "manobra" era fornecida pela classe de baixo, que se manteve em condições sempre variadas na articulação, até se transformar completamente. Hoje, ela fornece a tropa aos "partidos demagógicos", o que se compreende.

Em geral, pode-se dizer que, nesta história dos partidos, a comparação entre os vários países é das mais instrutivas e decisivas para localizar a origem das causas de transformação. O que vale também para as polêmicas entre partidos dos países "tradicionalistas", ou seja, países nos quais estão presentes "resíduos" de todo o "catálogo" histórico.

§ 3. *Passado e presente*. É curioso que, não sendo fácil compreender a identidade "Estado-classe", um Governo (Estado) possa transferir para a classe representada, como um mérito e uma razão de prestígio, o fato de ter finalmente feito aquilo que há mais de cinquenta anos devia estar pronto e que, portanto, deveria ser um de mérito e uma razão de infâmia. Deixa-se morrer de fome um homem até os cinquenta anos; aos cinquenta anos, passa-se a cuidar dele. Na vida individual, isto seria razão para uma reprovação violenta. Na vida estatal, surge como um "mérito". Não só, mas "tomar banho" aos cinquenta anos parece superioridade sobre outros homens de cinquenta anos que sempre tomaram banho. (Isto vale para os trabalhos de saneamento, as obras públicas, as estradas, etc., ou seja, a infraestrutura civil geral de um país: aclama-se e trombeteia-se o fato de um país construir esta infraestrutura, que outros construíram no devido tempo, e se fala a estes: façam o mesmo, se puderem. Os outros não podem porque já o fizeram no devido tempo, e isto é apresentado como "impotência".)

§ 4. *Maquiavel. Elementos de política.* Deve-se mesmo dizer que os primeiros a ser esquecidos são exatamente os primeiros elementos, as coisas mais elementares; estes, por outro lado, repetindo-se infinitas vezes, transformam-se nos pilares da política e de qualquer ação coletiva. Primeiro elemento é que existem efetivamente governados e governantes, dirigentes e dirigidos. Toda a ciência e a arte políticas baseiam-se neste fato primordial, irredutível (em certas condições gerais). As origens deste fato constituem um problema em si, que deverá ser estudado em si (pelo menos se poderá e deverá estudar como atenuar e fazer desaparecer o fato, modificando certas condições identificáveis como atuantes neste sentido), mas permanece o fato de que existem dirigentes e dirigidos, governantes e governados. Dado este fato, deve-se ver como se pode dirigir do modo mais eficaz (dados certos fins) e como, portanto, preparar da melhor maneira os dirigentes (e nisto precisamente consiste a primeira parte da ciência e arte política), e como, por outro lado, conhecem-se as linhas de menor resistência ou racionais para obter a obediência dos dirigidos ou governados.

Na formação dos dirigentes, é fundamental a premissa: pretende-se que sempre existam governados e governantes ou pretende-se criar as condições nas quais a necessidade dessa divisão desapareça? Isto é, parte-se da premissa da divisão perpétua do gênero humano ou crê-se que ela é apenas um fato histórico, correspondente a certas condições? Entretanto, deve-se ter claro que a divisão entre governados e governantes, ainda que em última análise se refira a uma divisão de grupos sociais, existe também, sendo as coisas como são, no seio de cada grupo, mesmo socialmente homogêneo; pode-se dizer, em certo sentido, que esta divisão é uma criação da divisão do trabalho, é um fato técnico. Especulam sobre esta coexistência de motivos todos os que veem em tudo apenas "técnica", necessidade "técnica", etc., para não se proporem o problema fundamental.

Dado que até no mesmo grupo existe a divisão entre governantes e governados, é necessário fixar alguns princípios irrevogáveis. Aliás, é precisamente neste terreno que ocorrem os "erros" mais graves, isto é, que se manifestam as insuficiências mais criminosas, porém mais difíceis de corrigir. Acredita-se que, estabelecido o princípio pelo próprio grupo, a obediência deva ser automática, deva não só ocorrer sem que se precise dar uma demonstração de "necessidade" e racionalidade, mas seja indiscutível (alguns pensam e, o que é pior, agem segundo este pensamento, que a obediência "virá" sem ser solicitada, sem ser indicado o caminho a seguir). Assim, é difícil extirpar o "cadornismo" dos dirigentes, isto é, a convicção de que uma coisa será feita porque o dirigente considera justo e racional que seja feita: se não é feita, "a culpa" é lançada sobre quem "deveria ter feito", etc. Desse modo, é difícil extirpar o hábito criminoso de negligenciar os meios de evitar sacrifícios inúteis. Entretanto, o senso comum mostra que a maior parte dos desastres coletivos (políticos) ocorre porque não se procurou evitar o sacrifício inútil, ou porque se mostrou não levar em conta o sacrifício dos outros e se brincou com a pele dos outros. Todos já ouviram de oficiais da linha de frente como realmente os soldados arriscavam a vida quando isto era necessário, mas como, ao contrário, se rebelavam quando se sentiam abandonados. Por exemplo: uma companhia era capaz de jejuar muitos dias porque sabia que os víveres não podiam chegar por motivo de força maior, mas se amotinava se não recebesse uma única refeição por desleixo ou burocratismo, etc.

Este princípio estende-se a todas as ações que exigem sacrifícios. Eis por que é sempre necessário, depois de qualquer revés, examinar antes de mais nada as responsabilidades dos dirigentes, e isto em sentido estrito (por exemplo: uma frente de luta é constituída de muitos setores e cada setor tem seus dirigentes; é possível que, por uma derrota, sejam mais responsáveis os dirigentes de um setor do que de outro, mas se trata de maior e de menor responsabilidade, não de exclusão de responsabilidade para este ou aquele, jamais).

Estabelecido o princípio de que existem dirigidos e dirigentes, governados e governantes, é verdade que os partidos são até agora o modo mais adequado para elaborar os dirigentes e a capacidade de direção (os "partidos" podem se apresentar sob os nomes mais diversos, mesmo sob o nome de antipartido e de "negação dos partidos"; na realidade, até os chamados "individualistas" são homens de partido, só que gostariam de ser "chefes de partido" pela graça de Deus ou da imbecilidade dos que os seguem).

Desenvolvimento do conceito geral que está contido na expressão "espírito estatal". Esta expressão tem um significado bastante preciso, historicamente determinado. Mas põe-se o problema: existe algo semelhante ao que se denomina "espírito estatal" em todo movimento sério, isto é, que não seja a expressão arbitrária de individualismos mais ou menos justificados? Desde logo, o "espírito estatal" pressupõe a "continuidade", tanto em relação ao passado, ou seja, à tradição, quanto ao futuro, isto é, pressupõe que cada ato é o momento de um processo complexo, que já se iniciou e que continuará. A responsabilidade por este processo, de ser ator deste processo, de ser solidário com forças materialmente "desconhecidas", mas que, apesar disso, são percebidas como operantes e ativas e consideradas como se fossem "materiais" e presentes corporalmente, é o que em certos casos se denomina precisamente "espírito estatal". É evidente que tal consciência da "duração" deve ser concreta, e não abstrata, isto é, em certo sentido, não deve ultrapassar determinados limites. Admitamos que os limites mínimos sejam uma geração precedente e uma geração futura, o que não é dizer pouco, porque as gerações se contarão, em cada caso, não trinta anos antes e trinta anos depois de hoje, mas organicamente, em sentido histórico, o que em relação ao passado, pelo menos, é fácil compreender: sentimo-nos solidários com os homens que hoje são muito velhos e que, para nós, representam o "passado" que ainda vive entre nós, que deve ser conhecido, com o qual é preciso ajustar as contas, que é um dos elementos do presente e das premissas do futuro. E com as crianças, com as gerações que nascem e crescem, pelas quais somos responsáveis. (Outra coisa é o "culto" da "tradição", que tem um valor tendencioso, implica uma opção e um objetivo determinado, ou seja, está na base de uma ideologia.) No entanto, se se pode afirmar que um "espírito estatal" assim compreendido está em todos, é necessário lutar permanentemente contra suas deformações ou desvios. O "gesto pelo gesto", a luta pela luta, etc., e especialmente o individualismo estreito e mesquinho, que não passa de uma satisfação caprichosa de impulsos momentâneos, etc. (Na realidade, o ponto é sempre aquele do "apoliticismo" italiano, que assume estas várias formas pitorescas e bizarras.)

O individualismo é apenas apoliticismo animalesco; o sectarismo é "apoliticismo" e efetivamente, se se observar bem, o sectarismo é uma forma de "clientela" pessoal, na medida em que está ausente o espírito de partido, que é o elemento fundamental do "espírito estatal". A demonstração de que o espírito de partido é o elemento fundamental do espírito estatal é uma das teses mais significativas a ser sustentada, e da maior importância; inversamente, o "individualismo" é um elemento animalesco, "apreciado pelos forasteiros" como os atos dos habitantes de um jardim zoológico.

§ 6. *Maquiavel. Concepções do mundo e atitudes práticas totalitárias e parciais.* Um critério básico de julgamento tanto para as concepções do mundo quanto, e especialmente, para as atitudes práticas é o seguinte: a concepção do mundo ou a atitude prática podem ser concebidas "isoladas, independentes", assumindo toda a responsabilidade da vida coletiva, ou isto é impossível, e a concepção do mundo e a atitude prática somente podem ser concebidas como "complementação", aperfeiçoamento, contrapeso, etc., de uma outra concepção do mundo e atitude prática? Quando se reflete, percebe-se que este critério é decisivo para uma apreciação ideal dos movimentos ideais e dos movimentos práticos; percebe-se também que seu alcance prático não é pequeno. Um dos preconceitos mais comuns consiste em acreditar que tudo o que existe é "natural" que exista, não pode deixar de existir, e que as próprias tentativas de reforma, por pior que andem, não interromperão a vida, porque as forças tradicionais continuarão a agir e darão assim continuidade à vida. É claro que neste modo de pensar há algo justo, e seria uma desgraça se não fosse assim; entretanto, a partir de um determinado limite, este modo de pensar torna-se perigoso (certos casos da política do pior) e, de qualquer modo, como se disse, subsiste o critério de juízo filosófico, político e histórico. É certo que, se observados com mais profundidade, determinados movimentos concebem a si mesmos como marginais; pressupõem, portanto, um movimento principal no qual devem se inserir para reformar determinados males pretensos ou verdadeiros, isto é, são movimentos puramente reformistas. Este princípio tem importância política porque a verdade teórica de que cada classe possui apenas um partido é demonstrada, nos momentos decisivos, pelo fato de que agrupamentos políticos variados, cada um dos quais se apresentava como partido "independente", se reúnem e unificam em bloco. A multiplicidade existente antes era apenas de caráter "reformista", isto é, referia-se a questões parciais, em certo sentido era uma divisão do trabalho político (útil, em seus limites); mas cada parte pressupunha a outra, tanto que nos momentos decisivos, quando as questões principais foram postas em jogo, formou-se a unidade, criou-se o bloco. Daí a conclusão de que, na construção dos partidos, é preciso basear-se num caráter "monolítico" e não em questões secundárias: portanto, atenta observação no sentido de que exista homogeneidade entre dirigentes e dirigidos, entre líderes e massa. Se, nos momentos decisivos, os líderes passam para seu "verdadeiro partido", as massas ficam incompletas, inertes e sem eficácia.

Pode-se dizer que nenhum movimento real adquire consciência de seu caráter totalitário de um só golpe, mas apenas por experiências sucessivas, isto é, quando percebe através dos fatos que nada do que existe é natural (no sentido extravagante da palavra), mas existe porque existem determinadas condições, cujo desaparecimento não fica sem consequências. Assim, o movimento se aperfeiçoa, perde os elementos de arbitrariedade, de "simbiose", torna-se verdadeiramente independente, no sentido de que, para obter determinadas consequências, cria as premissas necessárias e, mais ainda, empenha todas as suas forças na criação dessas premissas.

§ 7. *Maquiavel. Eleições.* Num jornal polonês (a *Gazeta Polska* dos últimos dias de janeiro ou dos primeiros dias de fevereiro de 1933), encontra-se a seguinte ideia: "Conquista-se o poder sempre com um grande plebiscito. Vota-se com cédulas eleitorais ou com tiros de fuzil. O primeiro método é quantitativo, o segundo qualitativo. No primeiro, é necessário contar com a maioria dos pequenos; no segundo, com a minoria das grandes personalidades." Algumas verdades afogadas num mar de disparates. Por que o "tiro de fuzil" deve coincidir sempre com a grande personalidade? Por que quem dispara deve sempre ser uma grande personalidade? Frequentemente estas grandes personalidades são alistadas com poucas liras por dia, isto é, geralmente o "fuzil" é mais econômico do que a eleição, e isso é tudo. Depois do sufrágio universal, corromper o eleitor tornou-se meio caro; com vinte liras e um fuzil, dispersam-se vinte eleitores. A lei da vantagem também funciona para as "grandes personalidades" de que fala a *Gazeta Polska* [162].

§ 8. *Maquiavel. Direito natural.* Uma das banalidades dos teóricos de origem nacionalista (por exemplo, M. Maraviglia) é contrapor a história ao direito natural [163]. Mas o que significa tal contraposição? Nada, ou só a confusão na cabeça do escritor. No entanto, o "direito natural" é um elemento da história, indica um "senso comum político e social" e como tal é um "fermento" de operosidade. A questão poderia ser esta: que um teórico explique os fatos através do chamado "direito natural", mas este é um problema de caráter individual, de crítica a obras individuais, etc., e no fundo é apenas crítica ao "moralismo" como cânone de interpretação histórica. Coisa velha. Mas, na realidade, por trás deste despropósito, há um interesse concreto: o de pretender substituir um "direito natural" por outro. E, de fato, toda a teoria nacionalista não se baseia em "direitos naturais"? Pretende-se substituir o modo de pensar "popular" por um modo de pensar não popular, tão desprovido de crítica quanto o primeiro.

§ 10. *Maquiavel. Sociologia e ciência política* (ver os parágrafos sobre o *Ensaio Popular*) [164]. A fortuna da sociologia relaciona-se com a decadência do conceito de ciência política e de arte política que se verificou no século XIX (com mais exatidão, em sua segunda metade, com a fortuna das doutrinas evolucionistas e positivistas). Tudo o que há de realmente importante na sociologia não passa de ciência política. "Política" tornou-se sinônimo de política parlamentar ou de grupelhos pessoais. Persuasão de que, com as constituições e os parlamentos, tivesse tido início uma época de "evolução natural", que a sociedade tivesse encontrado seus fundamentos definitivos porque racionais, etc. Eis que a sociedade pode ser estudada com o método das ciências naturais. Empobrecimento do conceito de Estado, em consequência de tal visão. Se ciência política significa ciência do Estado e Estado é todo o complexo de atividades práticas e teóricas com as quais a classe dirigente não só justifica e mantém seu domínio, mas consegue obter o consenso ativo dos governados, é evidente que todas as questões essenciais da sociologia não passam de questões da ciência política. Se há um resíduo, esse só pode ser um resíduo de falsos problemas, isto é, de problemas ociosos. Portanto, a questão que se punha para o autor do *Ensaio popular* era a de determinar em que relação podia ser colocada a ciência política com a filosofia da práxis, se entre as duas existe identidade (coisa não sustentável, ou sustentável apenas do ponto de vista do mais grosseiro positivismo), ou se a ciência política é o conjunto de princípios empíricos ou práticos que se deduzem de uma mais ampla concepção do mundo ou filosofia propriamente dita, ou se esta filosofia é só a ciência dos conceitos ou categorias gerais que nascem da ciência política, etc. Se for verdade que o homem só pode ser concebido como homem historicamente determinado, isto é, que se desenvolveu e vive em determinadas condições, num determinado complexo social ou conjunto de relações sociais, pode-se conceber a sociologia apenas como estudo destas condições e das leis que regulam seu desenvolvimento? Como não se pode prescindir da vontade e da iniciativa dos próprios homens, este conceito só pode ser falso.

O problema de saber o que é a "ciência" deve ser posto. Não é a ciência, em si mesma, "atividade política" e pensamento político, na medida em que transforma os homens, torna-os diferentes do que eram antes? Se tudo é "político", é preciso, para não cair num fraseado tautológico e enfadonho, distinguir com conceitos novos entre a política que corresponde àquela ciência que tradicionalmente se chama "filosofia" e a política que se chama ciência política em sentido estrito. Se a ciência for "descoberta" de realidade antes ignorada, não será esta realidade, em certo sentido, concebida como transcendente? E não se pensará que ainda existe algo de "desconhecido" e, portanto, de transcendente? E o conceito de ciência como "criação", afinal, não equivale a "política"? Tudo consiste em ver se se trata de criação "arbitrária" ou racional, isto é, "útil" aos homens para ampliar seu conceito da vida, para tornar superior (desenvolver) a própria vida.

A propósito do *Ensaio popular* e de seu apêndice "Teoria e prática", deve-se ver na *Nuova Antologia* de 16 de março de 1933 a resenha filosófica de Armando Carlini, de acordo com a qual a equação: teoria: prática = matemática pura : matemática aplicada foi enunciada por um inglês (parece-me que Whittaker) [165].

§ 13. *Problemas de cultura. Fetichismo.* Como se pode descrever o fetichismo. Um organismo coletivo é constituído de indivíduos, os quais formam o organismo na medida em que se deram, e aceitam ativamente, uma hierarquia e uma direção determinada. Se cada um dos componentes pensa o organismo coletivo como uma entidade estranha a si mesmo, é evidente que este organismo não existe mais de fato, mas se transforma num fantasma do intelecto, num fetiche. É preciso ver se este modo de pensar, muito difundido, é um resíduo da transcendência católica e dos velhos regimes paternalistas: ele é comum a uma série de organismos, do Estado à Nação, aos partidos políticos, etc. É natural que se manifeste no caso da Igreja, porque, pelo menos na Itália, o trabalho secular do centro vaticano para anular qualquer traço de democracia interna e de intervenção dos fiéis na atividade religiosa foi plenamente vitorioso e se tornou uma segunda natureza do fiel, embora tenha determinado precisamente aquela forma especial de catolicismo que é própria do povo italiano. O que espanta, e é característico, é que o fetichismo desta espécie se reproduza em organismos "voluntários", de tipo não "público" ou estatal, como os partidos e os sindicatos. Chega-se a pensar as relações entre o indivíduo e o organismo como um dualismo, e se chega a uma atitude crítica exterior do indivíduo em relação ao organismo (se a atitude não for de uma admiração entusiástica e acrítica). Em todo caso, uma relação fetichista. O indivíduo espera que o organismo realize, embora ele não atue e não compreenda que, sendo sua atitude muita difusa, o organismo é necessariamente inoperante.

Além disso, deve-se reconhecer que, sendo muito difusa uma concepção determinista e mecânica da história (concepção que é do senso comum e está ligada à passividade das grandes massas populares), cada indivíduo, vendo que, a despeito de sua não intervenção, alguma coisa ainda acontece, é levado a pensar que acima dos indivíduos existe uma entidade fantasmagórica, a abstração do organismo coletivo, uma espécie de divindade autônoma que não pensa com nenhuma cabeça concreta, mas pensa, que não caminha com pernas humanas determinadas, mas mesmo assim caminha, etc.

Pode parecer que algumas ideologias, como a do idealismo atual (de Ugo Spirito), de acordo com as quais se identifica o indivíduo e o Estado, deveriam reeducar as consciências individuais, mas não parece que isto ocorra de fato, porque esta identificação é meramente verbal e verbalista [166]. Pode-se dizer o mesmo de toda forma do chamado "centralismo orgânico", o qual se baseia no pressuposto, que só é verdadeiro em momentos excepcionais, de arrebatamento das paixões populares, de que a relação entre governantes e governados seja determinada pelo fato de que os governantes representam os interesses dos governados e, portanto, "devem" ter o consentimento destes, isto é, deve-se verificar a identificação do indivíduo com o todo; e o todo (seja que organismo for) é representado pelos dirigentes. Deve-se pensar que, como para a Igreja Católica, tal conceito não só é útil, mas necessário e indispensável: qualquer forma de intervenção a partir de baixo desagregaria de fato a Igreja (é o que se vê nas igrejas protestantes); mas, para outros organismos, é questão vital não o consenso passivo e indireto, mas o consenso ativo e direto, ou seja, a participação dos indivíduos, ainda que isto provoque uma aparência de desagregação e de tumulto. Uma consciência coletiva, ou seja, um organismo vivo só se forma depois que a multiplicidade se unifica através do atrito dos indivíduos: e não se pode dizer que o "silêncio" não seja multiplicidade. Uma orquestra que ensaia, cada instrumento por sua conta, dá a impressão da mais horrível cacofonia; porém, estes ensaios são a condição para que a orquestra viva como um só "instrumento".

§ 18. *Passado e presente.* (Cf., supra, neste caderno, § 3). No entanto, o fato de que o Estado-Governo, concebido como uma força autônoma, transfira seu prestígio para a classe que lhe serve de fundamento é dos mais importantes, prática e teoricamente, e merece ser analisado em toda a sua extensão, se se quer ter um conceito mais realista do próprio Estado. De resto, não se trata de coisa excepcional ou própria de um só tipo de Estado: parece que se pode incluir na função das elites ou vanguardas, logo dos partidos, em relação à classe que representam. Muitas vezes esta classe, como fato econômico (o que toda classe essencialmente é), não gozaria de nenhum prestígio intelectual e moral, isto é, seria incapaz de exercer uma hegemonia, portanto, de fundar um Estado. Daí a função das monarquias, até na época moderna; e daí especialmente o fato, verificado particularmente na Inglaterra e na Alemanha, de que o pessoal dirigente da classe burguesa organizada em Estado seja constituído de elementos das velhas classes feudais despojadas do predomínio econômico tradicional (*Junkers* e lordes), mas que encontraram na indústria e nos bancos novas formas de poder econômico, mesmo sem querer se fundir com a burguesia e permanecendo unidos a seu grupo social tradicional.

§ 27. *Passado e presente*. Como, hoje, a história do social-nacionalismo alemão se escreverá sobretudo com objetivos áulicos, será preciso recordar o volume de Konrad Heiden, *Geschichte des Nazionalsozialismus, die Karriere einer Idee* [História do nacional-socialismo. A trajetória de uma ideia], Berlim, Rowohlt, 1932, in-16°, 305 p. (cf. resenha de Delio Cantimori na *Leonardo* de março de 1933) [167].

§ 35. *Passado e presente. História dos 45 cavaleiros húngaros*. Ettore Ciccotti, durante o Governo Giolitti de antes de 1914, costumava recordar frequentemente um episódio da Guerra dos Trinta Anos: parece que 45 cavaleiros húngaros se estabeleceram em Flandres e, como a população estava desarmada e desmoralizada pela longa guerra, conseguiram por mais de seis meses tiranizar o país [168]. Na realidade, em toda ocasião podem surgir "45 cavaleiros húngaros" onde não existe um sistema protetor das populações indefesas, dispersas, forçadas ao trabalho para viver e, portanto, sem condições, em momento algum, de rechaçar os assaltos, as investidas, as depredações, os golpes de mão executados com um certo espírito de sistema e um mínimo de previsão "estratégica". No entanto, a quase todos parece impossível que uma situação como esta dos "45 cavaleiros húngaros" possa jamais se verificar: e nesta "incredulidade" deve-se ver um documento de inocência política. Elementos de tal "incredulidade" são especialmente uma série de "fetichismos", de preconceitos, primeiro dos quais aquele do "povo" sempre vibrante e generoso contra os tiranos e as opressões. Mas serão por acaso, proporcionalmente, mais numerosos os ingleses na Índia do que os cavaleiros húngaros em Flandres? Mais ainda: os ingleses têm seus seguidores entre os indianos, e não só aqueles que estão sempre com o mais forte, mas também os adeptos "informados", conscientes, etc. Não se compreende que em toda situação política a parte ativa é sempre uma minoria, e que se esta, quando for seguida pelas multidões, não organizar estavelmente esta influência e for dispersada numa ocasião qualquer propícia à minoria adversa, todo o aparelho se desagrega e se forma um outro, novo, em que as velhas multidões nada contam e não mais podem se mover e operar. Aquilo que se chamava "massa" se pulveriza em muitos átomos sem vontade e orientação e uma nova "massa" se forma, ainda que de volume inferior à primeira, porém mais compacta e resistente, que tem a função de impedir que a primitiva massa se reconstitua e se torne eficiente. Todavia, muitos continuam a se referir a este fantasma do passado, imaginam-no sempre existente, sempre vibrante, etc. Assim, Mazzini imaginava sempre a Itália de 1848 como uma entidade permanente que só era preciso induzir com alguns artifícios a retornar às ruas, etc. O erro também está ligado a uma ausência de "experimentação": o político realista, que conhece as dificuldades de organizar uma vontade coletiva, não é levado a crer facilmente que ela se reconstitua automaticamente depois que se desagregou. O ideólogo, que, tal como o cuco, põe ovos num ninho já preparado e não sabe construir ninhos, pensa que as vontades coletivas sejam um dado de fato naturalista, que desabrocham e se desenvolvem por razões inerentes às coisas, etc.

§ 39. *Passado e presente. Sindicato e corporação.* Dificuldade que encontram os teóricos do corporativismo para enquadrar o fato sindical (organização das categorias) e luta surda entre sindicalistas tradicionais (por exemplo, E. Rossoni) e corporativistas de nova mentalidade (por exemplo, Giuseppe Bottai e Ugo Spirito) [169]. Na realidade, Rossoni não consegue superar a velha concepção do sindicalismo formal e abstrato, mas também é verdade que nem Bottai nem Spirito conseguem compreender e superar a exigência que, mesmo grosseira e surdamente, Rossoni representa. De resto, Bottai e Spirito sequer estão de acordo. Bottai afirma que o sindicato é uma instituição necessária que não pode ser absorvida pela corporação, mas não consegue definir o que deve ser e qual função deve ter o sindicato; Spirito, ao contrário, com uma coerência formal, sustenta que o sindicato deve ser absorvido pela corporação, mas não deixa claro que novas tarefas e novas formas devem resultar desta absorção. Spirito, em dois textos sobre o livro de Bottai (*Il Consiglio nazionale delle corporazioni*, Milão, Mondadori, 1932, XI-427 p.), o primeiro publicado na *Leonardo* de março de 1933 ("Il fascismo nella fase corporativa") e o segundo na *Italia Letteraria* de 26 de março de 1933 ("Origine e avvenire della corporazione fascista"), menciona sua divergência com Bottai. Neste segundo artigo, escreve Spirito: "De que perspectivas pretende falar Bottai se deduz daquilo que observa no mesmo artigo (artigo no *Spettacolo Italiano* de setembro de 1930) a propósito da relação entre sindicalismo e corporativismo e, portanto, entre sindicatos e corporações e entre corporações nacionais e corporações de categoria. Numa nota publicada em *Leonardo* [...] já mencionei a posição resoluta adotada por Bottai contra qualquer tentativa no sentido de um corporativismo integral que absorva em si o sindicalismo. No entanto, penso que conceber de tal modo o novo desenvolvimento do corporativismo esteja na lógica mesma de todo o seu pensamento e de sua ação política, voltada para dar um caráter real e concreto à corporação. Se a corporação ainda tem dificuldade para encontrar aquela riqueza que lhe está indiscutivelmente reservada, é somente porque não consegue reabsorver em si o sindicato, ao qual continua justaposta e em grande parte estranha. O sindicalismo de Estado deu o primeiro passo rumo ao corporativismo; hoje, é preciso pôr o problema da superação definitiva de uma forma social ainda excessivamente ligada ao passado e, por isto, de algum modo limitadora da originalidade do fascismo. O sindicalismo é expressão do classismo; com o sindicato de Estado, as classes são postas no mesmo nível e dirigidas a uma colaboração mais espiritual; mas somente com a corporação o classismo será superado de verdade e, com ele, o princípio da concorrência arbitrária (liberalismo) e da luta materialista (socialismo). A corporação ficará então enriquecida de toda a vida do sindicato e, liberada da função de compor o dualismo inerente ao ordenamento sindical, poderá operar sem limites na construção da nova vida econômica e política." Ficam evidentes as razões pelas quais Bottai não aceita a tese de Spirito, razões políticas e econômicas, assim como fica evidente que a construção de Spirito é uma utopia livresca não muito brilhante e fecunda. Mas é interessante notar que, na verdade, não se compreende nem mesmo o que Spirito entende por sindicato e por categoria e como ele parece não conhecer a literatura a propósito. Poderiam ser-lhe recordadas as polêmicas sobre a organização por fábrica (de tipo industrial) em contraposição àquela por categoria, o significado diverso que teve a palavra "categoria" (de simples ofício, por exemplo, o de torneiro, àquele de operário metalúrgico, etc.) e a própria questão de saber se, apesar de ser um progresso o amálgama de todos os elementos de uma indústria num só sindicato unitário, não seria necessário, por razões técnico-profissionais (desenvolvimento das formas de trabalho, dos equipamentos, etc.), conservar um traço da organização de ofício, na medida em que este se mantém tecnicamente distinto e independente.

Deve-se notar, de qualquer modo, a justeza fundamental da intuição de Spirito, segundo a qual, admitindo-se que o classismo tenha sido superado pelo corporativismo e por uma forma qualquer de economia regulada e programática, as velhas formas sindicais nascidas no terreno do classismo devem ser atualizadas, o que também poderia significar ser absorvidas pela corporação (disto se deduz que a resistência do velho sindicalismo formal e abstrato é uma forma de crítica real a afirmações que só podem ser feitas no papel). Ou seja, o sindicalismo abstrato e formal seria apenas uma forma de fetichismo e de superstição? No elemento *sindicato* prevaleceria ainda o assalariado, por uma parte, e o beneficiário dos lucros, por outra, ou realmente o fato produtivo terá superado o da distribuição da renda industrial entre os vários elementos da produção? Enquanto o operário, por uma parte, e o industrial, por outra, tiverem de se preocupar com o salário e o lucro, é evidente que o sindicalismo de velho tipo não estará superado nem poderá ser absorvido por outras instituições. O erro científico de Spirito é não examinar concretamente estes problemas, mas apresentar as questões em seu aspecto formal e apodítico, sem as necessárias distinções e as indispensáveis fases de transição; daí talvez não só sua divergência com Rossoni mas também com Bottai, cujo espírito político não pode deixar de sentir estas necessidades. Se se parte do ponto de vista da produção e não do da luta pela distribuição da renda, é evidente que o terreno sindical deve ser completamente mudado. Numa fábrica de automóveis de uma certa extensão, além dos operários metalúrgicos trabalha um certo número de operários de outras "categorias": pedreiros, eletricistas, estofadores, motoristas, tapeceiros, vidraceiros, etc. Do ponto de vista da produção, a qual sindicato deverão pertencer estes operários? Certamente, ao sindicato metalúrgico ou, melhor ainda, ao sindicato do automóvel, porque seu trabalho é necessário para a construção do automóvel. Isto é, em todo complexo produtivo todos os ofícios estão voltados para a construção do objeto principal em que o complexo é especializado. Mas, se a base for o salário, é evidente que os pedreiros deverão unir-se aos pedreiros, etc., para regular o mercado de trabalho, etc. De resto, ainda que reconhecida a necessidade de que todos os ofícios de uma empresa produtiva se unam para a produção, em torno do próprio produto, é preciso levar em conta que cada ofício é um fato técnico em contínuo desenvolvimento e que para este desenvolvimento é preciso haver um órgão que controle, difunda, favoreça as progressivas inovações. Pode-se reconhecer que, na atual grande empresa racionalizada, as velhas qualificações de ofício estão cada vez mais perdendo importância e se desenvolvem novas qualificações, muitas vezes limitadas a uma empresa ou a um grupo de empresas: todavia, a exigência permanece e é demonstrada pelas dificuldades de *turnover* e pelas despesas que o *turnover* excessivo representa para a própria empresa. A solução representada pelos delegados de seção eleitos pelas equipes de produção, de modo que no conjunto de representantes todos os ofícios tenham relevo, parece ser a melhor até agora encontrada. De fato, é possível reunir os delegados por ofício nas questões técnicas e o conjunto dos delegados em torno das questões produtivas. Até agora, Spirito jamais se interessou pelas questões de fábrica e de empresa: no entanto, não é possível falar com competência dos sindicatos e dos problemas que eles representam sem se ocupar da fábrica ou da empresa administrativa, de suas exigências técnicas, das relações reais que nelas se entrelaçam e das diversas atitudes vitais que os trabalhadores nelas assumem. Em razão da ausência destes interesses vivos, toda a construção de Spirito é puramente intelectualista e, se posta em prática, daria origem apenas a esquemas burocráticos sem impulso e sem possibilidade de desenvolvimento.

§ 47. *Maquiavel*. Artigo de Sergio Panunzio na *Gerarchia* de abril de 1933 ("La fine del parlamentarismo e l'accentramento delle responsabilità"). Superficial. Um ponto curioso é aquele em que Panunzio escreve que as *funções* do Estado não são apenas três, "segundo os velhos esquemas constitucionalistas", ou seja, a "legislativa", a "administrativa" e a "judiciária", mas "que a elas é necessário acrescentar uma outra que, de resto, inclusive no regime parlamentar, é a principal, a básica, e a fundamental, a 'função de governo', ou seja, a determinação da diretriz política. Diretriz política em relação à qual a própria legislação se comporta como um executivo (!), de vez que é o programa político de governo que se traduz, como em tantos capítulos sucessivos, nas leis e é o pressuposto delas". Pressuposto e conteúdo, logo nexo inscindível? Panunzio, na realidade, raciocina por esquemas, isto é, de modo formalista, pior do que os velhos constitucionalistas. Em relação a sua tese, ele deveria explicar como é que ocorreram a separação e a luta entre Parlamento e Governo, de modo que a unidade destas duas instituições não consegue mais estruturar uma diretriz permanente de Governo; e isto não pode ser explicado com esquemas lógicos, mas só por meio de referência às mudanças havidas na estrutura política do país, ou seja, de modo realista, com uma análise histórico-política. Trata-se, na verdade, da dificuldade de elaborar uma diretriz política permanente e de longo alcance, não de uma dificuldade em geral. A análise não pode prescindir do exame destes pontos: 1) por que se multiplicaram os partidos políticos; 2) por que se tornou difícil formar uma maioria permanente entre estes partidos parlamentares; 3) logo, por que os grandes partidos tradicionais perderam a capacidade de dirigir, o prestígio, etc. Este fato será puramente parlamentar ou é o reflexo parlamentar de mudanças radicais havidas na própria sociedade, na função que os grupos sociais desempenham na vida produtiva, etc.? Parece que o único caminho para encontrar a origem da decadência dos regimes parlamentares seja este: vale dizer, deve-se procurá-la na sociedade civil e, neste caminho, certamente não se pode deixar de estudar o fenômeno sindical; mas não o fenômeno sindical entendido em seu sentido elementar de associativismo de todos os grupos sociais e para qualquer fim, e sim aquele típico por excelência, isto é, dos elementos sociais de formação nova, que anteriormente não tinham "voz ativa" e que, apenas pelo fato de se unirem, modificam a estrutura política da sociedade.

Deve-se investigar como é que os velhos sindicalistas sorelianos (ou quase) num certo ponto se tornaram simplesmente associacionistas ou sindicalistas em geral. Talvez o germe desta decadência estivesse no próprio Sorel, isto é, num certo fetichismo sindical ou economicista.

§ 48. *Maquiavel.* [I]. Estudo das palavras de ordem como a do "Terceiro *Reich*" das correntes de direita alemãs, destes mitos históricos, que não passam de uma forma concreta e eficaz de apresentar o mito da "missão histórica" de um povo. O ponto a estudar é precisamente este: por que uma tal fórmula é "concreta e eficaz" ou mais eficaz do que outra. Na Alemanha, a continuidade ininterrupta (não interrompida por invasões estrangeiras permanentes) entre o período medieval do Sacro Império Romano (primeiro *Reich*) e o período moderno (de Frederico, o Grande, até 1914) torna imediatamente compreensível o conceito de Terceiro *Reich*. Na Itália, o conceito de "Terceira Itália" do *Risorgimento* não podia ser facilmente compreendido pelo povo, em virtude da não continuidade histórica e da não homogeneidade entre a Roma antiga e a Roma papal (na verdade, não havia homogeneidade perfeita sequer entre a Roma republicana e a Roma imperial). Daí a relativa fortuna da expressão mazziniana "Itália *do* povo", que buscava indicar uma renovação completa, em sentido democrático, de iniciativa popular, da nova história italiana, em oposição ao "primado" giobertiano, que procurava apresentar o passado como continuidade ideal possível com o futuro, isto é, com um determinado programa político presente apresentado em termos de longo alcance [170]. Mas Mazzini não conseguiu enraizar sua fórmula mítica e seus sucessores a diluíram e amesquinharam em retórica livresca. Um precedente para Mazzini poderiam ter sido as comunas medievais, que constituíram uma renovação histórica efetiva e radical, mas elas foram mais bem aproveitadas pelos federalistas, como Cattaneo. (O tema deve ser relacionado com as primeiras notas escritas no caderno especial sobre Maquiavel) [171].

II. A questão posta por Panunzio a respeito da existência de um "quarto" poder estatal, o de "determinação da diretriz política", parece que deve ser relacionada com os problemas suscitados pelo desaparecimento dos partidos políticos e, portanto, pelo esvaziamento do Parlamento. É um modo "burocrático" de pôr um problema que antes era resolvido pelo funcionamento normal da vida política nacional, mas não se vê como possa ser essa solução "burocrática". Os partidos eram efetivamente os organismos que, na sociedade civil, não só elaboravam as diretrizes políticas, mas educavam e apresentavam os homens supostamente em condições de aplicá-las. No terreno parlamentar, as "diretrizes" elaboradas, totais ou parciais, de longo alcance ou de caráter imediato, eram confrontadas, despidas dos traços particularistas, etc., e uma delas tornava-se "estatal", na medida em que o grupo parlamentar do partido mais forte se tornava o "Governo" ou dirigia o Governo. O fato de que, pela desagregação parlamentar, os partidos se tornaram incapazes de realizar esta tarefa não anulou a tarefa em si nem apresentou um caminho novo de solução: assim também para a educação e a valorização das personalidades. A solução "burocrática", de fato, mascara um regime de partidos da pior espécie, partidos que operam às ocultas, sem controle; os partidos são substituídos por camarilhas e influências pessoais inconfessáveis: sem contar que restringe as possibilidades de opção e embota a sensibilidade política e a elasticidade tática. Max Weber, por exemplo, é de opinião que uma grande parte das dificuldades atravessadas pelo Estado alemão no pós-guerra foram motivadas pela ausência de uma tradição político-parlamentar e de vida partidária antes de 1914 [172].

§ 50. *Maquiavel*. Sobre o conceito de previsão ou perspectiva. É certo que prever significa apenas ver bem o presente e o passado como movimento: ver bem, isto é, identificar com exatidão os elementos fundamentais e permanentes do processo. Mas é absurdo pensar numa previsão puramente "objetiva". Quem prevê, na realidade, tem um "programa" que quer ver triunfar, e a previsão é exatamente um elemento de tal triunfo. Isto não significa que a previsão deva ser sempre arbitrária e gratuita ou puramente tendenciosa. Ao contrário, pode-se dizer que só na medida em que o aspecto objetivo da previsão está ligado a um programa é que esse aspecto adquire objetividade: 1) porque só a paixão aguça o intelecto e colabora para tornar mais clara a intuição; 2) porque, sendo a realidade o resultado de uma aplicação da vontade humana à sociedade das coisas (do maquinista à máquina), prescindir de todo elemento voluntário ou calcular apenas a intervenção das vontades dos outros como elemento objetivo do jogo geral mutila a própria realidade. Só quem quer fortemente identifica os elementos necessários à realização de sua vontade. Por isso, é um erro grosseiro de presunção e superficialidade considerar que uma determinada concepção do mundo e da vida tenha em si mesma uma superioridade em termos de capacidade de previsão. É claro que uma concepção do mundo está implícita em toda previsão; portanto, o fato de que ela seja um amontoado de atos arbitrários do pensamento ou uma visão rigorosa e coerente não é destituído de importância, mas ela só adquire essa importância no cérebro vivo de quem faz a previsão e a vivifica com sua vontade forte. Isto pode ser percebido através das previsões feitas pelos chamados "desapaixonados": elas estão plenas de inutilidades, de minúcias sutis, de elegâncias conjeturais. Só a existência, em quem "prevê", de um programa a realizar faz com que ele se atenha ao essencial, aos elementos que, sendo "organizáveis", suscetíveis de ser dirigidos ou desviados, são na realidade os únicos previsíveis. Isto vai contra o modo comum de considerar a questão. Geralmente se acredita que todo ato de previsão pressupõe a determinação de leis de regularidade como as leis das ciências naturais. Mas, como estas leis não existem no sentido absoluto ou mecânico que se supõe, não se levam em conta as vontades dos outros e não se "prevê" sua aplicação. Logo, constrói-se com base numa hipótese arbitrária, e não na realidade.

§ 55. *Passado e presente.* Uma das manifestações mais típicas do pensamento sectário (pensamento sectário é aquele que não deixa ver que o partido político não é apenas a organização técnica do próprio partido, mas todo o bloco social ativo do qual o partido, por ser a expressão necessária, é o guia) é aquela pela qual se considera que se possa fazer sempre certas coisas, mesmo depois que a "situação político-militar" mudou. Fulano lança uma palavra de ordem e todos aplaudem e se entusiasmam; no dia seguinte, as mesmas pessoas que aplaudiram e se entusiasmaram ao ouvir aquela exortação fingem não ouvir, tiram o corpo fora, etc.; no terceiro dia, as mesmas pessoas censuram Fulano, reprimem-no e até o surram ou o denunciam. Fulano não compreende nada disto; mas Beltrano, que deu as ordens a Fulano, censura-o por não ter se saído bem ou por ser um covarde, um incapaz, etc. Beltrano está convencido de que aquela exortação, elaborada por sua excelentíssima capacidade teórica, deve sempre entusiasmar e arrastar, porque em sua corriola, com efeito, os presentes ainda fingem se entusiasmar, etc. Seria interessante descrever o estado de ânimo estupefato e mesmo indignado do primeiro francês que viu o povo siciliano das Vésperas se revoltar.

§ 57. *Passado e presente.* De uma carta de Georges Sorel a Uberto Lagardelle (escrita em 15 de agosto de 1898 e publicada na *Educazione Fascista* de março de 1933): "O grande argumento de Deville é que a campanha por Dreyfus fortalece os militaristas e pode levar a uma reação. O infeliz não vê que é exatamente o contrário: a reação vinha a todo vapor e se detém diante de uma reação inopinada, em que as posições avançadas têm o auxílio dos moderados. Os que não enxergavam o movimento real e se limitavam às aparências enganosas das eleições acreditavam que a França marchava rapidamente para o socialismo; eu sempre achei que marchava para o cesarismo. O movimento aparece agora, de vez que há uma pedra na engrenagem, seus dentes rangem e se quebram; não é a pedra que faz nascer a engrenagem, mas ela força os cegos a perceber que esta existe" [173].

A mentalidade à Deville sempre foi difusa. Questão da ofensiva e da defensiva. Deve-se perguntar se, toda vez que a "eleição" era favorável à esquerda, não houve uma preparação para um golpe de Estado por parte da direita, que jamais teria permitido à esquerda ter de seu lado a força e o prestígio da chamada "legalidade" estatal. (Recordar os artigos de Garofalo na *Epoca* de 1922. O livro de Nino Daniele sobre D'Annunzio político [174]. Modo de organizar a narração dos acontecimentos de 1918-1919-1920, etc.) Nas memórias do diplomata Aldovrandi, publicadas na *Nuova Antologia* de 15 de maio-1° de junho de 1933, algumas sugestões utilíssimas para avaliar os acontecimentos de abril de 1919 em Milão. Questão ligada à da chamada "violência" como método dogmático, forma muito estúpida de sarampo daqueles anos. (Orlando, que em abril de 1919 estava em Paris, não deve ter sido alheio aos acontecimentos de Milão, que eram necessários à comissão italiana para sustentar sua posição. Mesmo a passividade de Giacinto Menotti não deve ter acontecido sem um motivo talvez determinado indiretamente pelo Governo) [175].

§ 72. *Maquiavel*. (Novo Maquiavel, cf. caderno especial, etc.) [176]. A propósito do Renascimento, de Lourenço de Médici, etc., questão de "grande política e de pequena política", política criativa e política de equilíbrio, de conservação, mesmo se tratando de conservar uma situação miserável. Acusação aos franceses (e aos gauleses desde Júlio César) de serem volúveis, etc. E, neste sentido, os italianos do Renascimento jamais foram "volúveis", ou melhor, talvez se deva distinguir entre a grande política que os italianos praticavam no "exterior", como força cosmopolita (enquanto durou a função cosmopolita), e a pequena política no interior, a pequena diplomacia, a estreiteza dos programas, etc., portanto a debilidade da consciência nacional, que exigiria uma atividade audaciosa e de confiança nas forças popular-nacionais.

Terminado o período da função cosmopolita, restou o período da "pequena política" no interior, o esforço imenso para impedir qualquer mudança radical. Na realidade, o apego à vida doméstica, às mãos limpas etc., tão criticado nas gerações do século XIX, é apenas a consciência do fim de uma função cosmopolita na forma tradicional e a incapacidade de criar uma nova, tomando como base o povo-nação.

CADERNO 17 (1933-1935)

§ 7. *Maquiavel. A função dos intelectuais.* Sobre a função dos intelectuais no desenvolvimento da vida política, sobre as relações entre o povo e os intelectuais, deve-se ver o que escreve Gioberti, especialmente no *Rinnovamento.* Gioberti não utiliza o termo "intelectual", mas fala do "engenho". Deve-se notar que Gioberti distingue a democracia da demagogia precisamente pela função que o "engenho" desempenha na democracia.

§ 10. *Temas de cultura.* As discussões sobre a guerra futura. Guerra total, importância da aviação, dos pequenos exércitos profissionais, em comparação com os grandes exércitos regulares de recrutamento, etc. Estes temas são importantes em si e por si e merecedores de estudo e consideração. A literatura a propósito já deve ser imponente em todos os países (vejo citado um volume: Rocco Morretta, *Come sarà la guerra di domani?,* Milão, Casa Ed. G. Agnelli, 1932, 368 p., L. 18). Mas existe um aspecto da questão que também parece digno de consideração: todas estas disputas sobre a futura guerra hipotética são o terreno de uma "guerra" real atual: as velhas estruturas militares (Estados-Maiores, etc.) são modificadas pela intervenção, no equilíbrio entre as velhas armas, da aviação e de seus oficiais. Sabe-se que as velhas estruturas militares representavam uma determinada política reacionário-conservadora de velho estilo, difícil de vencer e de eliminar. Para muitos Governos atuais, a aviação, as discussões sobre a importância da aviação, sobre o modo como devem ser estabelecidos os planos estratégicos de uma guerra futura, etc., são a ocasião para eliminar molecularmente as velhas personalidades militares, ligadas a um velho costume político e que poderiam organizar golpes de Estado, etc. Por isto, a importância da aviação é dupla: técnico-militar e político-imediata.

§ 14. *Temas de cultura. Discussões sobre a guerra futura* (cf., supra, o § 10). Ver o artigo do general Orlando Freri ("L'agguerrimento delle nuove generazioni", na *Gerarchia* de agosto de 1933), que é ainda mais interessante por ter sido publicado quase simultaneamente à demissão do general Gazzera do Ministério da Guerra e ao voo entre Roma e Chicago das esquadrilhas de Balbo. O artigo de Freri põe a questão do "pequeno exército" de paz como exército de "suboficiais e especialistas", a ser criado em paralelo com o desenvolvimento da milícia voluntária e por razões de orçamento (isto é, em função das necessidades modernas de um amplo e custoso aparelhamento mecânico, que não pode ser satisfeito com um exército de paz numeroso, etc.).

§ 21. *Temas de cultura. César e o cesarismo.* A teoria do cesarismo, que hoje predomina (cf. o discurso de Emilio Brodero, "L'umanità di Giulio Cesare", na *Nuova Antologia* de 16 de setembro de 1933), foi introduzida na linguagem política por Napoleão III, o qual, por certo, não foi um grande historiador, filósofo ou teórico da política. É certo que, na história romana, a figura de César não foi caracterizada só ou principalmente pelo "cesarismo" neste sentido estrito. O desenvolvimento histórico que teve em César sua expressão assume na "península itálica", ou seja, em Roma, a forma do "cesarismo", mas tem como quadro todo o território imperial e, na realidade, consiste na "desnacionalização" da Itália e em sua subordinação aos interesses do Império. Não é verdade, como diz Brodero, que César transformou Roma de cidade-Estado em capital do Império, tese absurda e anti-histórica: a capital no Império era onde residia o imperador, um ponto móvel; a cristalização de uma capital levou à cisão, à emergência de Constantinopla, Milão, etc. Roma se tornou uma cidade cosmopolita e a Itália inteira se tornou centro de uma cosmópole. Deve-se fazer uma comparação entre Catilina e César: Catilina era mais "italiano" do que César, e sua revolução talvez tivesse conservado para a Itália, com uma outra classe no poder, a função hegemônica do período republicano. Com César, a revolução não é mais solução de uma luta entre classes itálicas, mas de todo o Império, ou pelo menos de classes com funções principalmente imperiais (militares, burocratas, banqueiros, empreiteiros, etc.). Além disto, César havia desequilibrado o quadro do Império com a conquista da Gália: com César, o Ocidente começou a lutar contra o Oriente. Isto se vê nas lutas entre Antônio e Otaviano e continuará até a cisão da Igreja, sobre a qual teve influência a tentativa de Carlos Magno de restaurar o Império, assim como a fundação do poder temporal do papado romano. Do ponto de vista da cultura, é interessante o atual mito de "César", que não tem nenhuma base na história, assim como nenhuma base tinha no século XVIII a exaltação da república romana como uma instituição democrática e popular, etc.

§ 27. *Maquiavel*. [I]. Cf. o que Alfieri escreve sobre Maquiavel no livro *Del principe e delle lettere* [177]. Falando das "máximas imorais e tirânicas" que se poderiam extrair "aqui e ali" do *Príncipe*, Alfieri nota: "E estas são reveladas (a quem reflete bem) pelo autor muito mais para desvendar aos povos as ambições e as refinadas crueldades dos príncipes do que certamente para ensinar os príncipes a praticá-las: de vez que eles, mais ou menos, sempre as utilizam, utilizaram e utilizarão, segundo sua necessidade, engenho e destreza." À parte a interpretação democrática, o comentário é justo: mas certamente Maquiavel não pretendia "apenas" ensinar aos príncipes as "máximas" que eles conheciam e utilizavam. Ao contrário, pretendia ensinar a "coerência" na arte de governo, e coerência empregada para um certo fim: a criação de um Estado unitário italiano. Isto é, *O Príncipe* não é um livro de "ciência", academicamente entendido, mas de "paixão política imediata", um "manifesto" de partido, que se baseia numa concepção "científica" da arte política. Maquiavel ensina, na verdade, a "coerência" dos meios "bestiais", e isto é contra a tese de Alderisio (do qual se deve ver o texto "Intorno all'arte dello Stato del Machiavelli.

Discussione ulteriore dell'interpretazione di essa come 'pura politica'", nos *Nuovi Studi* de junho-outubro de 1932); contudo, esta "coerência" não é uma coisa meramente formal, mas a forma necessária de uma determinada linha política efetiva. Que seja possível extrair da exposição de Maquiavel elementos de uma "política pura" é outra questão: isso diz respeito ao lugar que Maquiavel ocupa no processo de formação da ciência política "moderna", que não é pequeno. Alderisio formula mal todo o problema, e as poucas boas razões que pode ter se perdem na desarticulação do quadro geral equivocado.

II. A questão de saber por que Maquiavel escreveu *O Príncipe* e as outras obras não é uma simples questão de cultura ou de psicologia do autor: ela serve para explicar em parte o fascínio destes escritos, sua vivacidade e originalidade. Não se trata certamente de "tratados" do tipo medieval; nem tampouco se trata de obras de um bacharel que pretenda justificar as operações ou o modo de operar de seus "patronos" ou mesmo de seu príncipe. As obras de Maquiavel são de caráter "individualista", expressões de uma personalidade que quer intervir na política e na história do seu país, e neste sentido são de origem "democrática". Há em Maquiavel a "paixão" do "jacobino" e, por isso, ele agradaria tanto aos jacobinos e aos iluministas: este é um elemento "nacional" em sentido próprio e deveria ser estudado preliminarmente em toda pesquisa sobre Maquiavel.

§ 36. *Passado e presente.* Da *Enciclopedia italiana* (verbete "Guerra", p. 79): "Muitos escritores do Segundo Império parecem convencidos de que a retórica — facilmente estimulada pelos grandes episódios bélicos da Revolução e do Primeiro Império — seja suficiente para manter elevado o espírito militar, assim como o alto espírito militar baste por si só para neutralizar a eventual superioridade técnica dos outros."

Esta afirmação, se é justa na crítica militar, é ainda mais peremptória na crítica da ação política. Talvez num só aspecto da ação política, ou seja, no aspecto eleitoral dos regimes ultrademocrático-liberais, possa ser verdade que a retórica e o "alto espírito" de luta (no papel) podem substituir o prévio ordenamento técnico minucioso e orgânico e, assim, produzir vitórias "estrepitosas". Este juízo pode ser transferido para a série de notas "Maquiavel", na parte em que se analisam os diversos momentos de uma situação e especialmente no momento mais imediato em que toda situação culmina e se resolve efetivamente, ou seja, torna-se história.

§ 37. *Maquiavel*. Será necessária a ação política (em sentido estrito) para que se possa falar de "partido político"? Pode-se observar que no mundo moderno, em muitos países, os partidos orgânicos e fundamentais, por necessidade de luta ou por alguma outra razão, dividiram-se em frações, cada uma das quais assume o nome de partido e, inclusive, de partido independente. Por isso, muitas vezes o Estado-Maior intelectual do partido orgânico não pertence a nenhuma dessas frações, mas opera como se fosse uma força dirigente em si mesma, superior aos partidos e às vezes reconhecida como tal pelo público. Esta função pode ser estudada com maior precisão se se parte do ponto de vista de que um jornal (ou um grupo de jornais), uma revista (ou um grupo de revistas) são também "partidos", "frações de partido" ou "funções de determinados partidos". Veja-se a função do *Times* na Inglaterra, a que teve o *Corriere della Sera* na Itália, e também a função da chamada "imprensa de informação", supostamente "apolítica", e até a função da imprensa esportiva e da imprensa técnica [178]. De resto, o fenômeno apresenta aspectos interessantes nos países onde existe um partido único e totalitário de Governo: porque tal partido não desempenha mais funções simplesmente políticas, mas só técnicas, de propaganda, de polícia, de influência moral e cultural. A função política é indireta, já que, se não existem outros partidos legais, existem sempre outros partidos de fato ou tendências que não podem ser legalmente reprimidas, contra os quais se polemiza e se luta como num jogo de cabra-cega. De qualquer modo, é certo que em tais partidos as funções culturais predominam, dando lugar a uma linguagem política de jargão: isto é, as questões políticas revestem-se de formas culturais e, como tais, se tornam insolúveis.

Mas um partido tradicional tem um caráter essencial "indireto", isto é, apresenta-se explicitamente como puramente "educativo" (*lucus*, etc.), moralista, de cultura (*sic*). É o movimento libertário: até mesmo a chamada ação direta ("terrorista") é concebida como "propaganda" através do exemplo; daí se pode ainda reforçar a opinião de que o movimento libertário não é autônomo, mas vive à margem dos outros partidos, "para educá-los", e se pode falar de um "libertarismo" inerente a cada partido orgânico. (O que são os "libertários intelectuais ou cerebrais" senão um aspecto desse "marginalismo" em relação aos grandes partidos dos grupos sociais dominantes?) A própria "seita dos economicistas" era um aspecto histórico deste fenômeno.

Apresentam-se, portanto, duas formas de "partido" que, como tais, ao que parece, fazem abstração da ação política imediata: o partido constituído de uma elite de homens de cultura, que têm a função de dirigir, do ponto de vista da cultura, da ideologia geral, um grande movimento de partidos afins (que são, na realidade, frações de um mesmo partido orgânico); e, no período mais recente, o partido não de elite, mas de massas, que como massas não têm outra função política senão a de uma fidelidade genérica, de tipo militar, a um centro político visível ou invisível (frequentemente, o centro visível é o mecanismo de comando de forças que não desejam mostrar-se sob plena luz, mas apenas operar indiretamente por interposta pessoa e por "interposta ideologia"). A massa é simplesmente de "manobra" e é "ocupada" com pregações morais, incentivos sentimentais, mitos messiânicos de expectativa de épocas fabulosas nas quais todas as contradições e misérias do presente serão automaticamente resolvidas e sanadas.

§ 39. *Maquiavel. O poder indireto.* Uma série de manifestações em que a teoria e a prática do poder indireto, a partir da esfera da organização eclesiástica e de suas relações com os Estados, são aplicadas a relações entre partido e partido, entre grupos intelectuais e econômicos e partidos, etc. Caso clássico, a tentativa da Ação Francesa e de seus chefes ateus e incrédulos, que procuraram valer-se das massas católicas organizadas pela Ação Católica como massa de manobra em favor da monarquia.

§ 41. *Maquiavel.* Escrito do (general) Luigi Bongiovanni na *Nuova Antologia* de 16 de janeiro de 1934 ("La Marna: giudizi in contrasto"): "A guerra, em seu duro realismo, só progride por meio de fatos. O que importa é vencer. A vitória não se mede em termos de sacrifícios, mas de resultados. Mais ainda, a vitória é sempre o efeito de uma superioridade: aliás, é a inegável constatação dessa superioridade. Quando custa pouco sangue, quer dizer que a superioridade era inerente a um dos dois contendores, em virtude de fatos anteriores."

§ 42. *Passado e presente.* Não existe na Itália uma tradução da obra de Clausewitz sobre a guerra [179]. E não parece que Clausewitz fosse conhecido pela velha geração: num artigo da *Nuova Antologia* (16 de dezembro de 1933, "Appunti sulla costituzione degli organi di commando in guerra"), do Almirante Sirianni, o nome é sempre referido como "Clause*n*witz". Deve-se relacionar este fato com a afirmação feita pelo general De Bono (em suas memórias editadas pela Mondadori) de que os oficiais de sua geração não se ocupavam de política, não liam os jornais, não sabiam muitas vezes nem mesmo quem fossem os ocupantes do Governo. É fácil imaginar qual pudesse ser o nível de cultura dos oficiais da geração passada: um oficial que se desinteressa da vida política de seu país assemelha-se bastante a um mercenário de tipo medieval. Parece que o primeiro livro a resumir o pensamento militar (e político) de Clausewitz é o de Emilio Canevari, *Clausewitz e la guerra odierna*, Roma, 1934 (ou 1933).

§ 46. *Passado e presente. A neutralidade da Suíça em 1934.* O Conselheiro Motta, chefe do Departamento Federal do Ministério de Relações Exteriores, num discurso proferido em Friburgo em 22 de julho, por ocasião da jornada ticinense da Artilharia Federal, disse: "Enquanto a Suíça mantiver a resolução de se defender — assim dizia recentemente o insigne chefe do Governo italiano ao senhor Wagnière, nosso ministro em Roma, e eu não acredito cometer uma indiscrição revelando esta palavra amiga —, ninguém ousará assumir a responsabilidade de nela tocar" [180].

De todo modo, o Conselheiro Motta fez saber que "recentemente", em referência ao dia 22 de julho de 1934, a diplomacia suíça teve de expor a possibilidade de uma agressão contra seu território ao Governo italiano e dele recebeu palavras amistosas.

§ 48. *Distinções.* No estudo dos diversos "graus" ou "momentos" das situações militares ou políticas, não se fazem habitualmente as obrigatórias distinções entre: "causa eficiente", que prepara o acontecimento histórico ou político de variado grau ou significado (ou extensão), e "causa determinante", que produz imediatamente o acontecimento e é a resultante geral e concreta da causa eficiente, a "precipitação" concreta dos elementos realmente ativos e necessários da causa eficiente para produzir a determinação.

Causa eficiente e causa suficiente, isto é, "totalmente" eficiente; ou pelo menos suficiente na direção necessária para produzir o acontecimento.

Naturalmente, estas distinções podem ter diversos momentos ou graus: isto é, deve-se estudar se cada momento é eficiente (suficiente) e determinante para a passagem de um desenvolvimento a outro, ou se pode ser destruído pelo antagonista antes de sua "produtividade".

§ 49. *Princípios de método.* Antes de julgar (e, para a história em ato ou política o julgamento é a ação), é preciso conhecer e, para conhecer, é preciso saber tudo o que é possível saber. Mas o que se entende por "conhecer"? Conhecimento livresco, estatístico, "erudição" mecânica, — conhecimento histórico —, intuição, "contato" real com a realidade viva e em movimento, capacidade de "simpatizar" psicologicamente até o nível de cada homem. "Limites" do conhecimento (não coisas inúteis), isto é, conhecimento crítico, ou do "necessário"; portanto, uma "concepção geral" crítica.

§ 50. *Maquiavel.* Uma máxima do Marechal Caviglia: "A experiência da mecânica aplicada, de acordo com a qual a força se exaure ao se afastar do centro de produção, se reencontra como dominante na arte da guerra. O ataque se esgota, ao avançar; por isso, a vitória deve ser procurada, na maior medida possível, nas proximidades do ponto de partida" (*Le tre battaglie del Piave,* p. 244).

Máxima semelhante em Clausewitz [181]. Mas o próprio Caviglia observa que as tropas de ruptura devem ser ajudadas por tropas de manobra: as tropas de ruptura tendem a se deter depois de obtida a "vitória" imediata, em seu objetivo de romper a frente adversária. Uma ação estratégica dirigida a objetivos não territoriais, mas decisivos e orgânicos, pode ser desenvolvida em dois momentos: com a ruptura da frente adversária e com uma manobra sucessiva, operações atribuídas a tropas diferentes.

Esta máxima, aplicada à arte política, deve ser adaptada às diversas condições; mas permanece o fato de que entre o ponto de partida e o objetivo faz-se necessária uma gradação orgânica, isto é, uma série de objetivos parciais. Pode-se fazer uma aproximação com a palavra de ordem de 1848.

§ 51. *Maquiavel.* No *Mein Kampf,* Hitler escreve: "A fundação ou a destruição de uma religião é gesto incalculavelmente mais relevante do que a fundação ou a destruição de um Estado: não digo de um partido..." Superficial e acrítico: os três elementos — religião (ou concepção do mundo "ativa"), Estado, partido — são indissolúveis, e no processo real do desenvolvimento histórico-político passa-se de um para outro necessariamente. Observa-se em Maquiavel, nos modos e na linguagem de seu tempo, a compreensão dessa homogeneidade necessária e da interferência dos três elementos. Perder a alma para salvar a pátria ou o Estado é um elemento de laicismo absoluto, de concepção do mundo positiva e negativa (contra a religião ou concepção dominante). No mundo moderno, um partido é integralmente tal — e não, como sucede, fração de um partido maior — quando é concebido, organizado e dirigido através de modos e formas capazes de se desenvolver integralmente num Estado (integral, e não num Governo tecnicamente entendido) e numa concepção do mundo. O desenvolvimento do partido em Estado reage sobre o partido e exige dele um aperfeiçoamento e uma reorganização contínua, assim como o desenvolvimento do partido e do Estado em concepção do mundo, isto é, em transformação total e molecular (individual) dos modos de pensar e de atuar, reage sobre o Estado e sobre o partido, obrigando-os a se reorganizar continuamente e colocando-os diante de problemas novos e originais a serem resolvidos. É evidente que tal concepção é dificultada no desenvolvimento prático pelo fanatismo cego e unilateral de "partido" (neste caso, de seita, de fração de um partido mais amplo, em cujo interior se luta), isto é, pela ausência tanto de uma concepção estatal como de uma concepção do mundo capazes de se desenvolver por serem historicamente necessárias. A vida política atual fornece um amplo testemunho destas estreitezas e restrições mentais, que, por outro lado, provocam lutas dramáticas, uma vez que elas próprias são o modo por meio do qual o desenvolvimento histórico se verifica na prática. Mas o passado, e o passado italiano que mais interessa, de Maquiavel em diante, não é menos rico de experiência; porque toda a história é testemunha do presente.

§ 53. *Problemas de cultura. Disraeli.* Por que Disraeli compreendeu, melhor do que qualquer outro chefe de Governo *inglês*, as necessidades imperiais? Pode-se fazer um paralelo entre Disraeli e César. Mas Disraeli não conseguiu articular o problema da transformação do império britânico e não teve continuadores: o *inglesismo* impediu a fusão numa só classe imperial unificada dos grupos nacionais que necessariamente se formavam em todas as terras do império. É evidente que o império inglês não podia se basear numa estrutura burocrático-militar, como aconteceu com o romano: fecundidade do programa de um "parlamento imperial" pensado por Disraeli. Mas este parlamento imperial deveria legislar também para a Inglaterra, coisa absurda para um *inglês*: só um semita sem preconceitos como Disraeli podia ser a expressão do imperialismo orgânico inglês. Análogos fenômenos históricos modernos [182].

NOTAS AO TEXTO

1. Caderno 13

1. Nos *Prolegomeni a Macchiavelli* (Florença, 1931), L. Russo afirma que Valentino (isto é, César Bórgia, o célebre *condottiere* que conquistou várias cidades italianas no início do século XVI, com o apoio do papado e da França) "fora tomado por nosso autor [Maquiavel] como príncipe-mito de sua doutrina". Luigi Russo (1892-1961), crítico e historiador literário, é autor de estudos particularmente importantes sobre Giovanni Verga, Francesco De Sanctis e o próprio Nicolau Maquiavel.

2. Georges Boulanger (1837-1891), general e político francês, protagoniza uma efêmera mobilização de massas, explorando o revanchismo antialemão, o apoio dos militares de baixa patente, o difuso antiparlamentarismo e a nostalgia monárquica de ambientes aristocráticos. Contudo, as hesitações de Boulanger em relação a um golpe de Estado permitiram a reorganização dos republicanos. Em 1889, exila-se na Bélgica, onde permaneceria até o suicídio. As forças que confluíram no boulangismo continuaram presentes na década de 1890, particularmente no caso Dreyfus. Sobre este último, cf., infra, n. 39.

3. A expressão "cidades do silêncio" refere-se a cidades de passado grandioso que já não ocupavam posição de destaque na Itália moderna (por exemplo, Pisa, Ravena, Urbino, Perúgia, Orvieto). A expressão deriva do título de uma série de poemas de Gabrielle D'Annunzio publicados em *Elettra* (1904).

4. A noção da religião tradicional como degrau para um conhecimento teórico mais complexo aparece em Croce e Gentile, como anteriormente, de alguma maneira, em Vico e Hegel. Sobre a dúbia atitude de Croce diante do modernismo religioso, cf. caderno 10, II, § 47, n. 77, no vol.

1 da presente edição. O termo "malthusiano" aplicado por Gramsci a tal concepção afasta-se da referência direta à teoria populacional de Malthus e deriva, antes, dos ambientes intelectuais antipositivistas italianos do início do século XX, nos quais era empregado para criticar concepções típicas do evolucionismo mecanicista. Gramsci também utiliza o termo variante "neomalthusiano" em relação a Croce. Cf., por exemplo, caderno 10, II, § 22, n. 36, no vol. 1 da presente edição.

5. Cf., infra, § 17.

6. Gramsci conhece diretamente os *Elementi di scienza política* (primeira edição, 1896; segunda edição ampliada, 1923) e até pôde consultar esta nova edição no cárcere de Túri. Sobre o livro de Mosca, cf., infra, § 6. Sobre o próprio Mosca, cf. caderno 8, § 24, n. 72, no vol. 2. Sobre o conceito de grande potência, cf., infra, §§ 15, 19 e 32.

7. Sobre Francesco Saverio Nitti e o discurso pronunciado na Câmara dos Deputados em 1919, cf. caderno 1, § 116, n. 2 e n. 5, no vol. 2.

8. Sobre estes artigos do historiador G. Volpe, em comemoração do décimo terceiro aniversário de fundação do primeiro *fascio* nacional de combate, cf. caderno 8, § 102, n. 77, no vol. 2. No segundo desses artigos ("Fascismo al governo: 1922-1932"), Volpe afirma sobre a "revolução" fascista: "Ela havia tido limites demarcados previamente por sua própria natureza e pelas finalidades a que se propusera: [...] pela necessidade de não dificultar em demasia as relações da Itália — país centralíssimo, não isolável, não autônomo economicamente — com o resto do mundo."

9. A afirmação do poeta nacionalista Ugo Foscolo será retomada abaixo, no § 20. Sobre Foscolo e os *Sepolcri*, cf. caderno 5, § 42, n. 34, no vol. 2.

10. Na *Sagrada Família*, de 1845, Marx e Engels sintetizam a experiência jacobina com a expressão "revolução permanente" e até estabelecem um nexo entre Robespierre e Napoleão no fato de que este dá prosseguimento ao terror com outros meios: em vez da revolução permanente, a guerra permanente. No *Manifesto comunista*, de 1848, não se emprega o conceito explicitamente, mas sem dúvida ele está presente quando se afirma que "a revolução burguesa alemã só poderá ser o prelúdio

imediato de uma revolução proletária" (Marx-Engels, *Obras escolhidas*, Rio de Janeiro, Vitória, tomo 1, 1956, p. 53). Ainda no rastro de 1848, numa conjuntura que supunham revolucionária, Marx e Engels afirmam em sua "Mensagem do Comitê Central à Liga dos Comunistas" (1850) que "os nossos interesses e as nossas tarefas consistem em tornar a revolução permanente até que seja eliminada a dominação das classes mais ou menos possuidoras, até que o proletariado conquiste o poder de Estado, até que a associação dos proletários se desenvolva, não só num país, mas em todos os países predominantes do mundo" (*ibid*., p. 97). Depois disso, o conceito não mais aparece em Marx e Engels.

11. Sobre a concepção crociana da ideologia, com referência inclusive a Giovanni Malagodi, cf., particularmente, caderno 10, II, § 41.XII, no vol. 1. Sobre o "mito" soreliano e a "paixão" crociana, cf. caderno 10, II, § 41.V, no vol. 1. G. Malagodi (1904-1991), dirigente de instituição financeira ainda no período fascista, torna-se político do Partido Liberal no segundo pós-guerra, partido que o próprio Croce ajudaria a reorganizar. Em 1928, Malagodi publica *Le ideologie politiche* e, contrariamente a Croce, não enquadra o fenômeno da ideologia exclusivamente na esfera prática, atribuindo-lhe também relevância teórica.

12. Esta afirmação de Schopenhauer chega a Gramsci através de Croce: "Não sem justo motivo, Schopenhauer aproximava a educação política, ministrada por Maquiavel, à que fornece o mestre de esgrima, o qual certamente ensina a arte de matar, mas não ensina a ser sicário e assassino" (B. Croce, *Conversazioni critiche*, série II, Bári, 1918).

13. A expressão *schmutzig-jüdisch* [sordidamente judaico], presente nas teses marxianas sobre Feuerbach, aparece mais vezes nos *Cadernos*. Cf., por exemplo, caderno 17, § 12, n. 16, no vol. 1. Numa carta à mulher, Julia, de 28 de março de 1932, Gramsci comenta: "Espero que você não se equivoque com a expressão 'sordidamente judaico' que empreguei acima. Observo isto porque tive recentemente com Tania [Schucht] uma discussão epistolar sobre o sionismo e não quero passar por 'antissemita' em razão dessas palavras. Mas o autor delas não era judeu?" (A. Gramsci, *Lettere dal carcere*, ed. A. A. Santucci, Palermo, Sellerio, 1996, p. 554).

14. A frase entre aspas retoma, mais uma vez nos *Cadernos*, a conhecida afirmação de Marx no "Prefácio" de 1859 à *Contribuição à crítica da economia política*. Cf., infra, n. 23.

15. Sobre Enrico Ferri, expoente do positivismo jurídico, cf. caderno 8, § 74, n. 11, no vol. 2.

16. Em francês no original. Na frase citada, o "senhor de Argenton" é, precisamente, Philippe de Commynes.

17. Gramsci desloca o sentido da expressão "comparação elíptica", originalmente usada por Croce na caracterização da teoria do valor em Marx, para aplicá-la ao empreendimento teórico de Maquiavel. Cf. caderno 10, II, § 31, n. 46, no vol. 1.

18. César Bórgia (1476-1507), filho do Papa Alexandre VI, também é conhecido como Valentino, por ter recebido do monarca francês Luís XII, em 1498, o Ducado de Valentinois. Entre 1499 e 1503, depois da entrada dos franceses em Milão, Valentino consegue unificar toda a Romanha, derrotando vários potentados senhoriais. Morto Alexandre VI (agosto de 1503), e já sob o papado de Júlio II, um rival dos Bórgia, Valentino é derrotado pelos inimigos reunidos em liga, passando em seguida, definitivamente, à Espanha e à França. Tido habitualmente como modelo do político sagaz e cruel, Valentino tem sua breve ação na Romanha valorizada por Maquiavel como exemplo de bom governo, capaz de combinar a força e a astúcia. No *Príncipe*, Valentino é apresentado de modo quase mítico, como "exemplo a todos os que ascendem ao poder graças à fortuna e às armas de outrem". Para Maquiavel, Bórgia prepara com rara competência os fundamentos de seu futuro poder, que não frutificaria "não por sua culpa, mas por uma extraordinária e extrema maldade da fortuna".

19. O episódio narrado por Matteo Bandello (1485-1561) — e recordado por Luigi Russo em seus *Prolegomeni* (cf., supra, n. 1) — está no livro *Novelle*: "[...] o mui engenhoso senhor Nicolau entreteve os amigos ao sol por mais de duas horas, para dispor três mil soldados de infantaria segundo a ordem que havia estipulado na *Arte da guerra*, e deu-se que

de modo algum os pôde ordenar. Surgiu, para tirá-lo do embaraço, Giovanni delle Bande Nere, e num piscar de olhos, com trombetas, tambores e sinais, ordenou aquela gente de variados modos e formas, com grandíssima admiração de quem ali se encontrava." Cf., infra, caderno 14, § 32.

20. Sobre Bertrando Spaventa, cf. caderno 11, § 1, n. 3; Maquiavel, Hegel, Spaventa e a metáfora do "berço" também aparecem no caderno 11, § 5, no vol. 1.

21. Sobre a contraposição entre Maquiavel e Guicciardini, cf., infra, caderno 18, § 3, n. 3, e caderno 10, II, § 22, n. 36, no vol. 1. Sobre a interpretação de Paolo Treves, cf., infra, caderno 6, §§ 86 e 110. Paolo Treves (1908-1958), filho de Claudio Treves, socialista reformista várias vezes citado nestes *Cadernos*, tem também longa militância no PSI, participando inclusive de sua direção clandestina. Exilado na Inglaterra entre 1938 e 1944, participa da Sociedade Fabiana e, depois de voltar à Itália em 1945, torna-se editor do *Avanti!*.

22. Maquiavel como "profeta desarmado" é uma sugestão de Luigi Russo: "Se o entusiasmo religioso do frade Savonarola resta [...] uma profecia desarmada, [...] uma profecia desarmada [...] também resta a ciência pura de Maquiavel. Sem *pathos* profético, sem renovamento moral, sem consciência civil, também o principado maquiavélico está fadado a permanecer uma utopia" (*Prolegomeni*, cit., p. 4-5). Girolamo Savonarola (1452-1498), superior do convento dominicano de São Marcos, tem importante papel na vida de Florença depois da expulsão dos Médici (1494-1498). A pregação contra a corrupção na Igreja acarreta-lhe a excomunhão por parte de Alexandre VI. Savonarola foi queimado por heresia em 23 de maio de 1498.

23. O trecho marxiano entre colchetes encontra-se na margem do manuscrito. Este e outros trechos do "Prefácio" à *Contribuição à crítica da economia política* aparecem muitas outras vezes nos *Cadernos*. Na verdade, Gramsci atribui ao "Prefácio" de 1859 um significado metodológico decisivo para o entendimento da mudança histórica. Cf., *inter alia*, caderno 11, §§ 22 e 29, no vol. 1.

24. Em fevereiro de 1853, ocorre em Milão uma insurreição republicana contra a dominação austríaca, protagonizada quase inteiramente por setores populares, mas sufocada em pouco tempo. Nas notas sobre o *Risorgimento*, Gramsci alude algumas vezes ao papel reticente da aristocracia milanesa no episódio, bem como a seu ato de homenagem ao soberano austríaco, Francisco José, em seguida a uma tentativa de assassinato, tudo isto em meio a duras medidas repressivas que incluíram a execução de patriotas italianos. Cf. caderno 19, §§ 5,53 e 55, no vol. 5. Ao lado de outros setores e personalidades, os adeptos republicanos de Giuseppe Mazzini confluem a partir de 1853 no Partido de Ação, o contraponto do partido "moderado" no processo da unidade italiana. Gramsci se refere criticamente a ambos os "partidos" ainda no curso do presente parágrafo.

25. O historiador e político Gaetano Salvemini, em *La Rivoluzione francese* (1788-1792) — cuja terceira edição, provavelmente a que Gramsci conhece, data de 1913 —, ao localizar na batalha de Valmy o desfecho da revolução, dela exclui inteiramente o período jacobino. (Em setembro de 1792, em Valmy, a França derrota a Prússia, ocupa a Savoia, Nice e a Bélgica, e reverte uma desastrosa situação militar.) Sobre G. Salvemini ou "Rerum Scriptor", cf. n. 10, parte I, 1, no vol. 1. Já Albert Mathiez (1874-1932), em *La Révolution française* (Paris, 1927), vê na queda da monarquia, em 10 de agosto de 1792, uma "nova revolução", na qual tem lugar a derrota não só da alta burguesia e da nobreza liberal mas também dos girondinos, com a consequente radicalização democrática encabeçada por Robespierre e a "Montanha". Mathiez, de resto, inspirando-se no marxismo, renova os estudos sobre a Revolução Francesa em chave antiliberal, revalorizando Robespierre e os jacobinos. Gramsci dispõe no cárcere, entre 1929-1930, dos três volumes de seu livro.

26. Ainda uma vez, Gramsci retoma a argumentação marxiana do "Prefácio" de 1859. Cf., particularmente, n. 60, parte I, 1, no vol. 1.

27. Sobre o papel da Maçonaria italiana no *Risorgimento*, cf., particularmente, caderno 19, § 53, no vol. 5. Gramsci também se detém difusamente sobre a Maçonaria e o Rotary Club no contexto da ideologia do americanismo. Cf. caderno 22, "Americanismo e fordismo", no vol. 4.

28. "Um sinal infalível de que o país se enriquece é o aumento contínuo da população e o constante aumento dos preços dos alimentos, das terras e das casas. A França já conta com 25 milhões de habitantes, o dobro da Inglaterra e da Prússia, o bem-estar flui gradualmente da alta burguesia para a média e a pequena: veste-se melhor, come-se melhor do que antes. Sobretudo, as pessoas se instruem. As jovens das camadas populares — agora chamadas 'senhoritas', desde que usem saias-balão — compram pianos. A elevação dos impostos de consumo atesta o aumento do bem-estar. A revolução não se desencadeará num país empobrecido, mas, ao contrário, num país florescente, em pleno desenvolvimento; a miséria, que às vezes provoca turbulências, não pode desembocar em grandes agitações sociais: estas nascem sempre do desequilíbrio de classes" (A. Mathiez, *La Révolution française*, cit., vol. 1, p. 13).

29. Em 1917 aparece a terceira edição do livro de Benedetto Croce, *Materialismo storico ed economia marxista* (de 1900), amplamente criticado por Gramsci ao longo do caderno 10, no vol. 1 da presente edição. No novo prefácio, Croce, mesmo registrando o que lhe parece declínio da influência de Marx, avalia positivamente o papel das ideias deste último na Itália, no final do século XIX, por ter contribuído para resgatar das mãos de filólogos e literatos os estudos de história econômica, jurídica e social. Luigi Einaudi, sempre a partir de posições *liberistas*, contesta essa avaliação retrospectivamente positiva de *Croce*, em breve comentário publicado em sua revista *La Riforma Sociale*, de julho-agosto de 1918. Dez anos mais tarde, Croce e Einaudi voltariam a se opor quanto à conexão entre *liberalismo* (centralidade dos valores políticos liberais, defendida por Croce) e *liberismo* (centralidade da liberdade de mercado, invariavelmente defendida por Einaudi). Sobre L. Einaudi, cf. n. 52, parte I, 1; sobre a oposição entre liberalismo e liberismo, cf. n. 70, parte II, 1, ambas no vol. 1.

30. Ao lado de Luigi Einaudi, Vilfredo Pareto é um dos expoentes do liberismo, que ele vê como a adequada tradução econômica da teoria das elites. Sobre Pareto, cf., infra, n. 145 aos cadernos miscelâneos. Agostino Lanzillo (1886-1952) começa sua atividade entre os sindicalistas revolucionários sob a influência de *Sorel* e, no início da Primeira Guerra,

escreve em *Utopia*, a revista sindicalista dirigida por Mussolini. Voltado para os temas de política econômica, Lanzillo adere ao fascismo, mas, depois de enveredar por uma carreira acadêmica, afasta-se progressivamente do regime. Em 1930, publica *Lineamenti di economia politica*, obra que evidencia sua ligação com Pareto.

31. Em 1922 vem à luz a edição italiana da *Miséria da filosofia*, que Gramsci conhece. A passagem exata é a seguinte: "Os primeiros ensaios dos trabalhadores para se associarem entre si sempre se verificaram sob a forma de coalizões. A grande indústria aglomera num mesmo local uma multidão de pessoas que não se conhecem. A concorrência divide os seus interesses. Mas a manutenção do salário, este interesse comum que têm contra o seu patrão, os reúne num mesmo pensamento de resistência — coalizão. A coalizão, pois, tem sempre um duplo objetivo: fazer cessar entre eles a concorrência, para poder fazer uma concorrência geral ao capitalista. Se o primeiro objetivo da resistência é apenas a manutenção do salário, à medida que os capitalistas, por seu turno, se reúnem em um mesmo propósito de repressão, as coalizões, inicialmente isoladas, agrupam-se e, diante do capital sempre reunido, a manutenção da associação torna-se para eles ainda mais importante que a manutenção do salário. [...] Nesta luta — verdadeira guerra civil —, reúnem-se e se desenvolvem todos os elementos necessários a uma batalha futura. Uma vez chegada a este ponto, a associação adquire um caráter político" (K. Marx, *Miséria da filosofia*, São Paulo, Ciências Humanas, 1982, p. 158-159).

32. A aproximação entre Pierre-Joseph Proudhon, Vincenzo Gioberti e a corrente liberal moderada do *Risorgimento* em geral — uma aproximação que implica diretamente o conceito de revolução passiva — aparece em vários pontos dos *Cadernos*. Sobre Vincenzo Gioberti, cf., *inter alia*, infra, caderno 15, § 48, n. 170, e caderno 8, § 30, n. 73, no vol. 2.

33. Sobre as cartas de F. Engels a Joseph Bloch (21-22 de setembro de 1890) e a Heinz Starkenburg (25 de janeiro de 1894), cf. caderno 11, § 19, n. 27, e também, no mesmo caderno, os §§ 25 e 31, no vol. 1. Na carta a Bloch, por exemplo, Engels sublinha enfaticamente que, na concepção dos fundadores do materialismo histórico, o fator econômico só é de-

terminante em "última análise": "Nem Marx nem eu alguma vez afirmamos, uma vez sequer, algo mais do que isso. Se alguém o modifica, afirmando que o fato econômico é o *único* fato determinante, converte aquela tese numa frase vazia, abstrata, absurda" (Marx-Engels, *Obras escolhidas*, ed. cit., vol. 3, p. 284).

34. Cf., particularmente, caderno 16, § 9, no vol. 4.

35. Para Croce, na *Storia d'Europa* (2ª ed., Bári, 1932), o liberalismo constitui uma "religião da liberdade", entendendo-se por religião não os ritos, os dogmas ou o grupo de sacerdotes, mas a existência de uma concepção de mundo e uma ética a ela adequada. Compartilhando com o liberalismo a mesma concepção terrena e imanente da vida, a grande heresia comunista, segundo Croce, dele só se distingue em razão de um "intrínseco caráter materialista". Sobre a concepção crociana da religião, cf. caderno 10, I, § 5, no vol. 1.

36. Sobre o artigo de Achille Loria, "L'influenza sociale dell'aeroplano", cf. caderno 11, § 29, n. 41, e caderno 28, § 1, respectivamente nos vols. 1 e 2.

37. Após a morte de Marx, Engels foi diversas vezes instado por seus interlocutores a esclarecer aspectos polêmicos da nova teoria que haviam construído (cf., supra, n. 33, a respeito da correspondência com J. Bloch e H. Starkenburg, mencionada em várias passagens destes *Cadernos*). Neste ponto, Gramsci provavelmente se refere à carta de Engels enviada a Conrad Schmidt em 5 de agosto de 1890: "De modo geral, a palavra 'materialista', na Alemanha, constitui para muitos escritores jovens apenas uma frase que ajuda a classificar, sem necessidade de maior estudo, tudo o que houve e tudo o que está para acontecer; cola-se este rótulo e acredita-se que se pode dar o assunto por encerrado. No entanto, nossa concepção da história é, antes de tudo, um guia para o estudo e não uma alavanca destinada a erguer construções à maneira hegeliana. [...] A frase do materialismo histórico (de *tudo* se pode fazer uma frase) só serve para que muitos jovens alemães arrumem apressadamente um sistema a partir de seus próprios conhecimentos históricos relativamente magros — a história econômica ainda usa fraldas! — e assumam ar de espíritos superiores" (Marx-Engels, *Obras escolhidas*, ed. cit., vol. 3, p. 283).

38. Sobre a origem marxiana deste *topos* — a solidez "material" das crenças populares —, cf. caderno 11, § 13, n. 20, no vol. 1.

39. Em 1894, após um precário processo realizado em clima de revanchismo antialemão, o capitão Alfred Dreyfus (1859-1935), primeiro oficial de origem judaica a integrar o Estado-Maior francês, é acusado de espionagem, considerado traidor e condenado à prisão perpétua em 1894. Depois de um movimento de opinião pública pela revisão da sentença, de que é peça-chave o libelo "J'Accuse", de Émile Zola, Dreyfus volta a ser julgado e novamente condenado em 1899, mas este julgamento é revogado logo depois, graças a novas revelações de fontes militares. Em 1906, é reintegrado com todas as honras ao Exército francês. Logo em seguida, no texto, Gramsci se refere ao "livro clássico sobre o 2 de dezembro": trata-se, evidentemente, de *O 18 Brumário de Luís Bonaparte*, de Marx, publicado no calor dos acontecimentos, em maio de 1852. Em 2 de dezembro de 1851, Luís Napoleão Bonaparte, presidente da República francesa, dissolve o Parlamento e elimina a oposição. Como Marx havia sugerido em seu livro, com base nos fatos dos primeiros meses de 1852, no final do mesmo ano Luís Napoleão seria coroado imperador, com o título de Napoleão III.

40. Georges Valois (1878-1945) tem origens sindicalistas revolucionárias, sendo influenciado por Proudhon, Sorel e Nietzsche. Em 1925, funda um movimento — *Le Paisceau* — inspirado no fascismo italiano, ao qual Gramsci alude. Em meados dos anos 30, Valois se afasta do fascismo e, paradoxalmente, termina deportado pelos alemães por seu engajamento na Resistência. O general Gayda, tcheco de origem, participa da guerra civil que se segue à Revolução de 1917, ao lado dos contrarrevolucionários. Foi derrotado e posto em fuga pelos bolcheviques.

41. Como acontece inúmeras vezes, Gramsci não tem acesso direto ao texto original que comenta. Neste caso, o trecho de Charles Benoist lhe chega através de um artigo de Filippo Meda, "Il Machiavellismo", publicado na *Rivista d'Italia* em 15 de junho de 1927. Cf., infra, caderno 18, § 1.

42. Toda a passagem fica mais clara, ao se ler, em infra, caderno 4, § 4. Trata-se de um texto retomado de modo difuso neste § 20 do caderno 13.

43. Sobre o significado da invocação final de *O Príncipe* — na qual Maquiavel apela ao "novo príncipe" que deverá libertar a Itália do "bárbaro domínio" e organizá-la como nação moderna —, cf., supra, § 1.

44. Piero Soderini (1452-1522), importante expoente da época republicana de Florença, é adepto da proposta maquiaveliana de substituir as tropas mercenárias (*compagnie di ventura*) por uma milícia regular. No entanto, a República florentina é derrubada em 1512 e, com a restauração dos Médici, Soderini exila-se em Roma pelo resto da vida. Para Maquiavel, Soderini encarna a indecisão dos governantes de Florença, ou seja, a incapacidade dos que "não sabem" realizar o projeto político de que são ou se dizem portadores — diferentemente dos *condottieri* Castruccio e Valentino. Maquiavel, aliás, escreve em 1520 *La vita di Castruccio Castracani da Lucca*, na qual, tal como o fizera com Valentino em *O Príncipe*, idealiza este outro *condottiere* como a encarnação do político capaz de reunificar a Itália.

45. A primeira edição da obra de Pasquale Villari, *Niccolò Machiavelli e i suoi tempi*, remonta a 1877, mas ainda se tratava de um texto de referência obrigatório na época de Gramsci, que até anota uma nova reimpressão de 1927 (cf., infra, caderno 18, § 2). Em Villari, Maquiavel é visto positivamente como expressão do movimento no sentido da "ideia do Estado e da pátria", mas é criticado duramente pelo "amoralismo" dos meios: o autor de *O Príncipe* jamais se teria perguntado se, "do mesmo modo como existe uma moral privada, também não existe uma moral social e política que igualmente imponha limites, os quais não devem ser ultrapassados em nenhum caso".

46. Cf., supra, § 1.

47. Sobre o significado e o uso do termo "totalitário", reivindicado nos *Cadernos* para a nova "intelectualidade orgânica", para a filosofia da práxis (o marxismo) e, no caso concreto, também para o "novo Príncipe" (o partido revolucionário), cf. caderno 11, § 12, n. 13.

48. Karl Vorländer (1860-1928) é um dos intelectuais social-democratas alemães que, no quadro do "revisionismo teórico" do fim do século XIX e início do XX, tenta combinar marxismo e neokantismo, em nome

de um socialismo de inspiração ética. Em 1926, aparece seu livro *Von Machiavelli bis Lenin. Neuzeitliche Staats- und Gesellschaftstheorien* [De Maquiavel a Lenin. Teorias modernas do Estado e da sociedade].

49. Cf., supra, § 17.

50. Trata-se de uma provável referência à passagem de *O 18 Brumário* que descreve a derrocada da república parlamentar em dezembro de 1851: "No parlamento a nação tornou a lei sua vontade geral, isto é, tornou sua vontade geral a lei da classe dominante. Renuncia, agora, ante o poder executivo, a toda vontade própria e submete-se aos ditames superiores de uma vontade estranha, curva-se diante da autoridade. O poder executivo, em contraste com o poder legislativo, expressa a heteronomia de uma nação, em contraste com sua autonomia. A França, portanto, parece ter escapado ao despotismo de uma classe apenas para cair sob o despotismo de um indivíduo, e, o que é ainda pior, sob a autoridade de um indivíduo sem autoridade. A luta parece resolver-se de tal maneira que todas as classes, igualmente impotentes e igualmente mudas, caem de joelhos diante da culatra do fuzil" (K. Marx, *O 18 Brumário e Cartas a Kugelmann*, Rio de Janeiro, Paz e Terra, 1969, p. 113).

51. Entre os partidos alemães, Gramsci tem em vista, sobretudo, a trajetória do Partido Social-Democrata no fim da República de Weimar. Sobre os partidos franceses, cf., infra, § 37.

52. Cf. caderno 19, § 26, no vol. 5.

53. Ao analisar a Espanha e a Grécia, Gramsci se refere, respectivamente, à ditadura militar de Primo de Rivera, de 1923 a 1930, e à do general Pangalos, de janeiro a agosto de 1926. Por sua vez, o general Petar Zivkovitch (1879-1947) é um personagem da história iugoslava: primeiro-ministro entre 1929 e 1932, suspende a Constituição e instaura uma ditadura à sombra da monarquia, com o apoio de Alexandre I.

54. Cf., supra, § 17: "O terceiro momento é o da relação das forças militares, imediatamente decisivo em cada oportunidade concreta."

55. Winston Churchill (1874-1965), que viria a ter grande influência na vida política britânica, desempenha, entre 1911 e 1915, a função de

Primeiro Lorde do Almirantado. Em 1915, é convertido em bode expiatório da derrota dos aliados no Estreito de Dardanelos (Turquia), mas dois anos depois é nomeado ministro das Munições. Suas *Memórias* da Primeira Guerra têm uma edição italiana em 1929. A batalha naval de Jutlândia ocorre no final de maio de 1916, quando as frotas inglesa e alemã enfrentam-se nesta península localizada no norte da Dinamarca. Seu desfecho é favorável à Alemanha, mas a Grã-Bretanha continua a exercer largo predomínio no mar, fato que leva os alemães a uma estratégia de sabotagem. A batalha também é mencionada em infra, § 38.

56. Para considerações análogas sobre destruição-construção, a propósito de Sorel e da teoria da greve geral, cf., supra, § 1. Cf. também caderno 6, § 30, no vol. 4.

57. Entre 7 e 14 de junho de 1914 explode na Itália a chamada "semana vermelha", orientada pelas propostas do sindicalismo revolucionário. Em Ancona, a detenção de um anarquista provoca choques com a polícia e rapidamente faz nascer manifestações na Romanha e nas Marcas, com a subsequente proclamação de uma greve geral revolucionária. O Partido Socialista e o sindicato a ele ligado se limitam inicialmente a um papel secundário de apoio, mas logo decretam o fim da greve. Para nova referência de Gramsci a estes acontecimentos, cf. caderno 8, § 119, no vol. 5.

58. Este trecho final sobre as memórias de Tommaso Tittoni é retomado de um texto B: cf. caderno 5, § 44, no vol. 5. T. Tittoni (1855-1931), político da direita liberal, cumpre longa trajetória a partir da primeira eleição como deputado em 1886. Ministro do Exterior no Gabinete Giolitti e, em seguida, embaixador em Londres e Paris, Tittoni defende a participação italiana no primeiro conflito mundial. Presidente do Senado entre 1920 e 1929, apoia o fascismo no poder. Em 1929 é indicado por Mussolini presidente da Academia Real da Itália. Sobre Tittoni, cf., também, infra, caderno 5, §§ 92 e 106.

59. Trata-se do conhecido ensaio de Rosa Luxemburg, *Greve geral, partido e sindicatos*, publicado pela primeira vez em 1906.

60. P.N. Krasnov (1869-1947), general dos cossacos e emigrado czarista em Berlim, lança no exílio um romance, publicado na Itália em 1929, com o título *Dall'aquila imperiale alla bandiera rossa*.

61. Maxime Weygand (1867-1965), general do Estado-Maior francês entre 1914 e 1923, comanda o grupo de conselheiros militares franceses que ajudaram o Exército polonês a deter o Exército Vermelho em sua investida contra Varsóvia, em julho de 1920.

62. A expressão "cadornismo político", largamente empregada nos *Cadernos*, deriva de Luigi Cadorna (1850-1928), marechal italiano que comanda o exército de seu país por ocasião da humilhante derrota para os austro-alemães em Caporetto (Eslovênia), em outubro-novembro de 1917. Em infra, caderno 15, § 4, Gramsci conceitua o cadornismo como a convicção de que algo será feito porque o dirigente considera justo e racional que seja feito: uma atitude, portanto, típica da direção autoritária.

63. Gramsci assiste em Moscou, em novembro de 1922, ao IV Congresso da Internacional Comunista como membro da delegação do Partido italiano, congresso no qual o tema da contraposição entre Oriente e Ocidente, também discutido no congresso anterior de 1921, reaparece com vigor na intervenção de Lenin. L. Davidovitch Bronstein é o verdadeiro nome de Trotski. Cf., particularmente, caderno 11, § 46, n. 51, no vol. 1.

64. Todas as informações acima foram retiradas do citado artigo de Adolfo Oxilia, com exceção das referências às obras de Pasquale Villari (*Niccolò Machiavelli e i suoi tempi* — sobre a qual cf., supra, § 20, n. 45) e Oreste Tommasini (*La vita e gli scritti di Niccolò Machiavelli nella loro relazione col machiavellismo,* editada entre 1883 e 1911). Reginald Pole (1500-1558), prelado inglês ligado a Thomas More e a Erasmo, discorda do cisma levado a cabo por Henrique VIII. Chamado a Roma por Paulo III e tornado cardeal, toma posições próximas às dos adeptos de uma "reforma católica" e participa, como legado, do Concílio de Trento (1545-1563). Em sua correspondência, encontra-se uma alusão ao juízo pelo qual Maquiavel seria um inimigo mortal dos Médici,

opressores de Florença. Alberico Gentile (1551-1611), teórico ligado às concepções iniciais do moderno jusnaturalismo, em *De Legationibus* também considera Maquiavel um *democratiae laudator*, um apologista da democracia, e não um mestre da tirania, tese que terá ampla aceitação entre os iluministas.

65. Traiano Boccalini (1556-1613), escritor e político romano, baseia sua crítica de costumes numa visão da política como pura intriga e maquinação; daí a aversão por Maquiavel. Sobre a interpretação gramsciana de Boccalini, que contraria essa visão amplamente aceita sobre este autor, cf., infra, caderno 14, § 33.

66. Cf., supra, § 20, n. 42.

67. Sobre Giuseppe Parini e seu poema "Giorno", cf. caderno 5, § 93, n. 46, no vol. 2.

68. Lourenço de Médici, dito o Magnífico, estadista e mecenas, governa Florença entre 1469 e 1492, no período mais brilhante da *signoria* da família, que se estende entre 1434 e 1537.

69. James Ramsay MacDonald (1866-1937), líder do Partido Trabalhista em 1911-1914 e em 1922-1937, forma o primeiro Gabinete trabalhista entre janeiro e outubro de 1924. Em junho de 1929, volta a ser primeiro-ministro na conjuntura da crise, que tenta enfrentar com uma política de austeridade e controle salarial. Entre 1931 e 1935, forma um governo de coalizão com conservadores e liberais, deixando na oposição a maior parte dos deputados de seu partido.

70. Em 28 de outubro de 1922, realiza-se a marcha fascista sobre Roma. Em 23 de abril de 1923, Mussolini demite os ministros do Partido Popular (de orientação católica, sob a direção de Dom Luigi Sturzo). Em 3 de janeiro de 1925, o líder fascista encerra o período de turbulência que se segue ao assassinato de Giacomo Matteotti, um deputado socialista, anunciando na prática a supressão das oposições. Em 8 de novembro de 1926, promulgam-se as "leis para a defesa do Estado", que suprimem formalmente todas as organizações antifascistas. Gramsci, aliás, é preso no rastro dessas medidas de exceção.

71. Entre 1815 e 1848, o "partido burguês" se divide entre os defensores de Luís XVIII, herdeiro "legítimo" dos Bourbons; os de Luís Felipe de Orléans, proclamado rei após a Revolução de 1830; os de Luís Napoleão, sobrinho de Napoleão I; e os defensores de uma volta à República. A "força antagonista *B*", que faz sua aparição "precoce" durante os acontecimentos de 1848, é a classe operária. A referência à forma social dotada ainda de possibilidades de desenvolvimento é mais um atestado da importância do "Prefácio" marxiano de 1859 na economia interna dos *Cadernos.*

72. Sobre o Partido de Ação mazziniano e garibaldino e o "partido" cavouriano moderado, que predominou na construção da unidade italiana, cf., supra, n. 24. A relação entre as duas forças é amplamente tratada no caderno 19, no vol. 5.

73. O título do livro de R. Michels é *Il proletariato e la borghesia nel movimento socialista italiano*, publicado em 1908. Robert Michels (1876-1936), nascido na Alemanha, já tinha ampla atividade acadêmica ao ser indicado como professor de economia corporativa e geral na Universidade de Roma, em 1928. De orientação socialista na juventude, influenciado por Sorel, Michels adere depois à teoria elitista de Mosca e Pareto, aplicando-a ao moderno partido de massa, mediante um estudo empírico da social-democracia alemã (cf. *Sociologia dos partidos políticos*, Brasília, UnB, 1982, cuja edição original em alemão é de 1910); nesse livro, Michels desenvolve a chamada "lei de ferro da oligarquia", segundo a qual a dominação das elites é inevitável e até mesmo desejável. Michels transforma-se mais tarde em aberto defensor do fascismo. Cf., *inter alia,* infra, caderno 2, § 75, e caderno 8, § 24, n. 72, no vol. 2.

74. "Gottlieb" é Amadeo Bordiga (1889-1970), fundador e principal dirigente do PCI entre 1921 e 1923. Sobre sua divergência com Gramsci, cf. "Cronologia da vida de Antonio Gramsci", no vol. 1.

75. Provável alusão à experiência dos sovietes.

76. O uso metafórico do teorema das proporções definidas, oriundo da química, se esclarece à luz da visão gramsciana sobre a crise italiana do pós-guerra como "crise dos comandos subalternos". Nesta ótica,

o próprio fascismo aparece também como "revolta dos centuriões", isto é, dos estratos burocráticos médios decididos a se apossar dos comandos do Estado. Gramsci, em outros momentos, volta a analisar a composição interna dos partidos políticos, inclusive do partido operário, considerando a adequada relação entre grupo dirigente, estrato burocrático intermediário e massa de aderentes. Cf., infra, caderno 14, § 70, n. 158.

77. O livro de Maffeo Pantaleoni data de 1889, mas muito provavelmente Gramsci teve acesso à nova edição, datada de 1931, no cárcere de Túri. Sobre a crítica gramsciana ao fundamento hedonista da ciência econômica "pura" de Pantaleoni, cf. caderno 10, II, §§ 30 e 32, no vol. 1. M. Pantaleoni (1857-1924), ao lado de V. Pareto e de L. Einaudi, é um dos expoentes máximos do *liberismo* italiano.

78. Cf., supra, §§ 15,19 e 26.

79. O texto A retomado neste parágrafo chama-se significativamente "Maquiavel (história das classes subalternas). Importância e significado dos partidos". Assim, a despeito da aparência genérica da redação final (do presente texto C), é possível ver nela uma referência velada à trajetória dos comunistas italianos e, mais especificamente, à polêmica havida depois de 1923 com o grupo bordiguiano, tido como "sectário", então afastado da direção do PCI.

80. R. Michels, *Il partito politico. Le tendenze oligarchiche della democrazia moderna*, Turim, 1924 (edição brasileira citada na n. 73, supra). Gramsci, antes do cárcere, possuía não apenas esta edição como também uma anterior, publicada em 1919 na França.

81. As fórmulas do centralismo democrático e do centralismo orgânico sintetizam tradicionais questões organizativas do movimento operário. O centralismo democrático, antes de ser exposto no *Que fazer?* de V.I. Lenin (1902), era já termo corrente entre os social-democratas alemães. Gramsci o retoma nos *Cadernos*, requalificando-o e opondo-o ao centralismo orgânico. Este último conceito está ligado a Amadeo Bordiga: denota o tipo organizativo segundo o qual o partido é "órgão da classe" (não "parte da classe") e esta última só age revolucionariamente ao

delegar a direção da ação ao partido. Gramsci também caracteriza o método de Charles Maurras como centralismo orgânico. Cf., infra, § 38.

82. O Partido do Centro, fundado em 1870, tem como programa agrupar os católicos no quadro majoritariamente protestante do Império alemão. Contra o confessionalismo do Partido do Centro, suas ligações especiais com o papado e a defesa do dogma da infalibilidade, Bismarck empreende uma *Kulturkampf* (luta cultural), para assegurar a superioridade do Estado sobre a Igreja. O Centro teria importante papel desestabilizador na República de Weimar, contribuindo para a ascensão de Hitler, que, no entanto, o dissolve em 1933. Sobre a *Kulturkampf* e processos correlatos de afirmação do caráter laico do Estado moderno, cf. caderno 12, § 1, n. 5, no vol. 2.

83. Sobre a Ação Francesa e Charles Maurras, seu principal dirigente, cf. n. 19, parte II, 2, no vol. 2.

84. Cf., infra, caderno 1, § 47.

85. A Lei Le Chapelier, de junho de 1791, interdita as coalizões entre pessoas do mesmo ofício e pretende abolir as velhas corporações, mas foi aplicada também contra o nascente associativismo operário. O decreto do *maximum*, aprovado pela Convenção em 29 de setembro de 1793, visa a tabelar com um preço máximo os bens de primeira necessidade, mas também os salários dos trabalhadores urbanos e rurais.

86. Sobre a contraposição entre Maquiavel e Stenterello, cf. caderno 10, I, § 1, n. 6, no vol. 1. Esta contraposição reaparece outras vezes nestes *Cadernos*, tal como, por exemplo, em infra, caderno 9, §§ 25 e 27.

87. O termo *arditi* refere-se aqui aos grupos de assalto compostos basicamente de voluntários. Significando literalmente "os que têm ousadia, audácia, coragem", a expressão ganha destaque durante a Primeira Guerra Mundial. Os termos *arditi* e *arditismo* adquirem outra conotação depois da guerra, quando veteranos dessas tropas formam uma Associação de *arditi* e se revelam nacionalistas apaixonados. Muitos deles integram os *Pasci di Combattimento* de Mussolini. Em 1921, alguns grupos de esquerda constituem os *arditi del popolo* para se oporem às esquadras fascistas.

88. Em 1924, a aliança de esquerda derrota o bloco nacionalista de Raymond Poincaré e tem início um período de particular instabilidade política e alternância de maiorias governamentais. A esquerda consegue brecar o revanchismo nacionalista e pôr um ponto final na ocupação do Vale do Ruhr, além de reconhecer a União Soviética, mas em abril de 1925 o Governo dirigido por Edouard Herriot cai por razões de política monetária e fiscal. Os Governos subsequentes, com características de união nacional mais ou menos ampla, têm breve duração. Para Maurras, trata-se de um contexto crítico para as instituições republicanas e favorável à retomada da ideia monárquica. No momento em que Gramsci redige este parágrafo, as esquerdas francesas retomam o caminho que levaria, em 1936, à Frente Popular.

89. A expressão "estúpido século XIX" deriva de um livro de Léon Daudet (1868-1947), publicado em 1922. Filho de Alphonse Daudet, Léon, jornalista e também escritor, funda o jornal *Action française* em 1908, ao lado de C. Maurras e J. Bainville, e se torna um dos personagens-chave desse movimento reacionário e monarquista. Para uma referência explícita ao livro de Léon Daudet, cf. caderno 3, § 62, no vol. 5.

90. No artigo "L'Action française quotidienne a vingt ans", publicado no *Almanach de l'Action Française*, 1929 (Paris, Librairie de l'A. F.), L. Daudet escreve: "O que é precisamente admirável é que os comitês dirigentes da AF tenham vivido durante vinte anos num contato diário, em meio a vicissitudes de todo tipo, sem a menor divergência mais séria. Esta união, que se pode dizer indissolúvel, está na origem de nosso sucesso e é o sinal de nossa vitória certa. Porque, na verdade, o que nos resta a fazer, *por todos os meios legais e ilegais*, é pouco diante das proezas que a AF já realizou, entre as quais a mais rara é esta unanimidade na determinação e na ação."

91. Na verdade, ao contrário do que supõe Gramsci, H. Vaugeois e M. Pujo são os fundadores da Ação Francesa. A inspiração inicial do movimento era antiparlamentar, mas não antirrepublicana. Mas logo a seguir, já em 1899, a presença de C. Maurras acrescenta o viés abertamente monárquico e autoritário (o "nacionalismo integral") que caracterizaria o movimento.

92. Em 1926, a Igreja Católica condena Maurras e a Ação Francesa, colocando no *Índex* suas publicações. Maurras, no entanto, continua a contar com discretas simpatias no Vaticano: em 1939, Eugenio Pacelli — secretário de Estado de Pio XI, a quem sucederia nesse mesmo ano como Pio XII — cancela a condenação.

93. Edouard Herriot (1872-1957), político radical-socialista, é várias vezes primeiro-ministro, presidente da Câmara dos Deputados, entre 1936 e 1940, e da Assembleia Nacional, já depois da Segunda Guerra (cf., supra, n. 88). O sentido da alternativa entre Herriot e Hobereau se esclarece imediatamente: *hobereau*, com efeito, significa "fidalgo provinciano". Logo a seguir, no texto, Gramsci menciona o "radical católico" ou "popular", que é uma figura política ligada à organização da massa católica no novo quadro da democracia representativa. Partido Popular, por exemplo, é a criação do sacerdote siciliano Dom Luigi Sturzo (1871-1959), em 1919, superando de vez a interdição de participar da vida política (*o non expedit*) declarada por Pio IX, que, depois do *Risorgimento*, se considerava um prisioneiro no Vaticano.

94. Alfred Hugenberg (1865-1951), industrial, político conservador ligado ao Partido Nacionalista e dono de vasto império jornalístico, torna-se também ministro da Economia no primeiro Governo Hitler, no curto período de seis meses. O parêntese do original gramsciano indica, naturalmente, que a redação final do parágrafo ocorre depois de junho de 1933, data da demissão de Hugenberg. Sobre Hugenberg, cf. n. 10, parte II, 2, no vol. 2.

95. Joseph Marie Auguste Caillaux (1863-1944), político radical, depois de duas vezes ministro das Finanças, torna-se chefe de Governo em 1911-1912. Defensor de uma política de compromisso com a Alemanha, em 1917 é acusado de traição, condenado e depois anistiado. Caillaux, por isto, era alvo constante da direita nacionalista.

96. Alusão a alguns boicotes à compra de produtos em regime de monopólio, particularmente o tabaco. Sobre o nexo entre economicismo, liberalismo econômico (liberismo), sindicalismo e abstencionismo político-eleitoral, cf., supra, § 18.

97. J. Bainville, "Histoire de France", in *Heur et Malheur des Français*, Paris, 1924. A obra historiográfica de Bainville (1879-1936) está intimamente ligada a seu perfil de dirigente da Ação Francesa.

98. Sobre Churchill e a batalha da Jutlândia, cf., supra, n. 55. Epicarmo Corbino publica em 1933 *La battaglia dello Jütland, vista da un economista*, livro do qual Gramsci tem notícia indireta, possivelmente através de uma resenha publicada na *Nuova Rivista Storica* de outubro-dezembro de 1933.

2. Caderno 18

1. Guido Mazzoni (1859-1953), poeta e crítico, escreve vários livros sobre literatura italiana e clássica. Vittorio Cian (1862-1951) tem uma carreira político-literária. Eleito deputado em 1924, torna-se senador em 1929. Também edita o *Giornale Storico della Letteratura Italiana.* No texto A (caderno 2, § 31) que serviu de base para o presente parágrafo, Gramsci contesta, de modo também explícito, a relação entre Petrarca e Maquiavel que Cian pretende estabelecer: "Maquiavel não deve nada a Petrarca, cujo pensamento político é embrionário e cujas referências à Itália são puramente literárias."

2. Cf., supra, n. 45 ao caderno 13.

3. Em fevereiro de 1525, em Pavia, as tropas de Carlos V, imperador do Sacro Império Romano Germânico e rei da Espanha, derrotam Francisco I, da França, e garantem a supremacia sobre a península itálica. Em 1527, soldados "imperiais" saqueiam Roma e prendem Clemente VII, um papa da família Médici. Francesco Guicciardini (1483-1540), além de notável historiador e escritor — frequentemente posto em contraste com o próprio Maquiavel por seu culto melancólico, desenganado e anti-heroico do *particular* — tem uma larga trajetória na política de Florença e dos domínios papais: entre 1521 e 1526, por exemplo, é comissário do exército pontifício, presidente da Romanha e diplomata junto à Liga de Cognac, apoiada por Clemente VII para unir os estados italianos contra Carlos V. A derrubada da senhoria dos Médici, em 1527, o faz retirar-se à vida privada, o que substancialmente não se altera

mesmo quando, nos anos 30, essa família retorna ao poder em meio a graves questões intradinásticas.

4. A citação de Clemente VII está em latim no original.

3. Dos cadernos miscelâneos

1. Em francês no original. Não se conhece a fonte da citação do socialista francês Léon Blum (1872-1950), um dos principais articuladores da Frente Popular antifascista na França, antes da Segunda Guerra Mundial.

2. Para chegar a esta interpretação da concepção hegeliana do Estado, Gramsci provavelmente obtém algum estímulo da leitura de um livro em seu poder no cárcere: Victor Basch, *Les doctrines politiques des philosophes classiques de l'Allemagne* (*Leibnitz-Kant-Fichte-Hegel*), Paris, 1927. As referências às teorias de Hegel estão nos *Princípios de Filosofia do Direito*, seção II, §§ 250-6, e seção III, §§ 301-5. Não há indícios de que esta obra de Hegel estivesse disponível no cárcere.

3. Filippo Buonarroti (1761-1837), seguidor e divulgador do comunismo igualitarista de François-Noël Babeuf (1760-1797), tem considerável influência na formação política e revolucionária de Louis-Auguste Blanqui (1805-1881), um dos líderes da Revolução de 1848 e inspirador do sindicalismo revolucionário do fim do século XIX. Sob o efeito da "conspiração dos iguais", da qual Babeuf é o organizador, Buonarroti e Blanqui têm grande impacto no pensamento radical italiano.

4. Paul Louis, *Histoire du socialisme en France depuis la révolution jusqu'à nos jours*, Paris, 1925; Maurice Block, *Dictionnaire general de la Politique*, Paris, 1873-74; François Alphonse Aulard, *Histoire politique de la Révolution française*, 6ª ed., Paris, 1926; Charles Andler, *Le Manifeste Communiste de Karl Marx et F. Engels*, Paris, s/d; Alessandro Luzio, *La Massoneria e il Risorgimento italiano*, Bolonha, 1925.

5. Gramsci resume — e comenta entre parênteses — o artigo de Filippo Burzio, "L'Occidente e il demiurgo". Cf. também caderno 8, § 150, e caderno 26, § 5, no vol. 4; caderno 21, § 13, no vol. 6. Filippo Burzio

(1891-1948) desenvolve o conceito do homem integral ou "demiurgo", uma versão liberal-elitista do super-homem. Após a queda de Mussolini, torna-se diretor do jornal turinense *La Stampa*, de orientação liberal-democrata.

6. Ferdinando Galiani (1728-1787) é autor de livros sobre economia e comércio, escritos em dialeto napolitano. Secretário por muitos anos da embaixada do Reino de Sicília e Nápoles em Paris, estabelece relações com Diderot, Madame d'Epinay e outros intelectuais do seu tempo. Sua correspondência com amigos franceses contém interessantes reflexões filosóficas.

7. Os *bersaglieri* são soldados do corpo especial de infantaria ligeira, constituído pelo Exército italiano em 1836.

8. Chama-se *Pequena Entente* a aliança político-militar de tcheco-eslovacos, romenos e iugoslavos em 1920-1921, para preservar os arranjos territoriais estabelecidos pelo Tratado de Versalhes e impedir a restauração do antigo Império Austro-Húngaro.

9. *Comitadjis* são bandos armados irregulares do movimento nacionalista da Macedônia, dedicados a atacar posições turcas no final do século XIX, quando a Turquia ocupava boa parte dos Bálcãs. Logo a seguir, no texto, há uma referência ao movimento feniano, sociedade secreta de nacionalistas irlandeses que se opõe violentamente à dominação britânica por volta de 1860.

10. As intervenções de Gramsci, sempre entre parênteses, também aparecem, às vezes, marcadas com a sigla A.G. ou entre aspas.

11. *Entente* — também chamada de *Entente Cordiale* — é o nome que designa o pacto entre Rússia, França e Inglaterra em 1907. Na intensa movimentação político-militar do período, a *Entente* distingue-se da Tríplice Aliança celebrada entre Alemanha, Áustria e Itália em 1882 e renovada em 1902.

12. O Pacto de Londres, celebrado em 1913 por alguns Estados europeus, estabelece a repartição da Turquia europeia, cujo território é objeto de intensos conflitos (guerras balcânicas, 1912-1913). O pacto redesenha o

mapa dos Bálcãs, beneficiando a Bulgária em detrimento da Sérvia. Logo a seguir, no texto, Gramsci menciona o estadista e diplomata Eleutherios Venizelos (1864-1936), que obtém diversas concessões territoriais para a Grécia nas negociações que se seguem à Primeira Guerra Mundial, e também Theodoros Pangalos (1878-1952), que depõe o Governo da Grécia com um golpe de Estado em junho de 1925 e é derrubado por outro golpe em agosto de 1926.

13. Sobre o Centro, partido católico alemão, cf., supra, caderno 13, § 37, n. 82.

14. Batizado como copta sob o nome de Tafari Makonnen em 1917, Hailé Sélassié (1892-1975), imperador da Etiópia desde 1930, promulga em 1931 uma constituição com poderes limitados para o parlamento. Em 1935, a ocupação colonial italiana o leva ao exílio na Grã-Bretanha. Retoma o poder em 1941 com a ajuda dos ingleses e só é deposto, em 1974, por militares que se afirmavam "de esquerda". Neste mesmo parágrafo, Gramsci usa os termos *abuna*, o metropolita nomeado pelo patriarca da Igreja copta para dirigir a Igreja etíope; *fitaurari*, o comandante e chefe militar; e *ekhegué*, a principal autoridade religiosa na Etiópia.

15. A Itália interpreta o Tratado de Wuchali, assinado em 1889 por representantes de Humberto I e de Menelik II, como a obtenção de uma espécie de protetorado sobre a Etiópia. Menelik repudia o tratado em 1895.

16. Em 1898, uma expedição francesa ocupa Fachoda (hoje Kodok), no Sudão, mas logo depois deve entregar a cidade aos ingleses, num episódio sentido como dura humilhação pela opinião pública francesa.

17. Pietro Badoglio (1871-1956) ocupa importantes postos militares já antes do fascismo, apesar de suas responsabilidades na derrota de Caporetto. Mussolini o nomeia embaixador no Brasil em 1923 e, logo depois, comandante do Estado-Maior. Governador da Tripolitânia e da Cirenaica (Líbia), função na qual pratica duras medidas repressivas contra a população, Badoglio também se torna vice-rei da Etiópia depois de derrotar Hailé Sélassié. Em 1940, já durante a guerra mundial, renuncia ao comando do Exército depois de um malogro militar na Grécia. Em 1943, derrubado Mussolini, Vítor Emanuel III o aponta como

primeiro-ministro no Governo encarregado de negociar o armistício com os Aliados. Em 1944, retira-se da vida pública.

18. Gustav Stresemann (1878-1929) ocupa a função de chanceler (1923) e ministro das Relações Exteriores (1923-1929) da República de Weimar. Sobre Stresemann, cf., infra, caderno 5, § 118.

19. O termo "senusis" indica não só uma influente confraria muçulmana — fundada em 1837 por Mohammed ibn Ali al-Senussi, em nome de um retorno ao Islã puro —, mas também cada um de seus líderes e descendentes do fundador.

20. Alessandro De Bosdari (1867-1929) lidera a delegação de seu país na Convenção de Roma sobre prisioneiros de guerra em 1918 e, no ano seguinte, torna-se o primeiro embaixador italiano no Brasil. Embaixador na Alemanha entre 1922 e 1926, escreve um livro sobre a Primeira Guerra Mundial comentado nestes *Cadernos*. Cf., infra, caderno 3, §§ 21 e 129.

21. Gioviano Pontano (1429-1503), nascido na Úmbria, torna-se o mais importante humanista na corte aragonesa do Reino de Nápoles no século XV. Entre seus poemas mais conhecidos, todos escritos em latim, está "Lepidina", uma celebração da cidade de adoção.

22. Rudolf Kjellén (1864-1922), cientista político e membro do Parlamento sueco de 1905 a 1917, cunha o termo "geopolítica". Sua obra foi particularmente influente na Alemanha.

23. Chama-se *Dominion* o Estado com governo autônomo que integra o *Commonwealth*, a Comunidade Britânica de Nações.

24. Referência ao ensaio de Lenin (no texto, Ilitch), "Sobre o direito das nações à autodeterminação" (1914), em particular a seção sobre "A separação da Noruega da Suécia".

25. Emanuele Filiberto, duque de Savoia (1528-1580), sucede ao pai, Carlos III, quando o Reino de Savoia, no Piemonte italiano, estava em crise, com parte de suas terras controladas pela França, Espanha e Suíça. Distingue-se em campanhas militares em favor do imperador

espanhol Carlos V. Recupera o Ducado parcialmente após o Tratado de Cateau-Cambrésis (1559) entre França e Espanha. Filiberto amplia seus domínios mediante grande habilidade diplomática. Administrador competente, realiza diversas reformas e impulsiona a recuperação da dinastia, do Estado savoiano e do Piemonte.

26. As Capitulações consistem num sistema de concessões e privilégios estabelecido durante o domínio otomano. No Egito, em particular, isentavam os residentes europeus de impostos e lhes asseguravam que somente seriam submetidos aos tribunais de seus próprios países. Por ocasião da independência egípcia (1922), que teoricamente representava o fim do protetorado britânico, estabelece-se que o Governo inglês ainda manteria poderes discricionários em quatro áreas: defesa, segurança das comunicações imperiais, proteção dos interesses estrangeiros e Sudão.

27. Em *Georges Sorel théoricien de l'impérialisme. Ses idées. Son action* (Paris, 1928), Pierre Lasserre discute as relações de Sorel com o "círculo Proudhon", efêmero agrupamento de antidemocratas de direita fundado em dezembro de 1911. Nas "Cartas de G. Sorel a B. Croce", publicadas na *Critica* entre janeiro de 1927 e maio de 1930, não há referência específica ao "círculo Proudhon" ou a seus *Cahiers*. Mas, em cartas escritas entre 1909 e 1912, Sorel menciona sua colaboração com alguns elementos da Ação Francesa. Sobre Georges Valois, cf., supra, n. 40 ao caderno 13.

28. Em francês no original. Sobre Robert Michels, cf., supra, n. 73 ao caderno 13.

29. As referências a esta obra de Max Weber, bem como a outras citadas entre parênteses, foram feitas por Gramsci a partir das notas de rodapé do artigo de Michels resumido e comentado neste parágrafo.

30. Em francês no original.

31. O livro de Robert Michels mencionado é o *Corso di sociologia política*, Milão, 1927.

32. Ferdinand Lassalle (1825-1864) é um dos fundadores, em 1863, da Associação Geral dos Trabalhadores Alemães, antecessora do Partido Social-Democrata, de 1875. O socialismo lassalliano, diferentemente

de Marx, enfatiza o nacionalismo e o Estado, que, pressionado pelo sufrágio universal, deveria subvencionar a criação de cooperativas operárias. Lassalle morre em duelo amoroso.

33. Robert Michels, *Il partito político. Le tendenze oligarchiche della democrazia moderna*, Turim, 1924. Cf., supra, n. 80 ao caderno 13.

34. Jean Jaurès (1859-1914), eleito várias vezes para o Parlamento francês, atrai grande apoio popular para seu socialismo reformista e lidera campanhas contra o militarismo e a guerra. Funda em 1904 o jornal *L'Humanité*, que dirige até ser assassinado. August Friedrich Bebel (1840-1913) desenvolve grande atividade na I Internacional e em diversos movimentos de trabalhadores antes de sua eleição para o parlamento alemão em 1867. Funda o Partido Social-Democrata (marxista) em 1869, que, ao se fundir com os lassallianos no Congresso de Gotha, em 1875, dá origem ao Partido Social-Democrata Alemão. O ativista Gustave Hervé (1871-1944) mantém estreitas relações com a ala francesa da II Internacional. Pacifista e antimilitarista, assume posições patrióticas às vésperas da Primeira Guerra Mundial.

35. Em francês no original.

36. Pasquale Stanislao Mancini (1871-1888), autor de diversos livros de teoria do direito e direito internacional, entre 1881 e 1885 ocupa a função de ministro das Relações Exteriores no Governo de Agostino Depretis, líder da "esquerda" moderada e transformista.

37. Originalmente, os *Gueux* (em francês, "mendigos") são um partido revolucionário holandês do século XVI, constituído de nobres e burgueses em luta contra o domínio espanhol. Os *Gueux* transformaram em nome e símbolo do movimento a referência pejorativa sobre eles feita por um conselheiro da Corte espanhola.

38. Em francês no original.

39. Robert Michels, *Storia critica del movimento socialista italiano dagli inizi fino al 1911*, Florença, 1926.

40. Cf., infra, caderno 7, § 64.

41. Em francês no original.

42. Pierre-Jean-Georges Cabanis, *Rapports du physique et du moral de l'homme*, Paris, 1802.

43. O artigo de Gallavresi menciona os trabalhos de François Alphonse Aulard (1849-1928) e Augustin Cochin (1876-1916). De Aulard, crítico de Taine e defensor de um ponto de vista republicano e anticlerical sobre a Revolução, Gramsci conhece a *Histoire politique de la Révolution française* (Paris, 1926). Um dos discípulos de Aulard é, exatamente, Albert Mathiez, citado algumas vezes no caderno 13.

44. Chama-se Guerra das Vésperas a insurreição de 1282, em Palermo, contra a opressão de Charles d'Anjou, então rei de Nápoles e da Sicília. Membros da nobreza siciliana (entre os quais, Giovanni da Procida) aliam-se à Casa de Aragão contra os angevinos. Os angevinos (apoiados pelo papa e os guelfos) são forçados a abandonar a Sicília, que passa ao controle de Pedro III de Aragão (apoiado pelos gibelinos). A revolta recebe este nome por ter se iniciado ao entardecer (*vesprum*), à saída da missa em Palermo, quando alguns soldados franceses (angevinos) insultaram uma dama siciliana.

45. Sobre Luigi Cadorna, cf., supra, n. 62 ao caderno 13. Sobre Giorgio Sidney Sonnino, cf., infra, n. 77.

46. Em Novara, em 23 de março de 1849, as tropas piemontesas de Carlos Alberto são derrotadas pelos austríacos. Cf. caderno 19, §§ 28 e 29, no vol. 5.

47. Sobre Bernhard von Bülow (1849-1929), cf. caderno 14, § 24, n. 88, no vol. 2. Sobre Bülow, cf., também, infra, caderno 6, § 76.

48. Alfred von Tirpitz (1849-1930), principal responsável pela conversão da marinha alemã em força militar, tem grande influência na política externa da Alemanha às vésperas da Primeira Guerra Mundial. Publica suas memórias em 1919.

49. Cf., infra, caderno 14, §§ 9 e 13.

50. Cf., infra, caderno 14, § 34.

51. Francesco Guicciardini, na série C de seus *Ricordi*, afirma sobre a obstinação: "As pessoas espirituais dizem que quem tem fé alcança grandes coisas e, como diz o Evangelho, quem tem fé move montanhas, etc. Isto deriva do fato de que a fé produz obstinação. A fé nada mais é do que acreditar com firme opinião, e quase com certeza, em coisas que não são racionais ou, se são racionais, acreditar nelas com mais resolução do que a gerada por motivos racionais. Quem tem fé, portanto, torna-se um obstinado no que crê e segue em seu caminho intrépido e resoluto, desprezando dificuldades e perigos e dispondo-se a suportar qualquer situação extrema: daí que, estando as coisas do mundo submetidas a mil acasos e acidentes, pode surgir de várias maneiras, no curso do tempo, uma ajuda inesperada a quem perseverou na obstinação, a qual, sendo causada pela fé, leva merecidamente a dizer: quem tem fé, etc." (Ed. bras.: *Reflexões*, São Paulo, Istituto Italiano de Cultura/Hucitec, 1995).

52. Cf. caderno 1, § 127, no vol. 2.

53. Benito Mussolini publica, na *Gerarchia* de abril de 1924, o artigo "Preludio al Machiavelli", no qual exalta "o agudo pessimismo de Maquiavel em relação à natureza humana" e sublinha a inevitabilidade da antítese entre Príncipe e povo, Estado e indivíduo. Para Mussolini, o primeiro destes termos encarna a organização e o limite, em face do egoísmo atomizante do segundo. Giuseppe Rensi — para Gramsci, o inspirador de Mussolini — publica em 1920 o livro *Principi di politica impopolare*, no qual prega, de modo análogo, o advento de uma autoridade que garanta a subordinação do indivíduo à sociedade e até mesmo alguma forma de escravidão, entendida como pressão que obriga o indivíduo, pelo menos na esfera do trabalho, a colocar-se ostensivamente sob o comando de outro. Sobre Giuseppe Rensi, cf. caderno 11, § 10, n. 11, no vol. 1.

54. Sobre a reunião dos "maximalistas" do PSI em Florença (novembro de 1917) e a acusação de "bergsonismo" ou voluntarismo contra o grupo turinense de *L'Ordine Nuovo*, cf. caderno 11, § 12, n. 16, no vol. 1. Logo a seguir, no texto, Gramsci alude às discussões no PSI sobre a formação de "sovietes urbanos", ideia que os socialistas de Bolonha aprovam.

Palmiro Togliatti e o grupo de *L'Ordine Nuovo* criticam este tipo de soviete (conselho), que, a seu ver, não modificaria a situação nas fábricas e outros locais de trabalho.

55. Sobre o "discurso da expiação" de Claudio Treves, cf. caderno 11, § 12, n. 17, no vol. 1.

56. Este argumento de Gramsci — o de que as agitações populares de 1919 e 1920 desencadearam a reação fascista por causa da direção inepta do Partido Socialista e de seu distanciamento das massas reaparece em outros pontos. Cf., por exemplo, infra, caderno 3, §§ 42, 43, 44 e 45.

57. Em 29 de setembro de 1918, o PSI e a Confederação Geral do Trabalho (CGL) celebram um pacto referente às esferas específicas de atuação: greves e agitações nacionais de caráter político deveriam ser decididas e dirigidas pela direção do partido, ao passo que greves e agitações de caráter econômico seriam decididas e dirigidas pela Confederação, com o compromisso de se auxiliarem ou, pelo menos, não criarem embaraços mútuos. Semanas depois, Gramsci pronuncia-se em *Il Grido del Popolo* contra esta "solução jurídica", que apenas criaria a ilusão de "uma idílica era de perfeita harmonia".

58. Alusão às divergências entre o PSI e a CGL durante a greve geral proclamada em 8 de junho de 1914. Preocupada em moderar e desativar o movimento, a CGL recomenda a suspensão da greve no dia 11 de junho, sem o conhecimento do Partido Socialista. Sobre a "semana vermelha" de junho de 1914, cf., supra, n. 57 ao caderno 13.

59. Sobre Francesco Ciccotti-Scozzese, cf. caderno 1, § 116, no vol. 2. Leonardo Gatto-Roissard escreve sobre temas militares em jornais socialistas, como *Avanti!* e até *L'Ordine Nuovo*. Em 1922, adere em definitivo aos reformistas. Logo a seguir, no texto, Gramsci menciona Pietro Nenni (1891-1980), importante político da moderna história italiana. Membro do Partido Republicano, Nenni advoga a intervenção na Primeira Guerra e chega a escrever no *Popolo d'Italia* mussoliniano. Em 1921, entra para o PSI e se torna no ano seguinte editor-chefe do *Avanti!*, posição na qual se opõe à fusão com os comunistas. Exilado em 1926, nos anos 30 Nenni defende uma política de unidade à es-

querda e participa da Guerra Civil na Espanha. Feito prisioneiro pelos alemães na França de Vichy, transferido para uma prisão italiana e libertado em 1943, Nenni reorganiza o PSI e se torna secretário-geral do partido em 1944. Em 1962, Nenni afasta-se novamente dos comunistas, ao optar por um alinhamento com a Democracia Cristã no quadro dos governos de centro-esquerda.

60. Sobre Italo Toscani, cf. caderno 3, § 165, n. 24, no vol. 2.

61. Pietro Abbo (1894-1974), camponês autodidata, militante socialista na Ligúria, elege-se deputado entre 1919 e 1924. No Congresso do PSI em que ocorre a cisão comunista (Livorno, 1921), Abbo alia-se à corrente majoritária de Giacinto Serrati. Mais tarde, participa ativamente da luta antifascista e filia-se ao PCI. Na intervenção congressual, Abbo reproduz afirmações triviais da imprensa anarquista acerca da diversidade natural das aptidões de cada indivíduo. Mencionado alusivamente no final do parágrafo, o autor original destas afirmações é um anarquista de fins do século XIX, de nome Claude-François Etievant. Sobre o episódio, cf. caderno 16, § 23, no vol. 4.

62. Cf. caderno 2, § 25, no vol. 5.

63. Em 1900, Carlo Cipolla (1854-1917), medievalista e professor da Universidade de Turim, profere a conferência de abertura do ano letivo sobre a constituição etnográfica da Itália, na qual se encontram as informações mencionadas no texto. Trata-se de reminiscência dos anos universitários de Gramsci, uma vez que esta conferência não está entre os trabalhos de Cipolla publicados nos *Atti dell'Accademia delle Scienze* de Turim.

64. Scipio Sighele (1868-1913) é um adepto da criminologia positivista de Cesare Lombroso (1835-1900). Sighele também escreve estudos sobre psicologia das massas, segundo uma orientação nacionalista ardorosa. No plano político, apoia vigorosamente o movimento irredentista no Trentino.

65. Gramsci inclui alguns destes intelectuais (como Guglielmo Ferrero e Enrico Ferri) na categoria "lorianismo". Cf. caderno 28, no vol. 2.

66. São inúmeras as referências ao trabalhista belga Henri de Man, particularmente à edição italiana de seu livro *A superação do marxismo*. Cf., *inter alia*, caderno 11, § 25, n. 35, no vol. 1. Logo a seguir, no texto, menciona-se o também belga Maurice Maeterlinck (1862-1949), Prêmio Nobel de Literatura em 1911. Maeterlinck associa-se na França às correntes artísticas de vanguarda e ao movimento simbolista. Escreve ensaios de filosofia especulativa, nos quais revela forte inclinação mística, e dedica-se ao estudo do ocultismo e da metapsicologia.

67. Sobre esta passagem de *A Sagrada Família*, de Marx e Engels, cf., particularmente, caderno 11, § 49, n. 53, no vol. 1.

68. Sobre Giuseppe Volpi e o empréstimo Morgan, cf. caderno 2, § 6, no vol. 5.

69. Cf., provavelmente, caderno 22, § 6, no vol. 4.

70. Provável referência aos debates sobre a composição e a natureza organizativa do partido durante o III Congresso do PCI (Lyon, janeiro de 1926). Na ocasião, Amadeo Bordiga propõe uma forma de "centralismo orgânico" no lugar do tradicional "centralismo democrático". Sobre este ponto, cf., supra, caderno 13, § 36, n. 81.

71. Em 1812, Elbridge Gerry, Governador de Massachusetts, manipula as fronteiras dos distritos eleitorais para aumentar as chances dos democratas-republicanos e prejudicar os federalistas. Como a topografia de um dos distritos por ele criados lembrava a figura de uma salamandra (*salamander*), cunhou-se a expressão *Gerrymander*.

72. O fenômeno do transformismo está presente em diversas passagens dos *Cadernos*, em conexão com o conceito de "revolução passiva" ou "revolução-restauração". Cf., *inter alia*, caderno 8, § 36, no vol. 5. Agostino Depretis (1813-1887), inicialmente um seguidor de Giuseppe Mazzini, ocupa vários ministérios antes de se tornar primeiro-ministro em 1876, interrompendo o domínio da "direita histórica" cavouriana. Com algumas breves interrupções, chefia o Governo por onze anos e controla completamente a política parlamentar, fato que lhe empresta o epíteto de "ditador". O transformismo significa um método para im-

plementar um programa limitado de reformas, mediante a cooptação pelo bloco no poder de membros da oposição.

73. Sobre este livro de Max Weber, cf. caderno 12, § 1, n. 3, no vol. 2. Cf., também, infra, caderno 15, § 48.

74. O diplomata Costantino Nigra (1828-1907) trabalha sob as ordens de Massimo D'Azeglio e, depois, do conde Cavour. Desempenha papel particularmente importante nas complicadas relações com a França. Sobre Nigra, cf. caderno 2, § 95, no vol. 5 da presente edição. Emilio Visconti-Venosta (1829-1914) ocupa por diversas vezes o Ministério das Relações Exteriores, entre 1863 e 1901. Está no cargo por ocasião da assinatura do Tratado de Paz de Adis-Abeba em outubro de 1896, que se segue à batalha de Ádua, na qual os etíopes derrotam os italianos e repelem suas tentativas de colonização. Este tratado reconhece a independência da Etiópia (que só foi perdida em 1935, quando o país é conquistado pelo exército de Mussolini), mas confirma o estatuto colonial da Eritreia. Sobre o Tratado de Wuchali, cf., supra, caderno 2, § 21, n. 15.

75. Pietro Antonelli representa a Itália na assinatura do Tratado de Wuchali em 1889. Principal negociador italiano com o Governo etíope, não resolve a disputa em torno das contraditórias interpretações do tratado. Oreste Baratieri (1841-1901), participante da "Expedição dos Mil" de Garibaldi em 1860 e deputado desde 1876, é nomeado governador da Eritreia em 1892. É considerado responsável pela esmagadora derrota dos italianos diante de Menelik II na batalha de Ádua, em março de 1896.

76. Sobre Antonio Salandra, cf. n. 2, parte II, 2, no vol. 2. Sobre De Bosdari, cf., supra, caderno 2, § 33, n. 20.

77. Antonio Paternò Castello, Marquês de San Giuliano (1852-1914), é o titular do Ministério das Relações Exteriores ao eclodir a Primeira Guerra Mundial. Promove a ocupação da Líbia em 1911 e a defesa dos interesses italianos na Dalmácia, Croácia e Albânia, o que produz sérios atritos entre Itália e Áustria. Após a morte de San Giuliano, o primeiro-ministro Salandra nomeia Giorgio Sidney Sonnino (1847-1922) para as Relações Exteriores. Deflagrado o conflito, Sonnino procura obter

concessões territoriais da Áustria em troca da neutralidade italiana. Com o fracasso dessas negociações, Sonnino aproxima-se da *Entente* e, em abril de 1915, assina o Pacto de Londres, comprometendo a Itália com a guerra e recuperando o controle do Trentino, do Alto-Adige e da Dalmácia. A Itália deveria declarar guerra a toda a Tríplice Aliança, mas, em maio de 1915, declara guerra apenas à Áustria e só formaliza o conflito com a Alemanha em agosto de 1916. Já no final do parágrafo, menciona-se o Príncipe Sisto de Bourbon-Parma (1886-1934), um emissário diplomático do imperador austríaco.

78. Carlo Alberto Biggini (1902-1945), professor de Direito em Siena e reitor da Universidade de Pisa, revela em seus escritos forte influência de Giovanni Gentile. Ingressa no Parlamento em 1934 e ocupa diversos postos no Partido Fascista. Em fevereiro de 1943, torna-se membro do Grande Conselho Fascista e ministro da Educação. Biggini acompanharia Mussolini até a aventura final da República de Salò, fundada em 1943 no Norte da Itália com o apoio dos alemães.

79. Cf., supra, caderno 13, § 20.

80. As frases citadas foram extraídas de um artigo de Giovanni Carano-Donvito, "La scienza della militare economia del marchese Palmieri", *Rivista di politica economica*, 31 de março de 1930. Pietro Colletta (1775-1831), a quem se atribui uma das máximas, é um militar do exército napolitano dos Bourbons, que se retira para Florença e passa a escrever estudos históricos, entre os quais uma célebre *Storia del reame di Napoli dal 1734 ai 1825.*

81. Nos *Colloqui col Manzoni*, Niccolò Tommaseo (1802-1874), escritor liberal e nacionalista, apesar da firme convicção católica, registra suas conversações com o romancista Alessandro Manzoni.

82. Cesare Spellanzon (1884-1957) abandona a carreira jornalística durante o fascismo para dedicar-se ao estudo da história italiana. Eduard Benes (1884-1948), ao lado de T.G. Masaryk, participa do movimento nacionalista tcheco-eslovaco no exílio, durante a Primeira Guerra. Com a derrota do Império Austro-Húngaro, representa o novo país na Conferência de Paz de 1919. Ministro das Relações Exteriores (1918-1935),

presidente da República (1935-1938), renuncia ao cargo e deixa o país após o Pacto de Munique. Em 1940, retoma em Londres o título de presidente do Governo provisório. De volta em 1945, se reelege presidente mas volta a renunciar em 1948, após a chegada dos comunistas ao poder.

83. Gramsci utiliza ao longo deste parágrafo o termo *imboscato*, a rigor inexistente em português e aqui traduzido, de modo aproximado, como "fugitivo da linha de frente". Na Primeira Guerra Mundial, *imboscato* designa todo indivíduo mobilizado que, por favor ou influência, consegue evitar a frente de combate.

84. Sobre Tommaso Tittoni, cf., supra, caderno 13, § 23, n. 58. Para uma nova referência a Tittoni, cf., infra, § 106: é ele, também, o diretor da *Nuova Antologia*, tantas vezes citada nestes *Cadernos*.

85. Sobre Gustav Stresemann, cf., supra, caderno 2, § 28, n. 18.

86. Marsílio de Pádua (1280-1343), teólogo e filósofo, publica em 1324 *Defensor pacis* (*O defensor da paz*, Petrópolis, Vozes, 1997), obra na qual o Estado é visto de modo secular. Defende explicitamente a subordinação da Igreja ao Estado. Excomungado por heresia, Marsílio termina os dias na corte de Luís IV da Baviera.

87. Cf. caderno 5, § 123, no vol. 5.

88. Em latim no original. Ulpiano, jurista romano da época do imperador Caracala (século III d.C.), escreve volumosos comentários jurídicos incorporados ao *Digesto*, isto é, a segunda parte do *Corpus juris* compilado por Justiniano, imperador de Constantinopla (527-565).

89. Sobre Krasnov, cf., supra, caderno 13, § 24, n. 60. No fim do parágrafo, Gramsci menciona o general Hans von Seeckt (1866-1936), chefe e reorganizador do Exército alemão entre 1920 e 1926.

90. Sobre Arnaldo Volpicelli, Ugo Spirito (1896-1979) e a revista *Nuovi Studi di Diritto, Economia e Politica*, cf., *inter alia*, caderno 10, II, § 7, n. 20, no vol. 1.

91. Sobre Ludovico Zuccolo, cf. caderno 28, § 18, n. 25, no vol. 2.

92. A anedota dos dois judeus aparece num artigo de Francesco Flora, "Freud e i motti di spirito", *Pégaso*, setembro de 1930, que, por sua vez, a reproduz de um ensaio de Freud, "Le mot d'esprit et ses rapports avec l'inconscient", citado na tradução francesa.

93. Paul Bourget (1852-1935), inicialmente influenciado pela filosofia positivista, muda suas concepções com a publicação de *Le disciple* (1889), narrativa em que conclama a juventude a resistir às seduções da moderna teoria científica. Converte-se ao catolicismo em 1901, passando a publicar romances didáticos e moralistas que exaltam o nacionalismo, os valores da tradição e a monarquia.

94. Sobre Edward Henry Carson, cf. caderno 24, § 3, no vol. 2.

95. Em francês no original.

96. Alessandro Luzio (1857-1946), no início um jornalista visceralmente oposto às tendências radicais e revolucionárias, torna-se diretor do Arquivo de Estado de Mântua (1899) e depois de Turim (1918), além de escrever diversos estudos sobre o Renascimento e o *Risorgimento*. Sobre a historiografia de Luzio, cf., por exemplo, caderno 8, § 23, e caderno 19, § 53, no vol. 5. Logo a seguir, no texto, Gramsci menciona o "episódio Bollea": em 1912, o professor Luigi Cesare Bollea pretende publicar documentos dos anos 1854-1886, encontrados no Arquivo turinense, com a correspondência entre Cavour, Vítor Emanuel II, Costantino Nigra, Massimo d'Azeglio, Napoleão III e outros. O Ministério do Interior impede a publicação sob o pretexto de proteger segredos de Estado, mas, na verdade, está preocupado em resguardar a visão oficial do *Risorgimento*. Bollea deve enfrentar mandados de busca e apreensão e até de prisão. Os documentos, trazidos à luz por interposta pessoa em 1916, só depois da guerra são republicados com o nome do próprio Bollea.

97. Criado por Edoardo Ferravilla (1846-1916), Sor Panera é um personagem da comédia milanesa, simultaneamente medroso e fanfarrão.

98. Adolfo Omodeo, "Problemi storici. Ottobre 1917", *La Nuova Italia*, 20 de julho de 1930. Sobre G. Volpe, cf. n. 77, parte I, 2, no vol. 2; sobre A. Omodeo, cf. n. II, parte II, 2, no mesmo volume.

99. Armando Diaz (1861-1928) substitui Luigi Cadorna como comandante italiano depois de Caporetto. Em Vittorio Veneto, em 1918, derrota o exército austro-húngaro, já em desagregação. Diaz seria ministro da Guerra entre 1922 e 1924.

100. Gramsci provavelmente extrai o episódio narrado por von Bülow de um artigo de Manfredi Gravina, "Il terzo volume delle memorie di Bülow", *Nuova Antologia*, 1° de março de 1931. Neste artigo, porém, a frase atribuída a Theobald von Bethmann-Holwegg é ligeiramente diversa: "De outro modo, não consigo ter comigo os socialistas."

101. B. Croce, "Stato e Chies a in senso ideale i loro perpetua lotta nella storia", in *Elementi di politica*, Bári, 1925; reeditado em *Etica e politica*, Bári, 1931. Cf., infra, caderno 6, § 139.

102. Paolo Orano, em discurso na Câmara dos Deputados em março de 1930, afirma a separação entre fascismo e filosofia idealista italiana, particularmente o atualismo de Giovanni Gentile. Sobre este mesmo tema, cf., por exemplo, caderno 8, § 16, no vol. 1.

103. A reação dos economistas ortodoxos (liberais) ao "corporativismo integral" de Ugo Spirito — particularmente por ocasião do lançamento de *La critica della economia liberale*, Milão, Treves, 1930 — aparece também no caderno 8, § 216, no vol. 1. Logo a seguir, no texto, Gramsci menciona Massimo Fovel — figura menor no ambiente socialista durante a transição para o fascismo, que aparece como sintoma de desorientação e oportunismo do período. Sobre a trajetória de Fovel, cf. caderno 22, § 6, no vol. 4.

104. Sobre o discurso de Gentile e a "filosofia do porrete", cf. caderno 6, § 112, n. 6, no vol. 1.

105. Sobre o "tacão" a que está submetida a aristocracia milanesa, deve-se lembrar que, entre 1720 e 1859, a Lombardia, entre outras regiões do Norte da Itália, estava submetida à Áustria. A obscura referência à "tríade" por certo indica algum instituto da dominação austríaca. Logo a seguir, no texto, é mencionado o casamento da senhora Franca, episódio menor da sociedade milanesa da época. Sobre a atitude dos nobres de Milão em 1853, cf., supra, n. 24 ao caderno 13.

106. Cf. caderno 6, § 79, no vol. 2.

107. Cf., supra, caderno 13, § 16, n. 21.

108. Sobre De Sanctis e Guicciardini, cf. n. 36, parte II, 1, no vol. 1.

109. Ferdinand Lassalle, *Programma operaio* [1863], Roma, 1903. Para Lassalle, que se inspira na concepção hegeliana do Estado ético, a fórmula do Estado — guarda-noturno tem um significado depreciativo. Sobre o mesmo tema, cf. caderno 26, § 6, no vol. 4.

110. Trata-se, provavelmente, de um diálogo privado de Gramsci com Arturo Vella, um socialista maximalista, ou um discurso de Vella não registrado na imprensa da época.

111. Cf., particularmente, supra, caderno 13, §§ 15, 19 e 32. Logo a seguir, no texto, Gramsci menciona um discurso de Mussolini proferido em 10 de março de 1929, na primeira assembleia quinquenal do regime fascista.

112. Cf., supra, caderno 6, § 86, n. 107.

113. Georges Clemenceau (1841-1929), duas vezes primeiro-ministro (1906-1909 e 1917-1920), preside a Conferência de Paz de 1919, demonstrando grande hostilidade à Alemanha. Jornalista brilhante, funda o jornal *L'Aurore*. Raymond Poincaré (1860-1934), três vezes primeiro-ministro (1912-1913, 1922-1924, 1926-1929) e presidente da República durante a Primeira Guerra, ocupa a região do Ruhr em 1923 e tem grande presença na política francesa do período.

114. Em francês no original.

115. Em francês no original. O artigo de Eugène Schneider, "Les relations entre patrons et ouvriers. Les délégués de corporation", publicado na *Revue des Deux Mondes* em 15 de novembro de 1930, também é comentado no caderno 6, § 127, no vol. 4 da presente edição. Citado no texto, Ferdinand Foch (1851-1929), marechal francês, é o chefe do Estado-Maior Central (maio de 1917) e o comandante-chefe das forças da Entente (abril de 1918).

116. Provável referência às observações sobre as associações políticas e sindicais como trama "privada" do Estado, em supra, caderno 1, § 47.

117. Daniel Halévy (1872-1961), crítico e historiador, desempenha importante papel na publicação em livro das *Reflexões sobre a violência* (1908), de Georges Sorel, cuja introdução chama-se precisamente "Carta a D. Halévy". Próximo do socialismo na juventude, Halévy assume em seguida, efetivamente, posições de direita.

118. Cf., supra, caderno 6, § 81, n. 101.

119. Com o *ralliement*, sob os auspícios de Leão XIII, os católicos franceses aceitam a República. Albert de Mun (1841-1914), oficial de origem nobre, dedica-se à ação social e, depois da Comuna de Paris, funda os Círculos Católicos de Trabalhadores.

120. Em francês no original.

121. Frase extraída de Giovanni Faccioli, "Il volto del bolscevismo", *L'Italia Letteraria*, 31 de agosto de 1931, que comenta o livro de René Fülöp-Miller, *Geist und Gesicht des Bolschevismus* [Espírito e face do bolchevismo], de 1926, cuja edição italiana, com prefácio de Curzio Malaparte, Gramsci possui no cárcere. O livro de Fülöp-Miller também atrai a atenção de Croce: cf., a propósito, caderno 10, II, § 1, no vol. 1. O artigo de Faccioli também serve de base para outras passagens deste parágrafo.

122. Em sua autobiografia, cuja primeira edição italiana é de 1930, Trotski observa: "Com sua imprecisão e negligência peculiares, Lunatscharski definiu do seguinte modo minha concepção revolucionária: 'O camarada Trotski pensava, em 1905, que as duas revoluções, a burguesa e a socialista, não fossem, é verdade, uma só coisa, mas estariam tão estreitamente conexas que formariam uma revolução permanente. Ingressando com uma revolução burguesa num período revolucionário, a parte da humanidade constituída pelos russos e todo o resto do mundo não poderão mais sair deste período, até o término da revolução social. É inegável que, ao formular aquelas ideias, Trotski demonstrou muita sagacidade, ainda que se tenha enganado de 15 anos.' A observação sobre o erro de 15 anos não ganhou em profundidade pelo fato de ter sido repetida por Radek. Em 1905, nossas previsões contavam com a vitória da revolução, não com a derrota. Então, não alcançamos nem a república, nem a reforma agrária, nem a jornada de oito horas. Será

que nos enganávamos ao apresentar estas reivindicações? A derrota da revolução alterou todas as nossas perspectivas, e não somente aquelas que eu havia indicado. Não se tratava, então, de fixar um prazo para a revolução, mas de analisar suas forças intrínsecas, prever o desenvolvimento dela em seu conjunto" (L. Trotski, *Minha vida*, Rio de Janeiro, Paz e Terra, 1969, p. 161).

123. "Frente Unica" é a linha política de unidade operária, adotada pela III Internacional entre o III (1921) e o VI Congresso (1926). Na Itália, num texto apresentado à direção do PCI em agosto de 1926, Gramsci entende de modo particular esta tática: "Em todos os países capitalistas apresenta-se um problema fundamental, o de passar da tática da frente única entendida em sentido geral para uma tática determinada, que formule os problemas concretos da vida nacional e opere com base nas forças populares assim como são historicamente determinadas" (A. Gramsci, *La costruzione del Partito comunista 1923-1926*, Turim, Einaudi, 1971, p. 123).

124. Sobre a referência a Rosa Luxemburg, cf., supra, caderno 13, § 24, n. 59. Logo a seguir, no texto, Gramsci menciona *La Vie Ouvrière*, revista dos sindicalistas revolucionários franceses. Não consta, porém, que Alfred Rosmer (pseudônimo de André Alfred Griot, 1877-1964) tenha escrito artigos sobre a Alemanha nesta ou em outras publicações. Registra-se, na realidade, um artigo de Charles Andler, "Le socialisme impériale dans l'Allemagne contemporaine", de grande repercussão, com o qual polemiza inclusive Jean Jaurès. *La Vie Ouvrière* circula entre 1909 e 1914 e entre 1919 e 1922. Nesta segunda fase, Rosmer empenha-se pela adesão do grupo à III Internacional.

125. Na revista *Gerarchia*, entre 1929 e 1931, Mariano D'Amelio publica artigos em que afirma, ao contrário, a precedência do projeto da delegação italiana em relação à iniciativa de Lorde Balfour, então ministro das Relações Exteriores da Inglaterra.

126. Arnaldo Mussolini, irmão do chefe de Governo, edita o *Popolo d'Italia*, o jornal do fascismo. A Escola de Mística, inaugurada em dezembro de 1931, em Milão, visa a impulsionar o trabalho de propaganda e socialização ideológica segundo pressupostos irracionalistas.

127. Gramsci utiliza os termos *consorteria* e *spirito di consorteria*, aqui traduzidos, de modo aproximado, como "camarilha" e "espírito de camarilha". Na verdade, *consorteria* designa originalmente, na comuna medieval, grupos de famílias nobres que controlam a direção dos negócios. No sentido específico do parágrafo gramsciano, *consorteria* indica polemicamente, depois da unidade italiana, os representantes da "direita histórica", acusados de governar em proveito de círculos restritos, sem nenhuma concessão às novas exigências do tempo.

128. A expressão "confederação dos três oprimidos" refere-se à doutrina anarquista, tal como aparece, indiretamente, num pequeno livro de Bukharin, *Il programma dei comunisti* (*bolscevichi*), publicado na Itália em 1920. Bukharin critica a concepção anarquista que pretende dissolver a organização social regular em pequenas confederações de trabalhadores; segundo o teórico comunista, até existe em Petrogrado um "grupo dos cinco oprimidos" de inspiração libertária. "Dá para imaginar — afirma — o que resultaria se cada cinco pessoas ou cada grupo de duas pessoas começasse a proclamar sua autoridade, confiscar e trabalhar por conta própria."

129. Alexandr Kerenski (1881-1970), membro da ala direita do Partido Socialista Revolucionário, ocupa os cargos de ministro da Justiça, da Guerra e primeiro-ministro depois da Revolução de Fevereiro de 1917. Em outubro, deposto pelos comunistas, parte para o exílio na França e nos Estados Unidos.

130. Sobre a ação diplomática de Salandra e Sonnino às vésperas da Primeira Guerra e o Pacto de Londres, cf., particularmente, supra, caderno 3, § 131, n. 77.

131. Sobre o conceito crociano de paixão, cf. caderno 10, II, § 41. V, no vol. 1.

132. Gramsci tem acesso no cárcere ao livro de R. Lewinsohn, *Histoire de l'inflation. Le déplacement de la richesse en Europe (1914-1925)*, Paris, 1926. Também sabe da existência de um outro volume de Lewinsohn, *L'Argent dans la Politique*, Paris, s.d. (mas cuja edição alemã é de 1930). O judeu-polonês Richard Lewinsohn (1894-1968), jornalista econômico na Alemanha e autor de inúmeros livros sobre a relação entre política

e economia na conjuntura dos anos 20 e 30, refugia-se primeiro na França e, nos anos 40, no Brasil, onde cria e dirige, em 1947, a revista *Conjuntura Econômica*, da Fundação Getulio Vargas.

133. Na gíria da criminalidade de Turim, *gargagnan* significa "explorador de mulheres".

134. O historiador Federico Chabod (1901-1960), além de estudos sobre Maquiavel e o Renascimento, é autor de obras fundamentais sobre a Itália moderna, em particular a política externa nas primeiras décadas após a unidade. Chabod também participa da Resistência em sua região de origem, o Vale de Aosta. Logo a seguir, no texto, Gramsci menciona um comentário de Luigi Einaudi ("Di un quesito intorno alla nascita della scienza economica", *La Riforma Sociale,* março-abril de 1932) sobre diversas publicações de Mario De Bernardi em torno da obra de Giovanni Botero. Sobre Botero, cf. n. 22, parte I, 2, no vol. 2.

135. Gramsci também faz observações sobre Maquiavel "economista" numa carta enviada a Tania Schucht em 14 de março de 1932 (A. Gramsci, *Lettere dal carcere*, ed. cit., p. 548-549). Em carta de 21 de abril dirigida a Tania (mas cujo conteúdo ela retransmite quase literalmente a Gramsci, em 27 de abril), Sraffa observa: "Sobre o pensamento econômico de Maquiavel, nada sei: o pouco que aprendi lendo o artigo de Arias indicado por Nino [Gramsci] parece-me confirmar o que Nino diz. Parece-me haver uma grande analogia com um economista inglês do século XVII, William Petty, que Marx chama de 'o fundador da economia clássica'. [...] Autorizei o envio para Nino do artigo de Arias: e pedi que a livraria procurasse um livro de Tangorra (citado por Arias) que contém um ensaio sobre Maquiavel economista. Não parece existir nada mais" (Piero Sraffa, *Lettere a Tania per Gramsci*, Roma, Riuniti, 1991, p. 58-59). É evidente que a observação sobre Sraffa, contida no fim deste parágrafo dos *Cadernos*, tem como base esta carta, o que permite situar a redação do parágrafo em data posterior a 27 de abril de 1932. Além disso, é possível constatar que o artigo de Gino Arias — mencionado no início do parágrafo e também em supra, caderno 6, § 66 — só lhe seria enviado mais tarde, provavelmente em separata. É Arias quem

menciona o ensaio de Vincenzo Tangorra, "Il pensiero economico di Niccolò Machiavelli", de 1900.

136. Sobre Curzio Malaparte, cf. caderno 3, § 9, e caderno 6, § 35, n. 58, no vol. 2. Em *Technique du coup d'Etat* (Paris, 1931), Malaparte faz uma apologia tão aberta da violência que causa embaraços até ao Partido Fascista, do qual é expulso.

137. Cf., supra, caderno 13, § 17, n. 23.

138. Cf. caderno 16, § 17, no vol. 4.

139. No Congresso da Juventude Socialista, em 1912, Angelo Tasca (1892-1960), posteriormente um dos expoentes da "direita" comunista, e Amadeo Bordiga polemizam sobre as relações entre cultura e classe operária. Esta polêmica repercute na revista *Unità*, dirigida por Gaetano Salvemini — com intervenções, entre outros, de Pietro Silva e Rodolfo Mondolfo —, bem como num artigo juvenil de Gramsci, publicado em 1916 (A. Gramsci, *Scritti giovanili* 1914-1918, Turim, Einaudi, 1958, p. 22-26).

140. Em sua intervenção no Congresso Socialista de Biela (dezembro de 1920), Gramsci indica a fonte da metáfora da "décima parte submersa": "Um provérbio inglês diz que toda multidão tem submersa uma décima parte de si. E esta décima parte impede que as outras nove consigam agir. Nós temos nossa décima parte de reformistas" (A. Gramsci, *Per la verità. Scritti 1913-1926*, Roma, Riuniti, 1974, p. 357). A ideia já aparece antes, num artigo de 1917: "Teofilo Rossi era o clichê de 3 milhões e meio de italianos, daquela parte de italianos que no agregado social 'Itália' constituem a décima parte submersa, a bola de chumbo, o peso embaraçoso e inútil [...]. O giolittismo é a marca política da décima parte submersa italiana: a falta de sinceridade, o negocismo, o liberalismo clerical, o liberalismo protecionista, o liberalismo burocrático e regionalista" (A. Gramsci, *Sotto la Mole 1916-1920*, Turim, Einaudi, 1960, p. 321). E ainda num artigo sobre Achille Loria de 1918: "Uma grande quantidade das afirmações pseudocientíficas [...], que constituem nossa décima parte submersa e das quais temos tanta dificuldade para nos libertar, saíram da usina loriana" (*Scritti giovanili 1914-1918*, ed. cit., p. 162).

141. Sobre a fórmula "pessimismo da inteligência, otimismo da vontade", cf. n. 18, parte III, 1, no vol. 2.

142. Deve-se a Benvenuto Cellini (1500-1571), escultor e ourives, uma importante autobiografia — *Vita di Benvenuto di Maestro Giovanni Cellini fiorentino, scritta, per lui medesimo, in Firenze* —, marcada pela exaltação das virtudes do indivíduo característica do Renascimento.

143. Arturo Carlo Jemolo (1891-1981), historiador e estudioso do direito (inclusive eclesiástico), é autor de uma vasta obra em torno do tema da separação entre Estado e religião. Defensor da liberdade religiosa e hostil ao Estado confessional, Jemolo pertence à tradição dos católicos liberais.

144. Franz von Papen (1879-1969), assim como Alfred Hugenberg, tem papel importante na dissolução da República de Weimar. Faz parte, entre 1921 e 1932, da ultradireita do Centro católico. Primeiro-ministro até dezembro de 1932, Papen se torna vice-primeiro-ministro de Hitler logo no início de 1933, ao lado de outros políticos conservadores e nacionalistas também presentes no primeiro Gabinete nazista. Sobre A. Hugenberg, cf., supra, n. 94 ao caderno 13.

145. Esta citação do *Trattato di sociologia generale* (1916), de Pareto, provém do artigo de Mauro Fasiani. Preocupado com a crítica das ideologias e das explicações racionais da conduta humana, Vilfredo Pareto insiste na ideia de que a sociedade é governada por forças não racionais. Seus textos sobre a teoria das elites baseiam-se na tese de que os governos são sempre oligárquicos e as democracias dependem decisivamente da ascendência dos mais competentes sobre as massas. No final da vida de Pareto, os fascistas buscam se associar a suas teorias e Mussolini chega a nomeá-lo senador em 1923. Sobre Pareto e os elitistas, cf., *inter alia*, caderno 11, § 24, n. 34, no vol. 1; caderno 8, § 24, n. 72, no vol. 2; e, supra, n. 73 ao caderno 13.

146. O ensaio sobre a Constituição espanhola de 1812, mencionado no parágrafo como modelo, é aquele feito por Marx: "La révolution espagnole" (1854), publicado no oitavo volume da edição francesa de J. Molitor das obras marxianas. Ao contrário do que Gramsci assinala, este ensaio não se encontra em *La questione orientale. Lettere di Carlo Marx, 1853-1856*, Roma, 1903.

147. O art. 48 da Constituição da República de Weimar permitia a suspensão das garantias constitucionais e dos direitos fundamentais em caso de perturbação "da ordem e da segurança pública".

148. James Bryce, *Democrazie moderne*, Milão, 1930-1931. James Bryce (1838-1922), destacado historiador e político do Partido Liberal inglês, é o autor de obras clássicas sobre o mundo americano, como *The American Commonwealth,* de 1888. A edição original de *Modern Democracies* é de 1921.

149. A referência ao darwinismo deriva de um fato real: no Tennessee, em 1925, um jovem professor, John Thomas Scopes, é preso sob a acusação de ter ensinado a teoria da evolução numa escola de Dayton.

150. O episódio remonta provavelmente à campanha eleitoral de 1913, que Gramsci acompanha na Sardenha como simpatizante da Liga Antiprotecionista, um grupo de jovens meridionalistas reunidos em torno de Attilio Deffenu e Nicolò Fancello.

151. Trata-se do golpe de Napoleão III em 1851, analisado por Marx em *O 18 Brumário de Luís Bonaparte* (1852).

152. Sobre este episódio, cf., supra, caderno 13, § 13, n. 19.

153. Sobre a invocação final do *Príncipe*, cf., supra, caderno 13, §§ 1 e 20, n. 43. No livro de Enrico Carrara, ao contrário, fala-se de Maquiavel como "o autor do *Príncipe*, que foi interpretado como se tivesse uma intenção satírica e revolucionária, como o 'Giorno' [de Parini]".

154. Cf., supra, caderno 13, §§ 4 e 20, e caderno 4, § 4.

155. Sobre Traiano Boccalini, cf., supra, caderno 13, § 25, n. 65.

156. Referência ao texto de Stalin (Giuseppe Bessarione, ou seja, Iossip Vissarionovitch, nome e patronímico de Stalin), "Entrevista com a primeira delegação operária americana", publicado no *Pravda* de 15 de setembro de 1927 e depois na *Rassegna settimanale della stampa estera* de 4 de outubro de 1927. O comentário de Gramsci vai além das respostas de Stalin e refere-se em particular à primeira pergunta dos americanos,

voltada para as relações entre Marx e Lenin, respectivamente, o fundador e "o mais recente grande teórico" da filosofia da práxis. No parágrafo, há também uma alusão velada aos bolcheviques ("majoritários"). Mas, quando Gramsci fala de "Bessarione como intérprete do movimento majoritário", está se referindo à polêmica sobre o "socialismo em um só país", ocasião em que Trotski foi posto em minoria no seio da direção bolchevique, ao defender a "revolução permanente".

157. O filósofo napolitano Giambattista Vico (1668-1744) assim se expressa em sua famosa obra de 1725: "Da vaidade das nações ouvimos aquela áurea citação de Diodoro sículo: que as nações, ou gregas ou bárbaras, tiveram a seguinte vaidade: de terem descoberto, antes das demais, as comodidades da vida humana e conservado as memórias de suas coisas desde o princípio do mundo." A opinião de Vico é que os homens, "sempre que das coisas remotas e desconhecidas não podem fazer nenhuma ideia, estimam-nas pelas próprias coisas conhecidas e presentes". Esta, a fonte de "todos os erros cometidos por inteiras nações e por todos os doutos sobre os princípios da humanidade". E acrescenta: "Nesse gênero devem ser evocadas duas espécies de vaidades, de que tratamos antes: uma das nações e a outra dos doutos" (G. Vico, *A Ciência Nova*, Rio de Janeiro, Record, 1999, p. 91-92).

158. Sobre este tema, Gramsci assim se manifesta numa reunião do comitê dirigente do PCI, em 2-3 de agosto de 1926: "Em todo partido, mas especialmente nos partidos democratas e social-democratas, nos quais o aparelho organizativo é muito frouxo, existem três estratos. O estrato superior, muito restrito, que geralmente é constituído de parlamentares e intelectuais ligados com frequência às classes dominantes. O estrato inferior constituído de operários e camponeses, de pequenos-burgueses urbanos, como massa de partido ou como massa de população influenciada pelo partido. Um estrato intermediário que, na situação atual, tem uma importância ainda maior do que nos períodos normais, na medida em que muitas vezes representa o único estrato ativo e politicamente vivo destes partidos. É este estrato intermediário que mantém o vínculo entre o grupo dirigente superior e as massas do partido e da população influenciada pelo partido" (A. Gramsci, *La costruzione del Partito comunista*, ed. cit., p. 114-115). Cf., também, supra, caderno 13, § 31, n. 76.

159. Por "fatos de junho de 1914" se deve entender a "semana vermelha" de Turim, sobre a qual cf., supra, n. 57 ao caderno 13. Chega-se a sugerir polemicamente, na época, que alguns líderes do movimento (por exemplo, Errico Malatesta), em razão de relações pessoais com Maria Sofia, ex-Rainha de Nápoles, poderiam ter sido manobrados pelo Estado-Maior austríaco.

160. Em 1° de março de 1935, a *Critica Fascista* publica a nota "Necessità dell'autocritica". Durante mais de um ano também se encontram na mesma revista inúmeros artigos de juristas e políticos fascistas sobre o tema "fim do parlamento".

161. Em agosto de 1921, o ex-sindicalista revolucionário Cesarino Rossi (1887-1967) — estreito colaborador de Mussolini e signatário, com este último, de um "pacto de pacificação" entre socialistas e fascistas — demite-se do cargo de vice-secretário geral dos *Fasci*, depois que a maioria dos dirigentes fascistas repudia o "pacto". Na carta de demissão, Rossi observa que o fascismo, "ainda que se mostre dominador, tornou-se um puro, autêntico e exclusivo movimento de conservação e de reação". Em *L'Ordine Nuovo* (26 de agosto de 1921), Gramsci observa que em Rossi está a confirmação de que o fascismo era, acima de tudo, "conflito entre núcleos urbanos e núcleos rurais" e, por isso, devia se dividir e dissolver proximamente (A. Gramsci, *Socialismo e fascismo. L'Ordine Nuovo 1921-1922*, Turim, Einaudi, 1966, p. 300-302). Segundo Valentino Gerratana (*Quaderni del carcere*, Turim, Einaudi, 1975, p. 2939), ao mencionar estes fatos, Gramsci parece concluir que só a fraqueza dos adversários havia permitido ao fascismo superar as tensões internas e sobreviver.

162. Este trecho da *Gazeta Polska* aparece reproduzido na *Rassegna settimanale della stampa estera*, de 14 de fevereiro de 1933, num comentário sobre a indicação de Hitler como primeiro-ministro.

163. Maurizio Maraviglia (1878-1955), membro fundador da Associação Nacionalista Italiana, ajuda a negociar a fusão entre nacionalistas e fascistas. Eleito, em 1923, membro do Grande Conselho Fascista, torna-se senador em 1939. Neste parágrafo, Gramsci baseia-se num artigo de A.

Messineo ("Il concetto di nazione nella filosofia dello Stato", na *Civiltà Cattolica* de fevereiro de 1933), que comenta um texto de Maraviglia: "Toda nova concepção filosófica começa sempre por criticar as filosofias que a precederam, para pôr a nu seus aspectos frágeis. O calcanhar de aquiles, afirma M. Maraviglia, das filosofias anteriores, baseadas no direito natural e em exigências racionais, consiste em ter pretendido resolver a disputa remetendo-se às exigências naturais ou à pura razão. Era preciso, porém, remeter-se à história, coisa que ele, de fato, faz."

164. A expressão *Ensaio popular* remete sempre ao livro de Bukharin, *A teoria do materialismo histórico*. Cf. n. 18, parte I, 1, e também, particularmente, caderno 11, §§ 25 e 26, no vol. 1.

165. "Apêndice" ao *Ensaio popular*, com toda a probabilidade, é a intervenção de Bukharin no Congresso Internacional de História da Ciência e da Tecnologia (Londres, 1931), intitulada "Theory and practice from standpoint of dialectical Materialism". Sobre este "Apêndice", cf., particularmente, caderno 11, § 17, n. 25, no vol. 1. Mencionado no parágrafo, Armando Carlini, um adepto de Giovanni Gentile, discute a obra de Theodor Whittaker, *Prolegomena to a new Metaphysic*, Cambridge, 1932.

166. Cf., particularmente, caderno 10, II, § 7, no vol. 1.

167. Konrad Heiden (1901-1966), repórter do *Frankfurter Zeitung* e firme opositor do nazismo, é o autor de vários textos pioneiros, bastante difundidos já em seu tempo e de grande valor documental, sobre toda a trajetória de Hitler até a eliminação de todos os adversários e a ditadura absoluta, em 1934.

168. Ettore Ciccotti (1863-1939), professor de história e literatura latina, apoia, como deputado, a oposição socialista durante a "década giolittiana" (1903-1913). Rompe com o Partido Socialista em 1915, ao apoiar a intervenção italiana na Primeira Guerra. Em 1924, é eleito senador. Entre 1899 e 1911, edita em fascículos obras de Marx, Engels e Lassalle. Em seus textos, é marcante a influência do positivismo, assim como a atração pelo materialismo histórico. Sobre E. Ciccotti, cf., particularmente, caderno 11, § 9, no vol. 1, e caderno 25, § 4, no vol. 5.

169. Giuseppe Bottai (1895-1959), membro fundador do Partido Fascista, ingressa no parlamento em 1921 e no ano seguinte participa ativamente da Marcha sobre Roma. Idealizador e diretor da revista *Critica Fascista*, organiza uma Escola de Estudos Corporativos na Universidade de Pisa. Membro do Grande Conselho Fascista em 1926, ocupa os cargos de ministro das Corporações (1929-1932) e ministro da Educação (1936-1943). É considerado um expoente da "esquerda" fascista. Edmondo Rossoni (1884-1965) colabora intimamente com o fascismo na época da Marcha sobre Roma, depois de organizar greves radicais no Vale do Pó entre 1907 e 1913 e de formar a União Italiana do Trabalho em 1914. Tem importante papel na organização dos primeiros sindicatos fascistas durante os anos 20, trabalho que procura fundamentar em *Le idee della ricostruzione: discorsi sul sindacalismo fascista*, de 1923.

170. Os textos políticos fundamentais de Gioberti são *Primato morale e civile degli Italiani* (1843) e *Rinnovamento civile d'Italia* (1851). O *Primato*, citado neste parágrafo, expõe uma solução "neoguelfa" (em torno do papa) para o problema da unidade. O *Rinnovamento*, ao contrário, marca uma nova posição em favor do programa de Cavour. Cf., também, infra, caderno 17, § 7.

171. Cf., supra, caderno 13.

172. Sobre a posição de Max Weber, cf. caderno 12, § 1, n. 3, no vol. 2.

173. Em francês no original.

174. Sobre os artigos de Raffaele Garofalo, cf. caderno 1, § 126, no vol. 5. Sobre Nino Daniele, cf. n. 86, parte I, 2, no vol. 2.

175. Em Milão, em abril de 1919, ocorre uma série de confrontos com as esquadras fascistas, que culminam com o incêndio da redação do jornal socialista *Avanti!*. Logo a seguir, no texto, Gramsci menciona Vittorio Emanuele Orlando (1860-1952), que, depois de ocupar vários ministérios entre 1903 e 1917, torna-se primeiro-ministro em outubro de 1917 no contexto da derrota militar de Caporetto. O Gabinete Orlando cai em junho de 1919, sem conseguir Fiume para a Itália na Conferência de Paz em Paris: pouco antes, em abril, Orlando abandonara dramaticamente

as negociações diante da oposição de Wilson à pretensão italiana. Em 1922, Orlando tenta, sem êxito, atrair os fascistas para um governo de coalizão, até como forma de moderar a atuação deste partido. Mais tarde, distancia-se de Mussolini, renuncia ao mandato parlamentar e só retorna à política na Constituinte após a Segunda Guerra. No final do parágrafo, há uma referência ao dirigente socialista Giacinto Menotti Serrati, sobre o qual cf. n. 5, parte II, 2, no vol. 2.

176. O caderno especial mencionado é o caderno 13, "Breves notas sobre a política de Maquiavel". A expressão "novo Maquiavel" provavelmente indica a intenção de reunir novas notas sobre o tema, o que aconteceria parcialmente com o caderno 18, "Nicolau Maquiavel. II".

177. O poeta trágico Vittorio Alfieri (1749-1803), mais próximo do classicismo francês do que do moderno drama burguês de Diderot e Lessing, é um arauto da grandeza italiana e do ressurgimento do espírito nacional. Também escreve tratados, como *Della tirannide* e *Del principe e delle lettere.* Testemunha da Revolução Francesa, chega a compor uma ode à tomada da Bastilha, ainda que os aspectos plebeus da revolução o tenham assustado e até contrariem o elemento popular idealizado em suas tragédias e tratados. Logo a seguir, no texto, Gramsci menciona Felice Alderisio, que, além de escritos sobre Maquiavel, escreve sobre a tradição hegeliana na Itália e sua relação com o atualismo gentiliano.

178. Sobre a função "de partido" do *Corriere della Sera* e outros jornais italianos, cf., particularmente, caderno 1, § 116, no vol. 2.

179. A edição original do livro de Karl von Clausewitz (1780-1831), *Vom Kriege* [Da guerra], remonta a 1832. Clausewitz ajuda a reformar o Exército prussiano e dirige a Academia Militar de Berlim entre 1818 e 1830. Gramsci conhece um pequeno livro de Croce, *Azione, Successo e Giudizio. Note in margine al "Vom Kriege" del Ciausewitz*, de 1934.

180. Segundo os nacionalistas italianos, o cantão suíço do Ticino — além de, por exemplo, Nice, Malta, Córsega ou Dalmácia — pertencia aos "limites naturais" da Itália. O Tratado de Versalhes rechaça esta e outras reivindicações territoriais, alimentando a sensação de "vitória mutilada" nos ambientes nacionalistas e fascistas.

181. Estavam disponíveis, no cárcere, dois outros volumes do Marechal Enrico Caviglia: *La battaglia della Bainsizza*, Milão, 1930, *e La dodicesima battaglia. Caporetto,* Milão, 1934. Também mencionada no parágrafo, a máxima de Clausewitz está reproduzida no livro de Emilio Canevari (cf., supra, § 42): "Se a ofensiva ultrapassa o ponto culminante do ataque sem ter conseguido seu objetivo, a inversão de forças que se verifica gera uma reação muito mais eficaz do que o ataque."

182. Esta opinião sobre o estadista e escritor inglês Benjamin Disraeli (1804-1881) baseia-se provavelmente no livro de André Maurois, *La vie de Disraeli*, de 1927, disponível no cárcere, onde se pode ler: "Ele [Disraeli] não compreendia como um judeu podia deixar de ser cristão; em seu modo de ver, isto significava parar a meio caminho e renunciar à glória da raça, que era a de ter dado um Deus ao mundo."

ÍNDICE ONOMÁSTICO

O texto deste livro foi composto em Minion Pro, em corpo 11,5/15,5.

A impressão se deu sobre papel off-white pelo Sistema Digital Instant Duplex da Divisão Gráfica da Distribuidora Record.